肖建彬　著

Critical Analysis of Chinese Education: Policies and Practice

中国教育问题分析

基于政策与实践的思考

SPM
南方出版传媒
广东人民出版社
·广州·

图书在版编目（CIP）数据

中国教育问题分析：基于政策与实践的思考 / 肖建彬著. —广州：广东人民出版社，2015.7（2016.3 重印）

ISBN 978-7-218-10186-6

Ⅰ. ①中… Ⅱ. ①肖… Ⅲ. ①教育—研究—中国 Ⅳ. ① G52

中国版本图书馆 CIP 数据核字（2015）第 140270 号

ZHONGGUO JIAOYU WENTI FENXI：JIYU ZHENGCE YU SHIJIAN DE SIKAO

中国教育问题分析：基于政策与实践的思考

肖建彬 著

出 版 人：曾 莹

责任编辑：王 宁 施 勇 李 响
责任技编：周 杰 黎碧霞

出版发行：广东人民出版社
地 址：广州市大沙头四马路10号（邮政编码：510102）
电 话：（020）83798714（总编室）
传 真：（020）83780199
网 址：http://www.gdpph.com.
印 刷：广州家联印刷有限公司
开 本：787毫米×1092毫米 1/16
印 张：31.5 字 数：420千
版 次：2015年7月第1版 2016年3月第2次印刷
定 价：78.00元

目录

序言

问题、命题与课题

（一）

“教育在线”刊登过一篇短文，内容是brvelancer在网上发帖征集到的关于“教育界的十大谎言”[①]：

1. 社会：教师是太阳底下最崇高的职业。

2. 政府：我们实施的是九年制义务教育。

3. 教委：我们正在全力推行素质教育。

4. 法律：公民有平等接受教育的权利。

5. 标语：再穷不能穷教育，再苦不能苦孩子。

6. 办学理念：一切为了学生，为了一切学生，为了学生的一切。

7. 专家：没有教不好的学生，只有教不好的教师。

8. 校长：以事业留人，以感情留人，以待遇留人。

9. 教师：分数不是衡量学生的唯一标准。

10. 家长：我的孩子将来忘不了你。

这究竟是不是“教育界的十大谎言”？为什么被认为是“谎言”？又是怎样成为“谎言”的？很值得研究。其实，人们经常感受到的各种教育现象，都是很值得研究的。陶行知曾旗帜鲜明地阐发自己的教育价值观：千教万教，教人求真；千学万学，学做真人。然而，如上所说，当代社会

① 关于“十大谎言”，有几个版本，估计是反复传抄的结果。至于这是不是初始版本，不得而知。这里引用，主要是想作为一个“引子”，以便进入对教育问题的讨论。谢谢原创者。

的教育却存在着许许多多的“谎言”，且这些“谎言”主要不存在于教育的追随者中，而是普遍存在于教育的主导者中，这就不能不使人触目惊心，不能不使人冷静思考了。

（二）

研究教育，总离不开问题、命题和课题。

问题是客观存在的。在人及事物的发展过程中，凡是违背发展规律、影响发展进程的现象，都是问题。问题有两类，一是存在于人或事物内部的，二是存在于与特定的人或事物有关联的环境之中，即存在于人或事物的外部联系之中。违背发展规律的问题必然影响发展进程，影响发展进程的问题未必违背发展规律。例如：“某人发高烧”，这是人的内部问题，它虽然不违背发展规律，但它影响人的生命进程；“让幼儿学习专业知识技能”，这是教育的内部问题，不仅违背了人的成长规律和教育发展规律，而且严重影响了人的健康成长和教育的健康发展。又如：“某某学校周边的社会治安很乱，经常对学校、教师和学生造成危害”，这是与教育有关的外部问题，它虽然不违背教育发展规律，但它影响教育发展的进程；“在学校旁边规划建设水泥厂”，这是与教育有关的外部问题，既违背教育发展规律，也影响教育发展的进程。

命题是主观判断的。人对人或事物的现象作出的判断，便成为命题。命题属于主观判断，是以陈述句的形式出现的。例如：“教育即生活”（杜威）；“生活即教育”（陶行知）。命题有真命题、假命题和伪命题之分。符合事实、规律或公理的命题是真命题，例如，“学校是人类社会和教育发展到一定历史阶段的产物”；不符合事实、规律或公理的是假命题，例如，“凡是有人的地方都有学校”；与事实、规律或公理似是而非的是伪命题，例如，“任何知识都可以以一种合适的方式教给任何人”。

课题则是检验命题与问题之间是否真实有效的主要手段。一个命题是真命题，还是假命题或伪命题，一般可以凭经验作出判断，得出结论，例如，“吃得过快就会噎着，吃得过饱就会撑着”。但是，比较复杂的命题则是需要通过系统的方法才有可能得出结论的，例如，“学得过快过多就会难以理解吸收和掌握”“青少年的体质是自然增强的”。这种以系统方法来检测命题是否真实有效的模式，就是课题，模式的实施过程就是做课题。

要做课题，首先得有命题，要形成命题，首先得发现问题。所以，有人说，发现问题比解决问题更重要。发现了问题，就等于解决了一半。这是有一定道理的。从这个意义上说，有关教育的一切学问，都是关于教育问题的学问，即教育问题学；有关教育的一切研究，都应该是立足解决问题的，都应该叫教育“问题”研究。

真有那么多问题值得研究吗？回答是肯定的。也许人类自有教育以来，就不曾存在过没有问题的教育。教育总是在克服自身问题的过程中实现发展的。

就我国来看，改革开放以来，国家召开了四次全国教育工作会议（1985年5月15—20日，1994年6月14—17日，1999年6月15—18日，2010年7月13—14日），其间，分别出台了中共中央《关于教育体制改革的决定》，中共中央、国务院《中国教育改革和发展纲要》，中共中央、国务院《关于深化教育改革全面推进素质教育的决定》和《国家中长期教育改革和发展规划纲要（2010—2020年）》四份重要的教育政策文件，连同国务院发布的有关教育的主要政策文件，对改革开放后我国教育改革和发展的各个阶段所面临的问题做了认真的分析和权威的表述（见下表）。

国家教育问题的权威判断

时间	主要政策文本	对国家教育存在问题的判断与表述
1985	中共中央《关于教育体制改革的决定》	从50年代后期开始，由于全党工作重点一直没有转移到经济建设上来，由于“阶级斗争为纲”的“左”的思想的影响，教育事业不但长期没有放到应有的重要位置，而且受到“左”的政治运动的频繁冲击。“文革”更使这种“左”的错误走到否定知识、取消教育的极端，从而使教育事业遭到严重破坏，广大教育工作者遭受严重摧残，耽误了整整一代青少年的成长，并且使我国教育事业同世界发达国家之间在许多方面本来已经缩小的差距又拉大起来。
1993	中共中央、国务院《中国教育改革和发展纲要》	我国教育在总体上还比较落后，不适应加快改革开放和现代化建设的需要。教育的战略地位在实际工作中还没有完全落实；教育投入不足，教师待遇偏低，办学条件较差；教育思想、教学内容和教学方法程度不同地脱离实际；学校思想政治工作还需要进一步加强和改进；教育体制和运行机制不适应日益深化的经济、政治、科技体制改革的需要。
1998	中共中央、国务院《关于深化教育改革全面推进素质教育的决定》	面对新的形势，由于主观和客观等方面的原因，我们的教育观念、教育体制、教育结构、人才培养模式、教育内容和教学方法相对滞后，影响了青少年的全面发展，不能适应提高国民素质的需要。
1998	国务院批转教育部《面向21世纪教育振兴行动计划》	我国教育发展水平仍然偏低，教育结构和体制、教育观念和方法以及人才培养模式尚不能适应现代化建设的需要。在当前及今后一个时期，缺少具有国际领先水平的创造性人才，已经成为制约我国创新能力和竞争能力的主要因素之一。
2001	国务院《关于基础教育改革和发展的决定》	我国基础教育总体水平还不高，发展不平衡，一些地方对基础教育重视不够。进入新世纪，基础教育面临着新的挑战，改革与发展的任务仍十分艰巨。

（续上表）

时间	主要政策文本	对国家教育存在问题的判断与表述
2004	国务院批转教育部《2003—2007年教育振兴行动计划》	教育面临的挑战依然十分严峻，整体水平离实现全面建设小康社会目标还有很大差距。
2010	中共中央国务院《国家中长期教育改革和发展规划纲要（2010—2020年）》	我国教育还不适应国家经济社会发展和人民群众接受良好教育的要求。教育观念相对落后，内容方法比较陈旧，中小学生课业负担过重，素质教育推进困难；学生适应社会和就业创业能力不强，创新型、实用型、复合型人才紧缺；教育体制机制不活，学校办学活力不足；教育结构和布局不尽合理，城乡、区域教育发展不平衡，贫困地区、民族地区教育发展滞后；教育投入不足，教育优先发展的战略地位尚未完全落实。接受良好教育成为人民群众强烈期盼，深化教育改革成为全社会共同心声。

由上表可知，改革开放以来的每个阶段，教育都会存在一些主要问题，这些问题往往都打上阶段（时代）的烙印，可以说，不存在没有问题的教育。

2011年2月21日，中共中央政治局就优先发展教育、建设人力资源强国问题进行了第26次集体学习。胡锦涛总书记发表重要讲话，强调面向未来，要增强紧迫感和责任感，坚持把优先发展教育作为贯彻落实科学发展观的基本要求，推动教育事业科学发展，办好人民满意的教育，实现教育和经济社会协调发展，充分发挥教育在党和国家事业中的基础性、先导性和全局性的地位和作用。这是胡锦涛总书记继2010年7月13日在全国教育工作会议上重要讲话之后关于教育工作的又一次重要讲话。胡锦涛总书记在讲话中还强调指出做好当前教育改革和发展工作的“四个着力”，即要着力提高人才培养水平，着力深化教育体制改革，着力推进教育内涵式发展，着力建设高素质教师队伍。胡锦涛总书记的讲话其实从另一方面也深刻指出了当前教育存在的主要问题和今后的努力方向。

在教育发展过程中，一些问题解决了，又会出现一些新问题，有些已经解决的问题，过了一段时间又会成为问题。如校长负责制的落实，解决了中等以下学校内部管理的权责不一、责任不清的问题，但又带来了如何落实民主管理的问题。学校布局不合理的问题通过布局调整已经解决好了，可随着产业的发展和农村城市（镇）化的加快，每隔一段时间还需要做重新调整。像学校危房改造，由于缺乏有效机制，几乎成为周期性的问题。

形形色色的教育问题大概可以分成三类：一类是阶段性问题，一类是周期性问题，一类是持续性问题。阶段性问题是教育发展历史链条中（或同一性质的社会里）某一特定阶段出现的问题，是一次性可以彻底解决的问题。周期性问题是教育发展历史链条中（或同一性质的社会里）周期性地出现的问题，是每隔一个时期都必须集中力量加以解决的问题。持续性问题是教育发展历史链条中（或同一性质的社会里）各个阶段都会面临的问题，是需要通过持续的努力才能加以缓解的问题。其中，第三类问题就是所谓的“老大难”的问题。

改革开放以来，国家有关教育改革和发展的重大决策里一直致力要解决的“老大难”问题还是不少的。从多个重要的国家教育政策文件有关教育存在问题的分析对比中可以看出，有些问题一直在解决之中，但一直没有得到很好的解决，例如：

1. 教育思想（观念）、教育内容和教育（教学）方法的变革问题。

2. 教育结构、教育体制和人才培养模式的改革问题。

3. 教育投入不足和办学条件薄弱问题。

4. 教育发展水平相对滞后问题。

5. 区域教育发展不平衡问题。

6. 教风、学风、校风问题。

所有这些问题最终导致一个结果，或者说汇总为一个综合性的问题，那就是教育发展不适应经济社会发展的需要，不能适应人的发展的需要，不能满足人民群众日益增长的教育需求。这是需要不断研究逐步加以解决的。

（三）

教育研究要有问题意识。

据说中国的研究论文数已经跃居全球第一了，理论上说，我国的研究成果数也已经是全球第一的了，但中央和国内外的一些权威都认为我国缺乏创新性成果。这种情况可以说明两个问题：一是我们的研究成果很多是不解决实际问题的，二是我们的研究成果很多是解决别人已经基本解决过的问题的，有些甚至是别人已经解决了的问题的。原因是什么？往大的方面说是缺乏创新精神，往小的方面说是没有问题意识。

所谓问题意识，大致有几层意思：一是研究的目的是为了解决问题；二是研究的冲动源于问题的困扰；三是研究的选题要针对客观的问题；四是研究的命题只涵盖一个问题；五是课题的实施必须始终围绕拟解决的问题；六是命题的检测（分析）必须有实据求实效；七是基于研究结果的对策建议或结果应用通常是很有意义的，表现在文本上有时是必不可少的。总之，问题意识要求查找（认识）问题、分析问题和解决问题，虽然这三大环节未必要在一次研究活动中完成，但对一个问题的完整研究应该包括三个方面，否则，不能算是具备真正意义的问题意识。

胡适当年说过，多研究些问题，少谈些主义。据说他因此受到过很多批判。斗转星移，社会发展到今天，如果我们把“主义”定位为“理念”的话，胡适的话放到今天倒是蛮中肯的建议。150多年来，中国教育向西方学习，引进了许多“主义”，有贡献，也有许多值得检讨的地方。如果国际的教育“主义”不与中国的教育“问题”相结合，是不可能取得圆满成功的，更何况很多的“主义”引进者对所引进的“主义”其实不甚了解，而且有能力有资格做引进工作的人中大多对中国教育的“问题”又缺乏起码的研究，甚至很不了解，两张皮的现象就比比皆是。当然，我们也不应苛责他们，“引进”都为稻粱谋，更何况不少引进者还是有救世救时之心的。千言万语一句话，教育研究要始于问题，终于问题解决。虽然不是每个研究都能最终解决问题，但问题意识应该成为教育研究的指导思想或基本原则之一。这也是本书写作所秉持和期待的。

本书原本想命名为“教育问题学”，意思是说，本书所谈的是探究有关教育问题的学习体会或思考结果，当然，也有附庸风雅的意思。虽然比较反对附庸风雅，但在浓郁的气氛里，一个俗人又怎么能超凡脱俗呢？也许这就是一个教育问题，而且是比较难解决的教育问题。

现在想来，既然没有什么“学术”，何“学”之有呢？还是整改为“教育问题分析”吧。

第一章

教育科学
人人都说但又说不清楚的学科

学、学科、科学都是耳熟能详、普遍使用的概念，但它们之间的关系是怎样的呢？等同的？包含的？并列的还是交叉的？要搞清楚这些问题，恐怕不是一件容易的事，尤其是在现在的有关“教育的知识体系”中，要弄清楚“教育学”“教育科学”和“教育学科”之间的关系更是难上加难。瞿葆奎主编、郑金洲副主编的《教育基本理论之研究（1978—1995）》较为系统地反映了改革开放后17年的教育基本理论研究概况，其中就包括有关教育科学的研究概况。其实，有关教育科学的“学科”研究，那是一个最为异彩纷呈的时期。

一、教育科学涵盖了什么

“教育科学涵盖了什么”是以教育科学作为一个学科群的总称为前提的。

学界对于“教育学”“教育学科”和“教育科学”的关系有很多主见。

《教育管理辞典》给“教育科学”下了这样的定义：“研究教育规律的各门教育学科的总称。”在作者看来，教育科学是一个独立的科学体系，是与教育有关的最大的“种概念”，是一个很大的“筐”，就像“教育乾坤袋”，凡是有关教育的学科都可以往里装。但作者还认为，教育科学实质上就是教育学，或者说，它的最初形态就只有教育学，各门教育学科都是从教育学中发展出来的。“从19世纪末20世纪初开始，教育学一方面逐步与其他有关学科相结合，产生了一系列新的教育学科；另一方面，它本身又逐步分化为许多相互联系的不同的教育学科。经过几十年的结合与分化，现在已形成了一个庞大的教育科学体系。按教育对象的不同分为：学前教育学、普通中小学教育学、高等教育学、成人教育学、特殊儿童（盲、聋、哑、低能儿）教育学等；按研究方面的不同分为：家庭教育学、学校教育学、社会教育学、专业（职业）学校教育学等；按研究内容的不同分为：教育概论（教育基本理论）、课程论、教学论、德育原理、学科教育学（数学教育学、语文教育学、音乐教育学等）；新兴的边缘学科：教育哲学、教育社会学、教育经济学、教育心理学、教育未来学、教育管理学、教育统计学、教育控制论、教育工艺学、教育卫生学、教育结构学、教育评价学、教育法学等。除此之外，还有研究教育的演变与发展的教育史（包括中国教育史和外国教育史）和基础理论学科——普通教育学等。”①如此看来，教育学是“母概念”，后来这个“母概念”又出现了一个“别用名”，其他有关教育的系统的学问都是教育学“子孙概念”，这些“子孙概念”被称为“相互联系的不同的教育学科”，最终又被装进了“教育科学”这个筐子里。

当然，《教育管理辞典》的观点并没有得到学界普遍的认同。比如，有学者认为，教育科学与教育学不同，教育科学是运用经验科学的方法描述和解释教育事实，是一种科学教育学；教育学则是运用思辨的方法来解释教育现象、规范教育行为的，两者是相互独立的不同学科。又有的学者认为，教育学虽然不能完全等同于教育科学，但它可以包容教育科学。德国的教育学者布雷津卡根据命题类型，回答的问题、目的、任务之不同，将教育学分为教育科学、教育哲学和实践教育学。《迈向21世纪的中国教育科学》认为“教育科学是人文、社会科学的一个分支学科，它以问题为研究对象，是各种教育知识的体系，各门教育学科的总称”。国内对教育科学的通用定义是“研究教育规律的各门学科的总称”。但对于这个定义，也有学者提出了尖锐的批评意见，认为这个定义有逻辑错误，会给教育理论和实践带来许多问题。

还有学者根据教育研究的对象是价值问题还是事实问题，将教育研究分为教育哲学研究和教育科学研究两大类。教育哲学研究主要关注的是教育领域中的价值问题，它致力于回答“教育应当是什么”“教育应当做什么或不应当做什么”以及“应当如何评价教育”之类的问题。具体地讲，它要解决诸如教育目的的取向、课程知识的选择、教育活动的评估等核心问题。相应的，教育哲学研究涉及两类陈述，一类是规范性的陈述，一类

① 《管理学辞典》，海南出版社，2005年，第10页。

是评价性的陈述。就规范性陈述而言，它主要给教育活动提供“价值理想”及具体的“行为规范”，涉及教育目的的规范问题和教育手段的规范问题；就评价性陈述而言，涉及道德方面的评价与其他方面的评价等。教育哲学研究主要的功能在于从价值方面，指导教育行动、改造教育实践。对教育领域中“价值问题”的研究，基本上采用理性思辨的分析方法。例如，中学生应有的道德观念是什么，这是一个典型的教育价值评判问题，不同社会制度的国家，不同文化传统的民族，在各个不同的历史发展时期，以及研究者本人的价值取向，都会对这类问题的研究产生影响。教育科学研究主要是一种描述性、解释性的研究，它以教育领域中的事实问题作为研究对象，以认识教育活动而不是改造教育活动作为根本目的。它不作规定和指示，只是提供有关教育活动的现象解释和趋势预测，它的命题是描述性的而不是规范性的。就教育科学的研究任务而言，它重在考察教育现象发生的原因与条件，揭示教育现象背后隐藏的规律与法则，以及教育系统内部各变量、各要素之间的内在联系。对教育领域中的“事实问题”的研究，通常采用实证和数学方法进行。例如，研究某一地区的小学生的毕业率问题，第一步工作是客观描述现状，即依照严格的统计数据分别算出各学区的毕业率，进而描述毕业率在各学区的分布情况，然后对这种现状作更进一步的研究，揭示出导致这种分布状况的原因，给出理论上的解释。但这种分类只涉及了教育研究的两种路径或方式，并没有告诉人们什么是教育科学、教育学科、教育学以及它们之间的关系。

在现实中，教育科学、教育学科和教育学是经常被交叉使用、相互解释的概念。《大教育学》说：“20世纪以来，随着教育研究领域的拓宽和新的研究方法的运用，出现了许多新的分支学科和边缘学科，当代的教育学已经发展成为一个由众多分支学科和边缘学科组成的教育科学体系。”[1]按照作者的观点，它们的关系大致是：1．教育科学、教育学科和教育学是大致近似、可以等同使用的概念；2．当教育学发展出许多有关教育（分支的或边缘的）的学科时便构成了教育科学的体系；3．教育科学的体系即教育科学，而它的构成部分即“有关教育（分支的或边缘的）的学科”的总和就是教育学科。

引述了那么多，我们尝试对“教育科学”“教育学科”和“教育学”三个概念的关系作一种描述：人们在教育活动中对关乎自身发展的这种比较独特的人类实践现象进行了探究，在体验的基础上不断获得对某种事实的认知和对某种关系的理解，有了关于“教育”的思想，当这种思想不断丰富，逐步构成一个相互关联的知识体系时，产生了教育学。随着实践的深入和时代的发展，一方面，人们在教育学的框架下进一步探究，于是生发出许许多多的“子”知识体系和“孙”知识体系，这便是学科；另一方面，人们把教育学与其他知识体系进行糅合，于是又杂交出许许多多的旁系“子”知识体系和“孙”知识体系，这便是交叉学科。这类学科很多，还在不断出现，但它们都有一个共同的特点，即都与教育有关，就叫教育学科。由于教育的学科很多，学科之间纵横交错，不断膨胀，构成了一个有关教育知识的庞大体系。这个有关教育知识的庞大的学科体系，就叫教育科学。三者的渊源大概如此，而就其内涵来说，在很多情况下，三者又是可以等同使用的概念。

其实，无论如何使用这些概念，关键是在具体的语境中把它的含义表述清楚。当教育科学被定位为“学科群的总称”时，教育科学涵盖了“教育学科”，即教育科学等同于“N”个教育学科；当教育学科被定位为各门教育类学科的总称时，教育学科又等同于教育科学且涵盖了“教育学”；当教育学按照学科门类被定位为一级学科门类的名称时，“教育

① 张人杰主编《大教育学》，广东高等教育出版社，1995年，第19页。

学”又等同于教育科学和教育学科。这些都是习惯的用法，人们已经很难搞清楚它们之间的来龙去脉了。陈桂生在其所著的《教育学辨——“元教育学”的探索》之“教育学‘独立学科地位’辨”中对有关问题作过比较详细的辨析[1]，从中人们可以发现，无论观念上还是实践中，教育科学、教育学科和教育学的关系都是十分错综复杂的。这些留待少数专家去研究就行了，一般来说，它对教育政策的制定不会有很大影响。

二、“教育科学”是怎样的科学

在回答“教育科学是怎样的科学”这一问题之前，先回答“什么是科学”这一问题恐怕是一个非常重要的前提。什么是“科学”？或“科学”一词有几种含义？弄清楚这一问题，对人们正确认识教育科学是怎样的科学是有意义的。

（一）教育科学是一种知识体系

商务印书馆出版的《新华字典》（第10版）关于“科”有四种释义：一是分门别类用的名称；二是法律条文；三是判定；四是古典戏曲里称演员的动作表情。后三种意义与我们将来开展讨论的“科学”没什么关系，而第一种释义则与“科学”有关。作为分门别类用的名称，“科”有三个意思：一是生物的分类单位之一，在“目”之下，在“属”之上。二是机关内部组织划分的部门。三是学术或业务的类别，如“科举”“科学”。《新华字典》进一步对“科学”给出了两条释义：一是指反映自然、社会和思维的客观规律的分科的知识体系；二是指“合乎科学的”。其中“合乎科学的”严格说来不属于释义，而属于用概念解释概念，在逻辑学上是最忌讳的。《新华字典》关于“学”有五种释义：一是学习；二是模仿；三是学问，学到的知识；四是分门别类的有系统的知识；五是学校。其中

---

① 陈桂生：《教育学辨——“元教育学”的探索》，福建教育出版社，1998年。

与“科学”有关联的是第三、第四种含义。我们把“科”和“学”的意义交集在一起，可知，“科学”是分门别类的、有系统的知识体系。

其实，“科学”一词最常用的意义有三种。

科学一词的第一种含义是“正确”。

在人们心目中，科学往往等于正确，等于真理。例如：“马克思主义是科学的”“马克思主义是科学的世界观和方法论”“毛泽东思想最科学”“这个判断是科学的”。在这种语境下，“科学”一词所描述的对象是“认识”或“认识结果”。即认识是对的。这是科学一词最常使用的含义。从这个意义上说，“科学发展观”可以表述为“正确发展观”。

科学一词的第二种含义是“体系”，或者说是关于“知识的系统”“有系统的知识”。

作为体系的“科学”在学习和研究领域最常使用，例如自然科学、社会科学、教育科学等。作为知识体系的“科学”，有两种含义，“其中一种含义，指的是有系统的学问，也就是成为一门‘学科’；‘科学’一词的较为严格的含义，指的是用实证—实验方法进行研究的经验科学，它有别于狭隘的经验与超经验的思辨哲学”。[1]如果就其第二种含义而言，科学原本的意义是指“自然科学”，特别是自然科学的传统学科。

科学一词的第三种含义是“精巧”或“合理”。通常用来表述器具的精美、灵巧、合适、有奇效。例如，这张桌子设计得很科学。

科学一词的第三种含义跟我们要讨论的问题关系不大，但第一、第二种含义对于我们理解“教育科学”却有密切的关系。首先，教育科学的“科学”是“正确”的吗？从“实践是检验真理的唯一标准”的立场来看，已有的教育科学有不少的观点和方法被实践证明是错误的或是不符合实际的，故不能把教育科学看作是“有关教育的正确的观点和方法”，即

① 陈桂生：《教育学辨——“元教育学”的探索》，福建教育出版社，1998年，第96页。

不能在科学的第一义项上理解和使用教育科学。然而，现实中人们常常从“正确”的义项上来看待教育科学，例如，要用教育科学理论指导教育实践，要把教育科学研究成果应用于实践。这种提法就很值得商榷，因为，教育科学理论不等于科学的教育理论，更不等于正确的教育理论；教育科学研究成果不等于科学的教育研究成果，更不等于正确的教育研究成果。不弄清楚这一区别，很可能会理论上模糊、实践上糊涂，还有可能让有心计的人把教育科学这个概念玩得很“科学”（精巧）。历史上的教条主义、本本主义、形式主义的产生就与此不无关系。其次，教育科学的“科学”是“体系”吗？如果教育科学的“科学”是“体系”的意思，即教育科学是“关于教育的知识体系”的话，那么，“建构教育科学体系”的表述就不通顺，除非“教育科学体系”的“体系”一词另有所指。最后，教育科学是一个怎样的“体系”，即关于什么的“体系”。是关于教育的体系，还是关于研究教育的体系，抑或是关于研究教育的各门学科的体系。比较来看，教育科学应该是关于研究教育的各门学科的体系。

有人认为，教育科学“作为独立的科学体系，经过了漫长的发展过程。中国古代许多思想家和教育家，如孔丘、墨翟、孟轲、荀况等都曾经论述过教育问题；在欧洲，古希腊的哲学家德谟克里特、苏格拉底、亚里士多德，古罗马教育家昆体良等，也都有不少有关教育的论述。较早的教育论著有中国的《学记》，古罗马昆体良的《雄辩术原理》。但从总体看来还仅仅是一些教育思想观点，这些思想和观点又多是些片段的、个别的结论，且多孕育在哲学或政治、伦理思想之中，大都带有经验描述的性质，还没有形成为独立的教育学科。随着生产的发展、社会的进步、科学文化的繁荣，教育学逐步从哲学和其他学科中分化出来，形成为独立的学科。这期间西方许多资产阶级教育家，为教育学的形成和发展作出了重大贡献，他们的一些专著在教育学由初具规模到逐步完善的形成过程中也起了重要作用，如夸美纽斯的《大教学论》（1632），洛克的《教育漫话》

（1693），赫尔巴特的《普通教育学》（1806），福禄培尔的《人的教育》（1826），斯宾塞的《教育论》（1861）等。19世纪中叶以后，马克思主义哲学、政治经济学的研究和发展奠定了科学的理论基础，提供了正确的立场、观点和方法。20世纪初，德国教育家、心理学家拉伊和梅伊曼创立了实验教育学，分别著有《实验教育学》（1903）和《实验教育学入门讲义》（1907），主张用实验的方法研究教育活动中儿童身心的状态，为教育学研究提供了新的方法，进一步推动了教育学的科学化”。[①]这段话带给人们这样一种认识，即教育科学或教育学在其逐步成为“独立的科学体系”的过程中，是不断科学化的，特别是使用了像“实验”这种研究方法后，更有助于提升教育科学的科学化水平。

那么，这种科学化到底是正确化还是体系化，又或者兼而有之呢？我们认为，教育科学在独立过程中，一方面随着研究对象内涵的不断丰富和研究本身的不断拓宽和加深，研究领域不断“分蘖”，不断丰满，必然会逐步体系化；另一方面，随着研究成果的不断应用、不断验证、不断修正，也会日益“正确化”。教育科学如此，其他类别的科学也是如此。

（二）教育科学主要是一种基于经验的知识体系

“科学”作为分门别类的知识体系，是对未知世界的探索成果。人类探索未知世界的实践是非常丰富多彩的，而每一认知结果都富含“个体”因素，这是可以确认的。当然，我们也认为，人类对未知世界的认识也是有大致相同路径的。世界上的科学大概有三种基础，即知识体系的建构有三大路径，一是基于思辨的知识体系，二是基于经验的知识体系，三是基于实验的知识体系。哲学、逻辑学和数学等，主要属于基于思辨的知识体系，可以叫作思辨科学，其主要方法是演绎或推演。伦理学、教育学和政治学等主要属于基于经验的知识体系，可以叫作经验科学，其主要方法是

① 《管理学辞典》，海南出版社，2005年，第10页。

归纳和比较。物理学、化学和心理学等，主要属于基于实验的知识体系，可以叫作实验科学，其主要方法是验证假设。三大路径各有其独特的功效，思辨的路径有助于探究形式的问题或玄妙的问题，经验的路径有助于探究社会的问题或人际的问题，而实验的路径有助于探究自然的问题和物化的问题。教育科学作为经验科学，有自己认识的基本对象和探究的基本路径，这是教育科学安身立命之所在 。

钱钟书先生在他的《围城》中写道："大学里，工学院的学生看不起文学院的，文学院的学生里外文系的看不起中文系的，中文系的看不起哲学系的，哲学系的看不起社会学系的，社会学系的看不起教育学系的，教育学系的学生没有学生可看不起，只好看不起系里的先生。"的确，相当长时间来，在学术界，教育科学是没地位的，连吃"教育科学"这碗饭的人大多也这样认为，觉得教育科学压根就算不上什么"科学"。近代教育大家大多都有教育救国思想，是为理想而学教育，其后的教育工作者选择读教育大多都为"稻粱谋"。其实，思辨科学、经验科学和实验科学都是探究客观世界和主观世界的基本路径，都有可能获得反映自然、社会和思维的客观规律的全面、真实和正确的认识，即认识到真理，同样，无论思辨科学、经验科学还是实验科学，都未必能全面、真实和正确地反映自然、社会和思维的客观规律，即错误在所难免。教育科学作为经验科学，有自己一套话语系统和知识体系，其中就有许多真理在，也有许多被实践证明是有效的法则，丝毫没有什么可丢人的。

经验科学有自己一套常用的研究方法和研究模式，这套方法和模式不比思辨科学和实验科学的研究方法和模式差。虽然各种研究方法和模式都可相互借鉴，但各有各的套路。教育科学可以有许多的研究方法和模式，但它基本的还是经验科学的那一套，观察的、比较的、体验的，等等，或者说是调查研究、比较研究、行动研究，等等，所以，教育科学最重视实践探索，最重视经验总结。

因为教育科学研究的是人的成长或发展问题，以及如何有效促进人的成长或发展，而人既是一个自然实体，也是“一切社会关系的总和”，又是会思维的动物，会借助一套符号系统进行思维操作的高级动物，因此，世间万物皆备于“人”，故世上各种科学都与人发生直接或间接、这样或那样的关系，进一步对“人”的教育活动产生形形色色的影响，以及对研究这种活动的教育科学产生形形色色的影响。任何人都可以对教育发表意见。教育科学是最重视从其他科学吸收养分的科学，所以，从教育科学的知识体系中可以看到许许多多科学的影子。这使教育科学的知识体系变得极其庞杂，以至于可以用“博大”来形容。

教育科学是博大的，但不够精深。原因大致有三：一、教育是所有社会实践活动中持续时间最长、分布最广、活动式样最多、实施权最分散的一种活动，在经验世界中，各种模式都有成功的范例，甚至相对立的模式也会有同等水平的成功范例，即所谓“一把钥匙开一把锁”“条条道路通北京”。二、人的成长走的是“单行线”，既不可重复，也难以复制。任何教育实验都不可能是实验科学领域那种“典型的实验”，而是“大致”“大概”的实验。所谓一个教育实验进行了多少轮，其实，每一轮新的教育实验都已经不再是上一轮的教育实验了。因此，教育科学的知识体系所呈现的知识，绝大多数都是“大体”上的、“原则”上的、“一般情况下”的、“通常”意义中的知识，这种知识经过实践检验具有“普遍有效性”，但不是“必然有效”和“唯一有效”的。三、教育科学是人世间参与研究的人数最多的科学。正常情况下，个体既是受教育者，也是教育者，都有受教育的体验，也有自身的教育理想，所以，在“教育表达”问题上，人人都有发言权，人人都有话可说，大部分人都有话要说。客观上使得教育科学变成了“公说公有理，婆说婆有理”的领域和最“百家争鸣、百花齐放”的科学。每个个体走的都是单行道，因此，永远无法精确检验出某种模式的有效性如何，谁又能断定某种教育模式让某个个体真得比其他人走得更快、更高、更远、更好呢？教育领域有公认的模范教师，教育科学没有公认的永久权威。

三、教育学科有多少科学性

“教育学科有多少科学性”所要探讨的是，在整个教育科学及其各分支学科的知识体系中，有多少知识是“真”知识，是正确的知识，即教育学科知识的正确率如何。

“正确率”不断提高，是教育科学中的各门学科发展的总的趋势，它们之间会有程度的差别，不会有根本的方向性的不同。那么，现在的有关教育的学科有多少科学性呢？这是一个很值得探讨的问题。

改革开放后，教育科学研究空前活跃，一方面，大量的国外教育理论被引介进来；另一方面，针对教育实践的研究也丰富多彩，教育学科知识可以说是海量增长。特别是，自从实行职称制度以来，公开发表论文变得日益重要，自从实施科教兴国战略以来，科研的地位越来越高，终于到了2010年，我国论文发表数位居全球第一。这当然也有教育学科论文，也有教师的重大贡献。这几十年，在可统计的众多数据中，似乎都可以印证我国的教育学科的研究进入到了前所未有的繁荣期。随着分支学科、交叉学科的不断产生，随着各种教育流派、教育主张的涌现，教育科学已经变成了一棵“婆娑的大树”。这是可喜可贺的，但与此同时，教育科学研究成果的质量也颇受质疑，甚至人们怀疑教育各学科乃至整个教育科学的科学性。

判断一门学科的科学性到底有没有什么标准呢？关于这一点，学界还是有共识的。一般来说，具有科学性的学科应该有明确的研究对象和相对稳定的研究领域，有一套相互关联的核心概念，相关知识的组织已经体系化。按照这三个要素来评判，人们对教育学科的科学性的质疑是有一定道理的。比如，关于教育的研究对象就有不同的看法，不像自然科学的学科那样研究对象明确无异议，也不像许多社会科学或人文学科那样有明确的研究对象和相对稳定的研究领域。又比如，教育学的核心概念是什么？其概念体系怎么样？至今还是反复论争的问题。凯洛夫的教育学提出“教育”“教学”和“教养”的基本概念，受到批判后，国内的教育学花了很多的精力来处理“教育”与“教学”的概念关系，但至今还没有处理好。一般认为教育有广义和狭义之分，这是当今使用的绝大多数教育学教科书都认可的。其实，实践中“教育”概念的使用起码有四种含义：一是广义的教育，泛指一切培养人、影响人的活动，如“毛主席著作教育了我”“游览了祖国的大好河山很受教育”；二是通常所说的狭义的教育，即有组织的培养人的社会活动，如学校教育；三是与“教学”并列的概念，即学校里除教学之外的其他教育工作，如“教育教学工作”；四是低于教学的功能，即相当于思想政治品德教育，如“教学要有教育性”。一个学科，它的基本概念可以有多种含义的话，这种学科的科学性是肯定有问题的。此外，国内非常流行的还有这样一类概念，体育教育、德育教育，前者甚至还作为国家正式颁布的专业名称，后者经常出现在国家的政策文本里，可见有关教育的概念混乱到何等地步。再如，一个学科，假如是很有科学性的话，那么其体系必然是很严密的。现在的教育学的体系离“严密”还有很大的距离。从现象上看，如果人人（准确地说是社会上的许多人）都能对一种社会活动或现象发表意见和评论而且大家又对这些意见和评论莫衷一是的话，那么，以此为研究对象的学科，其科学性是有限的。

在中国（内地），陈述教育事实、描述教育现象、论述教育规律、评述教育行为，往往有两个重要的依据，一是政策文件、领导讲话和权威语录，一是个人感觉，很少有人追寻这样做的科学性，比如，即使在评审教育学科项目（包括立项和结项）这种对严肃性和科学性要求很高的活动里，专家们大多也不是太在意项目的科学性的，这导致了教育学科的科学性问题日益严重。

探究教育学科的科学性，可以从以下五个方面对其知识体系以及所呈现的知识做出评判：

1. 研究假设的科学性如何

已有的教育学科知识大多数看不出其研究假设，现行的教育研究，绝大多数不重视因而没有研究假设，而没有研究假设的学科往往谈不上什么科学性，所以，教育学科大多被认为是“感觉的学科”。众所周知，孟子论述教育，其逻辑起点是人性论，其教育思想是基于“性善论”的假设。荀子论述教育，其逻辑起点同样是人性论，只不过其教育思想是基于“性恶论”的假设。所以，孟、荀的教育思想不仅能够给人以“自圆其说”的感觉，而且还能让人觉得它够“独特”。

2. 研究方法的科学性如何

已有的教育学科知识大多数看不出其所使用的研究方法。从公开发表的教育类论文来看，现行的教育研究，绝大多数是不讲究研究方法的。最流行的做法是，先叙述自己是怎么做的，然后把与自己有关（而不是与该种做法有关）的成绩罗列出来，表明这样做成效是显著的。所以，在教育学科的研究中，问题、方法、理据和结论的完整性往往是有缺失的，或者看不出它们之间的逻辑联系。

3. 研究原则的科学性如何

现行的教育研究和教育学科知识，存在“主题先行”“结论预置”的问题，首先觉得应该是怎样的，然后找材料论证的确是这样的。这种做法还比较常见。这说明教育学科的研究者禀持的研究原则是不够客观的，不够实事求是的。由于没有实事求是的研究态度，于是，问题的提出与假设的设定、材料的收集与分析、论证的组织与结论的检定，往往都存在随意性。这与研究原则的科学性有关。

4. 研究过程的科学性如何

研究过程的科学性如何与研究原则的科学性有密切关联。研究者急功近利，是不可能在乎过程是否严密科学的。许多做教育学科类课题的人，没有开题，拼凑了一篇论文就想结题；许多以行动研究为主的项目，其实没有行动，便也结题。这类研究，压根就谈不上“研究过程”。当然，也有另一种研究，以文献分析为主要方法，这类研究也是有研究过程的，比如，文献的搜集、分析就是一个不可或缺的阶段。而在教育学科各研究领域，不做文献检析而能得出所谓“新颖”的结论的也大有人在，反映出研究过程的科学性是很值得存疑的。

5. 研究结论的科学性如何

研究假设、研究方法、研究原则和研究过程的科学性如何，都将直接影响研究结论的科学性，可以说，如果研究假设、研究方法、研究原则和研究过程存在科学性问题，那么，研究结论肯定存在科学性问题，而即使研究假设、研究方法、研究原则和研究过程不存在科学性问题，研究结论也有可能存在科学性问题。例如，普遍认为，“文革”期间的教育质量非常低下，其中一个重要的原因是学校秩序遭到破坏，罢课闹革命，组织学生大量开展生产劳动。应该说这是符合基本事实的。但如果据此得出结论，认为要提高学校教育质量，就必须放弃或取消“劳动教育”，甚至将全面发展教育由原来的“德、智、体、美、劳”五育“拨乱反正”为“德、智、体、美”四育，则是非常错误的。又如，不管人们是否表态承认，都无可否认“民主是普世价值”，这个“世”指的是人类世界，这个判断指的是所有的人都渴望“民主”，追求“民主”。应该说，这个基于经验的判断是实事求是的，但我们不能因为西方竭力倡导和践行“民主”，就认为“民主”是“西方”的普世价值。民主之于世人，犹吃喝之于生命，其价值是不分东方西方的，所不同的是，中国人主要使用碗筷，西方人多有用碟子和刀叉的，其实，除了这两种方式，直接用手抓着吃，又有何不可。各种不同模式之间，压根就不存在谁比谁更文明。在教育科学各学科的知识体系里，其他皆可，结论有问题的现象也是时有所见的。

探究教育学科的科学性，有许多的“工具”，从上述五个方面进行考察，当可获得比较真切的认识。当然，我们在确认教育学科存在科学性问题的同时，必须确切表明的是，它所指的是教育学科的一部分知识存在科学性问题，这部分有科学性问题的知识影响了整个教育学科的科学性。其实，这种状况又何止是教育科学呢？

四、教育学是研究什么的

所有的“教育学”教材似乎都会谈到教育学的研究对象，回答“教育学是研究什么”的这一问题。关于教育学的研究对象，大致有几种表述：

1. 教育问题。
2. 教育事实。
3. 教育现象。
4. 教育规律。
5. 中小学教育。
6. 教育。
7. 人。

以上几个方面既有单一作为研究对象的，也有交叉合并作为研究对象的，例如，著名的“五院校”《教育学》就认为“教育学是研究教育现象及其规律的一门科学”[①]，由此形成了诸多种观点，其中，比较流行的有三种观点：教育现象、教育事实、教育问题。肖开勇从中国教育学发展过程中关于教育学研究对象的演变，以及争论较多的三个对象的逻辑关系的

① 华中师范学院教育系、河南师范大学教育系、甘肃师范大学教育系、湖南师范大学教育系、武汉师范学院教育教研室合编《教育学》，人民教育出版社，1982年，第1页。

角度来探讨这一问题，认为教育学的研究对象只能是教育现象。[1]其实，这与我国教育学著作关于教育学研究对象的最为流行、最为经典的表述是一致的：教育学是研究教育现象、揭示教育规律的科学。

“研究教育现象，揭示教育规律”作为我国教育学研究对象的最为流行、经典的表述，其实际的意思是：教育学的研究对象是教育现象，任务是揭示教育规律。

（一）什么是教育现象

人们普遍认为，教育现象是人类特有的社会现象之一，是教育活动（曾经存在或正在进行的）所表现出来的外在形态，是一种可以感知的、可以认识的表现物。任何教育事实、教育问题和教育规律等，往往都以教育现象的形式展现出来，或者就蕴藏在教育现象之中。所谓透过现象看本质，就是通过对教育现象的分析，找到蕴藏其中的教育事实、教育问题和教育规律。

由于教育活动可以分为教育实践活动和教育认识活动，因此，教育现象也可分为教育实践现象和教育认识现象。教育实践现象是最基本的教育现象，其本质规定性在于围绕教与学的相互关系而组织或展现的一系列活动，如从事教育活动、举办教育活动、管理教育活动、发展教育活动、影响教育活动等。教育认识现象是教育认识活动的外在表现，是了解、分析、判断、设想、建议教育实践活动所表现出来的一种状态，其实也就是有关教育实践现象的研究现象。过去的教育学探讨教育现象，往往定位为教育实践现象，忽视对教育认识现象的研究，使得教育现象研究不完整。这也是导致教育学科的科学性不足的重要因素。

（二）教育学的三种形态

教育学以教育现象为研究对象，透过教育现象从而廓清教育事实，

---

① 肖开勇：《试论教育学的研究对象》，《鄂州大学学报》2008年第1期。

找到教育问题和教育规律。同样研究教育现象，由于研究的目的和重点不同，教育学研究的学科倾向性也有所不同。在确认教育科学作为经验科学的前提下，现实中大概存在如下三种形态的教育学。

1. 教育理想学

教育理想学是以教育理想为重点研究对象的学科，基本方法是逻辑推演，目的在于描述一种美好的教育状态，表述和张扬一种教育主张。有关教育基本原理包括教育分支领域的原理的研究就属于这一类。教育理想学属于观念研究范畴，追求的是理论的完备性。

2. 教育经验学

教育经验学是以教育经验为重点研究对象的学科，基本方法是总结提炼，目的是从教育经验中找到成功的路径，发现规律性的东西，包括认知判断和行为法则。有关教育成功案例以及教育规则、方法和教育史的研究就属于这一类。教育经验学属于实践研究的范畴，追求的是行动的有效性。

3. 教育问题学

教育问题学是以教育问题为重点研究对象的学科，基本方法是诊断分析，目的是要找出和解决妨碍教育活动成功或阻碍教育事业发展的问题。有关教育问题案例以及教育预测、教育政策、教育决策的研究就属于这一类。教育问题学属于现实研究的范畴，追求的是发展的满意性。

（三）与教育有关的规律有哪些

找到规律是研究者梦寐以求的，但最后能够真正找到规律的却凤毛麟角。不少人都给苹果砸过，但只有牛顿发现了万有引力。可见，规律是不容易找寻的，教育规律也是如此。

教育规律不仅蕴藏在教育现象中，也蕴藏在教育的形形色色的联系里，包括外部联系和内部联系。我们所接受的教育就是“规律是事物之间的本质联系”。“规律是事物的本质规定性。”

假如规律就是事物之间的本质联系，那么，教育与和它有关的事物之间就必然存在本质联系，即存在规律。同样，虽然教育与和它有关的事物之间可能有许多联系，但并非联系就是规律，只有本质联系才是规律。这就是教育的外部规律。

假如规律是事物的本质规定性，那么，事物本身也是有规律的，这就是说，只有事物在发展过程中始终保持自身的本质规定性，才能成为该事物，丧失了自身的本质规定性，也就丧失了事物自身。教育作为一种社会活动，有很多规定性，但教育是围绕“育人”来展开的一种社会活动，所以“育人性”才是教育的本质规定性。这就是教育的内部规律。

教育作为一种颇具普遍性的社会活动，跟许多其他的社会活动或社会因素都会发生联系，包括本质联系，但并非所有的联系包括本质联系都是重要的。教育作为一种非常复杂的社会活动，内部因素非常多，或者说内部关系错综复杂，但并非所有的因素或内部关系都是重要的。综合教育两个方面的规律，在“家庭是社会的细胞”的环境下，以下四种联系是重要的。

1．教育与社会的关系

教育是一种人类独有的社会现象[①]，是一种社会实践活动，任何教育都是在特定社会环境中开展的，即教育主体源于社会、教育活动在社会中进行、教育内容传习社会所需、教育服务回归社会。所以，教育与社会的联系是必然的，无法割裂的。

教育与社会的关系有两层含义，一是部分（教育）与整体（社会）的关系，二是在“社会”这个整体中教育与其他社会要素（如经济、政治、文化等）的联系。

社会是一个几乎无所不包的以人为主体的综合体，与教育发生联系的

① 普遍认为如此，但也有人不赞成是“人类独有的社会现象”，他们认为动物界也存在“教育”。但人们并不否认教育是社会现象。

“社会”有大有小，可大可小，大到“世界的”“国家的”，小到“区域的”“社区的”。人类越文明进步，影响教育的“社会”就越大，不仅受“国家”的影响，也会受“世界”的影响，例如，在现代社会，特别是进入信息时代，世界各国的教育都相互发生着影响，一些先进的理念、成功的经验和前卫的做法，都会像潮汐一样不断发出一轮又一轮的冲击波，像终身教育思潮、民主主义教育思潮、全民教育运动等，其影响都是世界性的。像我国的义务教育，自从“把义务教育作为重中之重”的国家教育决策确定以来，大力推进义务教育发展就成为国家和各地的“重中之重”的任务。当代社会，许多国家的教育都是在“国家”的层面上进行操作的，美国作为分权国家，其教育主导权在州，但近年来美国也加强了国家对地方教育的引导。与之相反，人类社会发展水平越低，其对教育发生影响的“社会”的范围就越小，主要由“区域”甚至“社区”主导。所以，可以说，人类社会越发展进步，对教育发展影响的社会系统就越大，这也是教育国际化趋势的根本原因。

教育与社会中的各要素都会有关联，通常情况下，联系最多的应该是经济、政治、文化、宗教、习俗、民族、技术、人口构成。经济是基础，办教育是需要钱的，是需要物质条件的，经济水平决定教育发展水平，经济结构决定教育公平性。政治与权力有关，是核心因素，决定着教育的领导权以及教育资源的分配，决定着培养什么人和怎样培养人。政治对教育的影响通常通过政策和法律途径来实施，当然，在法制不健全的国家，政治则主要通过领导人直接作用于教育。有制衡的政治往往会选择“平衡”的政策和法律，而且比较稳定；没制衡的政治往往会制定“一边倒”的政策和法律，而且还会经常变化。文化、宗教、习俗和民族对教育的影响主要在“传统”的承传方面，它们影响教育的内容和方式。传统就像“胎记”，并非只有优秀的传统才需要传承，只要是不坏的传统，都可以甚至应该通过教育来传承。技术是教育活动的重要凭借，每一次重大技术的发明及其教育应用都会引发深刻的教育革命，例如文字（造字术）、书写工具（纸、笔等，造纸术、造笔术）、电子技术、信息技术。人是教育活动的主体，对教育有直接影响，但影响最大的主要还是人口构成，它影响着教育规模、教育布局和教育类别。

教育与社会的关系是怎么样的呢？就部分与整体的关系而言，社会决定教育，即教育不能脱离特定的社会而存在，有什么样的社会就会要求有什么样的教育来与之配合。就整体中教育与其他社会要素的联系而言，教育再造社会。一方面，教育受其他社会因素的制约，要依赖它们、适应它们、服务它们；另一方面，教育可以变革或异化其他社会因素，进而变革或异化整个社会，故想要什么样的社会就要办（开展）什么样的教育。就这个意义上说，教育再造社会的职能包括了教育复制社会和教育改造社会。所以，无论是部分与整体的关系，还是整体框架下教育与其他社会要素的关系，教育都必须适应社会发展的需要，为社会发展服务，包括适应现实社会的发展需要，为现实社会服务，也包括适应理想社会的发展需要，为理想社会服务。这就是教育的社会适应性，离开了这一条，教育就失去了存在的价值。所以说，教育的社会适应性是教育的基本规律。

改革开放后，受西方思潮影响，个人本位论抬头，鼓吹个性张扬、个人主义，大搞“去集体化”“去国家化”“去民族化”“去社会化”，社会本位论受到猛烈的批评，以至于连彰显正当的社会需要也差点成了“过街老鼠”，这是极不正常的。社会本位论论点有偏颇，需要矫正，但教育无视社会需要也是违反教育基本规律的，是断断要不得的。

2．教育与人的关系

教育活动的主体是人，没有人就不可能有教育活动，不关注人就不可能有好的教育活动，所以教育与人的关系也是必然的，无法割裂的。

与教育有关的人很多，主要有四种：一是教育举办者（包括自然人和法人），二是教育管理者（包括自然人和法人），三是教育者，四是受教育者。教育举办者和教育管理者一般不直接与受教育者发生关联，而是通过教育者与受教育者发生关联。但办什么教育、办多少教育、在哪办教育、怎样办教育、把受教育者培养成为怎样的人、怎样把受教育者培养成为这样的人，等等，主要都是由教育举办者和教育管理者决定的，或者说，宏观的、重大的教育事项都是由教育举办者和教育管理者决定的。不少教科书认为，不是教育举办者和教育管理者决定教育，是社会决定教育。此话有一定道理，但不正确。因为决定本身不是社会需求的直接反映，而是对社会需求的认识以及个人需求的直接反映。教育举办者和教育管理者作为决策者，对教育活动有着极为重要的影响力、约束力和处置力，教育活动必须按照教育决策者的意图来进行，否则，教育活动将无法继续进行。这也是教育基本规律，不过，人们通常把它归在“教育的社会适应性规律”里。

教育是由大量的具体的活动来呈现的，而具体的教育活动又是围绕教育者和受教育者来展开的。现在，教育者通常被称为“教师”，受教育者则被称为“学生”，所以说，“师生关系”是教育最基本的关系。具体的教育活动何时启动、在哪开展、如何进行、凭借什么、做些什么、做到什么程度，等等，主要是由教师决定的，所以说，在教育活动中，在师生关系里，教师永远都是居于主体地位、发挥主导作用的。否认这一点，教育活动就不会产生。近年来，教育理论界流行“双主体”理论，强调学生也是教育活动中的“主体”，这在强调发挥学生主人翁精神和学习积极性，强调自主学习，克服被动学习方面是非常有意义的，但如果把学生的地位提高到可以与教师“平起平坐”的高度，甚至否认教师的主体地位和主导作用，那就是极其错误的。学生是学习过程的主体，在学习过程中发挥主导作用，学生也可以是教育活动的主体，但他们不可能在教育活动中发挥主导作用。这也是教育的基本规律。

教师要发挥主导作用，这是教育规律的必然要求，是无条件的，但教师要把主导功能发挥好，即让学生学得好，学得有效率，却是有条件的。什么条件呢？众所周知，教育的对象即学生是人，而人的身心发展是有规律的，特别是青少年学生，是快速成长着的人，其身心是千变万化的。在个体发展过程中，每一年龄阶段都表现出与其他年龄阶段相区别的一些典型特征，这些特征包括生理方面的身高、体重、骨骼、肌肉、心脏和神经系统、呼吸系统等的特征，也包括心理方面的感觉、知觉、注意力、记忆、思维、情感、意志等特征。它们是有规律地变化着的。由教师主导的教育活动如果不遵循教育对象的发展规律，不适应人的发展需要，以长身体为主的阶段不让学生多活动、以长知识为主的时期不让学生多见识、以长情感为主的阶段不让学生多交往，是不可能有好的教育结果的。教育要适应人的发展需要，遵循人的发展规律，促进教育对象的发展，这就是教育的对象（学生）适应性规律。

在教育史上，不适应人的发展需要，不尊重人的发展规律的教育比比皆是。比如，放任自流和过度教育就是两种极端的现象。又如，人的身心的各个方面都有其发展的黄金期，但是教育者往往置之不理，总是按照自己的好恶来进行教育，等等。当代社会，教育理论界有主张以学生为本，这是以人为本在学校教育中的延伸。表面上，这种理念并没有什么不妥，但细究起来，还是非常值得注意的。以学生为本，要以学生的“什么”为本？怎样做到以学生为本？是以学生的现实需要为本，还是以学生的发展需要为本？是以学生对自己的需要的感知为本，还是以教师对学生的需要的认识为本？这些都是大学问。

3．教育与家族的关系

绝大多数教育学著作不谈教育与家族的关系。其实，教育与家族的关系是真实而具体地存在的。家族是社会的基层组织，家庭是社会的细胞，家族和家庭既是重要的社会因素，又是教育对象的供给者，比任何社会因素都更直接地与教育发生关系，进而影响教育的进程。

家族和家庭之所以需要教育，是因为对教育有期待。家族和家庭的教育期待很简单，就是希望通过教育提升受教育者的素质进而提升家族和家庭的社会经济地位，所以，望子成龙、振兴家族或家庭，或者维持家族或家庭的已有地位，光宗耀祖，是家族或家庭对教育的普遍期待。家族或家庭往往关注家族（家庭）的利益高于关注孩子的利益，关注结果高于关注过程，当他们关注孩子的利益时，往往把教育者放在关系的对立面上去思考和行动，当他们关注过程的时候，急功近利是他们普遍的行事规则。家族和家庭的社会经济地位、教育基础、传统和家风等对教育的影响极大，通常情况下比正式权力影响要大得多、持久得多。新中国成立以来，教育部有关“减负”的文件多得难以计数，把道理和要求讲得明白且具体，就是没有什么效果，其中的主要原因就是家长不买账。可见，教育政策如果得不到家族和家庭的支持，是不可能有效果的。

教育要关心学生的健康成长，也要关切家族和家庭的需要，关切他们在教育领域的核心利益，并且把国家和社会的需要、家族和家庭的需要整合在学生的健康成长的需要中。教育要适应家族（家庭）发展的需要，这种适应包括引导、关切、回应、满足，而家校（园）合作被认为是有效的途径。

4．教育内部各因素之间的关系

教育内部是自成体系的，是由众多要素构成的一个整体。各要素之间的相互作用或者说矛盾运动推动着教育向前发展。教育无论是一项事业还是一项活动，都有自己的运行规律，按照教育自身的发展规律运行，教育就会走向成功，走向前进；违反教育自身的发展规律，教育就会倒退，走向失败。这在教育史上是有很多经验教训的。比如，学校教育以学习间接经验为主、适度的班级规模和学校规模对教育质量的影响非常大、学校要保持正常的良好的教学秩序、教学是学校的中心工作、教师是教学过程中的主导因素、及时复习有助于巩固、直观教学有助于提高教学质量，以及妥善处理规模、结构、效益的关系，专业化的教师队伍是教育最可宝贵的资源，等等，都是教育内部带有规律性的认识，都关乎教育自身的有效运行和健康发展。

教育内部各因素的关系处理不好，是不可能处理好教育与外部的关系的。教育事业或教育活动要适应教育自身发展的需要，就必须以系统的观点协调体系内各要素的关系。学校组织学生户外活动，出了意外，便不问青红皂白究责学校，要求学校赔偿，处分校长和教师，这种言论是恶言，这种决定是恶判，这种要挟是恶行，它必然带来恶果，因为学校为了避罚，必然会取消类似的活动，这就是当代中国学生体质健康水平下降的重要原因之一，仔细分析起来，就与没有妥善协调教育诸因素有关。在教育内部，一刀切、头痛医头脚痛医脚的政策是非常普遍的，比如，择校问题严重，就出台一系列不准择校的政策规定，而没有从根本上解决教育布局不合理和教育发展不均衡的问题；又如，取消小学升初中考试，连民办学校也不准考试；再如，要加强大学生工作，就推出非常特别的“政治辅导员政策”，包括可以行政和教学两边靠、可以两年升一级、可以评职称直至教授级、评聘职称时可以适当倾斜（条件、指标、聘任等）以及提高配置职数，等等，使辅导员队伍成为高校的特殊群体。凡此种种，都已严重偏离了教育内部的正常关系，都严重阻碍了教育的健康发展。

（四）教育需要的满足

围绕教育事业和教育活动的需要是不可胜数的，是五花八门的，有合理的，有不合理的。剔除不合理的需要，合理的需要是要满足的。合理的需要当中有些是可以即时满足，有些是不可能即时满足的；有些是必须即时满足，有些是未必即时满足的。人们知道，需要永远都大于资源。现在的问题是，在资源有限不可能即时满足所有需要的时候，那么多的需要，谁来满足？先满足哪些？之前的教育学著作是不太讨论这个问题的，但教育政策的研制却回避不了这个问题，所以教育学应该深入探讨这个问题。

1．谁来满足这些需要？

教育上的合理需要该谁来满足？离开了“投入产出”“投资回报”和“权利义务对等”的原则去讨论这个问题，永远扯不出个是非黑白来。基于这样的认识，我们可以确认“谁得益谁支付”和“谁想多得益谁就必须多支付”这样的价值判断，并以此为原则来分析讨论“谁来满足这些需要”这个问题。

首先，教育对受教育者本人是有价值的。这种价值通常表现在三个方面：一是提高社会化程度，以便更好地融入社会；二是提高劳动能力，以便获得更高的劳动生产率，获得相应的教育增值回报；三是提升人文素养，以便体验更高品位的人生意义。可见，受教育者将是教育事业和教育活动的直接受益者，所以，受教育者是必须付出的。

其次，教育对国家和社会是有价值的。这种价值主要表现在三个方面：一是通过提升受教育者创造价值的能力进而提升国力和社会发展力；二是提高受教育者的综合素养进而提高后代的繁衍和文化传承的质量；三是通过促进人的现代性的发展进而促进社会的积极和谐和国家的文明进步。可见，国家和社会将从受教育者的健康发展和有益变化中间接地得到巨大的回报，而且，因为所有人的价值都必须在社会（国家）这个“市场”中实现，所以，国家和社会获得教育的价值是必然的，因此，国家和社会是必须付出的。

最后，教育对家族特别是家庭是有价值的。这种价值主要表现在三个方面：一是通过教育使受教育者获得更高的创造价值的能力，使人口负担转变为巨大的人力资源；二是提高家庭乃至家族的社会经济地位；三是让受教育者感受到“养育之恩”，增强家庭乃至家族的凝聚力。可见，家族特别是家庭将从受教育者的一系列积极变化中获得相应的回报，这种回报是可期待的，因为通常情况下或者对绝大多数家庭乃至家族来说或多或少都兑现了教育的价值，所以，家族特别是家庭是乐于付出的，也是必须付出的。

第四，教育对教育工作者特别是教师是有价值的。这种价值主要表现为劳动报酬，当然，教师还可以在专业劳动中获得专业发展，体验到创造性过程和结果的快乐。所以，教育工作者是必须付出的，只不过他们付出的是“劳动”，而不是直接的物质类和财富类资源。

受教育者必须付出什么呢？有两种：一是劳动，包括体力劳动和智力劳动，必须承受相应的学业负担，并努力达到相应的水准；二是支付或消耗资源，包括物质类资源和财富类资源，用于自身消费和购买教育服务。作为一个正式劳动力，在教育活动中支付这两种有价值的东西以满足自身更好的发展需要，是可能和可行的。但对未成年人或准劳动力来说，他们可以付出劳动，没能力支付资源，包括为自己购买教育服务的资源，也包括他们自己需要消耗的资源。这就需要有人“代付”。

谁来代受教育者支付呢？应该不是教育工作者，除非出于慈善的目的，否则，没有任何理由让一个人为没有任何利益关系的另一个人支付他们应该支付的资源，而且教师是一种职业，他们付出劳动，换回他们需要的资源。那么，剩余的只有国家与社会、家族特别是家庭这两个方面。这两个方面应该为受教育者接受教育先期垫付相应的资源，包括提供教育活动开展的物质条件、教育劳务购买、教育活动运作的维持及有关消耗。就效率或有效性而言，一般家庭是没办法高标准支付或配置这些资源的。家族因为回报有限且具有不确定性，一般是不会花大工夫支付的。这样，相对集中的支付就变得特别重要，而这副担子就主要地落在国家和社会肩上。所以，当代教育学原理认为，教育是国家事业，发展教育，全社会都有职责。我国的教育政策也是这样规定的。在这方面，政府就成为发展教育事业的最重要的责任主体。

2．当这些需要不可能同时满足时，谁拥有满足需要的优先权？

当教育总资源不能同时满足所有需要时，先满足部分人的教育需要或确保人人都享有部分的教育，就成为必然的选择。就完整的学制而言，是先满足让部分人接受全程的教育，还是先满足让全部人接受部分的教育，是每个政府都必须认真做出的决策。

个体的教育权是其发展权的基础。现代社会，随着教育民主化的发展，保障人人都平等且有尊严地享有教育权利，可以说是一种普世价值，是当今人类的普遍追求，也是世界各国共同选择的公共政策。

在满足教育需要方面，古往今来，大概有四类人拥有优先权。

第一，基本教育的接受者。所谓基本教育，是指个体必须接受的现代公民社会所要求的最低限度的教育，这种最低限度的教育通常是由国家规定的。现代社会的义务教育就属于基本教育。这就是为什么“义务教育”一直是我国教育的“重中之重”的根本原因。

第二，教育机会竞争的优胜者。有限的教育机会通过一种比较公平的竞争方式来进行分配，以选拔出有需要且又合适的教育对象。像高考招生，不仅要在同批考生中选拔出可以进一步接受高等教育的人，而且还要分类对选拔出来的人进行分层遴选，通过遴选的人才可以上大学，未能通过遴选的人就不能以“全日制普通高等教育”这种方式来满足自己的高等教育需求。又如，像优质中小学的学位分配就是一种特别的教育机会竞争，这就是为什么人们特别在意优质学校的服务半径划分、优质学校的入学条件、升学的加分规定，以及招生过程中公平公开的原因。

第三，教育特权的享有者。所谓教育特权，是指在教育机会不足的情况下有权优先获得满足的一种制度安排。这是一种超国民待遇。教育特权一般有五种：一是特权阶层的；二是有功于国家社会的；三是国家和社会有求于人的；四是在人类学、人种学意义上应该给予照顾的；五是具有战略意义的关节点。任何时代、任何社会都会有教育特权，只不过有些教育特权是没有天理的，有些教育特权是没有道理的，而有些教育特权是合理的。按现代社会观念来看，特权阶层享有教育特权是没有天理的，把教育特权作为特别待遇进行交换或随意扩大教育特权的享受范围是没有道理的，而给予对国家和社会有特别贡献的人或其子女在受教育方面以特别照顾，给予少数民族、弱势群体一定的教育优惠，通常被认为是合理的，如照顾解决好烈士子女的教育，就是历史上普遍的做法。但是，当今社会，人们非常反感教育特权泛化，因为一旦教育特权泛化，势必影响到一般人的正当的教育权利。

第四，有能力购买更多教育服务的人。教育作为一种服务，通常服从于这样一条规则，即谁想服务谁出钱，谁想要好的服务谁多付钱。例如，在基础教育学校，高价的民办学校的教育条件一般要比普通公立中小学好，一个人要想享受比较好的教育条件，就可以通过多付费来享受更好的教育条件。这被认为是合理合法的。但优质公办中小学实施择校政策，划出一部分学位通过收取更高的费用录取学生，则是变相的教育特权。因为公办的教育属于公共服务，而公共服务必须均等化。

教育学不能仅仅研究微观教育活动，也必须研究宏观和中观的教育活动。

五、什么是教育问题

《新华字典》对“问题”的解释是：一是指要求回答或解释的题目；二是指尚待解决或弄不明白的事。这是“问”加“题”的一种解释方式，并且是从侧重研究的视角来解释的。在现实的语境中，“问题”大致有几种使用情况：（1）“我想说说这个问题。”（2）“现在是啥问题呀？”（3）出问题了。（4）有问题吗？（5）是你的问题还是我的问题？（6）问题在哪？其实，这几种语境所使用的“问题”，语义都是非常接近的。我们所要探讨的“问题”指的是“要解决的事”。作为“要解决的事”，它不是一种表象，而是一种实质（事或因素），这种实质表现在两个方面：首先，它是一种现实存在的因素；其次，它是一种客观做功的因素。

因此，问题是可以被认识甚至可以被解决的。

什么是要解决的事呢？什么事会成为“问题”呢？作为“要解决的事”，问题大致有三类：

1. 违反或背离现行的价值规则的；

2. 影响活动顺利进行的；

3. 妨碍目标达成的。

那么，什么是“教育问题”呢？我们认为，教育问题就是偏离教育价值、违背教育规则、违反教育规律、阻碍教育活动展开、影响教育目标实现的因素。

六、哪些教育问题应该纳入教育学的研究范畴

教育学应该研究教育问题，这是教育学的使命。

教育是一个错综复杂的社会实践活动，必然会有错综复杂的关系和形形色色的问题存在。在教育内部关系上存在着内部问题，即教育自身的问题；在教育外部关系上存在外部问题，包括与教育有关的问题和教育涉及的其他问题。下列这三类问题就是应该纳入教育学研究范畴的问题。

（一）教育自身的问题

教育自身的问题是指教育内部的问题，是比较纯粹的教育问题。不管外围环境（社会制度、意识形态、发展水平等）如何不同，教育内部的矛盾运动都按自身的法则在运行，这种内部矛盾运动过程中出现的问题，便是教育自身的问题。它受外界的影响不明显，甚至有些问题就不受外部的影响。例如，学制及其衔接、课程与教学、学业测评等，属于纯教育事项，在这些方面出现的问题就是教育自身的问题。当代教育存在许许多多的问题，绝大多数都是教育自身的问题，如各级各类学校教育目标笼统模糊、学前教育小学化、片面追求升学率、中小学生学业负担过重、学生体质健康水平下降、德育实效性差、学生缺乏创新精神和实践能力、

基础教育发展不均衡状况非常严重、高等教育创新动力不足、舞弊成风、教师积极性不高、教育资源不足与教育浪费严重并存、教育信息化水平低等，都主要应该从教育自身找原因和答案。教育学应该深入研究这些问题，这些问题过去也一直是教育学的重点研究领域，但离问题的有效解决还很远，比如德育实效性差的问题，全国以“德育有效性”为主题的研究项目、论文、专著、奖项可以说多到难以数计，但德育至今依然缺乏有效性。

（二）与教育有关的问题

与教育有关的问题是指本身不是教育问题，但它的存在肯定会影响到教育的有效实施，即按照分类学原理，这些问题不属于教育类别，但按照关联原理，它与教育之间又有关系，并且是影响与受影响的关系。例如，学校周边的网吧和商业娱乐场所、未成年人保护、学校周边的污染工厂、高压线穿过校园、社区“黄赌毒”成风、吸烟、计划生育、城镇化、法律程序、学校建筑设计规范、社会治安恶化等，严格说不属于教育问题，但每一样对教育都有直接的影响。教育学过去不太重视这些问题的研究，所以许多教育问题的解决往往缺乏系统的观点。

（三）教育涉及的相关问题

教育涉及的问题是指由教育活动引发的其他问题，这些问题是非教育领域的问题，但它由教育领域的活动或事项所引起。例如，学生社会实践是教育活动，但这项活动需要相关的社会组织的配合，需要消耗更多的资源，而这种增量消耗的资源假如没有列入预算，则又是教育部门（包括学校）自身无法解决的，而且在此过程中，社会组织能否给予配合也是未知的因素，如果学生的社会实践给相关的社会组织带来了麻烦，造成了更多的消耗，更是教育部门无法协调或解决的。这类事项也特别多，如学校选址、学校扩建、学校食堂、课间餐、校车、高考治噪音、统一校服、统一床上用品、教材采购、学校劳务外包，等等，都会牵扯到一连串的其他问题，如果对这些教育事项缺乏应有的研究，那么就不可能很好地处理和解决这些问题。例如，“减负”作为教育自身的问题指的是学校减轻学生过重的课业负担。但当把“减负”放在应试教育的背景下去处理，教育问题也会涉及其他问题。因为学生学业负担过重的背景是应试教育，可以说造成学生学业负担过重的直接原因是应试教育模式，而导致应试教育模式的原因是非常复杂的，更多的因素在于教育外部，在于社会和家庭。人们常常批评素质教育轰轰烈烈、应试教育扎扎实实，其实，不铲除滋生应试教育的社会（政治、经济、文化、家庭等）土壤，仅靠教育自身来克服这个问题几乎是不可能的。

七、是否有科学地研究教育问题的公共准则

“高中优质学位均等分配到服务区域内的初中”是近年来国家作出的重要决策。但这项政策的实施在广州掀起了激烈的论争，论争的焦点概括起来就两点：“这项政策是合理的”和“这项政策是不合理的”。这种公说公有理、婆说婆有理的现象在有关教育问题的讨论中比比皆是。为什么同样一项政策既有人说是合理的又有人说是不合理的呢？究其原因，是因为我们在讨论包括教育在内的公共问题的时候缺乏公共准则。这种公共准则越科学，就越具有明确的性质和边界，就越有助于问题的澄清，就越容易得出明晰的结论和正确的选择。

解决教育问题一靠循规律，二靠守规则。规律是客观存在的，与对规律的认识有关；规则是主观的，与制定规则的人的价值观有关。

规则是人定的。规则的确定是基于人的价值判断或价值追求。个人事项的处理与个人的好恶密切相关，如果没有遭遇节制的话，基本上就个人说了算。组织事项的处理与组织的好恶密切相关，如果没有遭遇节制的话，基本上就以组织的好恶为准则。同理，公共事项的处理与公众的好恶密切相关，如果没有遭遇节制的话，基本上就以公众的好恶为准则。现在

的问题是，个人的好恶是容易确定的，也容易被认知，在一个规模不大的组织里，也容易达成相对一致的“好”“恶”，从而形成组织的规则。如何协调、确定和认识公众的“好”“恶”，进而形成“公共准则”，这是一个非常复杂的过程。“全民公决”在很多情况下被认为是最民主、最科学的方式，其实，这是最耗费、最不讲究理性的“跟着感觉走”的决策方式，而且，公共事务很多，不可能事事“全民公决”，这样，“代表决策”和“精英引导”就变得非常流行。

公共准则要反映足够多数人的意志，即大多数人的“好”“恶”，就必须“妥协”，以大多数人的利益为旨归，并对少数弱势群体有“救济”措施。如果应对公共事项的公共准则仅为少数人服务，那么，大多数人就不会跟少数人“玩”，少数人也就“玩”不起来，当双方的分立达到一定的程度时，大多数人就会想办法不让少数人“玩”。这是被历史一再证实了的人类社会发展的“铁律”，政治如此，经济如此，文化教育也如此。教育就是涉及千家万户利益的公共事项，就应该有一套公共的行为准则，这套准则必须反映绝大多数人的意志，而不是少数人的意志；教育还是涉及国家民族根本利益的重大事项，应该有一套国家教育法则，这套法则必须反映国家意志和民族利益，而不允许违背国家民族意志的行为。因此，我们认为，科学地研究教育问题的公共准则是可能有的，也是应该有的。教育政策是对稀缺的教育资源的权威性分配，而任何一种分配方案都必然地影响到部分主体的利益，但严格地说，在有科学的教育公共准则条件下，教育政策的价值选择不应该出现公说公有理、婆说婆有理的现象。

我国教育的公共准则是什么？现有的教育学著作、政策文本和领导人讲话都没有系统的论述，这是亟待解决的。

八、教育问题研究的本末何在

最近20多年来，教育研究得到了政府的大力推动。一是20世纪80年代中期实施的教师职务制度；二是20世纪90年代中期各地政府设立的“科研促教工程”；三是21世纪初开始的基础教育课程改革所鼓吹的“教师是研究者”理念和培育“研究型教师”计划；四是21世纪10年代中期（进入“十一五”时期）开始打造基础教育领军人物，对骨干教师和名教师的选拔，以及各地政府不断增加教研经费，原本只有少数教育理论工作者奋斗的领域，因为广大教师的积极参与而变得空前兴旺起来。教育研究的人数多，项目多，成果多，论文多，著作多，刊物多，论坛多，氛围好。这是一种非常好的景象，达到了百花齐放、欣欣向荣的境界。

那么多人搞教育研究，那么多资源投放到教育研究，到底是为了什么？这是一个既明确又模糊的事。对个体而言，绝大多数人的行为逻辑是这样的：做教育研究—出成果—发表成果—晋升职称—成为骨干教师培养对象—成为学科带头人—成为名教师。在整个个体行为逻辑链条中，成果发表最为关键，它无须以做得好为基础，但它却是后续发展的最重要的基础。在当今社会，成果发表有三条基本路径，一是做出好成果；二是“买”到好成果；三是“买”到好发表。对组织而言，绝大多数组织的行为逻辑是这样的：诱导、号召做教育研究—遴选有突出成果的教师—进行一系列的培养—出更多的成果—成为骨干教师和学科带头人—成为名教师。在整个组织行为逻辑链条中，因为都基于这样一个判断，即一个区域的教育如何，队伍很关键，队伍建设如何，名师的多少很关键，而所谓名师，就是很有名的教师，没有显性成果，不发表论文，怎么能证明教师是有名的呢？于是，遴选成果发表比较突出的教师加以特别培养，就是最为关键的环节。何为成果发表突出？那就看公开发表的数量（通常是以篇为单位）和质量（通常是以刊物的主管单位及出版社的级别来衡量），至于这些成果是什么质地的，那倒无关紧要。为了达成人才辈出的局面，层层课题立项、经常论文评奖、与出版单位合作做专项，是各地特别是经济发达地区都争着走的可以达到“快速繁荣”的捷径。

论文已经很多了，可要解决的问题依然那么多。

教育研究到底是为了解决问题还是发表论文？大多数人想到的是发表论文，而不是解决问题。不研究教育问题，或者研究教育问题但不能解决教育问题，都偏离了教育研究的方向。教育问题研究的根本在于解决问题，发表论文是末。现在的教育研究属于本末倒置，甚至舍本逐末。

教育问题研究的结果有三种：有助于问题解决的结果，无助于问题解决结果，没有结果。只有第一种情况才算是成果。为追求第一种情况而进行的研究，才是真正的教育研究。

教育问题研究的结果表达或呈现方式主要有两种：一是按照预置的路径解决了现实存在的问题，一是提供了解决现实问题的方案（口头的、书面的、实物的），后者是可传递和可理解的。作为成果的方式，两者都可以有，但至少得有一种。

九、玄与实

在我的观念里，学科都是平等的。不同的学科只有成熟程度的差异，不应有地位的高低。然而，现实却不这样。

在学科序列中，林林总总的学科是有座次的，全世界其他国家的情形如何不知道，在我国，排在第一把交椅的是哲学。哲学被认为是学科皇冠上的明珠，不仅是最耀眼的，而且还具有统驭其他学科的职能，所以在学科群里，哲学的地位非常高，读哲学的人比读其他学科的人的地位高，会哲学思考的人比其他不会哲学思考的人聪明，有哲学色彩的论文比其他没有哲学色彩的论文有学问，能说出几个哲学家名字的人要比说不出来的人牛气，至于读过一两本哲学原著的人简直就可以旁若无人了。这就是哲学的魅力，这就是哲学在中国的霸气。即使在“以经济建设为中心”的当代社会，经济学人获得巨大的经济利益，也不敢觊觎哲学的头把交椅。于是，学界弥漫着“崇哲”的风气，这种风气的突出特征就是尚“玄”。如果爱玄的人能够走上玄“妙”之境，精妙绝伦，则功莫大焉，可惜大多数爱玄的人走上了玄“虚”的道路，虚无缥缈，于实际无所裨益。

一个国家，一个社会，有那么几个、几十个甚至几百个尚玄的人仰望星空是可以的，必需的，人类需要他们弄出些玄妙来；但一个国家，一个社会，多数人都尚玄而不脚踏实地，则是不行的，没必要的，说不定哪天他们弄出些玄虚来，不仅误己，而且误人误国误社会。

一切有助于问题解决的研究结果及其表达方式都是实在的。深刻的道理加上平实的语言才能产生伟大的力量。

虚玄的研究结果及其表达方式将无助于问题的解决，甚至使问题越来越复杂。这已经不是纯粹的学风问题了。

教育科学是该回归教育实践的时候了，是该花大力气研究教育问题了，只有这样，才有针对性，才有科学性，才有学术地位。

第二章

教育体制

一个万能的因由

教育体制是重要的，不然的话，改革开放后中共中央就教育发展问题所做的第一个重大决定（《关于教育体制改革的决定》，1985）就不会针对教育体制。

邓小平曾经多次谈到体制问题，认为，好的体制可以让坏人变好人，而坏的体制可能会使好人变坏人。要求大力改革不合时宜的体制，大力调动人的积极性和创造力，促进社会生产力的发展。

中共中央多次强调要突破体制性障碍，把扫除体制性障碍作为思想解放、实事求是的指标和深化改革、扩大开放的前提。这就是“体制”成为改革开放以来的高频概念的根本原因。

改革开放后，中国特色社会主义事业取得举世瞩目的成就。这是举世公认的成就，主要得益于改革，而整个改革实质上主要是解决体制问题，或者说以体制改革为突破口，带动整个社会事业的改革和发展。

改革开放后，教育改革特别是教育体制改革是人们最为关注而又令人颇不满意的领域。这是非常值得探讨的。解放思想首先爆发于知识界或学术界，为什么知识界或学术界人士最为集中的教育领域，改革开放却如此迟缓。精英云集的教育界本来应该更有智慧解决自身的问题，事实却恰恰相反，成为了最富计划经济色彩的领域；蒸蒸日上的人群本该最具民主精神、法治意识、创新活力、担当气派的群体，然而却在充斥着高度集权、行政指令、统一行为、缺乏自主等种种怪相的天地为自己的功名利禄干耗着，死耗着；高尚的学府本该是圣洁的殿堂，然而却成为中国五大腐败领域之一。个中缘由耐人寻味。

教育领域的“不纯洁”问题何止腐败。教育的腐败案件对于人口众多的教育领域来说，比例是非常低的，大量的是算不上腐败、够不上立案的事件，突出表现为见钱眼开的“三乱”。学校是没有罚款权的，现在连年级组都敢决定罚款，还美其名曰“为了教育学生”，可见为人师表者法纪意识淡薄和教育观念扭曲到了何等地步。在教师队伍里，不少人长期职业倦怠，工作消极应付，打麻将赌博成风。凡此种种，难道仅仅是个人的职业操守问题吗？有没有更深层次的原因？

其实，教育的绝大多数问题都与教育体制有关。教育事业要想获得健康的发展，必须有健康良好的教育体制做保证。

一、教育体制是什么

什么是教育体制？《教育管理辞典》给出的解释是：“教育事业的机构设置和管理权限划分的根本性管理制度。即一个国家在一定的政治、经济制度和科技发展水平基础上建立起来的教育事业的办学体制、财政体制、管理体制等相对稳定的模式，主要是教育内部的领导制度、组织机构、职责范围及其相互关系。涉及教育事业管理权限的划分、人员的任用和对教育事业发展的规划和实施，也涉及教育结构各个部分的比例关系和组合方式。”大致上看这个解释，似乎是明白的，但仔细分析起来，又觉得并没有解释清楚，或者说还存在许多令人疑惑的地方，诸如：

（1）体制到底是“制度”还是“模式”？制度或模式是否属于体制？

（2）教育体制是否就是“国家”层面上的东西？

（3）教育体制建立的基础是否就是政治、经济制度和科技发展水平？

（4）教育体制是否“主要是教育内部的”？

教育体制作为教育改革的核心问题一直为党和国家以及全社会所关注，也是改革开放以来使用最广泛、最频繁的概念之一。怎样厘定教育体制的内涵和外延，不仅具有重要的理论意义，而且也有重大的实践价值。

（一）政策文本中的教育体制

改革开放以来，国家就教育的改革发展问题出台了多项重大政策。这些政策文本都涉及了教育体制的改革问题。分析国家重大教育政策文本中有关教育体制的内容，可以让人们更好地体会教育体制的意义。

1.《关于教育体制改革的决定》中的“教育体制”

中共中央《关于教育体制改革的决定》没有给教育体制下过定义。整个文本集中阐述五个问题：“教育体制改革的根本目的是提高民族素质，多出人才、出好人才”“把发展基础教育的责任交给地方，有步骤地实行九年制义务教育”“调整中等教育结构，大力发展职业技术教育”“改革高等学校的招生计划和毕业生分配制度，扩大高等学校办学自主权”“加强领导，调动各方面积极因素，保证教育体制改革的顺利进行”。这五个问题是20世纪80年代制约中国教育改革和发展的重大问题，按照中共中央的认识，起码有四点是可以确定的：其一，教育体制对于教育事业发展所具有的意义是非常重大的，它关乎教育宗旨、教育目的的实现；其二，教育体制涉及的问题具有宏观的特征；其三，教育体制的内容包括但可能不限于《关于教育体制改革的决定》所涉及的五个方面；其四，教育体制至少与“权”和“责”有关。

2.《中国教育改革和发展纲要》中的“教育体制”

中共中央、国务院《中国教育改革和发展纲要》（1993）也没有给教育体制下过定义。在该政策文本里，“教育体制改革”部分主要谈了11个方面的内容（见表2-1）。[①]

① 国家教委政策法规司编《中华人民共和国教育法规实用要览（1949-1996）》，广东教育出版社，1996年，第373—379页。

表2-1 《中国教育改革和发展纲要》“教育体制”内容汇总

纲	目（基本要点）
改革办学体制	逐步建立以政府办学为主体、社会各界共同办学的体制：在现阶段，基础教育应以地方政府办学为主；高等教育要逐步形成中央、省（区、市）两级政府办学为主、社会各界参与办学的新体制；职业技术教育和成人教育主要依靠行业、企业、事业单位办学和社会各方面联合办学。国家对社会团体和公民个人依法办学，采取积极鼓励、大力支持、正确引导、加强管理的方针。
深化中等以下教育体制改革，继续完善分级办学、分级管理的体制	中等及中等以下教育，由地方政府在中央大政方针的指导下，实行统筹和管理。积极推进农村教育、城市教育和企业教育综合改革，促进教育同经济、科技的密切结合。中等及中等以下各级各类学校实行校长负责制。支持和鼓励中小学同附近的企事业单位、街道或村民委员会建立社区教育委员会。
深化高等教育体制改革	在政府与学校的关系上，要按照政事分开的原则，通过立法，明确高等学校的权利和义务，使高等学校真正成为面向社会自主办学的法人实体。在中央与地方的关系上，进一步建立中央与省（区、市）分级管理、分级负责的教育管理体制；在国家教委与中央业务部门的关系上，国家教委负责统筹规划、政策指导、组织协调、监督检查、提供服务。
改革高等学校的招生和毕业生就业制度	改变全部按国家统一计划招生的体制，实行国家任务计划和调节计划相结合；改革学生上大学由国家包下来的做法，逐步实行收费制度；改革高等学校毕业生“统包统分”和“包当干部”的研究制度，实行少数毕业生由国家安排就业，多数由学生“自主择业”的就业制度。

（续上表）

纲	目（基本要点）
完善研究生培养和学位制度	改进硕士学位授权点和博士生导师的审核办法，同时加强质量监督和评估制度；大力培养应用型人才；鼓励有实践经验的优秀在职人员采取多种形式攻读硕士、博士学位；研究生在学期间实行兼任教学、科研和管理等辅助工作的制度。
改革对高等学校的财政拨款机制，充分发挥拨款手段的宏观调控作用	对于不同层次和科类的学校，拨款标准和拨款方法应有所区别；改革按学生人数拨款的方法，逐步实行基金制；学校可依法筹集资金。
参照高等学校招生、毕业生就业制度改革的精神，加快改革中专、技校招生、毕业生就业制度	根据国家有关政策，由地方人民政府或主管部门制定具体办法；使毕业生面向城乡多种所有制单位就业；重大方针政策由国家制定，地方政府负责统筹规划和指导。
积极推进以人事制度和分配制度改革为重点的学校内部管理体制改革	改革的核心在于运用正确的政策导向、思想教育和物质激励手段，打破平均主义，调动广大教职工积极性，转换学校内部运行机制；在合理定编的基础上，对教职工实行岗位责任制和聘任制，在分配上按照工作实绩拉开差距；学校的后勤工作应通过改革逐步实现社会化。
深化人事劳动制度改革，同教育体制改革相配套	建立和完善高等学校毕业生的考核录用制度；改革高等学校职称评定和职务聘任制度；运用劳动工资等政策杠杆，推动教育体制改革。
加快教育法制建设，建立和完善执法监督系统，逐步走上依法治教的轨道	制定教育法律、法规，要注意综合配套，逐步完善；要抓紧草拟基本的教育法律、法规和当前急需的教育法律、法规，争取到本世纪末，初步建立起教育法律、法规体系的框架；地方要从各自的实际出发，加快制定地方性教育法规。

（续上表）

纲	目（基本要点）
加强教育改革和发展的理论研究和试验	各级政府和教育行政部门要把教育科学研究和教育管理信息化工作摆到十分重要的地位；教育理论工作者和实际工作者要研究和回答建设中国特色的社会主义教育体系的理论问题和实际问题；要积极开展教育决策和咨询研究；鼓励和支持学校、教师和教育研究工作者积极进行教育改革试验。

由表2-1可知，《中国教育改革和发展纲要》所涉及的内容显然要比《关于教育体制改革的决定》所涉及的内容更为丰富、具体、明确，当然，这仅仅是教育体制中需要改革的内容，也就是说，教育体制至少包括这些内容，或者说，教育体制应该包含更多的内容。仅就11方面的内容来看，大致可以归为三类：

（1）与举办教育事业有关的体制；

（2）与管理教育事业有关的体制；

（3）与支持教育事业有关的体制。

3．《关于深化教育改革全面推进素质教育的决定》中的“教育体制”

中共中央、国务院《关于深化教育改革全面推进素质教育的决定》（1998）同样没有给教育体制下定义。整个政策文本由“全面推进素质教育，培养适应二十一世纪现代化建设需要的社会主义新人”“深化教育改革，为实施素质教育创造条件”“优化结构，建设全面推进素质教育的高质量的教师队伍”“加强领导，全党、全社会共同努力开创素质教育的新局面”四个部分组成，共26条，涉及面非常广，但由于没有将“教育体制”划分为一个独立的部分，故无法从文本结构中看出中共中央、国务院有关“教育体制”内涵和外延的看法。参照《中国教育改革和发展纲要》

（1993）的结构来分析，《关于深化教育改革全面推进素质教育的决定》中有关“教育体制”的内容主要分布在第二、第三和第四部分，其基本要点包括了19个方面（参见表2-2）。

表2-2 《关于深化教育改革全面推进素质教育的决定》“体制”内容汇总

纲	目（基本要点）
深化教育改革，为实施素质教育创造条件（共9条）	1. 地方各级人民政府要继续将“两基”作为教育工作的“重中之重”。 2. 调整现有教育体系结构，扩大高中阶段教育和高等教育的规模，拓宽人才成长的道路，减缓升学压力。 3. 构建与社会主义市场经济体制和教育内在规律相适应、不同类型教育相互沟通相互衔接的教育体制，为学校毕业生提供继续学习深造的机会。 4. 进一步简政放权，加大省级人民政府发展和管理本地区教育的权力以及统筹力度，促进教育与当地经济社会发展紧密结合；继续完善基础教育主要由地方负责、分级管理的体制；切实落实和扩大高等学校的办学自主权，增强学校适应当地经济社会发展的活力。 5. 积极鼓励和支持社会力量以多种形式办学，形成政府办学为主体、公办学校和民办学校共同发展的格局。 6. 加快改革招生考试和评价制度，改变“一次考试定终身的状况”。 7. 建立新的基础教育课程体系，试行国家课程、地方课程和学校课程。 8. 大力提高教育技术手段的现代化水平和教育信息化程度。 9. 努力改变教育与经济、科技相脱节的状况，促进教育和经济、科技的密切结合。

（续上表）

纲	目（基本要点）
优化结构，建设全面推进素质教育的高质量的教师队伍（共5条）	1. 建设高质量的教师队伍，是全面推进素质教育的基本保证。 2. 把提高教师实施素质教育的能力和水平作为师资培养、培训的重点。加强和改革师范教育，大力提高师资培养质量；开展以培训全体教师为目标、骨干教师为重点的继续教育，使中小学教师的整体素质明显提高。 3. 建立优化教师队伍的有效机制，提高教师队伍的整体素质。 4. 合理配置教师资源。 5. 努力造就能够带领广大教师和教育工作者积极实施素质教育的学校领导以及管理干部队伍。
加强领导，全党、全社会共同努力开创素质教育的新局面（共5条）	1. 全面推进素质教育，必须切实加强党和政府的领导。 2. 全面推进素质教育，根本上要靠法治、靠制度保障。 3. 努力采取有效措施，切实加大教育投入，逐步实现国家财政性教育经费支出占国民生产总值百分之四的目标。进一步完善教育经费拨款办法，充分发挥教育拨款在宏观调控中的作用，不断提高教育经费的使用效益。 4. 社会用人制度对于实施素质教育有着重要的导向作用，改革用人制度是全面推进素质教育的当务之急。 5. 全面推进素质教育，是我国教育事业的一场深刻变革，是一项事关全局、影响深远和涉及社会各方面的系统工程。

由表2-2可见，中共中央、国务院《关于深化教育改革全面推进素质教育的决定》认为，要全面推进素质教育，绝不纯粹是教育部门特别是学校的事，它“是一项事关全局、影响深远和涉及社会各方面的系统工程”。在全面推进过程中，不解决“体制”问题是不可能成功的。政策文本的第一部分主要谈了“全面推进素质教育”的意义、内涵以及德、智、体、美、劳五育在推进素质教育，促进人的全面发展方面所具有的意义、

地位和要求，着力从微观上或者说从学校内部来谈素质教育的全面推进问题。第二、第三和第四部分主要谈如何通过“深化教育改革”来全面推进素质教育，着重从宏观和中观以及教育与经济社会发展的关系上谈怎样全面推进素质教育。从19个方面的基本要点来看，直接说到体制的只有两条：“构建与社会主义市场经济体制和教育内在规律相适应、不同类型教育相互沟通相互衔接的教育体制”和“进一步简政放权”，其余的有些是体制问题，有些是诸如观念之类的非体制问题，进一步分析可知，该政策文本所涉及的“体制”内容主要有：

（1）权力分配；

（2）结构调整与多样化办学；

（3）管理机制；

（4）教育体制与其他体制的协调。

4．《关于基础教育改革与发展的决定》中的“教育体制”

国务院《关于基础教育改革与发展的决定》（2001）是我国有关基础教育领域的最重要的独立的政策文本，共有40条，分“确立基础教育在社会主义现代化建设中的战略地位，坚持基础教育优先发展”“完善管理体制，保障经费投入，推进农村义务教育持续健康发展”“深化教育教学改革，扎实推进素质教育”“完善教师教育体系，深化人事制度改革，大力加强中小学教师队伍建设”“推进办学体制改革，促进社会力量办学健康发展”和“加强领导，动员全社会关心支持，保障基础教育改革与发展的顺利进行”等六个部分，其中，直接谈到“体制”的有“管理体制”和“办学体制”（参见表2-3）。

表2-3 《关于基础教育改革与发展的决定》“体制”内容汇总

纲	目（基本要点）
完善管理体制，保障经费投入，推进农村义务教育持续健康发展（共11条）	1. 农村“两基”发展任务； 2. 农村义务教育体制：经费、责任。
深化教育教学改革，扎实推进素质教育（共11条）	1. 课程（含教材）管理； 2. 考试评价和招生选拔制度。
完善教师教育体系，深化人事制度改革，大力加强中小学教师队伍建设（共4条）	1. 中小学人事制度； 2. 中小学教师和校长的管理体制。
推进办学体制改革，促进社会力量办学健康发展（共4条）	1. 基础教育以政府办学为主，积极鼓励社会力量办学； 2. 鼓励捐赠； 3. 国有企业中小学分离； 4. 公办学校办学体制改革。
加强领导，动员全社会关心支持，保障基础教育改革与发展的顺利进行（共5条）	1. 教育法制建设； 2. 教育督导。

从表2-3可见，国务院《关于基础教育改革与发展的决定》（2001）把教育体制分成“管理体制”和“办学体制”两大部分，其他涉及体制的问题都似乎可以归在这两大类内。办学体制所要解决的问题是“谁来办”和“怎么办”，管理体制所要解决的问题是“谁来管”和“怎么管”。从这个意义上说，《关于基础教育改革与发展的决定》是国家有关教育的政策文本中对基础教育特别是农村义务教育的责任划分最为细致的一个文本。

5.《国家中长期教育改革和发展规划纲要（2010—2020年）》中的“教育体制”

《国家中长期教育改革和发展规划纲要（2010—2020年）》（2010）

对“体制改革”（文本的第三部分）有专门规划，一共写了六章二十条（见表2-4）：

表2-4　《国家中长期教育改革和发展规划纲要（2010-2020年）》“体制改革”内容汇总

纲	目（基本要点）
人才培养体制改革	更新人才培养观念；创新人才培养模式；改革教育质量评价和人才评价制度
考试招生制度改革	推进考试招生制度改革；完善中等学校考试招生制度；完善高等学校考试招生制度；加强信息公开和社会监督
建设现代学校制度	推进政校分开管办分离；落实和扩大学校办学自主权；完善中国特色现代大学制度；完善中小学学校管理制度
办学体制改革	深化办学体制改革；大力支持民办教育；依法管理民办教育
管理体制改革	健全统筹有力、权责明确的教育管理体制；加强省级政府教育统筹；转变政府教育管理职能
扩大教育开放	加强国际交流与合作；引进优质教育资源；提高交流合作水平

由表2-4可见，《国家中长期教育改革和发展规划纲要（2010—2020年）》高度重视“体制改革”，并把体制改革划分为六个方面（其中的“扩大教育开放”可以看作是教育对外交流与合作体制），这是国家有关教育的政策文本中对“教育体制”分类最为具体的文本。

从以上国家层面的五个教育政策文本来看，教育体制是一个包罗万象的概念，除了教育实体之外，凡是影响教育实体产生、运转（包括事业发展、机构运行、关系人行为等）和消亡的制度化因素，都可以归属为教育体制。

（二）教育体制的含义

教育体制通常也叫教育管理体制或教育领导体制，但最标准的叫法还是教育体制。从语言学的角度来解释，体制大概可以分为“体”和“制”，体是身体、实体、人体、具体等的意思，而制是指制度、制式、制约、规制等的意思，合起来可以解析为“有关实体的制度”。它与实体密切相关，但不是实体本身。它所要解决的是实体的发展方向、运行轨迹以及与其他实体之间的基于权力、责任和利益的关系，即它不仅要规范实体自身的运作，还要协调与其他实体的关系。以此类推，教育体制就是有关教育实体的制度，具体地说，就是指规范教育实体发展方向和运行轨迹的制度以及处理与其他实体关系的利益准则和行动规则。

正如前面的分析，教育体制是一个包含很广的概念，一切与教育管理有关的基本制度及其规范下的运行机制都可以容纳其中，从内容来看，主要解决教育事业的三大问题：“谁来管”“管什么”和“怎么管”（或“谁来做”“做什么”和“怎么做”），核心是“权”“责”“利”的划分；从层级来分，包括宏观的办学体制、中观的教育行政管理体制、微观的学校（教育机构）管理体制三个层次，核心是教育与经济社会发展的协调（外部协调）和各级各类教育以及各级各类学校之间的协调（内部协调）。三大问题和三个层次实际上构成了一张可拓性非常强的教育体制网状结构：

◎体制

经济体制

政治体制

文化体制

科技体制

教育体制

……

◎教育体制

办学体制：

学前教育办学体制、初等教育办学体制、中等教育办学体制、义务教育办学体制、高等教育办学体制；

基础教育办学体制、职业教育办学体制、师范教育办学体制；

普通教育办学体制、成人教育办学体制；

国民教育办学体制、干部教育办学体制；

学校教育办学体制、社会教育办学体制；

公办教育办学体制、民办教育办学体制；

……

管理体制：

教育行政管理体制、学校管理体制；

教育人事体制、教育经费体制（含教育财政体制）、教育督导体制；

课程管理体制、教育科研体制；

招生考试体制、人才培养体制；

……

在这个网状结构里，教育体制是体制的一个分支，而教育体制又是由众多低一层次的分支构成的。这些低一层次的分支还可继续划分下去，直至不可再分的“微体制”。

教育体制的外延不是一成不变的。由于教育事业发展的需要，一些教育实体消失了，一些新的教育实体产生了，相应的教育体制也将消失和产生。例如，新中国成立后相当长一段时间，我国没有民办学校，因而没有民办教育体制，后来，为了促进教育事业健康快速的发展，国家开始开放学校举办权，开始构建民办教育体制。又如，在计划经济时代，我国大中专学校实行的统招统分体制，毕业生由国家统一分配工作，进入20世纪90年代，国家开始改革这种体制，现在的大中专毕业生实行自主择业，不包分配，过去的统招统分体制就消失了。再如，20世纪80年代中期（1986年）以前，我国没有实行过真正意义上的义务教育，因此，在那之前没有义务教育体制。《义务教育法》颁行之后，为了确保义务教育在各级各类教育中“重中之重”的地位并获得顺利发展，我国开始建立义务教育管理体制，经过10多年的探索，2001年，国务院将农村地区的这种体制定位为“以县为主的农村义务教育管理体制”。鉴于改革开放后，特别是最近10多年来，城乡教育的差距日益扩大，为此，《国家中长期教育改革和发展规划纲要（2010—2020年）》致力于促进区域教育均衡发展，提出了要建立城乡一体化义务教育管理机制。可以想见，未来中国基础教育的管理就只有一种体制，而不是现在的城市基础教育管理体制和农村基础教育管理体制。

以我国现实的国家架构和教育架构为例，最基本的教育体制框架都将涉及众多的问题。综合三大问题（谁来管、管什么、怎么管或谁来做、做什么、怎么做）和三个层次（宏观、中观、微观）等因素来分析，可以获得四个层次的教育体制分析框架，见表2-5，2-5-1、2、3：

表2-5　教育体制分析框架

	办学体制	行政管理体制	学校管理体制
谁来管（谁来做）			
管什么（做什么）			
怎么管（怎么做）			

表2-5可用于教育体制的整体分析，包括各级各类教育谁来办、各级各类教育管什么、各级各类教育怎么管，进一步可以具体细化为“办学体制分析框架”“行政管理体制分析框架”和“学校管理体制分析框架”。

表2-5-1　办学体制分析框架

	学校教育	社会或社区教育	家庭教育
谁来管（谁来做）			
管什么（做什么）			
怎么管（怎么做）			

表2-5-1适用于办学体制的整体分析，着重从宏观上分析一个国家或地区的办学体制，即一个国家或地区的各级各类教育该谁办、办什么和怎么办的问题。进一步可以具体细化为“学校教育办学体制分析框架”“社会或社区教育办学体制分析框架”和“家庭教育办学体制分析框架”。

表2-5-2　学校教育办学体制分析框架

	学前教育	初等教育	中等教育	高等教育
谁来管（谁来做）				
管什么（做什么）				
怎么管（怎么做）				

表2-5-2用于学校教育办学体制（即举办学校的体制）的整体分析，与此表相一致的分析框架还有社会或社区教育办学体制，甚至还可用于分析家庭教育体制。表2-5-2还可以细化为“学前教育办学体制分析框架”“初等教育办学体制分析框架”，“中等教育办学体制分析框架”或“义务教育办学体制分析框架”，以及“高中阶段教育办学体制分析框架”“高等教育办学体制分析框架”。例如，我国高等教育实行公民办并举的办学体制，其中公立高等教育学校主要实行国家、省及中心城市人民政府办学的体制，此外还有政府部门办学，所以这些高校统归国务院教育行政部门领导，部门所办高校还要接受办学部门的领导，这样，在我国，公立高校就有了国立大学、省立大学、市立大学和部门所办大学之分，与

之相关的办学主体就拥有不同的“权”“责”“利”。所谓办学体制改革，核心就是学校举办者的权责利分配。

表2-5-3　学前教育办学体制分析框架

	谁来管（谁来做）	管什么（做什么）	怎么管（怎么做）
中央			
省			
市			
县			
乡镇			
村			
社团			
公民个人			

表2-5-3用于学前教育办学体制的整体分析。与此表相一致的分析框架还有其他级类教育的办学体制分析框架，如初等教育办学体制分析框架、中等教育办学体制分析框架和高等教育分析框架，此外还可以用此表来分析社会或社区教育各层次类别的办学体制，如不同级类职业技能培训的管理体制。实际上，任何级类的教育，在中央、省、市、县、乡镇、村、社团和公民个人之间，都存在一个“谁来管（做）”“管（做）什么”和“怎么管（做）”的划分，他们之间的分工合作就构成了该级类的教育体制。

这是根据教育体制的含义设计的一种分析工具。因为体制涉及权责利的划分，如果划分重叠，将会追逐权和利，而推诿责任；如果划分不全，留下真空地带，将会影响某些方面的事业发展；如果权和利过于上收，下面的没有积极性，上面的也会遭遇资源压力和管理压力；如果权和利过于下放，将会增加统筹和协调的压力，难以监管，严重的有可能导致标准水平降低。因此，在建立和改革教育体制时，利用该分析工具进行设计和协助评估，可以获得较好的帮助。

（三）教育体制的意义

改革开放的伟大实践使人们对体制的重要性有了深刻的认识。推翻“三座大山”、建立新中国是一种体制革命，改革开放、建立中国特色社会主义也是一场体制革命。任何深刻的社会变革，都将涉及体制，本质上都是“体制革命”。而任何体制革命都将会触及现有的权利关系，都是利益的重新分配。这就是体制改革的艰难所在，也是体制的重要性所在。

教育体制是教育事业发展到一定水平的产物，而任何新生事物都是先于体制而发展的。新生事物往往代表着社会前进或事业发展的方向。这就意味着要保障新生事物的茁壮成长，就必须突破旧有的体制框架，建立新的适应社会进步和事业发展的体制。

教育体制是教育事业发展的依托，为教育事业发展提供框架、路向和可能性。一种事业如果长期被排斥在体制之外，那么，它是不可能获得健康发展的。相反，如果是体制内的事，其运作和发展都会比较顺畅。

教育体制是一股强大而无形的力量：它对教育事业发展起着推动或者阻碍的作用。凡是体制许可或保护的事业，犹如获得神助，无须特别发力，都能顺风顺水；凡是体制反对或限制的事业，哪怕用尽心力，也很难前行。国家要扩招，需要发展民办高等教育，就要大力鼓励、积极扶持民办的独立的二级学院，于是，不少独立的二级学院如雨后春笋般冒出来，边建边报边招生，有的二级学院长期“贴牌生产”；国家不希望成人高校从事普通高等教育，哪怕具备本科教学水平和经验的省级教育学院也不能招收普通教育本科学生，甚至要由成人本科院校改制为普通本科院校也面临重重困难。在习惯身份管理而不是水平管理的体制下，要获得体制认可或突破体制限制更加艰难。

教育事业要获得健康发展就必须解决体制问题：要么突破体制障碍，

要么提供体制保障。这就是中国教育改革的深水区，也是“人命关天”的领域。

二、教育体制改革的目标是什么

江泽民曾指出，我国经济体制改革确定什么样的目标模式，是关系整个社会主义现代化建设全局的一个重大问题。“实践的发展和认识的深化，要求我们明确提出，我国经济体制改革的目标是建立社会主义市场经济体制，以利于进一步解放和发展生产力。”“我国政治体制改革的目标是，建设有中国特色的社会主义民主政治，健全社会主义法制，切实保障人民群众当家作主的权利。”[①]那么，我国教育体制改革的目标是什么？按照中共中央《关于教育体制改革的决定》的表述，就是“经过改革，要开创教育工作的新局面，使基础教育得到切实加强，职业技术教育得到广泛的发展，高等教育的潜力和活力得到充分的发挥，学校教育和学校外、学校后的教育并举，各级各类教育能够主动适应经济和社会发展的多方面需要”。其实，这不仅仅是教育体制改革的目标，它还是各种教育改革的目标。

关于教育体制改革的目标，实际上涉及相互关联的三个方面：

1. 需要改革的教育体制是一个怎样的体制？

2. 要对原有教育体制进行哪些改革？

3. 希望通过改革建立一个怎样的教育体制？

中共中央和国务院的政策文本并没有明确提出与上述三个方面对应的教育体制改革的目标，但也有在相关的政策文本里涉及这些问题。例如，《中国教育改革和发展纲要》指出：“在90年代，随着经济体制、政治体

---

① 江泽民：《加快改革开放和现代化建设步伐，夺取有中国特色社会主义事业的更大胜利》（1992年10月12日），见中共中央文献研究室编《江泽民论有中国特色社会主义（专题摘编）》，中央文献出版社，2002年，第61—62、299页。

制和科技体制改革的深化，教育体制改革要采取综合配套、分步推进的方针，加快步伐，改革包得过多、统得过死的体制，初步建立起与社会主义市场经济体制和政治体制、科技体制改革相适应的教育新体制。”“只有这样，才能增强主动适应经济和社会发展的活力，走出教育发展的新路子，为建立具有中国特色的社会主义教育体系奠定基础。”“教育体制改革要有利于坚持教育的社会主义方向，培养德智体全面发展的建设者和接班人；有利于调动各级政府、全社会和广大师生员工的积极性，提高教育质量、科研水平和办学效益；有利于促进教育更好地为社会主义现代化建设服务。”①从《中国教育改革和发展纲要》的有关规定来分析，我们可以得出如下的结论：

1. 我们所要改革的教育体制是计划经济时代的教育体制，或者说与计划经济时代的经济体制、政治体制和科技体制相适应的教育体制。

2. 对原有教育体制的改革不是推倒重来，而是要改革其中“包得过多、统得过死”的部分。

3. 通过改革希望初步建立起与社会主义市场经济体制和政治体制、科技体制改革相适应的教育新体制。这种新的教育体制具体是怎样的，政策文本没有描述，但它是有“新”内涵的：（1）这种新体制能够增强主动适应经济和社会发展的活力；（2）这种新体制能够引导中国走出教育发展的新路子；（3）这种新体制可以为建立具有中国特色的社会主义教育体系奠定基础，也就是说，凡是具有中国特色社会主义性质或因素的教育都是可以获得体制的认可或保护的，是可以进入中国特色社会主义教育体系里的。

4. 怎样判别教育体制改革的正当性、正确性和有效性呢？文本列出了“三个有利于”，即改革方向正确、直接效果明显、终极效果突出。

① 国家教委政策法规司编《中华人民共和国教育法规实用要览（1949—1996）》，广东教育出版社，1996年，第373—374页。

5. 改革的策略是“综合配套”“分步推进”和“加快步伐”。这是一个渐进式改良策略。既要稳又要快，这种平衡是很不容易做到的。改革开放后，我国经济体制改革步伐比较快，其改革思路和效果是显而易见的；科技体制改革步伐也比较快，其改革思路和效果也是比较显而易见的。由于国家政治体制改革采取的是稳步推进的策略，政治体制改革一直在探索之中，其改革思路和效果就没有那么显而易见了。教育是社会事业，教育体制与政治体制的关系比起经济体制和科技体制的关系要更为密切，要建立与社会主义市场经济体制和政治体制、科技体制相适应的教育新体制，就必然面临更多的困难。这就是我国教育体制改革滞后的主要原因之一。当然，在这个变革的时代，教育体制改革不可能等经济体制、政治体制和科技体制改革完成之后才来建构，在根本制度和基本原则明确的前提下，积极推进教育体制改革不仅是必要的，也是可行的。

在中国共产党第十六次全国代表大会上，江泽民作了题为《全面建设小康社会，开创中国特色社会主义事业新局面——在中国共产党第十六次全国代表大会上的报告》（2002年11月8日）的报告。十六大报告在谈及“全面建设小康社会”的目标时提出：“全民族的思想道德素质、科学文化素质和健康素质明显提高，形成比较完善的现代国民教育体系、科技和文化创新体系、全民健身和医疗卫生体系。人民享有接受良好教育的机会，基本普及高中阶段教育，消除文盲。形成全民学习、终身学习的学习型社会，促进人的全面发展。”在具体谈到教育改革发展问题时，十六大报告把教育改革发展放在“文化建设和文化体制改革”部分，指出要“大力发展教育和科学事业。教育是发展科学技术和培养人才的基础，在现代化建设中具有先导性全局性作用，必须摆在优先发展的战略地位。全面贯彻党的教育方针，坚持教育为社会主义现代化建设服务，为人民服务，与生产劳动和社会实践相结合，培养德智体美全面发展的社会主义建设者和接班人。坚持教育创新，深化教育改革，优化教育结构，合理配置教育资源，提高教育质量和管理水平，全面推进素质教育，造就数以亿计的高素质劳动者、数以千万计的专门人才和一大批拔尖创新人才。加强教师队伍建设，提高教师的师德和业务水平。继续普及九年义务教育。加强职业教育和培训，发展继续教育，构建终身教育体系。加大对教育的投入和对农村教育的支持，鼓励社会力量办学。完善国家资助贫困学生的政策和制度。制订科学和技术长远发展规划。加强科学基础设施建设。普及科学知识，弘扬科学精神。坚持社会科学和自然科学并重，充分发挥哲学社会科学在经济和社会发展中的重要作用。在全社会形成崇尚科学、鼓励创新、反对迷信和伪科学的良好氛围”。[1]该报告没有明确提到教育体制改革，但也涉及相关的内容，甚至可以说，这些内容都与教育体制有关。

在中国共产党第十七次全国代表大会上，胡锦涛作了题为《高举中国特色社会主义伟大旗帜　为夺取全面建设小康社会新胜利而奋斗——在中国共产党第十七次全国代表大会上的报告》的报告（2007年10月15日）。[2]十七大报告的第八部分“加快推进以改善民生为重点的社会建设”指出：“社会建设与人民幸福安康息息相关。必须在经济发展的基础上，更加注重社会建设，着力保障和改善民生，推进社会体制改革，扩大公共服务，完善社会管理，促进社会公平正义，努力使全体人民学有所教、劳有所得、病有所医、老有所养、住有所居，推动建设和谐社会。”在教育改革和发展方面，十七大报告提出了“学有所教”的理念，确立了“优先发展教育，建设人力资源强国”的目标，具体包括“全面贯彻党的教育方针，办好人民满意的教育”“优化教育结构”“深化教育教学改革”“坚持教育公益性质”“加强教师队伍建设”和“建设学习型社会”等方面的任务。十七大的报告带给人们一个认识教育的新视角，即教育是

① 江泽民：《全面建设小康社会开创中国特色社会主义事业新局面——在中国共产党第十六次全国代表大会上的报告》，中国经济网，2003年10月9日。

② 胡锦涛：《高举中国特色社会主义伟大旗帜为夺取全面建设健康社会新胜利而奋斗——在中国共产党第十七次全国代表大会上的讲话》，人民出版社，2007年。

社会事业，要突出公益性，要确保公平，报告还指出："教育是民族振兴的基石，教育公平是社会公平的重要基础。"要"坚持教育公益性质"。这将有利于坚守教育的社会主义性质。而"学有所教"则反映了我国经济社会发展的必要性、可能性和中国共产党对于促进人的发展的理想追求。所有这些都为教育体制改革确立起新的基本原则和崇高目标。强调教育的公平性和公益性，这是中国共产党执政以来教育改革政策基调的重大变化。此后，我国教育改革和发展出现了全新的鲜明的特点：强调政府责任和突出教育公平。

在十七大报告的指引下，国家制定了《国家中长期教育改革和发展规划纲要（2010—2020年）》。《教育规划纲要》提出："在党和国家工作全局中，必须始终坚持把教育摆在优先发展的位置。按照面向现代化、面向世界、面向未来的要求，适应全面建设小康社会、建设创新型国家的需要，坚持育人为本，以改革创新为动力，以促进教育公平为重点，以提高质量为核心，全面实施素质教育，推动教育事业在新的历史起点上科学发展，加快从教育大国向教育强国、从人力资源大国向人力资源强国迈进，为中华民族伟大复兴和人类文明进步作出更大贡献。"为此，国家确立了"优先发展、育人为本、改革创新、促进公平、提高质量"作为工作方针。可以预想，中国的教育体制改革将朝着公平性、公益性和优质化的方向迈进。

或者可以说，公平性、公益性和优质化将是我国教育体制改革的价值追求和理想目标。

三、教育体系应该如何描述

改革开放后特别是进入21世纪以来，"体系"和"教育体系"成为高频概念，在党和国家的政策文本里经常使用这些概念。如："国家创新体系""国民教育体系""终身教育体系""普通教育体系""高等教育体系”“中等职业学校贫困学生资助体系”“学生综合素质评价体系”，等等。中国共产党的“十六大报告”根据全面建设小康社会的基本要求，明确提出了21世纪头20年教育改革发展的宏伟目标就是“形成比较完善的现代国民教育体系”。这向人们发出一个强烈的信号：现代化和体系化是我国改革的一个重要取向。

（一）体系和教育体系

体系和体制是两个不同的概念。实践中经常混淆。

体系是结构系统，是按照一定规则经过组织而构成的。学科体系是有关学科的知识系统，教育体系是有关教育的机构（结构）系统。凡是体系都是经“组织”而构成的。体系又是由众多要素按照一定规则组织起来的结构系统。任何体系都是由一群关联要素或同类要素构成的，只有一个或一对要素构不成体系。所以，体系作为结构系统，必定是复杂的，例如，许许多多的义务教育学校构成了义务教育体系，中央党校只有一所，不可能构成中央党校体系。这是体系的特性。

体制是有关体系建构、运作及协调与其他体系的关系的规则。它是以制度为载体的。《国家中长期教育改革和发展规划纲要（2010—2020年）》在总结新中国成立以来的教育成就时写道，我们“建成了世界最大规模的教育体系”。这句话带给人们一个重要的信息就是，数量是衡量体系的一个重要指标，体系是可以用大小来区分的，属于数量判断。如果一种体系的包容量能够满足它的服务对象的需要，那么这种体系是完备的。而体制则不同，它不能用大小来衡量。衡量体制的重要指标是好坏，是进步与落后，是创新与陈旧，是充满活力与死气沉沉，属于性质判断。这是体制与体系的区别所在。就九年义务教育来说，在校生规模接近1.6亿，这样的义务教育体系绝对是世界上最大的义务教育体系；适龄儿童少年的入学率达到99%以上，这样的义务教育体系也是世界比较完备的义务教育体系。

1. 什么是教育体系

《教育管理辞典》对“教育体系”给出的定义是：“一个国家各级各类及各种形式的教育相互联系、相互衔接而构成的整体。参见‘教育系统’。”该辞典为“教育系统”给出的定义是：“一个国家各级各类及各种形式的教育机构的总体。包括：学校教育系统、校外儿童教育系统和成人教育系统及其各级教育行政部门几部分。”[①]根据这个定义，教育体系和教育系统是近义词或同义词，其大意是：教育体系是由各级各类和各种形式的教育机构构成的，这些构成教育体系的各级各类和各种形式的教育机构是相互联系、相互衔接的。我们认为，这个解释基本上反映了教育体系的本质特征，但教育体系并非就是一个“国家”的，它也可以是一个“地区”的。

教育体系（系统）是一个“总”的体系（系统），严格地讲，应该包括学校教育系统、社会教育系统、家庭教育系统和教育行政系统。教育行政系统跟一个国家的行政架构有关，其余三大系统中，学校教育系统是主体。在我国，学校教育系统中，有为干部提供教育服务的系统，有为军人提供教育服务的系统，有为宗教人士提供教育服务的系统，有为全体国民提供教育服务的系统，等等。为国民提供教育服务的系统是学校教育系统中最主要的系统，也就是说，国民教育系统是整个教育体系中的主体部分，也称为“国民教育体系”。

2. “国民教育体系”和“现代国民教育体系”

一般说来，教育部组织编写的辅导读本所给出的解释应该是最为权威的。在教育部所编的《贯彻十六大精神努力开创教育改革发展新局面——学习十六大报告教育论述辅导读本》里，是这样解释“国民教育体系”的：

① 《教育管理辞典》，海南出版社，2005年，第13页。

“一般认为，国民教育体系是指国家通过法规确定的，为本国国民提供教育服务的组织体系。在组织形式上，国民教育体系的主体由各级各类学校构成，同时也包括各级行政机构。国民教育体系内在的规定性则表现为学制、学历、学位、考试、资格证书等基本制度。国民教育体系是工业革命的产物，它的出现表明，教育客观上开始在经济建设和社会发展中占据基础性的重要地位。所以，国民教育体系实际上是一个国家教育发展水平的综合反映，也是说明整个社会发展状况的基本指标。而现代国民教育体系则超越了国民教育体系的一般内涵，它指的是达到了一定标准要求或具有较高发展水平的国民教育体系，这集中体现在它较高程度地反映了现代社会发展和人的发展的总体需要。体现在教育的高水平和高效益上。”①

教育部组织编写的辅导读本上的这段话把国民教育体系定义为“为本国国民提供教育服务的组织体系”，认为国民教育体系与现代国民教育体系的主要区别集中体现在“程度”上，是很确切的。至于说，“国民教育体系是工业革命的产物”“现代国民教育体系超越了国民教育体系的一般内涵”，则是值得商榷的。但不管怎样，国民教育体系是教育体系的主体，现代国民教育体系必须适应现代社会发展和人的发展的需要，应该是没有疑问的。

《教育管理辞典》在定义“国民教育体系”时作出这样的解释：“一个国家为本国公民所确立的学校教育体系。从教育层次上来说，包括学前教育、初等教育、中等教育和高等教育；从办学形式来说，包括学校教育和社会教育；从教育对象来说，包括学龄儿童、青少年和成人；从实施区域来看，不仅是一个地区，而且是整个国家的。其作为一种体系，有一个相当长的孕育期。19世纪早期，欧洲各国开始形成自己的国民教育体系，标志着其国家办学以及现代学校教育的开始。20世纪以后，国民教育体系

① 中华人民共和国教育部编《贯彻十六大精神努力开创教育改革发展新局面——学习十六大报告教育论述辅导读本》，人民教育出版社，2002年，第44页。

在各国教育发展中取得主导地位。其特点是普及性，以世俗国家和市民社会的需要为宗旨。由于政治、经济、教育等发展不平衡，国民教育体系在各国的发展也不平衡。”[①]这种解释，把国民教育体系定位为“学校教育体系”似乎不够确切，因为：学校教育体系中有些学校如“神学院”是不能划入国民教育体系中的；而有些非学校教育体系中的教育机构如社会教育机构实施的教育就是国民教育。当然，它对国民教育体系的分类还是很有启发的。

《教育管理辞典》作为“词典”应该是权威的，这是一种学术权威，虽然与教育部的行政权威有所不同，但它所提供的定义或解释应该是“标准”的。现在的问题是，从比较中我们可以发现，两者的解释还是有很大的不同的。我们认为，在现代社会，一个人可以同时拥有多种身份，如既是公民又是僧侣。判断或划分教育体系不能仅仅依据教育服务的对象，更重要的是要看其教育的目的和内容。国民教育是与贵族教育、宗教教育等相对应的世俗教育、公民教育。这是国民教育体系又一个本质规定性。

综上所述，国民教育体系应该是一个国家或地区为本国或本地区公民提供世俗教育服务的组织体系，是一个国家或地区教育体系的主体部分。

（二）怎样描述教育体系

教育体系是一个“总”的提供教育服务的组织系统，不同的国家或地区，其教育体系是有很大不同的。在一个国家里，按照不同的标准，教育体系也可以有不同划分。

1. 按覆盖地域来分，有国家教育体系和地方教育体系。

2. 按教育职能来分，有教育行政体系、教育实施体系、教育支持体系。

3. 按教育性质来分，有国民教育体系、宗教教育体系、军事教育体系、干部教育体系等。

---

① 《教育管理辞典》，海南出版社，2005年，第21页。

4．按实施场所来分，有学校教育体系、社会教育体系、家庭教育体系。

5．按教育层级来分，学前教育体系、初等教育体系、中等教育体系、高等教育体系。

6．按教育功能来分，有学历教育体系和继续教育体系；有基础教育体系和职业教育体系；

7．按举办主体来分，有公办教育体系、民办教育体系、混合教育体系（如民办公助、公有民营等）。

8．按教育对象来分，有以青少年儿童为主要教育对象的普通教育体系和以成人为主要教育对象的成人教育体系。

9．按教育形式来分，有正规教育体系（全日制）和非正规教育体系（非全日制，包括业余教育、函授教育、自学考试、远程教育等）。

上述这些划分，主要的意义在于研究的需要，当然对指导实践也有一定的价值。现实中，具体的教育机构在许多划分中都有自己的位置，例如，扫盲教育是以成人为主要对象的，是非正规教育，是学历教育，是公办教育，属于国民教育体系；面向农民的绿色证书教育，是以成人为教育对象的教育，是非正规教育，是社会教育，是继续教育，是职业技术教育，是公办教育，也属于国民教育体系。又如，本科自考是以成人为教育对象的，是非正规教育，是学历教育，是高等教育，属于国民教育体系。再如，有人经批准将义务教育阶段的小孩放在家里亲自教育，这就是家庭教育、义务教育、学历教育、民办教育，也属于国民教育体系。这就是教育体系多样性、复杂性的体现。

我国实际存在几种类别的教育？

我国幅员辽阔，且已建立起了世界最大规模的教育体系，就目前的划分来看，各级各类和各种形式的教育都有，但除了教育行政体系外，规模最大、最完备的是国民教育体系。它是我国教育体系的主体。当然，在整个国民教育体系中，规模最大、最完备的是为公民提供世俗教育服务的学校教育体系，社会教育体系还有待进一步发育，特别是面向农村社区的教育体系还是薄弱环节。这也是国家要致力解决的问题。当整个国民教育体系发展到能够满足“人人想学、时时可学、处处能学”的需要时，也就建成了完善的终身教育体系，人人学习、终身学习的学习型社会也就基本建成了。

四、成人教育与职业教育重要吗

据说美国现代的教育体系中没有独立的成人教育体系和独立的职业教育体系，但其成人教育和职业教育还是比较发达的。在美国，成人教育体系和职业教育体系与普通教育体系是“一体化”的。

在中国几千年的教育史上，成人教育或者说对成人的教育通常都纳入社会教化的范畴。秦朝统一后，更是在基层政权建设中加强对以成人为主要对象的社会教化，设置专门的岗位，让“三老以掌教化”。其后历代都非常重视这项工作。在现代的很多人的心目中，教育就是培养青少年的事业，其实这种理解并不确切，起码中国的教育传统不是这样。

严格地说，中国古代是不重视职业教育（或职业技术教育）的，起码在青少年阶段是这样，在学校教育领域是这样。有关职业教育的实施基本上是在成人阶段进行的，在生产一线进行的，虽然有些技术官员的培养非常讲究严格训练，但那多是“家学”或“师徒制”的教育形式，与今天的职业技术学校教育有很大差别。

就世界范围来说，人们对成人教育和职业教育重要性的认识并使之制度化是工业革命之后的事。工业革命后，产业发展和技术进步带来了两个直接结果：一是需要源源不断地而且越来越多地补充技术工人；二是从业人员的知识水平和技能水平需要不断更新和提高。前者促进了职业教育的发展，后者推动了成人教育的发展。而成人教育和职业教育在产业部门又是高度重合的。这就是工业革命后成人教育和职业教育高速发展、交互发展的社会历史根源，也是终身教育思想和实践萌芽发展的重要基础。

关于成人教育和职业教育的理论意义和现实价值，可以说是已经解决了的历史课题。然而，理论意义和现实价值要转化为具体政策和广泛实践却有一段很大距离。新中国成立之后，特别是改革开放之后，党和国家高度重视成人教育和职业教育，这从已经颁发的重要的政策文本中可以得到印证，特别是职业教育，几乎所有重要的政策文件都会谈及。例如：

中共中央《关于教育体制改革的决定》（1985）共有五个部分，其中第四部分谈“调整中等教育结构，大力发展职业技术教育”问题，主要观点包括发展职业教育的重要性和紧迫性，逐步实现持证上岗制度，中学阶段开始分流，高中阶段职业高中和普通高中规模大体相当，优先对口招生（含在职人员），建立一个从低级到高级、行业配套、结构合理又能与普通教育相互沟通的职业技术教育体系，职业技术教育要与当地经济社会发展需要相结合，要注重技能训练，重视职业道德教育和职业纪律教育，要多种形式办职业教育，要解决专业师资严重不足的问题，等等。这些政策措施切中时弊，高屋建瓴，抓住了职业教育改革发展的“牛鼻子”。但该文件没有专门提出成人教育的改革意见，而是授权国家教委作出专门的决定。

中共中央、国务院《中国教育改革和发展纲要》（1993）多处谈到职业教育和成人教育（见第5、8、10、13、17条），而且有很多创新性观点。例如，“在结构选择上，以九年义务教育为基础，大力加强基础教育，积极发展职业技术教育、成人教育和高等教育，把提高劳动者素质，培养初、中级人才摆到突出的位置”。

中共中央、国务院《关于深化教育改革全面推进素质教育的决定》（1999）对职业教育和成人教育也提出了许多创新性意见，除了继续把“基本扫除青壮年文盲”与“基本普及九年义务教育”（简称“两基”）作为教育的“重中之重”外，还明确强调：“高等职业教育是高等教育的重要组成部分”；“职业技术学院（或职业学院）可采取多种方式招收普通高中毕业生和中等职业学校毕业生。职业技术学院（或职业学院）毕业生经过一定选拔程序可以进入本科高等学校继续学习”；“高等学校和中等职业学校要创造条件实行弹性的学习制度，放宽招生和入学的年龄限制，允许分阶段完成学业。大力发展现代远程教育、职业资格证书教育和其他继续教育。完善自学考试制度，形成社会化、开放式的教育网络，为适应多层次、多形式的教育需求开辟更为广阔的途径，逐渐完善终身学习体系”；“经国务院授权，把发展高等职业教育和大部分高等专科教育的权力以及责任交给省级人民政府，省级人民政府依法管理职业技术学院（或职业学院）和高等专科学校。高等职业教育（包括高等专科学校）的招生计划改由省级人民政府制订，其招生考试事宜由省级人民政府自行确定”；“地方各级人民政府要加强对职业教育和成人教育的统筹”“职业教育要增强专业的适用性，开发和编写体现新知识、新技术、新工艺和新方法的具有职业教育特色的课程及教材”；“进一步推进农科教结合，全面推进农村教育综合改革，促进农村普通教育、成人教育和职业教育的统筹协调发展，使农村教育切实转变到主要为农村经济和社会发展服务上来。要把文化知识教育和扫除青壮年文盲与实用生产技术培训结合起来，与农民脱贫致富结合起来。要采取灵活多样的教育培训形式，抓紧培养一大批农村急需的实用技术推广人才、乡镇企业管理人才和医疗卫生人才”。

国务院《关于基础教育改革与发展的决定》（2001）虽然是关于“基础教育”改革发展问题的政策文件，其中也对职业教育和成人教育的改革发展问题作出相应的规定：例如，把“基本扫除青壮年文盲”和“基本普及九年义务教育”作为教育的“重中之重”，完善扫除文盲的奖励机制，推动扫盲工作向纵深发展；强调要继续深化“农科教相结合”和基础教育、职业教育、成人教育的“三教统筹”等项改革，试行“绿色证书”教育并与农业科技推广等结合；要“保持普通高中与中等职业学校的合理比例，促进协调发展。鼓励发展普通教育与职业教育沟通的高级中学”；“农村中学的课程设置要根据现代农业发展和农村产业结构调整的需要”。

《国家中长期教育改革和发展规划纲要（2010—2020年）》（2010）从构建终身教育体系、建设学习社会的高度，用了两章专门进行探讨，其中，第六章专述“职业教育”，第十章专述“继续教育”，在其他的部分里，也有一些内容是论及职业教育和成人教育的。关于职业教育的改革发展思路，《教育规划纲要》提出要“大力发展职业教育”、要“调动行业企业的积极性”、要“加快发展面向农村的职业教育”、要“增强职业教育的吸引力”；关于继续教育的改革发展思路，《教育规划纲要》提出要“大力发展继续教育”、要“建立健全继续教育体制机制”、要“构建灵活开放的终身教育体系”。

从上述政策文件的内容来分析，国家对职业教育和成人教育是非常重视的，而且这种重视还是比较一贯的，并有越来越重视的趋势。

然而，在当今中国，成人教育和职业教育是真得重要吗？

首先，成人教育没有得到应有的重视，具体表现为：一是成人教育总体上处于一种放任自由的管理状态，准入门槛低，办学规范少；二是从事成人教育的机构多以牟利为目的，不少机构以降低教育水准、迁就学生无理要求来吸引生源，社会声誉不高；三是成人学历教育文凭与普通学历教育文凭不等量，成人本科院校没有学位授予权，制约了成人教育规范化发展；四是职业培训普遍不受重视，2009年，全国从业人员继续教育才1.66亿人次。除了干部教育和教师培训从政策到实施还比较受重视外，其余的成人教育在行政管理方面实际上处于可有可无的境地。

其次，职业教育不受重视是一种普遍现象。一是地方各级政府越往基层越不重视；二是广大人民群众不重视；三是职业教育的直接受益者——用人单位特别是企业普遍不重视；四是从事职业教育的人不受重视；五是职业教育（特别是职业培训）管理不受重视。

总之，从实践的现状来看，人们还看不出成人教育和职业教育的重要性。成人教育不发达，学习型社会就不可能建立；职业教育不发达，要转变经济发展方式是很艰难的。现在的问题是，现有的配套政策未能有效支持到成人教育与职业教育的发展，特别是缺乏有前瞻性、引导性的顶层设计，国家层面的政策就落不了地。

国家有关成人教育和职业教育的政策落不了地，能说成人教育和职业教育是重要的吗？

其实，中央重要，地方次要，越到基层就越不重要的现象还是比较普遍的。究其原因，与中央政策落不了地有一定关系，也与政策制定者自己没有很好贯彻落实政策有关。

五、教育行政管理的重心在哪里

教育行政管理是政府的重要职能之一。

政府怎样管教育，同一个教育事项或同一所学校，是不是各级政府都管？换句话说，教育行政管理的重心在哪里？这里面有两个问题：一是各级政府中哪一级政府应该承担更多的教育行政管理职能？二是各级各类教育的管理中，哪一级类的教育应该成为教育行政管理的重点？

在我国，从中央人民政府到乡镇人民政府，一共有五级政府。五级政府的教育行政管理职能应该怎样划分呢？中共中央《关于教育体制改革的决定》在谈到如何解决存在的教育问题时说："中央认为，要从根本上改变这种状况，必须从教育体制入手，有系统地进行改革。改革管理体制，在加强宏观管理的同时，坚决实行简政放权，扩大学校的办学自主权；调整教育结构，相应地改革劳动人事制度。还要改革同社会主义现代化不相适应的教育思想、教育内容、教育方法。""为了加强党和政府对教育工作的领导，成立国家教育委员会，负责掌握教育的大政方针，统筹整个教育事业的发展，协调各部分有关教育的工作，统一部署和指导教育体制的改革。”按照这个文件的精神，有两点是非常明确的：一是改革要从体制入手，通过教育体制改革来促进教育事业的发展；二是教育体制要坚定不移地简政放权，落实责任，调动各方面的积极性。那么，此后的教育改革是否沿着这样的思路和方向进行呢？从此后的中央教育政策文件来看，应该说，总的思路和方向没有变，但改革的步伐显得慢了点。25年过去了，国家还将“以转变政府职能和简政放权为重点，深化教育管理体制改革，提高公共教育服务水平”“落实和扩大学校办学自主权”列入《教育规划纲要》，作为未来10年的工作目标和重点任务，从另一角度反映出教育体制改革特别是教育行政管理体制改革（如政府与学校的关系、各级政府的教育职能等）严重滞后。这为人们所诟病也久矣。简政放权必须自上而下，否则，中央政府及其教育行政部门不率先把权力下放给各省市区，省级政府及其教育行政部门就不会把权力继续往下放，学校办学自主权的落实和扩大就是一句空话。

从理论上讲，每一级政府都有教育行政的职能。到底各级政府拥有多少教育行政职能才合理，这是一个非常复杂的问题。权力过分下放，全国及区域统筹可能有问题，各级各类教育的协调发展可能有问题，教育与经济社会的协调发展可能有问题。权力过分上收，地方或基层的积极性可能有问题，学校办学的自主性可能有问题，教育服务经济社会发展的有效性可能有问题。如何充分发挥政府的指引、保障、服务与监管职能的同时，又提供学校充分的自主发展、自觉服务、自我约束和规范运行的条件，以及社会力量研究教育、参与管理、支持发展的积极性，的确是很费思量的。《国家中长期教育改革和发展规划纲要（2010—2020年）》提出要进行体制改革，要建立现代学校制度，特别是提出要推动政事分开、管办分离，抓住了问题的要害，思路是非常清晰的。接下来的核心问题就是如何划分权力和责任，建立怎样的政校关系和管办关系。实际上，在深化体制改革、建立现代学校制度过程中，有三股力量三种关系是务必首先要理顺的，三股力量是政府、学校和社会，三种关系是学校与政府的关系，学校与社会的关系，政府与社会的关系。所谓理顺关系就是按照权、责、利对等和政府尽可能少做的原则，分清楚、落实好哪些事情是应该政府做的，哪些事情是应该学校做的，哪些事情可以交给社会做。在政府应该做的事项中，按照权、责、利对等和保障有力、管理有效、统筹有度的原则，分清楚、落实好各级政府的教育职能。中共中央《关于教育体制改革的决定》指出："在教育体制改革中，必须尊重教育工作的规律和特点，坚持实事求是，一切从实际出发。大政方针必须集中统一，具体办法应该灵活多样，决不可一哄而起，强制推行。"大政方针应该由谁来集中统一？在我国，当然总体上应该由中央来负责。灵活多样的具体办法应该由谁来想由谁来拿呢？当然是地方或基层了。我国幅员辽阔，各地经济社会和教育发展水平差异很大，教育发展的历史、文化传统、人口、地缘等也风格各异，在大政方针集中统一的前提下，走多样化和多元化发展道路是符合中国国情的。如果中央除了大政方针之外还把具体办法也定了，那么，地方和基层就无须也无从发挥其创造性了。如果上级帮下级把具体办法都规定好了，下级就会"依样画葫芦"了，这样既不用自己想得那么辛苦，更重要的是出了问题不用自己负责，久而久之，不仅养成惰性，而且还助长了盲目性，消磨创造性。这就是中国文件层层转发的根源所在。

我国有五级政府，五级政府如何分权，是一个有待深入探讨的问题。就现有的政策文件来看，中央管大政方针，着力加强宏观管理，这个原则是明确的。关于方针，教育方针和教育工作方针的所指是比较明确的；关于大政，哪些属于大政，怎样进行宏观管理，则是不够明确的，甚至可以说是很不明确的。至于地方四级政府如何划分教育行政职能，则显得更为复杂。按照现有的政策，高等教育实行中央、省（自治区、直辖市）和中心城市三级办学体制，把发展基础教育的责任交给地方，中等及中等以下教育，由地方政府在中央大政方针的指导下，实行统筹和管理，农村义务教育实行以县为主的管理体制，这样，地方四级政府中，省级和县级政府的责任最大，理应承担更多的教育行政职能。经过多年的推广，以县为主的农村义务教育管理体制有向基础教育甚至中等及中等以下教育拓展的趋势，而区域之间教育协调发展的问题也会越来越突出。这样就要求地方教育行政管理的重心放在省及县两级政府上，而适当弱化地级市（不含副省级市和直管镇的市）和乡镇两级政府的教育行政职能，也就是说，要强“二”“四”，弱“三”“五”。

各级各类教育都需要加强教育行政管理，那么，在确保国家大政方针贯彻落实的前提下，教育行政管理的重点又应该放在哪个级类的教育上呢？

我国1986年制定并实施义务教育法，此后，义务教育发展一直被政府置于非常重要的位置。在不同阶段，我国也提出过大力发展高中阶段教育（或普及高中阶段）、大力发展职业教育、大力发展高等教育、积极发展民办教育等的政策，但根据中共中央、国务院《中国教育改革和发展纲要》和《关于深化教育改革全面推动素质教育的决定》的精神，“两基”才是教育工作的重中之重。相关文件指出：“基本普及九年义务教育和基本扫除青壮年文盲（简称‘两基’），是全面推进素质教育的基础。地方各级人民政府要继续将‘两基’作为教育工作的‘重中之重’，确保2000年‘两基’目标的实现和达标后的巩固与提高。”《国家中长期教育改革和发展规划纲要（2010—2020年）》在规划今后教育事业的改革和发展时提出：义务教育“是教育工作的重中之重”。这就是说，我国教育工作可能有许多重点，但最重要的是义务教育。各级政府应该切实把推进义务教育的改革发展放在首位。

如何落实行政管理的重心呢？重心具体体现在先导性、基础性、前提性和保障性四个方面，如果教育行政管理重心得当，将有助于整个事业的顺利发展。就现状来看，义务教育在行政管理中是否体现了先导性、基础性、前提性和保障性呢？回答是“不充分”，例如，在大学、高中、初中、小学和幼儿园的教育层级中，初中是仅次于幼儿园的薄弱环节，不仅硬件缺失、师资落后、校风较差、质量偏低、辍学严重，而且得到的重视和关怀也很少。这与义务教育“重中之重”的地位就极不相称。

看来，中央的政策是很清晰的，但具体的行政管理并不明晰。

六、政府部门：区分教育责任还是瓜分教育市场

在我国，主管教育的公权机构很多，有党委部门、政府部门、行政性事业单位和具有行政职能的群团组织，等等。其中，政府中直接主管教育事务或学校的部门也不少，几乎没有哪个政府部门是没权管教育的。这样，对于学校或提供教育服务的机构来说，上面千条线，底下一支针，学校要保证教育教学工作的中心地位很不容易，学校要办成一件事也很不容易。当然，这是后话。就行政管理而言，我们已经形成了这样一种行政文化：一种社会事项，如果越多部门参与管理，说明越受重视，而一旦参与管理的部门多了，协调就成了问题，于是就必须成立领导小组或部（厅、局）际协调小组，通过不断开会来决策，通过开会来落实，通过开会来评估，通过开会来表彰。由于管理的因素和环节过多，当碰到困难需要上级领导确定或确认怎么解决时，人们会感到比碰到困难本身还困难；当碰到问题需要上级领导予以指示时，上级领导实际上很难搞清楚究竟问题出在哪个环节；出了漏子需要追究责任时，通常情况下领导根本就分不清是谁的责任，而到了总结成绩时，所有有份参与的部门都必须照顾到，久而久之，导致有相当一部分的机构和人员“唯责是推”“唯害是避”“唯利是图”。这种现象在教育行政管理领域也是存在的。近年来，经常讲改革已进入深水区，要破解部门利益、团体利益，实质上就是要解决公权力的分配以及行政管理的目的问题。

公权部门如何分配教育行政权，是区分教育责任，还是瓜分教育市场，以及教育行政权力分配之后是做事业还是做市场，这是非常值得研究的问题，其结果也是天壤之别的。“张三”是大学计算机科学与技术专业本科生，毕业后回到家乡重点中学任计算机课程专任教师，被认为是该县最权威的计算机专业人才。按照教育局的安排，他在完成本职工作的同时，还必须在教师进修学校举办的中小学教师计算机培训班上任课，并按省教育厅的培训要求组织考核。与此同时，人事局也聘请他在人事局举办的专业技术人员计算机培训班担任教师，并负责考核学员。后来，他和在教师进修学校举办的培训班学习并考核合格的教师一起申报高一级职称，被人事部门认定为条件不具备，原因是没有参加人事局组织的计算机培训并考核合格。无奈之下，第二年他按要求花了286元报名参加了人事局组织的培训班。人事局的人告诉他，他不用听课，但要讲课。之后，他得了一张培训合格证书。这个个案带给人们许多疑惑：公权部门可以借权创收吗？创收地盘到底该怎么划分？培训为了什么？假如不仅不准收费而且还必须支付费用，部门还有这样的积极性吗？

只要国家有规定，教育领域的任何一项工作都可以组织发展成为一个庞大的市场，当然，也可以组织发展成为一个光彩的事业。

如果规定一项工作谁承担谁负责出钱的话，那么，它就是一项责任。如果规定这项工作谁承担谁收钱的话，那么，它就是一项利益。

在我国，当工作人员缺乏为人民服务思想时，权力往往意味着利益，而不是责任。所以当领导的很在意主管的事项是什么，部门领导很在意在哪个部门任职。例如，国家为了提高教师信息技术水平特别是应用能力，要求教师必须参加信息技术培训。为确保教师参加培训，政府规定培训合格与否与教师个人职务晋升挂钩，教师就必须培训而且还要参加计算机等级考试并及格。教育行政部门认为，教师是教育工作者，在我们的地盘干活，是我们管理的群体，这项工作该由教育行政部门做；人事行政部门认为，我们主管人事包括培训和职称，尤其是专业技术人员是我们工作的重点，这项工作该由人事行政部门做。教育行政部门认为，我们对教师开展的信息技术培训是按照“学以致用”的原则来设计的，我们强调信息技术的教育应用，有针对性；人事行政部门认为，国家所有专业技术人员都有共同要求，都必须掌握新知识、新技术，我们针对的是专业技术人员的基本素养的提高，至于具体怎么应用，专业技术人员学好之后自然就会结合实际加以应用。如果在市场规则下，这种观点永远不可能调和，只有在共同事业、服务至上的理念下，主动协作的局面才会出现。作为人民政府及其行政部门，应该把党和人民的利益放在首位，离开这一根本准则，人民政府就会分离、分化和异化，就会给人民造成诸多不便，就很容易导致天怒人怨，进而影响执政党的声誉和形象。

转变政府职能到底是什么时候提出的，人们已经不去考究了，因为“李杜诗篇万口传，如今已觉不新鲜”。随着改革开放的深入，人们越来越感觉到转变政府职能的重要性，也越来越觉得仅仅讨论“重要性”这个问题实在没意思。

中国共产党是中国的“三个代表”，以人民福祉为旨归，以民族复兴为己任，以增进世界和谐为情怀，当个别地方的人民群众越来越不喜欢直管自己的人民政府的时候，我们党必须认真考虑的一个重要问题就是：是要人民群众不喜欢的人民政府，还是要敢于不喜欢违背党的宗旨的人民政府的人民群众，即是为人民政府还是为人民群众。但愿这不是危言耸听。

（一）无奈的选择

与政府部门是区分教育责任还是瓜分教育市场相联系的是应该“怎样”教育行政。早在20世纪80年代，中央就已经意识到“包得过多，统得过死”的问题，并致力于解决它。近10多年来，学界也不断探讨建立怎样的政府，是“有限责任政府”还是“无限责任政府”？我们认为，任何时候，政府都不可能做到“无限责任政府”，因为许多私人领域的事务是政府无能为力的。至于“有限责任政府”有多大的责任，不同国家之间不存在可比性。按照契约论的原理，人民把多少权力委托给政府，政府获得多大的授权，政府拥有多少可以支配的资源，就应该承担相应的责任（包括提供相应的服务）。改革开放后，我们国家迅速摆脱了“国弱民弱”的局面，取得了举世瞩目的成就，与过去比，国家强大了，人民富裕了。国家财政收入2010年超过8万亿，达到83080亿，同期外汇储备余额达到28473亿美元，而1978年国家财政收入仅为1132亿元；2010年全国农村居民人均纯收入为5919元，城镇居民人均可支配收入19019元，而1978年则分别为133.6元和316元。就现状看，现在的状况是“国富民弱”，而民间贫富分化又极其严重，国民总体消费能力较弱，生活压力比较大。在这种情况下，政府理应承担更多责任，特别是教育、医疗和低保责任。如果让政府把部分社会责任下放给人民，那是很不负责任的。

在教育领域，党的第三代领导集体非常强调“公益性”和“公平性”，这是中国特色社会主义教育的本质体现和必然要求。我国宪法规定国家发展社会主义教育事业。在中央的教育政策里，也一再强调各级政府是各级各类学校的办学主体。这就是说，各级政府应该切实担负起兴办教育的使命，切实履行财政性教育投入“两个逐步提高”“三个逐步增长”的义务和占国民生产总值4%（20世纪末达到）的承诺。[①]因为作为政府，所谓发展教育事业的责任，最关键的体现就在出钱和创设好的发展环境上。

① 《中华人民共和国教育法》（1995）：“第五十四条　国家财政性教育经费支出占国民生产总值的比例应当随着国民经济的发展和财政收入的增长逐步提高。具体比例和事实步骤由国务院规定。全国各级财政支出总额中教育经费所占比例应当随着国民经济的发展逐步提高。”“第五十五条　各级人民政府教育财政拨款的增长应当高于财政经常性收入的增长，并使按在校生人数平均的教育费用逐步增长，保证教师工资和学生人均公用经费逐步增长。”《中国教育改革和发展纲要》（中共中央、国务院，1993）：“逐步提高国家财政性教育经费支出（包括：各级财政对教育的拨款，城乡教育费附加，企业用于举办中小学的经费，校办产业减免税部分）占国民生产总值的比例，本世纪末达到百分之四。”

金钱不是万能的，但办教育特别是办现代教育没有钱是万万不能的。这是改革开放后人们获得的新认识。

谁出钱谁管理。这是改革开放后教育体制改革特别是简政放权的基本原则。

政府必须出钱办教育，因为它是国家教育事业的责任主体。在发展教育事业问题上，政府承担着最终“兜底”的责任。那么，这是否意味着政府要“包办教育”和“包管教育”呢？从最近十几年的管理政策和管理实践来看，似乎政府想“多办教育”和“多管教育”。在办学问题上，政府似乎没有想到别人可以帮忙；在教育管理上，政府似乎不想别人帮忙。在“发展教育”“提升层次”的思想指导下，政府热衷于拆旧换新、做大做美重点学校，反正向上呈报和对外公布的教育统计不会反映出每一所学校的教育经费和各个不同学校学生的公用经费；在“加强领导”“规范管理”的思想指导下，学校似乎比20世纪80年代更加没有自主权。

在以经济建设为中心和以GDP为主要政绩指标的背景下，我国各级政府似乎都不太愿意出钱给教育，但同时又很期待多管教育。

要不要“包办教育”和“包管教育”？这是政府非常无奈但必须做出的选择。然而，实践证明：

如果政府“包办教育”，那么，政府将“搞死自己”。

如果政府“包管教育”，那么，政府将“搞死别人”。

（二）必需的选择

关于第一个问题，我们认为，政府必须履行教育责任，但强调政府的教育责任，并不是说所有的教育或学校都必须由政府出钱来举办，或者说，政府无须“包办教育”，如有可能，还可以让社会力量“多办教育”。政府可以出台政策，鼓励社会力量举办教育机构，来满足受教育者的多样化选择，同时，也可改变单一化办学的格局。这种思路，其实在中共中央、国务院《中国教育改革和发展纲要》（1993）中已有明晰的规定："改变政府包揽办学的格局，逐步建立以政府办学为主体、社会各界共同参与的体制。""国家对社会团体和公民个人依法办学，采取积极鼓励、大力支持、正确引导、加强管理的方针。"此后，我国民办教育获得了长足的发展。但毋庸否认，由于政策不够具体，也由于政策执行不够坚决，特别是不赞成"营利性"教育的存在①，民办教育没有得到应有的良好的发展，反过来又增加了政府的办学压力。例如，相当长一段时间，国家基本上把学前教育推向社会，绝大多数举办者也是以营利为目的，最近国家强调要大力发展学前教育，有些地方便开始"收购"民办幼儿园，推行"公立化"，这就是典型的"包办教育"的思维，它一方面绝了民办幼儿教育的发展之路，另一方面又需要耗掉本来就显得拮据的政府教育经费。

履行责任是政府必需的选择。而履责的方式是多种多样的，包括以教育券的方式直接支付到学生，也包括做好裁判员。

关于第二个问题，我们认为，教育是涉及千家万户的事业，应该"共管""分管"，管理重心应该下移。政府的教育责任主要就是立标、出钱、服务和监管。其中，出钱是最重要的，因为它无可替代，而立标、服务和监管则是可以委托的。立标包括政策法规和专业标准，在我国，政策法规属于国家权限，不能完全委托，专业标准属于专业工作，学术性强，可以下放；监管包括监督和管理（规划、指挥、指导、统筹、协调等），是政府的重要职能，但未必全部都由政府包揽，特别是监督，应该引导全社会共同依法监督，充分发挥行业的力量进行引导；至于服务，不同的机构扮演不同的角色，各自都可提供相关的服务，政府提供免费服务，公益机构提供公益服务，营利性机构提供收费服务，但该由政府提供的服务可

① 《中华人民共和国教育法》（1995）规定："任何组织和个人不得以营利为目的举办学校及其他教育机构。"而很多的教育投资者又想通过举办学校或其他教育机构来营利，这使政府骑虎难下。其实，只要教育活动符合国家和社会共同利益，营利不营利又何妨，分类管理就行了。

以委托，不能免除。目前我国的教育行政依然集权过多，分权不足，政府喜欢高度统一的管理，不太习惯分享权力，以至于条条太多，块块太弱。对学校来说，需要承担的社会责任很多，需要签订的责任状也不少，如社会治安综合治理、计划生育、毕业生就业、扶贫、接受退伍军人、安置残疾人员就业等，中小学还有升学率。如何教育行政，如何管理教育，如何管理学校，的确是值得深入探讨的。

按照《国家中长期教育改革和发展规划纲要（2010—2020年）》的精神，政事分开，管办分离是理顺职能的基本前提。实际上，这种思路早在中共中央、国务院《中国教育改革和发展纲要》（1993）有关“深化高等教育体制改革”的内容中就有详尽阐述。“在政府与学校的关系上，要按照政事分开的原则，通过立法，明确高等学校的权利和义务，使高等学校真正成为面向社会自主办学的法人实体。”“政府要转变职能，由对学校的直接行政管理，转变为运用立法、拨款、规划、信息服务、政策指导和必要的行政手段，进行宏观管理。要重视和加强决策研究工作，建立有教育和社会各界专家参加的咨询、审议、评估等机构，对高等教育方针政策、发展战略和规划等提出咨询建议，形成民主的、科学的决策程序。”“在中央与地方的关系上，进一步确立中央与省（自治区、直辖市）分级管理、分级负责的教育管理体制……在中央大政方针和宏观规划指导下，对地方举办的高等教育的领导和管理，责任和权力都交给省（自治区、直辖市）。按照这个精神，中央要进一步简政放权，扩大省（自治区、直辖市）的教育决策权和包括对中央部门所属学校的统筹权。省（自治区、直辖市）在充分论证、严格审议程序，自行解决办学经费，以及统筹中央和地方所属高校毕业生就业去向的条件下，有权决定地方高等学校和招生规模和专业设置。设置高等学校，由全国高等学校设置评议委员会评议，国家教委审批。”“在国家教委与中央业务部门的关系上，国家教委负责统筹规划、政策指导、组织协调、监督检查、提供服务。中央业务部门要加强对本行业的人才预测和规划，协助国家教委指导本行业的人才培训工作，负责管理其所属学校，包括在国家宏观指导下，决定所属学校的招生规模、专业设置、经费筹措、学生就业等。随着中央业务部门职能的转变和政企分开，中央业务部门所属学校要面向社会，其办学体制和管理体制分别不同情况，采取继续由中央部门办、中央部门和地方政府联合办、交给地方政府办、企业集团参与和管理等不同办法。”这些规定，虽然是针对高等教育，但其精神同样适用于中等以下学校，尤其是基础教育，分布广泛，更应该简政放权，充分调动各级各方面积极性，才能收到实效。

对于教育，政府是必须管的，但“共管”和“合管”才是政府必需的选择，而让下面多管更可以说是明智的选择。

七、教育的“一体化”

在我国的教育政策里，经常会提到“一体化”这个概念，如“城乡一体化义务教育发展机制”、教师继续教育要“职前职后相沟通，培养培训一体化”。其他的如“一体化教学”“一体化课程”“一体化课室”“一体化教师”等，说明这也是个高频的教育概念。

（一）何为“一体化”

何为“一体化”？网上给出的答案是：“一体化”是指多个原来相互独立的主权实体通过某种方式逐步结合成为一个单一实体的过程，或者说是“综合化”，即通过部分的结合所出现的全部新的性质。这种解释应该说是比较容易理解和接受的。那么，教育政策文本里提到的“一体化”又当如何理解呢？

首先，“一体化”涉及广泛的领域，教育领域所涉及的“一体化”的“体”是指教育实体、教育体制、教育实体的活动模式。

其次，“一体化”的“一体”是指目标和结果，即要瞄准“一体”

的目标来进行，“一体化”后要变成“一体”，而不是“二体”或“多体”，不能相互割裂，不能貌合神离。

最后，“一体化”是一个过程，就是要由“二体”或“多体”变成“一体”。“一体化”的模式主要有三种：

（1）原本不同的实体合而为一。如“政务服务中心”，就是由各个不同实体的政务服务机构组合而成的。又如一体化豆浆机做出来的豆浆就可以直接饮用，它是由“打浆机”和“加热器”组合而成的，这样可以提高效率、减少消耗、节约成本，增强竞争力。

（2）原本互不关联的实体纳入到一个总的框架下共同活动。如“军民团结如一人”。“军”和“民”原本是互不关联的两个实体，在保卫祖国的框架下结合在一起，这样可以优势互补、相互支持、放大功能。又如，广东提出要实现“广、佛、肇一体化”，广（州）、佛（山）、肇（庆）是三个各自独立但地理相连的地级以上市，在加速区域发展战略思路下，打破交通、通信、社会管理和社会服务等方面地区壁垒，就可以大幅度降低生活和管理成本，整体提升经济社会发展水平。

（3）原本独立运行的实体在一条共同的主线贯穿下相互协调发展。如中国特色社会主义发展目标就是由20世纪80年代的“两位一体”（物质文明、精神文明）发展到“三位一体”（物质文明、精神文明和政治文明）、“四位一体”（经济建设、政治建设、文化建设和社会建设）和“五位一体”（经济建设、政治建设、文化建设、社会建设和生态文明建设）的。在一个国家，经济建设、政治建设、文化建设、社会建设和生态文明建设原本是独立运行的实体单位，在我国，这五个实体单位的运行都必须贯穿中国特色社会主义这条主线，成为促进中国特色社会主义目标实现的有机组成部分。这样可以相互协调，相互促进，齐步推进，有利于整体目标的统一实现。

可见，“一体化”的理念实际上是管理变革或治理结构的调整，与近

30年来以“结构重组、流程再造”的管理改革潮流也是非常吻合的。

（二）教育需要怎样的“一体化”

现代社会事业一方面高度分化，另一方面又高度关联，“全球一体化”或“经济全球化”就是这种趋势的最直接的表现和最高度的反映。现代教育也一样，必须从过去的条块分割、各自为政、“鸡犬之声相闻，老死不相往来”和人为分等、差别对待的境况中解救出来，而重要的策略就是“一体化”。

教育需要怎样的一体化呢？

首先，城乡教育一体化。即将城市教育和农村教育这两个原本用不同体制、机制管理的教育实体，放在同一个教育体系里，按照统一的体制、机制去管理，或者说，把两个教育实体作为一个教育实体来运作。首先从义务教育阶段开始，然后逐步扩展到整个基础教育。教育是面向全体国民的，要让所有受教育者享受平等的国民待遇。教育目的没有群体歧视，教育供给没有制度歧视，管理举措没有阶层歧视。如此，才有望较快实现教育的公平正义和社会的公平正义。

其次，教育服务一体化。在一个区域里（如以县为单位），教育服务的项目、标准、流程应该是一样的，如教师医疗，同一区域里的教师待遇应该是一样的，支付医疗费的项目、标准和流程也应该是一样的。

第三，教育实施一体化。在一个区域里（如以县为单位），教育政策的适用对象要一体化，不能再区分“有条件的”和“没条件的”政策差别，像开设外语、计算机之类的课程，不能让有条件的从小学一年级开始开设，没条件的可以暂时不开设。

八、乡镇教办“一刀切”

乡镇教办是一个苦命的机构。新中国成立以来已经几度沉浮。探讨“教办”的历史命运，还是蛮有意思的，从中可以看到我们政策的制定及其效果。

（一）乡镇教办被撤掉了

进入21世纪，在深化教育改革、完善以县为主的农村教育体制、全面推进素质教育的旗帜下，乡镇教办被陆续撤销了。

海南省教育厅的文件说得很清楚：撤销乡镇教办（学区）建制、调整乡镇教育管理职能是“为了深入贯彻落实《国务院关于基础教育改革与发展的决定》（国发〔2001〕21号）、《国务院办公厅关于完善农村义务教育管理体制的通知》（国办发〔2002〕28号）和《国务院关于进一步加强农村教育工作的决定》（国发〔2003〕19号）等文件精神，进一步推进基础教育管理体制改革，根据《中共海南省委海南省人民政府关于优先发展教育的决定》（琼发〔2004〕11号）和《海南省人民政府关于印发〈海南省农村教育十年（2004—2013年）发展规划〉的通知》（琼府〔2004〕37号）”作出的，是深化农村教育改革的重要举措。①

根据网上经验材料介绍：“为了解决乡镇管理教育的种种弊端，丰顺县依据梅州市政府《关于深化教育改革，全面推进素质教育的实施意见》，于2001年9月开始撤并乡镇教办、建立以中心小学管理面上小学的管理机制。”②

据《合肥晚报》2004年11月5日报道，“11月4日，长丰县调整完善教育管理体制，撤销21个乡镇(区)教育办公室，成立21个中心学校，中心学校负责着本乡镇(区)的教学管理工作，乡镇(区)予以监督指导，使全县的教育管理工作走上专一化轨道，教育经费形成了封闭式管理，教师的工资也能按月及时兑现”。“乡镇(区)教办撤销后，长丰成立了全县教育经费核

---

① 海南省教育厅：《海南省教育厅关于撤销乡镇教办建制调整乡镇教育管理职能的通知》（琼教基〔2004〕76号），2004年8月26日，http://edu.hainan.gov.cn/showarticle.jsp?id=20058992。

② 《乡镇“教办”撤销后的乡镇教育管理》，公文易文秘资源网，2007年11月8日，http://www.govyi.com/lunwen/2007/200711/103213.shtml。

算分中心，对学校经费实行‘校收、县管、校用’统一管理和核算全县中小学各项收支。还成立县教育人才管理中心，负责着教育人才政策信息咨询、转岗培训和系统内人才流动等各项工作。撤销后的原乡镇(区)教办人员进行分流。”①

据《长江日报》2002年9月13日报道：“新学期，黄陂区长岭镇、蔡店乡等政府领导亲自上农户家门做学生返校工作，保证了农村适龄儿童的顺利入学。该区8月底撤销全部乡镇教办，从此，政府将直接扛起农村孩子入学的重担。”“从7月至今，我市江夏、黄陂、新洲、蔡甸、汉南、东西湖等区，已撤销原乡、镇、街教育管理办公室。据了解，一个教办每年所需正常开支一般是2万至8万元，撤销教办后，农民因此可减轻不少负担。近70个教办被撤掉后，意味着每年至少可为农民减负上百万元。”“据了解，设立在农村地区乡镇街的教育管理办公室，主要负责农村适龄儿童入学、中小学教育教学指导、教师调整、校舍建设等工作。在农村义务教育管理以乡镇为主时期，教办在确保农村义务教育工作中起着非常重要的作用。随着农村义务教育管理的重心上移，国务院发文要求撤销乡镇教育管理机构。”“据介绍，教办撤销后，原在编在岗人员大都充实到了教学第一线。黄陂区撤销17个乡镇教办，总共97名在岗工作人员中，有66人分流到学校当老师。”“同时，在核定的行政编制内，各乡镇街确定1至2名干事协助乡镇长管理具体教育事务，并接受区教育行政部门指导。原教办对教育教学业务指导和管理则由各乡镇街中心学校校长负责。”②

为什么要全部撤销乡镇教办呢？普通人是不知道其中缘由的。

根据各地颁布的文件和有关材料，可以看出，撤销乡镇教办的理由

① 《长丰县撤销乡镇教办　教育经费封闭式管理》，http://ah.anhuinews.com/system/2004/11/05/001037357.shtml。

② 胡孙华（记者），《减少农民负担充实教学一线 我市新城区撤销乡镇街教办》，《长江日报》2002年9月13日。

是“为了解决乡镇教育管理的种种弊端”。对这句话的进一步分析可以说“乡镇教育管理的种种弊端”主要是“教办”导致的。乡镇“教办”存在哪些“被革命”的因素呢？翻检相关材料，主要是“占了编制”和“要花钱”，由此加重了农民的负担和一线教师的负担。

再看有关文件提到的政策依据，似乎撤销教办不是政策的规定，而是各级政府特别是地方政府贯彻政策的意见。《中共中央国务院关于深化教育改革全面推进素质教育的决定》中没有提到撤销乡镇教办的问题，与基础教育体制和机构有关的规定主要有三个要点：“进一步简政放权，加大省级人民政府发展和管理本地区教育的权力以及统筹力度，促进教育与当地经济社会发展紧密结合”“继续完善基础教育主要由地方负责、分级管理的体制。根据各地实际，加大县级人民政府对教育经费、教师管理和校长任免等方面的统筹权”和“加强编制管理，精简富余人员”。《国务院关于基础教育改革与发展的决定》中也没有提到要撤销教办。

撤销教办的最高级别的政策文件应该是《国务院办公厅关于完善农村义务教育管理体制的通知》（该文件是经国务院批准，由国务院办公厅下发），其中规定：“乡（镇）人民政府不设专门的教育管理机构，乡（镇）有关教育工作由乡（镇）长直接负责，乡（镇）可在核定的行政编制内确定一至二名助理或干事协助乡（镇）长管理具体教育事务，并接受县级教育行政部门指导。教育教学业务管理由乡（镇）中心学校校长负责。”这段话的意思是乡镇不设教办以及不设教办之后乡镇政府如何管教育，似乎没有要求已设乡镇教办的要撤销掉，即便“不设”蕴涵着“撤并”的意思，但该文件并没有说明撤销的具体理由。是乡镇教育权限过小无须设教办，还是教办太花钱导致农民负担过重，抑或教办原本的职能是可有可无的、可以取代的？或者各种原因都有，不得而知。

当初设立乡镇教办是为了加强教育管理。

现在撤销乡镇教办则是为了完善农村义务教育管理体制。

将来会不会为了进一步完善基础教育管理而复设乡镇教办呢?

（二）历史上的乡镇“教办”

“教办”是指教育办公室（也有叫教育管理办公室的）。乡镇教办是指管理乡镇教育、主要是乡镇学校的职能机构。

乡镇教办就其地位或隶属关系来说有三种情形：

其一是作为县级政府教育行政部门的派出机关。在这种情况下，各级各类学校主要由县级人民政府举办。县级教育行政机关代表县级人民政府主管全县教育工作（另有主管机关的教育事务除外），包括管理、指导、协调、监督各乡镇人民政府有关教育的事务，并提供服务；乡镇人民政府统筹辖区内所举办的各级各类教育，包括规划、协调、举办和社区支援等职能。乡镇教办在县级教育行政机关直接领导下，管理所属区域除直属学校外的所有乡镇学校。这种架构在经济欠发达地区特别是广大的农村地区比较普遍，“乡镇教办”实质上是县级教育行政部门设在乡镇的“教办”，通常以业务管理为主、行政管理为辅，主要配备教育事业编制的业务人员（见图2-1）。

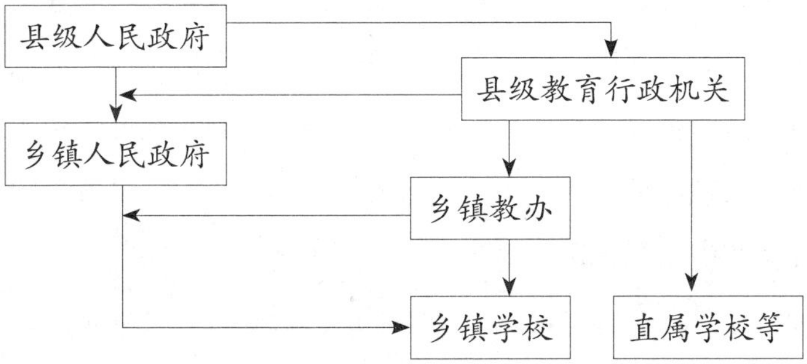

图2-1

其二是作为乡镇政府下属的主管教育的职能部门。在这种情况下，乡镇人民政府也是各级各类学校的主要举办者。县级教育行政机关是县级人民政府的教育主管机关，统管全县教育事业（另有主管机关的教育事务除外）；乡镇教办则是乡镇人民政府的教育主管部门，行政上受乡镇人民政府领导，业务上受县级教育行政机关指导，统管全乡镇（除县直属学校等之外）的教育事务。这种架构在经济发达地区比较普遍，"乡镇教办"实质上是乡镇人民政府的"教办"，通常以行政管理为主，业务管理为辅，很少配备教育事业编制的业务人员（见图2–2）。

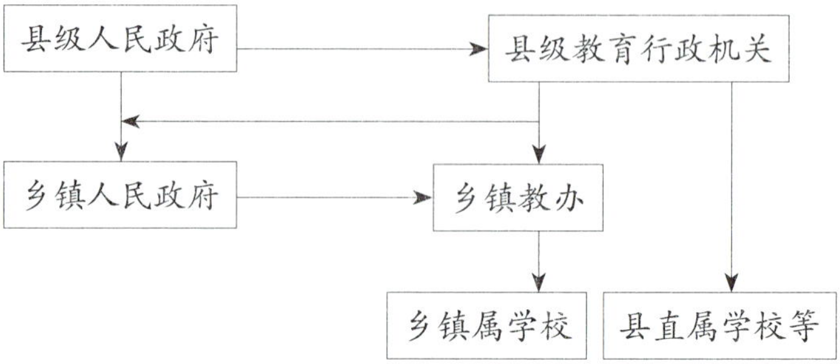

图2–2

其三是介乎两者之间的一种职能机构。在这种情况下，乡镇教办既是上级教育行政机关的派出机构，又是乡镇人民政府的教育职能部门，统管全乡镇的各级各类教育事业（除直属上级管理的学校外）。在职能上，教育行政管理与教育业务管理并重，在人员配置上，教办的行政领导属于乡镇人民政府管理的公务员，由乡镇党委选拔任用，教办的业务干部使用的是教育事业编制，归口上级教育行政机关管理；在经费体制上，乡镇人民政府负责教办的基本经费，上级教育行政机关也会对教办经费予以专项拨付。这种架构在经济发达、人口稠密的地区比较普遍，最典型的当是广东省的东莞市和中山市。这是两个市（地级）辖镇、中间不设县的地区，乡镇教办拥有县级教育行政机关的许多职能，但它又不是真正意义上的县级教育行政机关。

判断乡镇教办的地位，是一级政府的工作部门还是行政机关的派出机构，主要有如下几个标准：

1. 在行政归属上，看其属于哪个序列，即它是依据什么或由谁设立的；

2. 人员使用的是哪个机关的编制；

3. 基本经费由谁拨付；

4. 职能上对谁负责。

搞清楚教办的性质和地位，才能真正了解教办以及与此相关的各项政策。

（三）"以县为主"体制的真正意义

裁撤教办的重要目的之一是为了完善农村义务教育管理体制。这是一种什么体制，为何需要撤掉教办呢？

国务院关于基础教育改革和发展的决定明确要求要建立完善"以县为主"的农村义务教育管理体制，并相应规定了各级政府和组织的教育权限和义务。《国务院办公厅关于完善农村义务教育管理体制的通知》（国办发〔2002〕28号）在"明确各级政府责任，加强对农村义务教育的领导和管理"部分进一步细化了这种规定，一共有5个条款：

1. 农村义务教育实行"在国务院领导下，由地方政府负责、分级管理、以县为主"的体制。县级人民政府对农村义务教育负有主要责任，省、地（市）、乡等地方各级人民政府承担相应责任，中央政府给予必要的支持。

2. 省级人民政府负责统筹制定本省、自治区、直辖市农村义务教育发展规划；根据国家中小学教职工编制标准，制定具体实施办法，核批各县（市、区、旗，以下统称县）农村中小学教职工编制；逐县核实财力水平，统筹安排财力，对财力不足、发放财政供养人员工资确已达到合理比例仍有困难的县，通过调整财政体制和财政支出结构、增加省级财政转移支付资金、合理安排中央财政转移支付资金等办法，帮助并督促县级人民政府确保农村中小学教职工工资按时足额发放；核定本地区农村中小学公用经费的标准和定额，确定农村中小学收费项目和标准；增加危房改造专项资金投入，建立消除农村中小学危房的工作机制；组织实施教育对口支援工作，推动建立助学制度；加强对下级政府教育工作的督导检查，组织开展督导评估工作。

3. 地（市）级人民政府负责制定本地区农村义务教育发展规划，组织协调农村义务教育发展；根据国家中小学教职工编制标准和省级人民政府的实施办法，审核上报本地区各县农村中小学教职工编制；根据省级人民政府的要求，对财力不足、发放财政供养人员工资确有困难的县，给予转移支付，对农村中小学危房改造给予补助；组织实施助学活动；加强教育督导检查。

4. 县级人民政府负责制定本地区农村义务教育发展规划，组织实施农村义务教育；从实际出发，因地制宜，逐步调整农村中小学布局；根据国家中小学教职工编制标准和省级人民政府的实施办法，提出农村中小学教职工编制方案，并根据省级人民政府核批的农村中小学教职工编制，核定学校的教职工编制；负责农村中小学校长、教职工的管理；调整本级财政支出结构，增加教育经费预算，合理安排使用上级转移支付资金，确保按时足额统一发放教职工工资；统筹安排农村中小学公用经费，安排使用校舍建设和危房改造资金，组织实施农村中小学危房改造和校舍建设，改善办学条件；指导农村中小学的教育教学工作；维护学校的治安、安全和正常教学秩序；开展助学活动；对乡（镇）人民政府有关教育工作和农村中小学进行督导评估。

5. 乡（镇）人民政府负责组织适龄儿童少年入学，严格控制义务教育阶段学生辍学；维护学校的治安、安全和正常教学秩序，治理校园周边环境；按有关规定划拨新建、扩建校舍所必需的土地。经济条件较好的乡（镇）要积极筹措经费，改善农村中小学办学条件，支持农村义务教育发展。

继续发挥村民自治组织在实施农村义务教育中的作用。

未实行农村税费改革试点的地方，地（市）、县、乡（镇）人民政府，要继续严格按照国家有关规定组织做好农村教育费附加的征收、管理，用于农村中小学的校舍建设、维修、危房改造和学校布局调整；继续严格按照国家有关规定组织做好农村中小学危房改造的教育集资工作。

以上5项规定在权责的划分上还是比较细致的，但文件交替出现“农村义务教育”和“农村中小学”这两个概念，加大了人们对“农村义务教育体制”的认识难度。仔细研读，觉得有关政策文件在这个问题上规定得不是太清楚。按照逻辑分析来说，起码有两个问题需要进一步探讨。

第一，政策文件说的要完善的是“农村义务教育管理体制”。就是说，这种管理体制不适合城市教育，也不适合农村非义务教育。如果不适合城市教育，那么是否要另建一个城市教育管理体制，如果是，国家将进一步强化城乡差别，如果不是，为什么又要特别提出是“农村义务教育管理体制”呢？如果不适合农村非义务教育，那么农村的非义务教育如何管理，是否要在农村建两套教育管理体制呢？如果是，农村教育管理如何协调呢？如果不是，那么农村非义务教育是否要按义务教育的体制实行呢？这是很令人困惑的。

第二，政策文件说的是“以县为主”，各有职责，但所有职责中最核心的责任是“投入”，县级人民政府在教育投入问题上具有“兜底”的责任。“为主”不是“唯一”，文件在谈“钱”时，县的上级和上级的上级需要出“钱”的情况主要有两种，一是帮助保证财政供养人员的工资，二是资助危房改造。县的下级需要出“钱”的情况有一种，即划拨新建、扩建校舍的土地，至于“经济条件较好的乡（镇）要积极筹措经费，改善农村中小学办学条件，支持农村义务教育发展”，则是一句难操作的话。除此之外，大概都是县政府的责任了。

由此，带出三个现实的问题：

1. 非义务教育（包括学前教育、高中阶段教育、成人教育、社区教育等）怎么办？

2. 不带县的、直管镇的地级市怎么办？

3. 能够勉强过日子的“夹心”县怎么办?

此外，还有一个非常纠结的问题就是：有一些乡镇政府有能力又有意愿办教育，希望所办的教育能够为本乡镇经济社会发展服务，又该怎么办?

（四）乡镇教办要不要撤

以县为主的农村义务教育管理体制在乡镇一级政府不设专门的教育管理机构，于是乡镇教办被撤掉了。对这一政策作学理分析，可以带出“乡镇教办要不要撤”这一话题。其实，判断任何一个机构是否需要设置时，从不同的角度看，就可以得出不同的结论。唐代主管全国教育事业的国子监，“公务员”只有5个，新中国成立初期县政府主管文化教育的“文教科”人手也很少，但不能由此推出各级教育行政机构都“臃肿”，都需要裁撤。从管理的角度看，如下三个因素是判别教育机构设置必要性的重要标准。

1. 教育事业规模

设不设以及设多少教育行政机构，取决于教育事业的规模。规模大，要处理的事务就多，就需要设置多的职能机构；规模小，要处理的事务相对就少，就可以少设相关的职能机构。比如，1949年合计各类教育在校生为3904.68万，而2009年则达到26033.46万，这还不包括为数众多的非学历教育（培训）规模，要为这么多的学生提供教育服务和管理，就需要1000多万教师，以及有关的职能机构。内地有许多乡镇总人口就一两万人，但珠江三角洲等经济发达地区的乡镇单学生就有几万人，所需的管理与服务机构就不一样。

2. 管理跨度

管理跨度是制约机构和岗位设置的重要因素。就教育行政的机构和岗位设置来看，以下三个方面是必须认真考虑的。

对象数量。如果一个机构直接管理的对象很多，多到一年连巡视一次都没办法实现的话，往往是需要分而治之的，要么分开，要么分区，要么分类，要么分层，其中，权力下放，分类分层管理是最经济有效的方式。在中国，由于人口众多，教育的“单位”即教育行政的管理对象很多，而众多的教育对象基本上归属在县、乡（镇）以下。百万左右人口的大县，仅靠县级教育行政机关直接管理，或十万左右人口的大乡（镇），撤销了教办，管理难度是可想而知的。当然，一万左右人口的乡镇，几所中小学，让乡镇长加上一两个助理去直接管理就足以应付了。

区域跨度。如果一个机构直接管理的对象特别分散，即区域跨度很大，那么其管理难度就很大，也就需要更多人手。在农村，大的乡镇往往几百平方公里，为了方便学生就近入学，学校往往非常分散，没有教办，只靠乡镇长直接管理往往难以应付。

事务复杂程度。如果一个机构的管理事务比较简单，那么，让主要领导加配一两名助理直接管理是没有问题的，如果管理事务比较复杂，那肯定是不可能管理到位的。随着人民群众对教育的要求不断提高以及教育的规范化、精细化和民主化，教育事务管理日益复杂。比如，教师队伍建设，以前是按计划调配的，现在的双向选择、逢进必考、竞争上岗、职称评审、绩效工资、人事代理、保险福利、年度考核、聘期考核等，都涉及众多的机构和人员，都有很复杂严格的程序，都需要校务公开，接受监督，这些都是从前没有的。以前，省级教育行政机关主管师资队伍建设的部门就一个人事处，现在分成了人事处、师资处、教师继续教育指导中心，而且每个部门都忙得不亦乐乎，这就是事物复杂程度提高的结果。

当然，教育管理跨度的设定要受基本政治制度的制约，也受该事业在国家体系中的地位的影响。这些就是更复杂的问题了。

3. 教育责任

决定乡镇教办命运的还有教育责任问题。我国古代基层政权的主要责任之一是“教化”，重点在“兴学”。当代社会教化的主要责任是各级党委宣传部，以及文明委、文化广播新闻出版局，甚至“关工委”，“兴学”的重点在教育局。在以县为主的义务教育管理体制下，“兴学”的主要责任主要由县级人民政府承担了。

乡镇有无发展教育事业的责任？有责任，就有事务，有事务就得有人操办。

承担多大的责任？责任大，事务就多，事务多就得委派多点的人去操办。

在以县为主的义务教育管理体制里，乡镇是有教育责任的。按照《国务院办公厅关于完善农村义务教育管理体制的通知》的规定，乡镇人民政府有三项责任：（1）负责组织适龄儿童少年入学，严格控制义务教育阶段学生辍学；（2）维护学校的治安、安全和正常教学秩序，治理校园周边环境；（3）按有关规定划拨新建、扩建校舍所必需的土地。此外，还有一项不是很明确的弹性责任，即经济条件较好的乡（镇）要积极筹措经费，改善农村中小学办学条件，支持农村义务教育发展。其中，第一项责任可以或主要放给学校落实；第二项责任将由公安等执法部门承担；第三项责任需要乡镇政府掏腰包，但不需要经常掏。如果按照这些规定，乡镇要履行自己的教育职责，确实不需要专设教办这样的专门机构，让乡镇长外加一两个助理直接管理就行了。

所以，乡镇教办要不要撤，关键是看站在哪个角度看问题了。

至于乡镇教办撤销以后是否有利于农村教育的发展，那是需要另外探讨的问题。因为有关政策文件仅仅是从“完善农村义务教育管理体制”的角度提出的，没有说到“农村基础教育”，更没有提到“农村教育”。

（五）中心小学代管制的弊端

国务院同意其办公厅的意见，撤销乡镇教办之后，教育教学业务管理委托中心小学校长负责，也就是中心小学校长代管。这种中心小学代管的模式，与过去我们曾经实施过的中心小学代管制非常相像，是不是一回事，仅从国务院办公厅的通知中是看不出来的。可能国务院认为，反正以前搞过，怎么做大家有经验，模糊一点好让大家有发挥的空间。由此，全国各地出现了许多模式：（1）中心小学校长是“教办长”，具体主管全乡镇的教育；（2）中心小学校长就是以前的“教办主任”，具体主管全乡镇的中小学；（3）中心小学校长是“大校长”，具体负责全乡镇的教育教学业务管理；（4）中心小学管理乡镇教育；（5）中心小学管理乡镇学校；（6）中心小学管理乡镇小学。至于采用哪种模式，全在于各地的体会和分工。当然，还有一种情况，就是撤销乡镇教办，设立乡镇教育组，除了名称之外，其他还是一样。

其实，按照国务院办公厅的通知精神，有两个要点是明确的：（1）委托负责的只是教育教学业务管理；（2）该管理只委托给中心小学的校长。但在这一框架下，具体该怎么运作，还是有很多问题不清楚，例如：（1）中心小学校长对谁负责？是对乡镇人民政府负责，还是对教育局负责。因为中小学校长的管辖权在县级人民政府，而乡镇有关教育的工作归乡镇长负责，即乡镇长管理本乡镇具体教育事务，那么，乡镇长怎么管？他可以管谁？（2）中心小学校长是管乡镇教育，还是管乡镇中小学，抑或管乡镇面上小学？乡镇中学如初级中学归谁管？如果管，则是小学校长管中学校长？如果不管，中学的事是否直接请示县教育局？（3）中心小学校长只管教育教学业务，那么，学校教育教学业务之外的其他工作请示谁？直接请示县教育局吗？（4）中心小学校长还管不管中心小学？如果管，主责是什么？（5）这么一大摊子事，中心小学校长管得过来吗？他依靠谁来管？要不要设立中心小学校长办公室来协助管理这些事？如果设，那么撤销教办的意义何在？（6）乡镇人民政府、县人民政府和乡镇中小学能和谐地走到一起来吗？

早年的中心小学代管制之所以被撤销，是因为这种体制有其无法克服的弊端。

1. 角色冲突。中心小学校长如果真是中心小学的校长，那么他必须对中心小学的发展负责，简单的说法是，他必须按照现行的评估标准对中心小学的发展负责。如果中心小学按照评估标准的要求，教育教学质量或办学水平不如其他小学，那么他没有履行好自己的基本职责，如果面上小学的教育质量或办学水平优于中心小学，那么他的领导水平有问题。这种角色冲突是永远无法调和的。

2. 关系混乱。因为中心小学校长的角色冲突，导致管理关系不清，相互关系十分混乱，包括：中心小学校长对谁负责，负责什么，领导谁，依靠谁，怎么处理上下左右的关系，都没有明确的规定，而所有这些都仅能依靠觉悟和个性才能解决，不能从管理的规则中寻找运作的规律。这是体制设计最忌讳的。

3. 实践效果不好。这种模式过去的实践是不好的，现在的实践怎么样呢？2008年，海南省教育研究培训院邓楚君等在教育厅基础教育处陈东云处长的带领下到万宁、保亭两个市县四个乡镇对撤销乡镇教办（学区）建制、调整乡镇教育管理职能的情况做过一个调研，认为总体来看，自2004年教育厅下发《海南省教育厅关于撤销乡镇教办建制调整乡镇教育管理职能的通知》(琼教基〔2004〕76号) 以来，各市县都及时按照要求转换了乡镇教育的运行机制。从新体制运行三年多的情况来看，在很大程度上促进了乡镇教育事业和村级完全小学的发展。但在调查过程中，我们也了解到一些中心学校校长在工作中遇到的困惑和问题，主要有以下几个方面。

（1）职责不清。很多乡镇在这次体制改革过程中，都是由原来的学区主任转变为中心学校校长、原来的中心小学校长转变为现在的中心学校常务副校长，现在有些角色还没有转变到位。由于对自己新的工作职责不清楚不明确，导致中心校长和常务副校长之间的配合协作上有问题，一些中心学校财务上按照撤并前的方式管理，平时事务都是常务副校长负责处理，中心校长很多不了解，但是都必须经过中心校长签字同意，导致权责不一致。中心校常务副校长全部管理了中心校本部的具体事务，使得中心校长签字有责任，但是权力不对称，他们对中心校长和常务副校长之间的权限和职能不清楚，影响工作的开展和学校的发展。在下面乡镇，需要单位一把手开会的时候，有时开会通知中心校长，有时通知常务副校长，乡镇政府对中心学校校长和常务副校长的概念也不清晰。

（2）公章不明。现在撤并后，乡镇中心学校一般都确定在原来的乡镇中心小学，只有一个公章，比如原来中心小学即现在中心学校本部开展活动，也只能盖中心校的公章，但是这样就好像是对全乡镇的了，显然不合适。这样也让社会和老百姓不知道到底是中心校本部还是全部乡镇的所有学校。有时在统计数字和报表时都不清楚，不利于工作的开展。

（3）人手不够。撤并学区后，学区的教研员成为中心校的上课教师。他们一般要上课又要教研，培训、财务、普九报表等相关工作也都是由教研员负责，工作量大且比较复杂，杂事太多，导致教研员没有太多的精力集中进行教研工作，在很大程度上也影响了教研活动的质量和水平。有的乡镇独立组织的教研活动就比较少了，都是按照上面教研室的安排来组织活动，很少有自己独立组织的活动。

同时，要求校长也都要上课，这样校长既要从事全乡镇的教育管理，又要自己上好课，结果是同时影响了自己的教学和管理工作，很难兼顾。

另外，由于历史原因导致一些学校占用大量编制，另外一些学校教师紧缺。比如万宁市某小学，60多个学生就有22个老师，而且教学质量低，很难找到一个称职的可以教高年级的教师，而另外一些学校教师相对紧缺。

（4）经费不足。撤并后，原来学区的那些业务经费被砍掉，但是现在中心学校相对于以前的学区来说管理工作一点都不少，公共工作比较多，都需要占用一定的经费，这样也在一定程度上影响了中心学校工作的开展。另外农村完小的经费始终显得不足，不利于农村小学的发展。

（5）报账不顺。财务管理上有些不太顺。规定中心校设置总账户，下面完小设二级账户，财务上各个完小相对独立财务，只是拨款通过中心校的财务走账。现在的完小财务管理都要报中心校同意批准，在实际操作中少数乡镇中心学校管理资金过紧，影响了完小校长的工作积极性。

仔细分析产生这些问题的原因，一是体制本身还不够完善。在改革初期对有些具体问题的规定不明确。二是基层在开展工作时对改革精神的理解有偏差，不准确。比如对中心学校校长和常务副校长职责不清的理解，只看到了常务副校长具体负责中心学校内部的管理工作的职责，没有看到常务副校长只是副校长，是协助校长处理事务的地位和身份，导致工作中职责不明晰。三是因为一些历史原因的影响。比如在总体编制满员甚至超编的情况下，一些学校占用大量编制，另外一些学校教师紧缺的问题。四是我们基层对体制在运行过程中的创新精神不够，缺乏敢闯敢试的精神和勇气，一切都只是墨守成规，照本宣科执行，没有根据本地的实际情况考虑。比如有些村级小学缺乏教师，就应该完全在全乡镇内通过让教师跑教，或者让人数特别少的学生到附近跑读的方式来解决。可惜在我们所了解的乡镇中心学校都没有发现用这样创新的思维方式方法来解决问题。[①]

话说回来，像海南省的这种改革，特别是改革后内外部关系、所占用的资源以及改革成果，还真看不出这项改革的好处在哪里，会不会最大的好处是省了点钱，即活要照干，钱可以不给或少给。

如果政策制定时还不能预计它的良好效果，那么，政策制定者还折腾什么？

如果政策制定时已经知道了它会有这样的后果，那么，政策制定者还

① 邓楚君：《关于万宁保亭撤销乡镇教办建制调整乡镇教育管理职能工作情况的调查报告》，2008年5月17日，参见：http://res.hersp.com/content/20946.aspx。

折腾什么？

（六）形形色色的教育“一刀切”

我国幅员辽阔，各地情况差异很大，如果教育政策不注意留给各地充分的余地[①]，“一刀切”就在所难免。国家这样，一个地区也会这样。例如，有的教育行政部门规定：

学生每天在校时间不得超过6小时。

学生规模少于3000人的学校不得申报“国家级示范性高中”。

小学学生规模不得少于6个班。

小学不得附设学前班。

上课时教师的讲解不得超过15分钟。

……

据报道，也是因为“一刀切”开展学校布局调整，浙江省群众集体抗议。

2011年暑假，北京掀起了新一轮关闭打工子弟学校（含幼儿园）的高潮。2006年，北京在老城区关停了239所打工子弟学校，近10万学生上学受到影响。这次全市的关停行动据说是为了实现“同城待遇”（即打工子女入读公办学校，和北京市户籍儿童一样接受免费的义务教育）。据说北京有152万个学额，实有中小学生120万人，但上公办学校要“五证”齐全。“五证”指的是家长或监护人持本人在京暂住证、在京实际住所居住证明、在京务工就业证明、户口所在地乡镇政府出具的在当地没有监护条件的证明、全家户口簿等证明、证件。“五证”对于大多数家长来说，是一道高门槛。打工子弟学校的学生家长，大多是菜农、商贩、临时工、拾荒者，也许根本不能做到“五证”齐全。个别学校还要求学生家长“捐

① 1922年，中华民国改革学制，提出“适应社会进化之需要”“发挥平民教育精神”“谋个性之发展”“注意国民经济力”“注意生活教育”“使教育易于普及”和“多留各地方伸缩余地”七项标准作为指导思想，可见留有余地是重要的。

助”。[1]

为什么好心别人不领情呢？为什么好事做不好，实事做不实呢？总之，为什么不把政策做周全之后再“切”呢？

看来，“一刀切”真是害死人。

九、科技教育局还是科技与教育局或者别的

县级政府要机构改革，需要裁撤一些部、委、办、局（科级），有些县把科委（科技局）和教育局合并，叫作科技教育局。一个重要的理由是“科教兴国”是国家战略，科技与教育联系最为紧密。

在我国，科教兴国战略作为口号已经深入人心，省（自治区、直辖市）提“科教兴省”，市提“科教兴市”，县提“科教兴县”，镇（乡）提“科教兴镇（乡）”，就连工厂、农村、学校都有相应的提法，叫作“科教兴厂”“科教兴村”“科教兴校”。既然中央都这么提，跟着说肯定没错，至于什么是科教兴国？为什么要科教兴国？具体到本地区、本行业、本单位如何实施科教兴国战略？则许多人是不求甚解、满头雾水的。

在我国，科教兴国战略的实施似乎有重“科”轻“教”的现象。虽说政策文本上表述的是教育优先发展，但其地位、声誉、工作条件及业绩效应远远比不上科技。在一般人的认识中，国家要以经济建设为中心，就必须大力发展社会生产力，而邓小平说，科学技术是第一生产力。所以，“科教兴国”是“科”在“教”前的。科技重要吗？当然极其重要。但科技是教育的一部分结果。没有优质的教育，不可能有优秀的人才，没有优秀的人才，不可能有优良的科技。然而，当“三来一补”和“出口贸易”赚了一点钱之后，人们开始认为，要提高产品的竞争力，关键是提高

① 事件引起中央媒体关注和深度报道。参见网络报道，如：http://finance.sina.com.cn/g/20110819/230210348079.shtml，http://www.chinadaily.com.cn/hqgj/jryw/2011-08-17/content_3520864.html。

产品的科技含量，至于可以提高产品科技含量的人才，只要有钱就可以买人才，而不必按部就班地搞教育，靠自己来培养，即所谓的“造船不如买船，买船不如租船”。慢慢的，邓小平说的另一句话即“教育是基础”就被人们忽略了。基础是什么？基础就是根基，就是根本，基础不牢，山动地摇。所以老祖宗常常告诫我们，君子务本，本立而道生。

联合国有一个下属机构叫“教科文组织”，是把教育放在前头的，不知道当初起名时有没有什么考究，事实上，该组织的活动也是以教育为主。我们国家也有一些近似的组织（或机构），却不这样排序，例如人大的内设机构就有叫“科教文卫委员会”的，还是把科学（科技）放在前面。有好事者比较之后，认为这反映了不同的治理理念，也是我国教育难上去、科技也难上去的深层原因。把科技局与教育局合并之后叫作“科技教育局”是否也传递了某种观念信息呢？

科技、教育和科技教育是三个不同的概念。

科技和教育是并列的两大领域，合并在一起也是完全可以的，但合并之后的行政部门（局）应该包括科技行政和教育行政两大职能。而科技教育仅是指以科技为内容的教育，包括科技知识传递、科技技能训练、科技素养培育，其职能不仅少于两局的合并职能，而且还比原来的科技局或教育局中的任何一个局的职能都要少。这样看来，合并之后的局似乎应该叫科技与教育局。

从县级政府的业务工作量来看，科技行政工作的量远远没有教育行政工作的量大。把科技放在教育之前就显得不那么合适，是否可以叫教育与科技局呢？这是很值得探讨的，因为它不是咬文嚼字，而是倡导一种新理念。

十、农村教育的出路在哪里

与城市教育相比，农村教育的全面落后是不争的事实，而且两者之间的差距还有日益扩大的趋势。

革命，从农村包围城市；建设，先城市后到农村。危险了，想到农村；安逸了，只想城市。需要付出，首先想到农村；可以享受，首先想到城市。进入21世纪，中央加强了农村工作，多年来的“一号文件”都是“涉农”的。但是农村教育，似乎与“农村、农民和农业”靠不上边，年复一年地在生存线上挣扎；而在地方，似乎东风很少吹玉门，更别说农村的教育了。农村的教育就像一方“没有活水、只等天雨”的池塘，春水不皱，秋水下降。

2011年春天，全国“两会”照常举行，民生成为关注的重要主题，虽然人民感到和煦的春风吹拂着大地，但“倒春寒”也时常不可避免。在全国政协委员无党派联组的分组讨论上，全国政协委员、北京中华民族博物馆馆长王平语出惊人：“我们也不要鼓励我们农村的孩子去上大学，因为一旦农村孩子读了大学，就回不到自己的家乡，回不去自己的家乡就是一个悲剧。”王委员认为，如果农村孩子由于上大学不回家乡，中国文化在农村的传承就失去了载体；农村学生上大学会给家庭带来巨大的负担；在就业压力大、城市生存成本高的前提下，来自农村的大学生生活会很艰辛。凡此等等，不一而足。人们有理由认为，如果王委员们的家乡在农村，那么，他们自己就是“悲剧”的制造者，如果王委员们的家乡不在农村，他们有资格说这样的话吗？果真如此，农村人有出路吗？农村教育有出路吗？农村社会有出路吗？中华民族有出路吗？

（一）什么是农村教育

农村教育是与城市教育相对应的概念。发达国家和地区似乎不区分农村教育和城市教育，在同一级类的教育政策上也没有“农村”和“城市”之分，而是“一体”的。在我国现代的国民教育学制系统中也不存在农村教育与城市教育的区分：从教育的类别来说，有普通教育，有职业（专业）教育；有为青少年儿童提供的教育；有为成人提供的教育。从教育的层级来分析，有学前教育、初等教育、中等教育和高等教育。就国民教育的学校教育制度设计来看，上述各级各类教育既为城市地区提供，也为农村地区提供，农村和城市两者应该是没有区别的。然而，从政策和现实两个方面来分析，在我国，农村教育和城市教育的区分是客观存在的，不仅两者在“性质”和“地位”等方面是有区别的，而且实际发展结果也是有很大差异的。国家似乎要让这两种教育分别沿着两条不同的轨道发展。各级政府似乎更关心城市教育的发展，“农村教育”成为低人一等的教育，起码在政策“规格”和实际举措上是这样。城里人要到乡下读书，路径是通畅的，乡下人要到城里读书，则有许多制度障碍。

从政策上把农村教育和城市教育加以区别，大概应从新中国成立后社会二元结构的构造开始。改革开放后，随着工业化、城市化进程的加快，城市与农村的社会差距日益扩大，城市教育与农村教育的实质差距也日益扩大。20世纪八九十年代推行的城市教育综合改革和农村教育综合改革，进一步拉大了两者的距离。

这种农村教育和城市教育“双轨制”的现状不是学制设计的结果，而是教育体系和教育体制构建的问题，其根源还在于城乡社会的“二元结构”。新中国成立以后，国家对农村的教育和城市的教育往往采取不同的发展策略，逐渐使农村的教育和城市的教育演变为农村教育和城市教育，并使两者的差距日益扩大。早在1953年11月，政务院首次政务会议通过《政务院关于整顿和改进小学教育的指示》，就做出了发展城市小学，乡村一般不做发展的决定：“由于国家逐步工业化，城市人口增加较快，而过去几年内城市小学增加的比例一般地较乡村为小，因此，在工矿区、城市特别是大城市，公立小学应作适当发展，在农村，为适当解决农民子女入学问题，应根据需要与自愿的原则，提倡民办小学（包括完全小学）、对乡村公立小学，除在学校较少的少数民族地区和老革命根据地应作适当发展外，其他地区均以整顿提高为主，一般不作发展。”此后，我国农村教育的发展比城市落后至少可以上溯到这个时期。改革开放后，随着教育体制改革的深化，农村教育与城市教育的政策分野越来越大。例如，1983年5月6日，中共中央、国务院在《关于加强和改革农村学校教育若干问题的通知》中就指出："农村学校的任务，主要是提高新一代和广大农村劳动者的文化科学水平，促进农村社会主义建设，一定要适应广大农民发展生产、劳动致富、渴望人才的要求，一定要引导广大学生热爱农村，热爱劳动，学好知识和本领。必须通过宣传教育，采取切实措施，纠正目前社会上片面追求升学率的倾向。"1988年9月30日，国务院批复国家教委原则同意组织实施"燎原计划"。"燎原计划"的基本任务之一就是"培养大批新型的农村建设者"，要求"学校教育思想要端正，努力贯彻国家的教育方针，坚持教育与生产劳动相结合，建立稳定的生产劳动基地；教学内容要改革，适当增加乡土教材""适当安排针对当地需要的劳动技能和技术的教育"。[①]1990年7月9日，《国家教育委员会全国农村教育综合改革实验区工作指导纲要（试行）（1990—2000年）》颁发，指出"必须通过改革，使农村教育坚持社会主义方向，培养大批农村社会主义事业的建设者，以适应当地经济建设、社会发展和人民改善生活的需要""逐步建立适应农村社会主义现代化建设需要的教育体制"。[②]这种规定更进一步把农村教育划为另一类体制，即与城市教育不同类的农村教育体制。可见，恢复高考后很长一段时期里，各级政府有关农村教育的定位都没有什么变化，而且日益区别化和体制化。这使原本就很孱弱的农村中小学学生、中小学教师、中小学学校和整个中小学教育的竞争力日趋下降，竞争机会日益减少。这与我们党的执政理念有关，再往前推，一方面可能跟古

① （88）教成字007号：国家教育委员会《关于印发有关"燎原计划"两个文件的通知》，1988年10月18日。该计划在农民教育和农村实用技术推广方面还是很有意义的。

② 教燎〔1990〕002号：国家教育委员会《全国农村教育综合改革实验区工作指导纲要（试行）（1990-2000）》，1990年7月9日。

代中国教育的等级制度有关，导致我国农村的教育一直没有得到政府足够的重视，也没有得到社会力量应有的支持，教育的近代化（或现代化）首先出现在城市，农村的教育成为有“问题”的教育。20世纪早期的乡村教育运动，可以看作是对“农村教育问题”最有组织、最为系统的一次回应，但它并没有改变现状。另一方面，可能跟《管子》四民不相杂处、父子世业的社会管理理念有关。这一理念试图使农村的教育成为农村社会的复制工具。①

众所周知，农村的教育不等于农村教育，那么，什么是农村教育？农村教育是对农村人实施的教育还是在农村实施的教育？是培养人的教育还是培养农人的教育？这是理论上还存在争议的问题，起码反映在政策上还是很模糊的问题。

农村教育就其普遍流行的观念来分析，大概有三种含义：

其一，农村教育是在农村实施的教育，即农村的教育；

其二，农村教育是培养农村人的教育，即培养“农人”的教育；

其三，农村教育是以“涉农”问题为主要内容的教育，即与“农”有关的教育。

第一种含义是以地域为标志来定义的，基本上反映了“农村的教育”的内涵，也比较鲜明地揭示了“农村的教育”的特征，是一个比较容易理解的概念。第二种含义是以培养目标为依据来定义的，认为农村教育应该是培养农村新一代建设者的教育，基本上反映了相当一部分对教育决策有影响的人对农村教育的价值追求，这种教育理想主要体现在教育政策中。这是一种比较有争议的理解。第三种含义是以教育活动内容为依据来定义的，从另一个角度反映了农村教育的本质。这是一个内部关系比较复杂的

---

① 参见教城厅〔1992〕2号：国家教育委员会《关于搞好城市教育综合改革试点工作的意见》，1992年5月13日。将该文件与“（88）教成字007号”和“教燎〔1990〕002号”等有关农村教育的文件作比较分析，人们可以发现当时国家教育管理的基本思想。

界定。在三种含义中，教育内容与培养目标和教育目的关系比较密切，但它与地域则没有必然的联系，如以“涉农”问题为教育内容的教育机构有相当一部分在城市，特别是比较高级的“涉农”院校和科研机构，而在农村的学校也未必就实施与“农村”有关的教育，例如，设在农村风景秀丽地方的一些“高价学校”，无论哪个方面都与农村大多数的其他学校不一样，同样，有些以“农人”为对象、以“农事”为内容、以“活农”为目的的比较完全的“农村教育”也不一定在“农村”进行。

其实，如何定义农村教育这一概念，与定义者的教育价值追求有关。

上述三种定义，应该说，第一和第三种的表述比较清楚，第二种的表述情况比较复杂，要看教育对象，如果教育对象是成年的农村人，这样的表述没有太多问题，除了为农村富余劳动力开展“劳动力转移”培训使之成为“进城务工人员”（进城的农民工）从而为城市建设服务外，对农村人的教育就应该使之成为更好的“农村人”，使之发挥建设农村的“新”力量。但如果教育对象是未成年的农村人，即基础教育阶段的学龄人口，这样的表述就很成问题。因为基础教育阶段提供的是普通教育，是培养合格公民的教育，具有公共性，即面向全体未成年国民，包括城里的，也包括乡下的。就现实来看，农村教育的主体还是基础教育，基础教育不是定向教育，更不是专业教育，把农村教育定位为“培养农村人”的教育，强调“农村教育的任务主要是培养农村的新一代建设者，提高他们的科学文化素质，促进农村经济建设和社会发展”，无论理论，还是政策，抑或实践，都将带来如下许多不良影响和后果。

1. 模糊了农村基础教育的性质与目标，造成理论混乱、政策偏颇，影响党和国家的形象；

2. 造成了农村基础教育与城市基础教育的隔阂，进而加剧了农村教育与城市教育的分化；

3. 在农村经济社会发展相对落后的背景下，强调把农村的人培养成为农村人，不仅妨碍了学生的选择权，而且使社会分层制度化，造成教育不公，进而影响社会公正，引发阶层对立；

4．在农村社会生产力和生产方式比较落后的条件下，强调农村教育要适应农村需要，将会导致农村教育质量和办学水平的不断下降。

现在的问题是，农村教育与城市教育的最大区别不在于实施的场所是在农村还是在城市，而在于界定教育对象的标准是什么，是户籍还是居住地？教育目的还是教育内容？是为居民（城市居民）实施的教育还是为农民（乡村居民）实施的教育？是为培养居民的教育还是为培养农民的教育？等等。

众所周知，居民集中在城市，农民集中在农村。合理的农村教育的表述可以多种多样，我们认为，关于农村教育定义的恰当表述应该是以农村人口为对象实施的教育，主要分为三类，一是以基础教育为主体的非定向教育，二是以专业技能教育（训练）为核心的定向教育，三是以社会教化为核心的社会教育，包括宣传和各种寓教于乐的活动形式。

在当代中国，所谓农村教育，通常就是指在农村实施的基础教育。因为在当代中国农村，第一，以专业技能教育（训练）为核心的定向教育一般包括农业类职业学校教育和农业生产技能培训（含农业技术推广）。在生产力水平低下的地区，实用或常用生产技术和技能是无须特别培训的，只需要“做中学”就行了。先进的生产技术和技能对以“家庭联产承包”为主要生产方式的广大农村来说，往往用不着，也没有人教。在这种条件下，以开办“种养”或“养殖”等专业为主的农业类职业学校没有吸引力，家长不愿意花钱花时间让孩子去接受这种教育，这样的学校、教育和教育体系没有多少生存空间。设在农村的其他职业学校绝大多数都“涉农”不多。第二，随着传统农村社会的解体，传统的社会教化走向没落，新的社会教化还有待建立。所以，现实中农村教育的主体就是基础教育，有关农村教育的讨论绝大多数都是在这一意义上展开的。

（二）农村教育存在什么问题

农村教育有问题吗？回答是肯定的，而且还是比较一致的。

农村教育有什么问题？回答是众说纷纭的。当然，不同的研究者（特别是调研者）研究的对象不同、获得的资料不同、分析的方法不同、依据的理论不同，会有不同的认识。

例如，有人认为，“目前我国的农村教育最根本的问题在于脱离农村的实际。我国现行的农村教育把应试升学作为教育的全部目的和人才培养的主要目标。用城市教育的体制、办学模式，以及所使用的教材、教学内容与教学方法来办农村教育，不是面对全体学生，而是面对少数尖子生，结果造成农村教育很少体现农村的特点，很难满足农村的特殊要求。这种教育模式下的农村中学毕业生普遍欠缺农业科学技术知识和劳动技能，不能适应农村经济发展的实际需要。现行的农村教育，从根本上讲是在为城市培养人才，培养离开农村和农业的人才，而不是‘为了农村’培养人才。这样的农村教育，已很难适应农村产业结构调整对中高级专门人才的需求，不能真正起到推动农业和农村经济发展的作用，已严重落后于农业和农村经济发展的需要，亟须改革”。[①]这种观点的核心精神是农村教育方向有问题，其前提性判断是农村教育必须是教“农”务“农”的。这种观点是非常有影响的，甚至影响到国家政策的制定。《国务院关于基础教育改革和发展的决定》（2001）就要求“农村中学的课程设置要根据现代农业发展和农村产业结构调整的需要，深化‘农科教相结合’和基础教育、职业教育、成人教育的‘三教统筹’等项改革，试行‘绿色证书’教育并与农业科技推广等结合”。

有人认为，农村教育的主要问题有：乡村学校负债累累；杂费和书费让学生家长难以承受；师资力量严重不足，教师问题多多；资源分配不公

① 转引自《农村教育事业存在的问题与原因综述》，2004年4月，见http://www.crifs.org.cn/crifs/html/default/_history/25.html。

平。[1]教育经费不足和学校负债严重等问题不仅影响农村孩子接受教育，而且使农民对新知识的吸收及法治的贯彻实行造成障碍。这不但是问题而且将是农村教育的危机。这种观点的核心精神是农村教育问题是“钱”和“钱的分配”问题。

有人认为，农村教育的主要问题是“农村教育与农村发展需要相脱离”“农村教育经费投入严重不足且缺乏可靠来源”“国家对公共教育的经费投入严重不足”，农民子女受教育的成本越来越高。这种观点认为农村教育的问题包括“结构”和“投入责任”。

我们应该如何认识农村教育的问题呢?

农村教育问题的整体表象是“全面落后”，包括观念落后、条件落后和发展落后。

首先，农村教育观念落后源于农村社会观念落后。在农村，教育是与家族的“前途命运”相联系的，贯彻“家族优先”“男子优先”“结果优先”的原则。家长认为子女有望通过教育而“出人头地”，从而给家族带来荣誉，或振兴家族，那么，家长将会竭尽全力地供养子女上学，至于子女学什么、怎么学，家长基本上是不考究的。家长关心的是教育结果或预期目标是否能实现，并不关心过程是否有益子女的健康成长。功名观念、功利主义教育思想是农村主流的教育思想，主导着绝大多数家长的教育行为。如果老师教育学生要“奋力拼搏”“出人头地”“成名成家”，并努力让学生考出好成绩，那就很容易得到家长的认同和支持，至于教育学生“为中华崛起而学习”，家长是不太关心的，假如学校要把学生培养成为“农村新一代的建设者”，将会引发绝大多数家长的反对。家长一旦认定子女上学无法达到预期，即不可能改变现在的“生存状态”，那么，退缩

① 摘自刘想成、彭洪波、马林、樊凯、黄斌2011年10月对徐州市铜山县开展调查所得出的结论，见http://wenku.baidu.com/link?url=B0Y5EdCiQzSgAsal1ktHXWs2V5uBzSeFHreVxGT9KnOWvPFNTX4a3PF44IJctJwq5Fw6xCiXHCU2ckbFgUwGawQCY-CnerJbdqs5x--DJny。

是普遍的选择。农民不理解宪法有关“受教育是公民的权利和义务”的规定的重大价值所在，更不明白自家子女受教育与提高民族素质有什么关系，民族素质提高与自身利益有什么关系。他们生活在社会底层，有关家庭必须保障适龄子女接受义务教育的法律规定对他们也没有什么约束力。这与农村家族主义的社会关系、自由主义的治理模式、自然主义的生产方式、传统单一的生活方式有关。

其次，农村教育条件的落后是整体的，不仅硬件落后，而且更重要的是软件落后。硬件方面诸如校舍破旧、场地简陋、实施设备不足，图书资料贫乏，更谈不上什么信息化了。这虽然不是全国农村学校的全部写照，起码大部分农村学校是这样。例如，北部湾边有一所百年老校，是一所村小，有一栋集资捐建的两层楼房，在当地算是一所硬件比较好的村小了，被认定为信息技术教育实验学校，大大的牌子挂在楼道。学校有电脑室，里边没电脑，学校有图书室，里边零散地堆放着几十本20世纪80年代出版的练习册。学校有队部室，里边只有几张破桌子，在课室，找不到一张完好的桌凳，坑坑洼洼的篮球场竖着一个歪斜的篮球架，还有两个不规则的水泥乒乓球台。软件方面诸如师资质量低下、管理水平低下，也是普遍现象。取消毕业生分配制度后，农村学校再也难以补充优质师资，结构不合理现象日益严重。以综合素质排位为例，从前，同龄人中排在前10%的考生（特别是农村考生）选读师范类专业，他们中的相当部分毕业后被派往农村，现在，同龄人中排在前10%—30%的考生只有部分人选读师范本科专业，他们中的绝大多数毕业生都不愿意回农村从教，而最终走向农村教坛的人绝大多数是同龄人中排在50%—60%位次甚至更低的考生，虽然从统计数据看，农村教师的学历达标率已经大幅度提高，甚至可以说，许多农村地区基本实现了“小教大专化，初中本科化”，但面对着许多本专科学历的教师，人们依然非常怀念当年的“中师毕业生”。就农村高中来看，城里的高中开始对研究生挑肥拣瘦的时候，乡下的高中还要为教师的学历达标头疼。与此同时，在农村，经过实践锻炼而成长起来的好的老师纷纷调往城镇或城市。国家鼓励教师流动，但好教师的流动是单向的。我们无意指责也不能指责这些教师，因为“人往高处走，水往低处流”，是人之常情。但需要追问的是，是什么造成这样的结果。师资水平的低下必然导致管理水平的低下。在农村学校，什么发展规划，什么专业发展，什么现代学校制度建设，等等，几乎都是远在天国的事，学校管理总体上处在放任、随意的状态，许多学校连基本的管理常规都没形成。

第三，农村教育发展落后是农村教育观念落后和农村教育条件落后的必然结果。农村教育发展落后大致表现在三个方面：一是农村教育事业发展落后于城市，这从教育覆盖面、学校布局合理性、教育级类的丰富性、适龄儿童入学率、辍学率、师资水平以及教育的固定资产数额可以看出来。二是农村教育质量落后于城市，而且差距有日益扩大的趋势。特别是本世纪开始的基础教育课程改革，进一步加剧了农村教育和农村学生的边缘化，英语、信息技术、音乐、美术、综合实践活动，选修模块、研究性学习、口语考试，等等，让农村学校的校长、教师和学生难以招架。近年来，贫困地区的农家子弟上重点大学的新闻时常出现在报纸上。可见，在现有的考试模式下，经过层层筛选，贫困地区农家子弟能上重点大学的已经是凤毛麟角了。三是农村户籍人口的就业和职业发展不仅远远落后于城市，也与他们的父辈差距日益拉大，仿佛“一代不如一代”，这是教育在社会分层中复制功能的体现。

农村除了中小学外还有学前教育，而农村学前教育发展境况堪忧。国家就农村幼儿教育也发过不少的文件，例如，1983年9月21日，国家教育委员会颁发了《关于发展农村幼儿教育的几点意见》〔（83）教初字001号〕，但由于跟经济体制改革后农村社会的实际不相适应、政策缺乏有效的保障措施以及政策的连贯性（如小学附设学前班问题）等问题，农村学前教育与城市相比更有天壤之别。

至于农村成人教育、社区教育、家庭教育的落后更是难以言述，在许多农村，压根就没有可以列入统计的成人教育或社区教育活动。

此外，与农村教育有关的还有“留守儿童”问题。据调查测算，目前中国的农村留守儿童的数量将近2000万，当中有84.6%的孩子由爷爷奶奶等隔代亲人照看，15.4%由亲戚代管，有少数甚至是独自一人生活。农村极少有寄宿制学校，所以，这些留守儿童不可能获得很好的教育和照管。这种状况不再仅仅是教育问题了，已经恶化为一个有持续副作用且不断弥散其影响的社会问题了。其实，如果农村教育有起码的办学条件，留守儿童的问题将会消弭于积极向上的学校教育和“生动活泼”的集体生活之中，但由于农村教育无力承受，结果给中国出了一个从国家到家庭都感到头疼的问题。与其说这是工业化、城市化、现代化需要农村和农民付出的代价，不如说这是农村教育落后衍生的社会和农村家庭代价。

农村教育问题多多，到底症结在哪？成功的经验往往是显而易见的，问题的原因则是复杂多样的。不同的人自然也会有不同的认识。农村教育落后最终会归结为一个“钱”字，但“钱”的背后却是“教育体制”，而教育体制背后则蕴藏着一个更大的社会问题。

农村教育有多穷？河北省教科文卫工会对农村中小学进行抽样调查分析，结论是农村教育“戴着镣铐跳舞”。

农村教育经费投入严重不足且很不稳定。一方面，国家对公共教育的经费投入严重不足。1993年中共中央、国务院颁布《中国教育改革和发展纲要》，提出到20世纪末，财政性教育投入达到国民生产总值（GDP）的4%。但进入21世纪已经10多年了，我国离这一目标还有很大差距。财政性教育投入占GDP的比重是一个衡量教育投入水平的国际通用指标。就国际比较看，4%是一个偏低的指标，就我国教育改革和发展所确立的远大目标来看，这是一个“想用比较少的钱办比较大的事”的指标，就教育优先发展的战略地位来看，这是一个支撑力度不大的指标。多年以来，我国的教育投入占GDP的比重一直徘徊在3%左右，远低于世界平均5%的水平。据测算，我国中小学的在校生数占全世界的1/4，而其教育经费却只占全世界相应经费的1/145。在如此少的基础教育总经费中，财政性经费所占的比例（75%左右）又严重低于国际通常的比例（85%以上）。联合国教科文组织《世界教育报告》1998年的统计表明：我国是用占世界1.18%的教育经费培养占世界18.45%的学生。另一方面，在有限的教育投入中，基础教育所获得的份额又非常少。我国初、中、高等学校在校学生比约为80:16:1，而教育经费投入比则与此相反，约为1:3:52。在极其有限的基础教育投入中，农村教育获得的份额更少。有调查显示，某区（县级）2006年城镇小学、初中的生均预算内教育事业费分别是农村的1.67倍和1.64倍，城镇小学、初中的生均预算内公用经费分别为农村的3.39倍和3.24倍。目前我国的农村教育主要是基础教育，其规模是城市基础教育的两倍，城镇小学和普通初中的生师比为19.65和18.43，而农村小学和普通初中的生师比则为22.68和20.11。无论是总量还是教师人均负责的学生数，农村都远大于城市，但农村所得到的教育经费投入总量却还不到城市的一半，而且还经常不能依时到位，不少学校经常是“吃了上顿没下顿”或“寅吃卯粮”。借用一个句式来表达，就是：由于缺“钱”，农村学校真穷，农村教师真苦，农村教育真危险。

农村教育戴着镣铐跳舞的比喻可谓准确生动。“跳舞”说明农村教育并没有“闲着”，没有停顿，依然在为自己的使命忙活着。“戴着镣铐”说明农村教育在“跳舞”时非常艰难沉重，不可能舒缓自由地发挥，甚至要完成规定的“舞蹈”动作都非易事。“跳舞”是快乐的事，“戴着镣铐”是痛苦的事，身负痛苦去干原本应该快乐的事，那才是“诛心”的痛苦。那么，人们不禁要问：为什么农村教育那么缺“钱”，那么穷？是无钱可投，还是有钱不愿投？

所谓无钱可投，是指农村教育的责任主体没有足够的财力支撑农村教育事业，使之达到国家规定的最低标准。改革开放后，不仅不同区域间的经济社会发展水平差距容易扩大，就是同一区域内农村与城市的经济发展水平差距也日益扩大，国家有政策倡导并实施工业反哺农业，但没有政策倡导并实施城市反哺农村，特别是农村税费改革后，农民的教育负担的确有所减轻，而政府的财源却没有开拓，绝大多数农村基层政府是“吃饭财政”，有些甚至是“要饭财政”，也确实无力发展农村教育事业。

所谓有钱不愿投，是指教育投入责任主体不明确导致教育投入责任不落实。1985年，《中共中央关于教育体制改革的决定》颁发之后，国家把发展基础教育的责任交给地方，实行“地方负责，分级办学，分级管理”的体制。这一体制的萌生有其深刻的历史与现实背景，也有充分调动地方各级政府办学积极性的考量。但什么是“地方”？是非常有考究的。首先，从类别来看，地方是指地方政府还是指地方所有的政府、社团和个人？如果是前者，那么，在各级地方政府中是由某一级政府承担，还是由各级地方政府分担，分担的比例又是多少？如果是后者，那么，有没有哪一个投入责任主体是主要的？各责任主体的责任比例是怎样的？其次，从层级来看，对中央来说，省、市、县、镇的政府都是地方人民政府，对省来说，市、县、镇的政府是地方人民政府，对市来说，县、镇的政府是地方人民政府，而对县来说，地方则包括了乡镇（人民公社）、管理区（村，生产大队）和村（社，生产队）。到底哪个层级的区域对举办农村教育（主要是农村基础教育）负责？如果是多个层级的区域负责，有没有一个层级是主要的？它们之间的责任比例又是如何？这些问题，在相当长的时期里是没有明确规定的，也就是说，农村教育找不到它的投入责任主体。似乎所有“地方”都有份，然而，似乎所有“地方”都没有明确的可追究的责任。既然这个“钱”可出可不出或者可以少出，投入教育又很难“立竿见影”，多是些“前人栽树后人乘凉”的事，对领导班子或主要领导任期考核与晋升“助力”不大，那么，自然就没有多少领导愿意尽发展基础教育事业的义务。相比之下，弄个“穿衣戴帽”工程，或者弄个能请到大领导出席的盛大的什么会，获得的个人发展机会要多得多，大得多。更何况，大多数农村地区的政府的确比较困难。在财政困难的情况下，权力会向上集中，责任会向下扩散；资源会向“窗口”集中，困难会向边缘扩散。农村教育得不到应有的公平的投入，成为“牺牲品”就是必然的了。

2001年5月29日，国务院《关于基础教育改革和发展的决定》（国发〔2001〕21号）颁发，提出要进一步完善农村义务教育管理体制，实行在国务院领导下，由地方政府负责、分级管理、以县为主的体制。从《决定》中“完善管理体制，保障经费投入，推进农村义务教育持续健康发展”所提出的11条决定来看，基本上是“责任”和“钱”。这些规定比以前的有关规定明确多了。在农村义务教育投入方面，地方三级政府（省、县、乡镇；没有特别提到地级市）和村民自治组织都有责任，但主要责任主体是县级人民政府，其次是乡镇人民政府，“要承担相应的农村义务教育的办学责任，根据国家规定筹措教育经费，改善办学条件，提高教师待遇”。“继续发挥村民自治组织在实施义务教育中的作用。”“乡（镇）、村都有维护学校的治安和安全、动员适龄儿童入学等责任。”但这些规定其实只是把之前的实际做法“条文化”，看不到增量资金来源，因此，对农村义务教育经费短缺状况并无多大的缓解功效。而且，有些规定明显不切实际，如“乡（镇）、村对新建、扩建校舍所必需的土地，应按有关规定进行划拨”。在土地资源紧缺的情况下，没有“钱”去哪找土地划拨？又如乡镇、村有维护学校治安和安全的责任，没有钱如何维护？有些规定则将助推新的不均衡，如“从小学起逐步按地区统一开设外语课，中小学增设信息技术教育课和综合实践活动，中学设置选修课”“各地要科学规划，全面推进，因地制宜，注重实效，以多种方式逐步实施中小学‘校校通’工程”，在没有标准和条件的情况下，如何“逐步”开设和“逐步”实施？最终结果只能是城市的学校优先开设和实施；又如“鼓励各地乡（镇）中小学建立中心实验室、图书馆等，辐射周边学校”，也就是说，“中心实验室”“图书馆”等属于“鼓励”项目，并非规定动作，即使有条件的地方，也不是每所学校都建立，那么，到底在哪所学校建立呢？现实依然是城市学校优先，能“辐射周边学校”吗？现实肯定是行不通的。当然，也不是说《国务院关于基础教育改革和发展的决定》就此变成了一纸空文，它还是发挥了一定的作用的。比如，该《决定》中关于“基础教育优先发展”的观点和“教师工资县级统发”的对策就具有创新性；提出的“农村教育管理体制进一步完善，基础教育尤其是农村义务教育投入和按时足额发放中小学教师工资的保障机制进一步落实”也抓住了根本问题。遗憾的是，该《决定》并没有从体制上解决根本问题，即它明确了“钱”该谁来出（也没有明确的比例），并没有告诉该出钱的责任主体去哪里找“钱”，对于广大的农村地区，蛋糕就那么一点点，改变分配比例很可能会出乱子，即使蛋糕做大了一点，要改变分配比例也不是一件容易的事。因为整个管理体制的设计很不具体，不仅责任主体没有“责任底线”，而且学校教育也没有“办学底线”。更为糟糕的是，该《决定》的最基本的理念是依旧把农村教育和城市教育分开管理，在已进入21世纪的时代，仍然没有形成基础教育城乡“一体化”观念。

农村教育问题多多，其后果必然反映到社会中来。城乡教育的巨大差距，终将导致社会分层加剧，甚至出现阶级分化，不公平的教育体制大量复制社会不公平，这是人们必须高度关注而“肉食者”必须“谋之”的，因为和谐社会建设要预防天怒人怨。

“郁郁涧底松，离离山上苗。以彼径寸茎，荫此百尺条。世胄蹑高位，英俊沉下僚。地势使之然，由来非一朝。金张藉旧业，七叶珥汉貂。冯公岂不伟，白首不见招。”

现代中国应该有能力也有责任解决晋代文学家左思《咏史》中提出的

问题。

（三）我们为农村教育振兴做了什么

国家是想振兴农村教育的。从领导人讲话、有关政策到全国性行业组织的活动来看，这种努力一直没有停止过。这种努力可以概括为“四个拯救”：拯救师资、拯救学童、拯救学校和拯救质量。

1．拯救师资

中共中央、国务院1993年颁发的《中国教育改革和发展纲要》指出，“振兴民族的希望在教育，振兴教育的希望在教师”。这句话把教师的地位、作用和责任说得非常透彻。无论理论上还是实践上看，农村教育的落后是多方面的、整体的，但师资落后是最为关键的。教育史上的无数事实表明，任何时候，人才都是教育兴衰的决定性因素。大中专学生缴费上学政策实施后，学习者将掂量读怎样的专业才能获得较好的投资回报，而现实中教师待遇低下不可能使师范类专业吸引到好的生源，也不可能使农村中小学学校吸引到高素质的师资；取消分配、自主择业政策的实施，使师范教育仅有的一点吸引力也丧失了。1995年，国家开始实施师范教育改革，要建立开放的教师教育体系，要大幅度提高教师学历达标率，要让旧三级师范教育（本科师范、专科师范、中等师范）向新三级师范教育过渡（教育硕士、本科师范、专科师范），即要取消“中师”，同时，鼓励综合性大学举办师范教育和教师培训。经过10多年的努力，从统计数据看，中小学教师的学历水平大幅度提升，但从实际的综合水平看，人们普遍认为，教师的素质并没有得到相应的提高，就农村中小学教师的水平来看，还有下降的迹象。其实，这种状况一点也不奇怪。第一，农村的好教师纷纷调往城里；第二，中师招收的是同龄人口中排在前10%的人，实施的是素质教育，其人才培养模式非常切合中小学的需要，取消中师后，大专（职业技术学院）招收的是同龄人口中排在60%—70%位次的人，基本素质不高，又不按中小学的需要来培养；第三，师范教育改革后，实践教学和各学科教学法教师在学校没有地位，“师范类”被等同于“低水平”，师范教育的特色正逐步消失；第四，名牌师范大学的综合化趋势一方面引导师范院校鄙薄教师教育的专业性，盲目追求所谓的学术性，另一方面引导师范院校不再坚守自身的优势和特色，盲目追求所谓的前沿性；第五，农村基础教育学校条件艰苦，缺乏资讯，缺乏娱乐，没有住房，没有房补，即使是正式教师，所过的生活也跟农民相差无几。此外，因为“钱”的关系，农村大量使用“代课教师”，以减少人力资源成本，也有不少领导，看准国家不断落实教师政策，把自己的低水平的“亲人”放到学校教书，希望有朝一日成为“正式教师”。这种状况，能到农村中小学教书的人多是些什么人便可想而知了。

农村教育的师资水平低下是一种非常普遍的现象，也是大多数高层次决策者和研究者都非常关心的问题。为了提高农村教师水平，国家采取了一系列政策。

一是为农村学校补充高层次师资，实施“硕师计划”和“免费师范生计划”，祈求通过“免考”和“免费”让部分人提供一定年限的农村教育服务。

据说，“硕师计划”是教育部为了进一步加强农村贫困地区教师队伍建设、促进义务教育均衡发展、鼓励高校优秀的高层次人才到农村去建功立业、支持农村贫困地区教育事业发展做出的一项重要工作部署，是促进大学生就业、创新教师培养模式的一种很重要的制度创新，也是大学生到艰苦的地方、到农村去接受锻炼、健康成长、教学相长、学以致用的一种很好的形式。应该说，教育部为了振兴农村教育是煞费苦心的，但经细致分析可以发现，这项计划很可能是既不治本也不治标的政策，象征意义远大于实际意义。第一，这项政策对农村教育师资问题的症结把脉不准；第二，这项政策无助于缓解农村教育师资状况恶化的趋势；第三，这项政策把农村高学历层次师资培养标准置于“低人一等”的境地；第四，这项政策将使农村中小学进一步沦为城市中小学补充熟练教师的“训练基地”。与其说是教育方面的“支农计划”，不如说是政府的“缓解就业压力计划”和高校的“持续扩招计划”。

类似的政策不仅在研究生教育阶段实施，在本科生教育阶段也有。2007年，教育部在6所直属师范大学中重启免费师范教育，2011年，首批万余名免费师范生寻找工作岗位。他们能在农村找到教职吗？愿意奔赴农村教坛吗？这项政策能够收到预期效果吗？2011年2月15日《人民日报》发表了其为此进行的调查，结果显示，对于免费师范生中的诸多限制政策赞同度较低。

对于师范生政策的了解程度——尽管86.2%的受调查者在报考时将免费师范生列为第一志愿，但他们当时对相关政策的了解却十分有限：“了解一点”的占57.2%，“不了解”的占12.8%，而“非常了解”的仅占2.8%。

对于毕业就业的地域期待——尽管免费师范生政策“鼓励毕业生到边远贫困和民族地区任教”，但就调查结果而言，在城市任教似乎更是他们的上上之选：在选择工作地点时，6.6%的人选择了“北上广深”，58.0%的人选择了“省会级城市”，没有人选择“农村”作为工作地点。华东师范大学一份对本校首届免费师范生的调查也显示，38.0%的学生表示“不大愿意”回家乡农村任教，44.1%觉得“还行，但多少也有些无奈”，17.9%的学生表示“比较愿意”。

对于最低从教10年的规定——在调查中发现，10年的最低从教年限令受调查者颇有压力：政策规定赞同度为4.2分，过半数(54.8%)的受调查者认为合理的工作年限应为4—6年，认为应在10年以内的占96.0%。与此同时，57.5%的人认为就业前景“难”，27.1%的人认为“凑合”，认为就业前景“不错”的比例不到10%(9.4%)。教育问题专家熊丙奇对此发表了自己的一番评论，认为这样的决策已经有违“常识”。

其实，“免试的硕师计划”也好，“免费的师范生计划”也好，都知道农村教育的病症，但都不是通过振兴农村教师进而振兴农村教育的“对症之药”。农村教育的“羊头”已被高高挂起，卖的却是于农村教育无补的“狗肉”。这样的“买卖”曾经引起了不小的轰动效应，谁是赢家是不言自明的。

另外一项为稳定农村教师队伍的政策举措也是颇值得商榷的。在基础教育领域，主要是在农村基础教育领域，因为钱的缘故（当然还有其他一些原因），大量雇请“代课教师”，致使一大批没有达到国家教师任职资格标准的人充任中小学教师，他们中的绝大多数人长期工作在比较艰苦的环境，没有功劳，也有苦劳，没有苦劳，也有疲劳。他们的工作出路和生活状况是需要好好解决的。在现有的人事制度下，只能内部消化，所以，许多地方政府决定通过象征性考试，让他们转为正式（国家编制）教师，这对于解决他们的问题、维护教师队伍的稳定、促进和谐社会建设无疑是非常有意义的。但同时也为教师队伍的专业发展增加了难度，进而给整个基础教育的改革发展增添了许多难题：他们占据了编制，高层次教师的补充就难上加难，而他们的提高也绝不是一朝一夕的事。在农村，如果有一大批教师的专业水平低下，尊师重教的风气将如何能够形成呢？教育优先发展的战略地位又如何能落实呢？“文革”时期，一大批“臭老九”和“反动学术权威”被打倒，被放逐农村，就可比指标来看，虽然那是很荒唐的举措，但那个时期可能是农村基础教育师资水平比较高的时期。历史不赞同用压迫的政策来提升农村教师队伍的水平，但现有的通过奖励性措施补充农村高层次师资的政策并未取得应有的效果。

二是为打破教师“单向流动”，试图建立有约束力的教师流动制度，祈求缓解日益严峻的城乡教师水平不均衡的矛盾。谁都知道，农村不是没有骨干教师，但“人往高处走，水往低处流”，农村中的好教师都争先恐后地往城里调，这种“单向流动”由来已久。不用付培养费或成长成本，城里的学校、学生、家长和主管又何乐而不为呢？中共中央、国务院《关于深化教育改革全面推进素质教育的决定》（1999年6月13日）规定："各地要制定政策，鼓励大中城市骨干教师到基础薄弱学校任教或兼职，中小城市（镇）学校教师以各种方式到农村缺编学校任教，加强农村与薄弱学校教师队伍建设。城镇中小学教师原则上要有一年以上在薄弱学校或农村学校任教经历，才可聘为高级教师职务。采取优惠政策，吸引和鼓励教师到经济不发达地区、边远地区和少数民族地区任教。经济发达地区和城市也要采取多种形式，帮助少数民族地区和农村提高教师队伍水平。"相应的政策在《国家中长期教育改革和发展规划纲要（2010—2020年）》中也再次被重申。理论上讲，这是非常好的政策，但实践中执行起来却是非常难的。首先，哪些地方愿意制定这样的"倾斜农村"政策？不制定这种"倾斜政策"的地方又有什么制裁措施？谁也不知道，因而谁也不在意；其次，中小城市（镇）学校教师有谁愿意到农村任教？第三，如果要评高级职称，要到农村学校任教，谁来解决他们的住、行问题？第四，在现有的职称评审制度和教师队伍建设情况统计指标的前提下，谁会在意有没有"一年以上在薄弱学校或农村学校任教经历"？第五，"采取优惠政策，吸引和鼓励教师到经济不发达地区、边远地区和少数民族地区任教。经济发达地区和城市也要采取多种形式，帮助少数民族地区和农村提高教师队伍水平"。这个"优惠政策"涉及的"钱"谁来出？派出单位出？接受单位出？还是"上级"出？穷的"上级"没办法出又该怎么样？所有这些问题其实都没有具体的政策或解决方案，其政策效果可想而知。在现有的体制框架下，又怎么能祈求这样的政策有效果呢？

三是建设周转房。这是非常"高招"的政策，也是农村中小学教师的"苦""难"所在。笔者30多年前工作过的小学，其教师工作和生活条件比现在要好得多。这种案例不在少数，一直没有得到应有的关注。《国家中长期教育改革和发展规划纲要（2010—2020年）》提出要"建设农村艰苦边远地区学校教师周转宿舍。研究制定优惠政策，改善教师工作和生活条件”，这无疑是振奋农村教师精神的重要举措，如果能落实，那将是振兴农村教育的一抹曙光。

四是给予补贴，以提高农村基层或艰苦边远地区学校教师岗位的吸引力。这种政策早已出台，理论上也非常有针对性，非常有意义，但没“钱”落实。《国家中长期教育改革和发展规划纲要（2010—2020年）》再次规定：“对长期在农村基层和艰苦边远地区工作的教师，在工资、职务（职称）等方面实行倾斜政策，完善津贴补贴标准。”但问题是谁来倾斜？谁来支付补贴？这是一个非常难扯清楚的事。不少地方，假借“改善投资环境”“惠及千家万户”之名，大搞“穿衣戴帽”，大建豪华办公楼，又有谁想着要倾斜农村教育呢？既然在哪都是教书，为何又不勇攀高枝呢？

五是表彰。表彰教师是国家教师管理极其重要的举措，没有哪个国家像我们国家那样设立众多的表彰名目来表彰教师。《国家中长期教育改革和发展规划纲要（2010—2020年）》进一步强调要“大力表彰和宣传模范教师的先进事迹”“国家对作出突出贡献的教师和教育工作者设立荣誉称号”。古语说，重赏之下必有勇夫，现实中也确有很多人是为“奖”而活的。但可惜，由于奖额有限，制度设计不科学，绝大多数教师没有机会受到激励，而少数人却从学校级先进一直做到国家级先进，成为十分疲惫的“先进专业户”。在农村中小学特别是农村义务教育阶段学校，除非是极其偏远而又给领导发现或者是身体健康方面有问题，一般情况下，很少有教师能评上特级教师、高级教师，能参加骨干教师省级以上培训、获得市（地）级以上先进奖励。“富贵不敢愿，帝乡不可期”，农村教师制度上注定是贫寒的，在这样一种非常商业化的世俗社会，他们又能怎样呢？

应该说，国家为教师包括中小学教师已经想了许多办法，制定了许多政策，为农村中小学教师度身定做的政策也不少，如果这些政策能够落实的话，一定程度上是可以振兴农村教育的，但长期以来的实际感受是："只听楼梯响，不见人下来。"人们对这种"支票"的可兑现性必将产生怀疑。中共中央国务院《中国教育改革和发展纲要》（1993）指出：振兴民族的希望在教育，振兴教育的希望在教师。这是迄今为止，对教师地位作用的最高认识。"国将兴，必贵傅而重教。"但长此以往，人们不禁要问，谁来振兴教师？我们的"希望"还有希望吗？

2．拯救学童

"青少年是一个国家、一个民族的未来""没有青少年就没有未来""谁拥有青少年谁就拥有未来""拥有怎样的青少年就可预见将会有怎样的未来"。所有这些判断都基于一个非常简单的前提：上一代比下一代先死。所以，任何有前途的国家和民族都非常重视青少年的培养，任何负责任的上一代都高度重视下一代的成长。下一代自然包括了生活在农村的学童。

农村学童大概可以分为五类：一是已经居民化的富裕家庭子女，拥有较高的社会地位，过着优渥的生活；二是跟父母一起生活而且家庭生活水平比较高，通常是父母无须外出谋生即可过上好日子；三是跟父母一起生活但家庭生活比较贫困，通常是父母没有能力或条件外出打工；四是父母外出打工，自己留守家乡或与其他亲属（通常是老人）一起生活；五是跟随父母在打工地生活。在农村，绝大多数学童属于第三、第四和第五类。

就全国农村来说，极度贫困人口已经大幅度减少，边远地区农村人口的生存危机也已经得到比较有效的缓解，但农村学童的发展境况依然堪忧。除了农村学校办学条件比较落后、教育和学习的有效性非常差之外，农村学童的照管已成为比较普遍的社会问题。"留守儿童"和"空巢家庭"问题非常突出，成因非常复杂。全国妇联儿童部部长邓丽透露，农村5周岁以下双亲外出留守儿童为2300万人，占留守儿童总数的40.19%，四川、安徽、河南、湖南、江西、贵州、广东等7省0—5周岁留守幼儿均超过100万人。邓丽进一步分析指出，5岁以下的儿童留守农村，可能会产生安全、监护不力和营养等问题，但最典型的还是亲情缺失的问题。[①]这部分人实际上已经逐步成为国家、社会、家庭和学校都无法很好照顾的“边缘人”。究其原因：

第一，欠发达地区农村因为经济落后，大批青壮年外出谋生，而流入地生活成本比较高，无法举家迁移。

第二，落后农村社区政府管治与服务能力很弱，政策执行力很弱，加上村民居住分散，无心或无力给予基本的照顾。

第三，落后农村的教育水平低下，无论家庭教育、社会教育还是学校教育，都无法给学童以正确的引导和有效管理。

第四，价值多元化特别是金钱至上主义的影响，农村质朴、互助、亲邻的民风正在消失。

第五，读书无用论在农村社区的蔓延，学生缺乏学习动机，不愿意成为被教育的人，巩固率低，辍学率高，就学不充分，隐性失学现象比较严重。

怎么办？党和国家严令要对农村学童多加关心，中央领导也反复强调，并做出“示范”。这种政策和“示范”大致有三层意思：一是把义务教育作为“重中之重”，大力推进区域教育特别是县域教育均衡发展；二是切实关心“留守儿童”的生活、学习和成长；三是着力解决外出务工人员随迁子女接受义务教育的问题。结果怎样呢？层层发文件，级级领导强调做示范，最后上完电视上报总结之后基本上又恢复往昔的平静。

有关“拯救学童”的措施最值得一提的是有关“进城务工人员随迁子女入学问题”或“外来工子女入学问题”的政策。新修订的《中华人民共和国义务教育法》（2006，第十二条）规定，父母或者其他法定监护人

① 《中国教育手机报》2011年11月21日。

在非户籍所在地工作或者居住的适龄儿童、少年，在其父母或者其他法定监护人工作或者居住地接受义务教育的，当地人民政府应当为其提供平等接受义务教育的条件。这条法文有两个非常明确的意思，一是“当地人民政府”要负责，二是提供接受义务教育的条件必须是“平等”的。而在此前，原国家教委、公安部1998年3月2日颁布的《流动儿童少年就学暂行办法》（教基〔1998〕2号）就曾明确规定，该类学童的教育“以流入地管理为主，以在流入地全日制公办中小学借读为主”。由此引申为“三为主”，即政府为主、流入地为主和公立学校为主。后来，这项政策演变为“以流入地政府管理为主，以全日制公办中小学就学为主”。综合有关的政策法规的精神来分析，国家要求地方各级政府保障这类学童平等享有受教育的权利的意图是十分清楚的，但为什么这类问题一直得不到很好的解决呢？

首先，解决这类学童就读问题是一个非常复杂的社会系统工程，涉及户籍、财政、治安、义务教育法律责任区分、产业结构转型及非户籍人口的流动性、流入地教育条件（主要是学位和师资）、流入地学龄人口的波动性、需要保障的学龄区间（是整个中等及以下教育阶段还是义务教育阶段）乃至教育用地指标等一系列问题。而现有的政策法规并没有当一个系统工程来处理，各级政府文件发了不少，大多是“下级抄上级”，说来说去就那几条，而最最核心的“钱”该谁出、出多少、为什么要出没讲清楚。

其次，在“情”“理”“法”中难以找到具有可行性的结合点。

创造条件让子女与父母或法定监护人生活在一起并就近接受教育，是人之常情，务工人员对流入地经济发展的确也作出了贡献，创造条件让其子女或被监护人在流入地接受教育也合乎常理。是不是这样就没问题了呢？看来也不是。当流入地有空余的学位，而外来务工人员随迁子女又不多的情况下，问题相当好解决，或者说，不需要流入地政府额外多花很多钱的时候，问题就变得非常的简单，只要中央文件一发，不准额外收取借读费之类的费用，问题定可得到较好的解决。现在的情形并非如此。对于经济发达的地区如珠江三角洲来说，外来务工人员及其随迁子女特别多，办学成本特别高，想让这些地方的政府像解决本地户籍人口接受教育那样解决外来人员随迁子女的教育问题，它们普遍感到压力沉重。

流出地政府对外出务工人员的随迁子女有没有教育责任呢？这是一个非常值得探讨的问题。

流入地对流出地的经济发展也是有贡献的。这种贡献主要表现为：一是帮助流出地解决了富余劳动力就业的问题；二是外出务工人员的相当一部分消费是在流出地实现的，这对流出地的经济发展特别是GDP的增长是非常有促进作用的；三是感受了发达地区的现代气息，对流出地的观念更新特别是信息、技术、经验等输入是非常有意义的；四是的确接纳了部分外来工子女接受教育，减轻了流出地的教育负担。可以说，流出地和流入地双方是互有贡献的。这样就带出了一个问题：按照现行的财政体制、户籍制度和教育体制，原本应该由流出地政府承担的教育法律责任是否就该完全由流入地承担呢？既然是“互有贡献”，是否就该“互有责任”呢？如果是“互有责任”，那么，当务工人员随迁子女在流入地接受教育的时候，流出地政府有能力、有意愿就自己应负的教育责任对流入地进行“转移支付”吗？

现在的有关外出务工人员随迁子女接受教育的政策只有责任转移，没有相应的资源转移，这在“情”“理”方面是否说得过去呢？法律方面有没有什么障碍呢？许多流入地政府对这一政策是颇有微词的，但因为是国家的要求，它们都只好硬着头皮去做。对于流出地政府来说，它们会认为，既然人都不在我这里，那我为什么还负担他们的教育责任呢？更何况，之所以成为流出地，不就是因为穷嘛，既然穷，哪还有钱承担这些教育义务呢？

流入地的接纳能力是有限的。最主要的问题是土地资源是有限的。在经济发达地区，土地的人口承载力已经超负荷了，不少地方可以说人满为患。例如，广东省东莞市，2450平方公里，上千万人口在这里工作、学习和生活，除了成千上万的企业外，仅学生就100多万，要建校，要有师资，要有教学仪器设备，要不断增长生均公用经费。2010年，全市共有幼儿园727所，在园幼儿208373人，小学331所，在校生552377人，初中151所，在校生187878人，高中阶段学校68所，其中，普通高中（完全中学）40所，在校生70398人，中等职业学校28所，在校生50531人。全市经批准开办的民办幼儿园552所，民办中小学252所，其中，民办小学生327586人，民办初中生75058人，民办普通高中生7456人，民办中职生10228人，仅义务教育阶段“新莞人”学生在民办学校就读的就有402644人，占全市义务教育阶段“新莞人”学生的76.2%，此外，还有高校学生几万人。2010年，全市中小学非户籍学生达到549553人，已经相当于一个“中等县”的人口规模了，为此，东莞市财政支出13.9亿元，这也是一笔不少的数目。

外出务工人员的最大特点是流动性大。假如经济发达地区真的100%按中央精神全部接纳了这类学生，那么，有可能加剧“随迁子女”的大量涌入，使得流入地更加不堪重荷，而一旦产业转型升级，大批务工人员另择地方就业，空余的校舍和富余的教师怎么办？

看来，随迁子女的入学问题是一个非常错综复杂的问题，需要综合治理，“全国此类事情甚多，宜将统筹解决”，不以科学发展观为指导，就难以“统筹解决”。

“进城务工人员随迁子女”“外来工子女”和“流动儿童少年”的入学问题本质是一样的，即学童是在父母工作地而非户籍所在地就学。基本趋势也是相同的，就是“贫困”地区往“富裕”地区流，农村往城里流。而这类学童的教育问题不解决，想基本实现拯救农村学童的愿望，恐怕很难实现。当然，也无须过于悲观，现有的政策即使无法治本，还是可以治一下“标”。

总之，解决非户籍儿童少年接受教育的政策举措肯定会收到一定的效益，也已经取得了比较好的效益，但仅此期待圆满解决问题还是不可能。

3. 拯救学校

在基础教育阶段，我们有世界一流的学校，也有世界末流的学校。这些末流的学校主要集中在农村。各地政府都非常乐意花巨资在城里打造一流的学校，使之成为“窗口”，在教育资源有限的情况下，资源过于集中在城市，集中在少数学校，而广大农村原本应该获得的资源便被剥夺了。农村学校的破旧简陋是普遍现象，甚至连完成国家课程计划都有困难，这种状况如果不及时加以改变，将后患无穷，因为它已经不是纯粹的教育问题了。

随着“科教兴国”战略特别是作为教育“重中之重”的《义务教育法》的深入实施，国家很早就关注到了薄弱学校的问题，提出并实施了一系列构想和计划，例如：

1995年至2000年，教育部（原国家教委）、财政部联合组织实施了第一期“国家贫困地区义务教育工程”，中央财政投入39亿元，地方财政配套87亿元，共计126亿元。一期“工程”实施范围集中在22个省、自治区、直辖市及新疆生产建设兵团的852个贫困县，其中“八七”扶贫攻坚计划确定的国家级贫困县有568个。在各级政府的高度重视、社会各界特别是贫困地区广大人民群众的全力支持下，到2000年底，一期“工程”圆满结束，完成了各项任务，实现了规划目标。“工程”取得的主要成效有：一是加快了中西部地区“两基”进程。到一期“工程”结束，852个项目县中，有428个项目县通过了国家“两基”验收。二是极大地改善了贫困地区义务教育办学条件。通过实施“工程”，共新建项目中小学3842所，改、扩建项目中小学28478所。项目县中小学校舍面积由13000万平方米增加到18800万平方米，增加了5800万平方米；危房比率由10%左右下降到3%以下。购置课桌凳653万套，添置图书1亿多册，配备教学仪器设备近40万台套。三是教师教学水平有了较大提高。五年中，共培训中小学教师46.6万人次，培训校长7.22万人次，使项目县小学教师学历合格率达到了94%，初中教师学历合格率达到了87.7%，小学、初中校长学历全部达标。四是有力推动了中小学布局调整。通过实施"工程"，项目县学校共减少1.67万所，增加学生320万人，校均规模达到168人，生师比达到22.7：1；初中在校学生增加了153万人，校均规模达到660人，生师比达到18.2：1。校均规模的扩大，生师比的提高，使教育资源得到了更有效的利用。

到2000年底一期"工程"结束后，全国仍有522个县（旗、团场）尚未"普九"，大约覆盖人口1.24亿。在这些贫困地区实现"普九"目标，任务更艰巨。为此，党中央、国务院决定，"十五"期间继续实施第二期"工程"。中央财政投入50亿元，地方财政配套23.6亿元，共计73.6亿元。中央专款的分配向西部地区倾斜，为西部地区安排的资金占到了中央专款的90%以上。二期"工程"把校舍改造和建设继续作为重点的同时，加大了师资培训的力度，新增了免费提供教科书、配置信息技术教育设备等项目。按照规划，522个项目县共新建、改扩建中小学10663所（新建4062所、改扩建6601所），其中新建、改扩建小学6928所（新建2431所、改扩建4497所），新建、改扩建初中3735所（新建1631所、改扩建2104所）；培训中小学校长和教师约46.7万人次，添置仪器设备1.6万台套，购置课桌凳205万套，新增图书资料2300万册；向110万人次的小学和初中学生免费提供教科书；为近2万所农村中小学（小学14770所、初中4940所）配备信息技术教育和远程教育接收设备。

2003年，国务院批准《国家发展改革委、教育部、财政部关于农村中小学危房改造工程的实施方案》（教财〔2003〕5号）实施。工程资金以政府投入为主，坚持"地方投入为主，中央适当补助"的原则，中央专项资金重点支持中西部地区集中解决农村中小学现存的D级危房问题，并坚持向西部农村贫困地区倾斜的原则，补助范围是西部12个省(自治区、直辖市)和新疆生产建设兵团，中部10个省及辽宁省、山东省、福建省的部分贫困地区，北京、天津、上海、江苏、浙江、广东6省、市及计划单列市的中小学危改工作和资金安排，以及建立危房改造投入保障机制，由当地政府负责。2003年由国家发展改革委安排20亿元，2004—2005年由财政部和教育部共同承担40亿元，3年共计60亿元补助地方实施工程。

教育部、财政部实施2010—2015年农村义务教育薄弱学校改造计划。重点支持中西部地区，以推进义务教育均衡发展。

薄弱学校改造从“改危”到“补缺”，反映了国家持续推进义务教育均衡发展的决心和思路。这项工作已经持续了15年，取得了比较好的效果，义务教育阶段东、中、西部的办学条件的差异明显在缩小，但这一工作依然还在继续推进，一方面，显示了党中央和国务院“咬定青山不放松”的决心，另一方面也说明均衡发展的任务的艰巨性。经过改造的薄弱学校，办学条件在纵向比较上有很大改善，在横向比较上差距有所缩小，但离“比较完善的办学条件”还有很大的差距，至于起决定作用的师资队伍和具有标志意义的教育质量、办学水平，没有证据证明已经获得了明显的改善。看来，薄弱学校、落后地区要真正甩掉“薄弱”和“落后”的帽子恐怕还需要付出更大的努力，需要更长的时间。

国家致力于解决宏观的区域差异问题，省（市、区）大多也在积极解决中观的区域差异问题，至于地、县这两个层面，能够主动积极解决微观的区域差异问题的并不多。按照现有的体制，这两级政府特别是县级政府是最该负起责任的。究其原因，一是基层党委和政府对教育优先发展战略和教育均衡发展的深远意义认识不足，或者说跟中央的认识有差距；二是可支配的资源有限，贫困地区的政府绝大多数是“吃饭财政”甚至是“要饭财政”，能维持已经不易，还奢谈什么改善；三是决策者和城里人是既得利益者，他们不太愿意打破已有的利益格局；四是落后地区和薄弱学校的诉求很难得到有效表达和积极回应。当然，在此过程中，国家和省级教育行政部门也缺乏具有操作性和系统性的“改薄”指引和评估体系，让人认为“改薄”就是“改危”和“补缺”。所有这些，其实都属于“补偿”性质，虽然统计学上的投入已经不少，但还是不足以让农村学校“好”起来。看来，不综合考量，不采取系统措施，是不可能从根本上拯救农村学校的。就以“改危”和“补缺”来看，这项工作既是阶段性工作，也是永恒性的工作，因为再好的硬件都有一定的寿命，总有一天也会变“危”变“缺”的。

如何拯救农村学校呢？

“劫富济贫”不是好办法。一批好学校已经建立起来了，有了很好的教育质量、办学经验和社会声誉，没有必要采取措施让它们“差”下来以求得学校办学水平的均衡。因为这样将会造成极大的伤害和浪费。但如果继续强化现有的“扶优”政策，让它们继续巩固其“超级垄断”地位，也必将导致农村薄弱学校难有出头之日，其结果必然是“强者愈强、弱者愈弱”。

“扶贫致富”是条好思路，但需要大量资金。农村特别是欠发达地区的农村，学校的办学条件除了占地面积这一项外普遍达不得国家有关标准，即使不以重点学校或窗口学校（绝大多数集中在城市）为参照，而是按照城市一般学校的现行办学条件来建设，也是绝大多数地方政府相当长的时间里所无法承担的重任。因为“罗马不是一天建成的”，城市教育和重点学校（或窗口学校）绝大多数是长期政策倾斜的结果。“贫”是要扶的，“富”是要致的，但农村教育和农村学校要由“贫”到“富”必定是一个长期的艰巨的过程，这就是说，“扶贫致富”是拯救农村教育和农村学校必须长期坚持的政策选择，如果不这样，农村学校和农村教育业已存在的差距将会越来越大，区域教育不均衡现象将会日益严重。

《国家中长期教育改革和发展规划纲要（2010—2020年）》指出，

“均衡发展是义务教育的战略性任务”，规定要“建立健全义务教育均衡发展保障机制。推进义务教育学校标准化建设，均衡配置教师、设备、图书、校舍等资源”“建立城乡一体化义务教育发展机制，在财政拨款、学校建设、教师配置等方面向农村倾斜”“加大对革命老区、民族地区、边疆地区、贫困地区义务教育的转移支付力度”，要“加快薄弱学校改造”，要“适应城乡发展需要，合理规划学校布局，办好必要的教学点，方便学生就近入学”，要“实行优质普通高中和优质中等职业学校招生名额合理分配到区域内初中的办法”，要“重点发展农村学前教育”。这些政策思路和措施都非常好，问题是义务教育学校的标准应该怎么定，如何细化责任，落实操作。

其实，国家很早就关注到基础教育的均衡发展问题了，“十一五”之初便推广规范化学校建设。广东省教育厅在2006年8月10日发布并于同年9月1日实施了《广东省义务教育规范化学校标准（试行）》，要求到“2007年，珠江三角洲地区和其他大中城市义务教育规范化学校达到80%，东西两翼和粤北山区力争达到50%；2010年，珠江三角洲地区和其他大中城市达到100%，东西两翼和粤北山区要达到80%”。应该说，这是一个相当不错的政策文本，而且在实施中还把规范化学校建设情况纳入到督导的范畴，无疑对义务教育均衡发展可以起到较好的作用。规范化学校建设是拯救农村学校和农村教育的理想的阶段性的政策选择。首先，它为拯救农村学校（当然，不纯然是农村学校）提供了一个系统而规范的标准，让农村学校建设有了一个参照或指引，从而可以提高计划性，避免随意性和补救性。虽然规范化学校建设仅针对义务教育阶段而言，但农村学校主要的就是义务教育学校，所以，该项政策的实施可望让农村学校直接得益。其次，按照现行的规范化学校建设标准，有助于在办学条件方面较大幅度地缩小与城市学校或好学校的差距。虽然规范化学校建设标准还达不到“现代化”的水平，但毕竟可以快速提高农村学校教育教学的保障能力，从而为基础教育特别是义务教育均衡发展创造条件。当然，如果从政策的战略性来分析，我们认为，更重要的是它再也没有对农村学校和城市学校进行区分，体现了“一体化”的理念；如果从政策的文本来看，学校规范化建设要优于学校标准化建设，因为它不仅仅提供办学条件标准，而且还对学校管理和教育教学工作做了规范。

其实，许多省（直辖市、自治区）都有类似的文件出台，对保证学校具备基本的办学条件起了很好的作用，如按照《北京市中小学校办学条件标准》的有关规定，校园面积至少要达到15000平方米，校舍总使用面积至少3587平方米，体育场地应当满足相应学校规模所需的至少200米环形跑道等。历史悠久的老校能否达标很难说，但可确保新校的建设达标。

4. 拯救质量

教育质量是整个教育活动的结果，高质量是整个教育活动追求的目标。发展农村教育的一切政策举措最终都是为了质量。而农村教育是需要拯救质量的。

农村教育质量低下的原因是非常复杂的，有关提高农村教育质量的对策研究也是五花八门的。其中，相当部分的人认为，如果整合资源，扩大规模，不仅可以提高资源的使用效益，而且还可以提高教育质量。于是，学校布局调整，扩大学校规模，让“好”校兼并差校，等等，便成为各级教育行政部门非常乐意使用的重要的政策武器。不少地方政府和教育当局纷纷大规模撤并学校，有的甚至提出：“宁要校车，不要校舍”的口号，于是，不少中小学被“布局调整”给调整了，其中，义务教育阶段学校被大批裁撤，并且，主要在农村。

随着布局调整的深入进行，越来越多的义务教育适龄学童已经不能就近入学了，他们居住在国家规定的义务教育服务半径之外，只能“望学兴叹”，想象过去那样在家门口上学，背着书包高高兴兴上学校，已经是奢望了。广东省清远市阳山县阳城镇河坪村村小，离县城20多公里，且一半是山路。有50多个学生，4个教师，从三年级开始，有4个年级，学生都住在大山里边，香港一个慈善团体捐助了一栋综合楼，坐落在山坳里，远的学生每天花在路上的时间多达四个小时。不少学生每天背着盛满玉米糊的可乐瓶和书包求学，风雨不改，其清苦可想而知。如果再把这样的学校都裁撤了，这些学生将何以求学？

为解决因布局调整而带来的义务教育服务半径过大的问题，各级政府及其教育行政部门想了许多对策：

（1）提供校车。由于地方政府没有能力或者说没有提供免费的交通工具，于是，义务教育虽然免费了，但不免费乘车，学生接受义务教育的成本更高。实施免费制度，目的是保障义务教育的有效实施，结果因不适当的布局调整导致更加困难。

（2）实施寄宿制。宿舍由政府投资，不收住宿费，这是利民政策，但需要寄宿的偏远地方的学童，多数家境贫寒，免费的住宿他们也“消受”不起，因为他们没办法支付远高于在家吃住的生活成本。

（3）建立助学体系。这也是非常好的利民政策。即使政府能够把困难学童的就学成本全部而非部分地包下来，这么小的学童的照管以及“亲子关系”的发展也是个问题。

多数农村教育处于一种“看管”状态，达不到“照管”的水平；越来越多的老师“出工不出力”、做事不用心，有些老师甚至还懒得“看管”，想农村教育有多高的质量那是一种奢望。

越来越多的研究表明，农村教育质量有下滑的趋势，与城市的教育质量的差距越拉越大。

为什么那么多政策都解不开农村教育这个结呢？这是否与政策制定者都住在城里有关呢？《国家中长期教育改革和发展规划纲要（2010—2020年）》规定，要办好必要的“教学点”。国家的这一思路为拯救农村教育提供了新的视角，是非常值得仔细体味的。

可见，任何政策的出台都要实事求是，不能一厢情愿，都要抓住政策调整对象存在问题的本质，而不是从政策制定者的主观愿望和客观条件出发。

（四）反对农村教育“跳农门”是正确的吗

粤东山区有一所重点中学，为激励学生发奋读书，争取考上理想的大学，班主任想出了一个妙招：在课室黑板两旁，分别挂了一双皮鞋和一双草鞋，然后言简意赅地告诉学生，能考上大学，你就可能穿皮鞋，如果考不上，你就可能一辈子穿草鞋。无须多言，据说效果非常好。

到目前为止，关于农村教育存在问题的分析以及对策研究是不充分不深入的。比较流行的政策性观点认为农村教育思想有问题，认为农村教育实践偏离了方向，突出表现在农村教育是“跳农门”教育，而这种“跳农门”教育是中国传统教育的流弊，是与建设社会主义新农村格格不入的，是需要加以反对的。

反对农村教育“跳农门”是正确的吗？

农村的“跳农门”教育真的是思想观念出了问题、行为实践偏了方向？

农村教育的真正出路在于“安农”吗？

学校教育会导致社会分层，同时也具有促进社会流动的功能。《管子·小匡》曾提出通过“四民不相杂处”的政策以达到“父子世业”的目的。这种思想在春秋时期算得上比较先进的社会管理思想，比奴隶制好多了。但这种政策与教育结合，将会使“士之子常为士”“农之子常为农”“工之子常为工”“商之子常为商”，即“父子世业”。这是阶级社会统治者所乐见的。现代社会是民主的社会，难道还要通过这种封建时代常用的教育制度使各行各业的人都“父子世业”吗？民主的核心要义在于人的选择权得到尊重和落实。要确保所有人都充分享有这一权利，就必须遵循社会分层与社会流动的基本规律，就必须提供平等而均衡的教育。反对农村教育“跳农门”并试图制度化的思想不符合现代社会的普世价值。

“人往高处走，水往低处流”是天地之常理、古今之通义。它是由物质生活水平和流行的人生价值观决定的，只有极少数信仰坚定的人才可能与众不同，即便如此，那也是个体的选择。既然绝大多数农村人都认为现在的农村实在没什么好“待”的，那么，让他们的下一代通过教育离开农村就是天经地义的。

城市化是国家现代化的既定战略。这个判断至少有如下几个含义：一是国家认为城市化是现代化的必由之路；二是国家经济社会发展的重点将放在城市；三是逐步减少农村人口是城市化的必然选择。是用行政手段一次性的快速将村民居民化，还是通过教育手段逐步让新生代村民居民化，显然后者更有利于社会管理和国家现代化。2011年，国家颁发了《全国主体功能区规划》，按开发方式，将国土空间划分为优化开发区域、重点开发区域、限制开发区域和禁止开发区域。这是新中国成立以来我国第一个全国性国土空间开发规划。根据这个规划的思想，促进劳动力（包括未来劳动力）由农村向城市（城镇）转移、由限制开发区和禁止开发区向优化开发区和重点开发区转移，将会成为制度安排。这样，更没必要通过阻止性的教育安排把农村学童强留在农村。

农村生产力和社会发展水平对人才的消化能力决定着受教育的目的和个体的发展方向。如果农村有足够的吸引力，自然，农村学童会选择在农村发展。

此外，热爱农村与留在农村不能等同。一个人留在农村并不表明他热爱农村，热爱农村并不一定要留在农村。

决策者综合考虑了这些因素，农村教育就可望迎来翻身的曙光，至少有助于走出目前的困境。

十一、 行政与去行政化

在《国家中长期教育改革和发展规划纲要（2010—2020年）》研制过程中，“去行政化”就已成为2010年全国“两会”的热门话题，有称赞，有反对，有表示方向正确但条件不成熟，也有不置可否的。中央的意思是什么呢？原文是这样规定的：“随着国家事业单位分类改革推进，探索建立符合学校特点的管理制度和配套政策，克服行政化倾向，取消实际存在的行政级别和行政化管理模式。”[①]这句话放在“建设现代学校制度”的框架下，作为“推进政校分开、管办分离”的一个细目，大概有四层意思：第一，“去行政化”是指“克服行政化倾向”；第二，“克服行政化倾向”主要是“取消实际存在的行政级别和行政化管理模式”；第三，“去行政化”是“随着国家事业单位分类改革推进，探索建立符合学校特点的管理制度和配套政策”的过程逐步实现的；第四；“去行政化”的对象包括各级各类学校（实际上是公立学校），当然也跟政府的管治方式有关，因为“建设现代学校制度”不仅需要“推进政校分开、管办分离”，而且还需要“落实和扩大学校办学自主权”“完善中国特色现代大学制度”和“完善中小学学校管理制度”。

（一）行政与管理

关于行政与管理的含义与意义，教科书里有详尽的论述。

现实中行政和管理的意义多有交叉，使用上也时有替换。我们认为，行政是管理的一种方式，即设立层级（科层）组织、建立层级关系，逐层授权，统一指挥，分层落实。它的经典模式就是直线—指令式。行政和管理合起来叫行政管理，既是泛指国家机关行使政治权力，也特指政府行使管治权力。推而广之，企事业单位的事务管理也叫行政，不在业务（生

---

① 《国家中长期教育改革和发展规划纲要（征求意见稿）》，第13章第38条，2010。正式颁布时，“政校分开”已改为“政事分开”。

产）第一线工作的人叫作“搞行政”。因此，可以说，在一个组织或群体里，独立的管理系统就是行政。

行政是任何社会组织都不可或缺的一种管理方式。两个及以上的人做同一件事，或一群利益关系人做不同的事，都需要组织，需要分工，需要合作。这个过程就是一个协调的过程，包括协调决策、协调实施、协调评价与结果分享，而协调就是管理的一种基本职能，也是行政的一种基本职能。

在任务单一、事务简单的情况下，协调没有什么难度，管理自然就变得很简单，无须设立独立的管理系统来专责管理工作，管理者承担着“双肩挑”的责任。但是，在复杂的条件下，情况就变得不一样了，独立的管理系统（即行政系统）就成为不可或缺的了。社会组织规模越大，管理工作就越繁杂，管理难度就越大，也就越需要设立独立的行政系统专责协调等工作。

（二）行政与行政化

学校是需要行政的，无行政则无组织，但学校不能行政化。

什么是“行政化”？这是一个理论问题，也是一个政策问题，还是一个实践问题。不搞清楚什么是“行政化”，相关的其他问题就不可能得到较好的解决。

从理论上讲，行政化是一种行为倾向，即无论什么问题，都倾向于通过行政力量和行政方式来解决，行政力量既是决策者，又是组织者，还是裁量者。作为决策者的行政力量，其基本定律是决策权力与行政力量成正比，谁拥有最大的行政力量，谁就拥有最高的决策权，包括事项确定和标准制定。作为组织者的行政力量，其基本定律是优先保证决策的执行，谁拥有最大的行政力量（特别是可利用资源），谁就拥有最大的推行力，包括资源集中和排斥非决策事项。作为裁量者的行政力量，其基本定律是标准制定与结果认定高度一致，谁拥有最大的行政力量，谁就拥有最终的裁判权，包括奖赏和惩罚。

行政与其他管理不一样，有自己鲜明的特征和原则：1. 指令反应型的行为模式。行政做出的决策要求下属必须严格执行，所以，这种模式的实质就是执行模式，基本特征是有什么样的指令，就会有什么样的反应。为了确保执行，行政决策往往采取“一刀切”和“集中资源（包括赏与罚）推动”的方式，不希望甚至不允许有例外情况存在，例如，用一套标准来评价所有的课程和教学，不按标准来操作，轻则得不到“奖赏”，重则可能面临“惩罚”。在新近的基础教育课程改革过程中，为了转变教学方式，从国家到基层的教育行政部门都非常强调要“要充分发挥学生主体作用”“要精讲多练”“要留给学生足够的时间”“要师生互动”，有的教育行政部门甚至提出“学生是学习的主人，要把课堂还给学生”。上有所指，下有所动，不少学校便规定每节课的教师讲解时间必须控制在15分钟以下，否则将会被评定为“不合格”的课，哪怕这节课本身是非常成功的。2. 对上负责的工作态度。行政系统是一个权力系统，在这个系统内，实行“首长”负责制，也就是说，负有最大责任的首长拥有最高权力和最多资源，其余的人都必须获得“授权”，系统大的还需要“逐级授权”。这就决定了系统内工作人员的态度取向，对权力来源负责，就是对自己的上级负责，甚至谁最有权就对谁负责。3. 程序优于实质的文化。为了保障权力不至于被滥用，决策不至于太武断，处事不至于太混乱，即为了保障行政行为是合适的、有效的、统一的、规范的，行政系统非常强调“程序”，有章可循，按部就班。按规定采取了相应的行为，即使出了问题，也不需要负什么责任，相反，如果没有按规定动作做，即使有好效果，也可能受到批评。

从政策文本来分析，《国家中长期教育改革和发展规划纲要（2010—2020年）》有两次使用“行政化”这个概念，即“克服行政化倾向”和“取消实际存在的行政级别和行政化管理模式”。可以这样理解这个表述：第一，学校是有行政化倾向的，或者说是存在行政化现象的，这种现象不利于学校的管理和教育的发展，是必须克服的；第二，“行政化倾向”或“行政化现象”包括“行政级别”和“行政化管理模式”，要“克服行政化倾向”，就必须取消“行政级别”和“行政化管理模式”。关于第一点，似乎没有异议。关于第二点，似乎很有探讨的必要。“行政级别”所指是非常清晰的，问题是行政级别是不是导致行政化倾向的主要原因或行政化的突出表现，目前还不很明了。“行政化管理模式”是什么？目前似乎也没有明确的界定。大家都感觉到，在学校采用“行政化管理模式”是不利于学校和教育健康发展的，要加以克服，但是，行政化管理模式的评判标准是什么？哪些行为或现象可以归属为行政化管理模式？目前也还没有在本质意义上取得共识，基本上就处于“瞎猜”的状态。

从实践来看，已有的研究主要谈到如下两点：一是学校的行政级别问题；二是校官（学校领导）兼学官（学术领导）问题。问题的焦点似乎出在资源配置上，而且就在学校内部，尤以高校最为突出。就已有评论来分析，社会对第一点情况颇有微词，学校则对第二种现象最多意见。据《中国教育报》2011年6月3日报道：一段时间以来，吉林大学、华中师范大学、复旦大学、中南财经政法大学等高校，校领导纷纷退出学术委员会，并以此作为突破口，探索高校如何协调学术权力和行政权力，探索在现有情况下，如何更好地维护学术权力。华中师范大学校长马敏说：“目前我国大学普遍存在行政化倾向，而高校能找到的一个突破口是校官从学术委员会退出。”武汉大学彭富春教授说，高校的行政化趋势会损害教书育人、追求真理和自由的教育本性。它伤害了教师的积极性，迫使部分教师转型走行政路线，而个别人掌握行政权后，反过来又侵吞学术资源。[①]西交利物浦大学执行校长席酉民认为：行政权力与学术权力未恰当分配和互

① 程墨，《高校学术与行政似显协调难题 校改试水教授治学》，《中国教育报》2011年6月3日。

动，致使不少人认为进入权力层很重要。不仅可以方便获得资源，而且结题更容易。这才导致高校无处不在的行政化现象。[①]

什么是学校（教育）管理的“行政化”呢?

如果一定要给“行政化”下一个定义的话，我们认为，在学校（教育）管理过程中，行政系统凌驾于学术（专业）系统之上的现象就叫行政化。学校是教书育人、传播与创造知识的地方。它以追求真、善、美为天职，以学生发展、教师发展和学校发展为目标，这就决定了学校必须以教学、教养和探究为中心工作，其他一切工作都必须围绕这个中心并为之提供支持和服务。在学校管理过程中，从决策到执行，从程序到方案，从组织到文化，从目标厘定到资源配置，都应以中国特色社会主义理论为指导，高扬民主与科学的旗帜，否则，就很容易出现行政化倾向。在专业决策上，是行政主导还是学术主导，在资源配置上，是科层优先还是学术优先，是判别是否行政化的主要根据。行政化倾向是一种行政化发展趋向，是一种管理文化，这种管理文化一旦变成一种有制度做保证的行为方式，就成为行政化管理模式。

1．行政化的表现是什么

西交利物浦大学执行校长席酉民在被问到“高校行政化目前存在的主要问题是什么”时说：“目前高校普遍显得浮躁，似乎更关注一些显性指标，如SCI、重点学科数、博士点数等。校领导和大教授们的精力主要用在了资源的获取过程中，而没有集中在利用资源进行高质量的教学和研究上。”[②]在高校，行政化现象无处不在，有人认为最突出的表现是“双肩挑”——行政长官和学术首领集于一身，有人认为有多种多样的表现，诸如“校长行政级别、教授争抢行政职位、行政权力介入或干预学术

① 李润：《一个校长眼中的高校行政化》，《中国青年报》2011年6月6日。
② 同上。

判断等”。[1]

翻检历史，中国古代的官学负责人甚至教师都是“官”，都有行政级别，但不见有“行政化”；新中国成立后的相当长一段时间，高校也是有行政级别的，当时似乎也没有行政化，现在的公立中小学和幼儿园许多也有行政级别，也极少听说有“行政化”。看来，在我国，行政化好像是现代的产物，而且主产区在高校。看来，“官”（不管是否有行政级别）不等于“行政化”，只有当组织出现“很在意官（不管是否有行政级别）”的文化时，才会是“行政化”。例如，一个领导称呼自己的下属为“同事”时，那是一种平等文化，容易产生“民主管理”，如果一个领导称呼自己的下属为“手下”或“马仔”时，那就是一种差等文化，容易产生“行政化管理”。

哪些现象属于行政化呢？我们认为，真正称得上行政化的只有行政化管理模式，也就是说，行政化倾向严格地说还达不到行政化的程度。

行政化管理模式包括行政化组织、行政化决策、行政化执行和行政化评判。

行政化组织是以权力等级和利益分成为原则构建的管理组织，最大的特点是具有“自我膨胀”的功能。在行政化组织里，如果没有外力的强大干预，患“帕金森综合征”是在所难免的，最终导致机构臃肿、人浮于事，行政效率低下而机构作风恶劣。在行政化组织里，由于各种利益关系盘根错节，任何针对管理组织本身的改革都会因触及个人或团体利益而半途而废。在行政化组织里，因为权力与利益成正比，所以行政化组织倾向于集权，而可供支配的资源越多就越有利于强化权力（集权），所以行政化组织倾向于集利（统筹资源），最终导致权利相争，责任相推。一所学校一旦成为行政化组织，就会出现一系列症状：尊“官”思想流行，

① 李润：《一个校长眼中的高校行政化》，《中国青年报》2011年6月6日。

人人想做官，包括舆论所诟病的大批教授竞争处长副处长；官多兵少；不断设立新机构或新职位；管理层级越来越多，管理流程越来越复杂，协调变得越来越难，需要不断开会来落实，甚至设立各种领导小组或跨部门联席会议来统筹；了解具体业务和一线工作的人越来越少，需要报送大量的材料，填写大量的表格；级别成为奖励的最重要的资源；不断更新管理环境、技术和设备，导致主业（教育、教学、科研）资源紧张；“官本位”思想流行，溜须拍马成风，领导专家化，专家领导化；与专业技术人员比拼待遇，组织目标模糊；等等。

行政化决策是指在行政化组织中依据权力等级建立起来的行政人员决策机制，最大的特点是权力（行政权力）决策，而且是垂直决策，算得上典型的“官裁”。在行政化决策过程中，行政组织（行政系统）及其人员拥有事项决定权，包括裁决权，而且，一般情况下，级别越高，决策权就越大，所以，当权者的水平和好恶对事业的发展和事项的取舍有着决定性的影响。行政化决策的典型症状就是“一二三”：即“一言”（一言堂，一人说了算）、“二定”（还没论证时就说“这事已经定下来了”，出了问题时就说“这是集体定的”）、“三拍”（拍拍脑袋上项目，拍拍胸脯表决心，拍拍屁股就走人）。

行政化执行是指按行政人员的意愿和习惯落实已决策事项，而不是按事物本身的发展规律去实施的现象。为了突出行政机构及其人员的威权和业绩，行政化执行往往追求“轰动效应”和“一刀切”，追求“短（时间）”“快（速度）”“多（数量）”“大（排场）”，有时甚至不惜耗费大量的资源来达成好大喜功的目的。行政化执行的主要症状是“你急我不急”“不让你闲，就让你烦”。

行政化评判是指由行政机构及其人员作出评价和判断的现象。行政化评判是行政化组织、行政化决策、行政化执行的必然结果，又是行政化组织、行政化决策和行政化执行的有力保障。行政化评判的根本出发点是维护行政机构及其人员的威权和利益，最突出特点是“双肩挑”，即“既当指挥员、又当战斗员”“既当运动员，又当裁判员”，自然评判起来，常常采用的基本方式便是“是”而非“非”。行政化评判的主要症状是“正确性与级别挂钩”。

教育行政化有许许多多的表现，核心的表现就是功利主义、利己主义、形式主义和官僚主义。功利性管理追求立竿见影的目标，学术性管理追求水到渠成的效果。利己主义者关注个人和小团体利益，不关注管理对象的利益和组织发展的目标，而且还常常打着“以人为本”的旗号。形式主义和官僚主义重形式不究实质，重排场不究实效。所有这些，都是行政化的结果。

2. 行政化的根源在哪里

一般而言，学校（教育）行政化容易发生在集权制国家。在中国，“中国的中央政府从公务员的占比上看是全世界最小的政府，中央政府的公务员只占全国的6%，而在可比的大国都占30%以上。中国的中央政府同时又是最大的政府，中央公务员虽然少，但可以对任何事务发布政策，中央与地方的支出责任、管理权限是混淆的，没有任何事情中央不能干预地方。”①其实，中央与地方的关系如此，地方里上级与下级的关系以及政府与学校的关系又何尝不是呢。上是而是，上非而非，久而久之，行政化文化就会滋长。

在中国的公办学校或教育领域，行政化的现象是普遍存在的，究其原因，可以说是多种因素综合作用的结果，如政治、经济、文化、法律以及教育传统等，但主要根源可以归咎为教育体制，包括教育行政管理体制和学校内部管理体制。

就教育行政管理体制而言，由于政府与学校的法律关系不明确、不具

① 摘自楼继伟在国际经济学会第16届全球大会上的讲话，见《中央政府之“最小”“最大”》，《羊城晚报》2011年7月16日。

体、不规范，教育行政体制总体上是一种集权体制，权力和资源高度集中在教育行政部门。教育行政部门对学校具有很强的控制力，不仅可以左右学校的办学方向、思路、规模和发展速度，而且还可以左右学校内部的事务安排，在某种程度上说，它决定着学校的生死存亡。所以，学校对于教育行政部门的意见（正式意见和非正式意见）向来都非常"听话"，管理上也顺从教育行政部门的要求来实施。而我国的教育行政管理法制化和专业化程度不高，依法治教和科学管理的水平比较低，长期形成的垂直管理架构和指令式管理模式，使教育管理具有浓郁的"官裁"色彩，在功利主义、利己主义、形式主义和官僚主义的浸染下，就出现了"过度行政"和"不良行政"的现象，这就是有体制保障的教育行政管理的"行政化"，即行政化的教育行政管理体制。

就学校内部管理体制而言，在行政化的教育行政管理体制支配下，学校自然而然地成为了行政化的组织。它不是按照具有独立法人地位的"教书育人的专业机构"来运作，而是作为教育行政部门的派出机构来管理。管办不分，政事不分。学校的行政系统已不再是支持与服务系统，而是决策和指挥系统，无论是事务性工作，还是学术性工作，皆由校官裁量。表现在行为模式上就是"行政化管理模式"。在加强管理的名义下，行政系统一方面不断扩张，从而导致不断集权，另一方面又不断控制资源，从而不断加剧控制。这种职能上的异化便是学校管理行政化的突出表现。从这个意义上说，中国学校的行政化是"被行政化"的结果，与学校什么级别、校长什么级别没有必然联系。

3．行政化的危害怎么样

（1）影响决策的科学性。行政化决策实质上是权力决策或长官决策，而不是民主决策。在学校，要处理的大量的是专业技术问题，而在专业技术问题上最有发言权的是以教师为主体的专业人员。但是，绝大多数行政人员并非教育教学的专业人员，极少数领导出身于专业技术行列，但不可能任何学科都在行，即领导不是“全能冠军”，重大的业务决策不依靠专业权威，而靠长官意志，势必影响决策的科学性。比如，新聘一个学科教师，其候选对象素质如何，本学科的教师肯定要比领导更具判别力。

（2）影响资源使用的有效性。

（3）容易导致产生鄙薄学术的风气。

（4）容易诱导钻营和腐败。

行政化对学校的危害最终将导致学校“校将不校”。

（三）去行政化的内涵与条件

“去行政化”作为2010年的热门话题，引发出许多观点和解决方案。

很多人认为，去行政化就是“校长摘官帽”，就是取消学校行政级别。这可以说“简直就是胡扯”。

据《新快报》2010年9月17日报道：“在举国上下高呼‘教育去行政化’‘校长摘官帽’之时，深圳大学饮了‘头啖汤’——本月起开始实施人事制度改革，实行全员聘任制，改革后全校都将无‘官’，校长则相当于CEO，不再是正厅级干部”。接着，《新京报》于2010年9月19日发表社论，表达了“大学去行政化期待深圳破冰”的强烈期望，但社论同时也指出：“深圳大学的改革让人联想起10年前在我国985高校所推进的全员聘用改革，具体的操作细节有差异，但思路基本一致。然而，众所周知，985高校的改革并不成功。分析起来，全员聘任制的失败，主要在于思路出错，不应该是提高所谓效率，而应该是建立按照教育规律和学术规律办学的基本管理制度，同时缺乏两大基本前提。其一，学术共同体评价。教师的聘任，无疑发生在学校行政与教师个体之间，但对教师的评价，却不能由行政操作，教育与学术的评价应该归属教师共同体，而所有高校在推进全员聘用时，采取的还是行政主导，因此，对教师的考核指标，就是各项可以突出办学政绩的行政指标，包括发表论文数、申请课题等情况，这直接把教师们变成‘学术民工’，同时也造成学术的急功近利，一些坚守理想的教授反被边缘化。其二，学校校长职业化。教师的聘任，要不受行政制约，除了行政交出评价权之外，还应该实行真正的行政权与学术权、教育权分离。这就是行政官员（校长以及学校各职能部门负责人）从利益回避出发，不能再从事教育和学术研究，为自己争取学术资源。在过去10年中，各高校并没有推进这一改革，其结果是近年来评选的国家教学名师，80%有各种行政头衔，去年的100位名师中，校座就有20位；新当选的两院院士，也超过80%有行政职务。这对教师的教学和学术积极性的打击是致命的。”我们认为，这种分析和担忧是有道理的，问题是为什么要把有教学名师和院士水平的人弄去做领导呢？韩愈说，术业有专攻。办学是教育专家的专长，管理是管理专家的强项，让名师和院士去搞学校管理，即便他们具有这种素养，要在多个领域开展工作，也是强人所难，必然人难尽其才，当公共事务管理与个人专业爱好发生矛盾时，角色冲突在所难免。这种状况正是“行政化”文化的必然结果。从这个意义上说，《新快报》所发的报道也好、社论也好，都没有真正搞懂“行政化”，都有“猎新”的做派，引导人们关注了“行政化”的枝节而忽视“行政化”的实质和关键，把“官”当作行政化，把CEO当作“官”的对立面，显然是哗众取宠。试问，在一个复杂的组织里，可以没有“官”（担任管理责任或领导责任的人）吗？CEO就不是官吗？当然，《新快报》的这种做法也情有可原，毕竟办报纸不容易，就像去行政化不容易一样。

去“行政化”的核心问题是改变现行的“行政化模式”，而不是取消“行政级别”。这是名与实的关系。不解决“行政化模式”这个“实”，而是热衷于去掉“行政级别”这个名，是不可能完成目标的。更何况现实中高校只是个事业单位，所谓的行政级别也只是个虚衔，某种意义上就是一种“比照待遇”，没有实质内涵。大学领导连公务员都不算，上级机关一个普通公务员都可“管”学校，不革实质而除虚名，最终结果将是隔靴搔痒。因此，只有在理顺政府、学校与社会的关系的前提下理顺学校内部管理关系，才能从制度和文化的层面上解决“行政化”的问题，按照《国家中长期教育改革和发展规划纲要（2010—2020年）》的精神，就是要做到让学校“依法办学，自主管理，民主监督，社会参与”，不建立现代学校制度，就不可能真正实现去“行政化”。

学校有两类管理，即事务管理和学术管理，相应地有两种权力，即行政权和学术权。在解决“行政化”问题、建立现代学校制度过程中，要逐步用制度规范两种权力，协调两类管理。学术问题（技术问题）用“学术模式”解决，事务问题用“行政模式”解决。邓小平早就精辟地说过：领导就是服务，而服务建筑在尊重的基础之上。如果行政管理有服务意识，养成服务习惯，可望从根本上解决“行政化”的问题。因此，必须倡导：

把学校的事交给学校去办理。

把学术问题交给学者去处理。

把管理权力当作职责去受理。

这也是教育体制改革的核心要义。

也许，这就是“教育体制是一个万能的因由”的缘故。

第三章

基础教育

看不到基础的教育

据《新闻晚报》2010年3月19日的报道：新闻晚报联合搜狐教育频道就规划纲要推出“问计于民：2010中国教育新期待”民意征集平台，结果显示，在被问到《纲要》所涉及的19个热点话题，目前分别存在哪些最主要问题时，义务教育阶段再次成为网友最关注的方面。义务教育阶段的“优质资源分布不均衡，择校问题严重”的问题，受到近四成参与投票的网友关注。其实，这是一个吵嚷了十几年、政府发了许多文的老问题。在“腾讯”网输入“择校”，即时可获得53.5万多项结果（截至2010年7月28日）。政府可能认为自己非常有能耐，可以代替或阻止民众的选择。在选择谁当领导、谁当先进、谁当代表之类的与个人或家庭切身利益无多大关系的问题上，一般民众往往不会太跟政府“较真”，你“爱选谁选谁”，但在“择校”等关乎个人发展和家庭发展的切身利益或长远利益问题上，人们会想尽一切办法做出自己的选择。有能力想选择，没能力也想选择，想选择而又没得选择，结果就是抱怨。

其实，在教育领域特别是基础教育领域，民众关切的“老大难问题”又何止“择校”。

中国的现代基础教育还处在“混沌”之中：理论苍白、性质模糊、价值混乱、政策游移、方向不明、道路不清。这样的估计是否“过分”，是否不切实际呢？可以通过调研教育工作者（理论研究者、政策制定者和实践执行者）和教育理想期待者获得结论，也可以通过政策分析来验证。例如，有关基础教育的理论研究，就很让人搞不清楚“该当如何”。据说中国现已跃升为“论文大国”，有关基础教育的研究项目和研究论文自然也不在少数，但依然掩盖不了基础教育理论的苍白。有关基础教育，还有一大堆理论和实践问题有待解决。

一、基础教育的性质

教育性质问题是教育最重要的基本理论问题，也是制约教育改革和发展的现实问题。在讲实惠的时代，很多人都不在意事物的性质。为了自身的利益，许多人会把原则放在一边。要解决基础教育的问题，必须从头开始，认真探究基础教育的性质。

（一）一个被忽视的问题

要搞清楚基础教育的性质，首先要搞清楚教育的性质。

关于教育的性质，很多人会认为这是虚无缥缈的问题，认为不实在，也就没意义。这可能跟“文革”过于强调性质以至于简单粗暴地对待一切事情有关。事实上，就教育问题而言，性质是基本的、至关重要的、前提性的问题。一种教育之所以成为该种教育，是由其性质决定的，即由其自身的“质”的规定性决定的。突破了这种规定性，就变成了另一种教育，即变了“质”的教育。就像食品，过了保质期（质的规定性）就要变质一样。

教育的性质是教育的核心问题，对教育诸因素起着决定性的作用。第一，教育的性质决定着教育事业的发展方向，即决定着为谁办教育的问题；第二，教育的性质决定着教育权利的归属，即决定着教育的领导权和受教育权的归属；第三，教育的性质决定教育的内容和方式，即决定着教学什么和怎么教学；第四，教育的性质决定着培养目标，即培养什么样的人。这些都是教育的根本问题。教育的性质不同，与之相适应的教育制度就不同，上述这些方面的表现就不一样，反过来说，上述这些方面如果发生了变化，那就说明教育制度已发生了变化，原有的教育就已经发生了质变。所以，无论教育理论还是教育实践，人们都无法绕过教育性质这个问题，也无须绕开这一问题。

任何一项复杂的事物都会有多重性质，其中处于根本地位或主导地位的性质就是本质。分析事物的性质往往有两个路径：一是“内求法”，通过寻找该事物与其他事物的区别，来确定其独一无二的意义，即“是什么”或“不是什么”；二是“外求法”，通过找寻该事物与其他事物的联系，来确定该事物在整个体系中的地位，即“属于什么”或“不属于什么”。关于事物间的联系，通常有四种方式，也可以说是事物的四种关系式：包含关系、并列（无顺序限制）关系、连接（有顺序限制）关系、交叉关系，是谓有关联关系，其余的为无关联关系（见图3-1）。这样，在“是什么”和“不是什么”与“属于什么”和“不属于什么”之间就形成了一条“边界”，这就是质的规定性。性质就在该事物的边界内，任何事物突破了这条边界，就会变质，教育也一样。

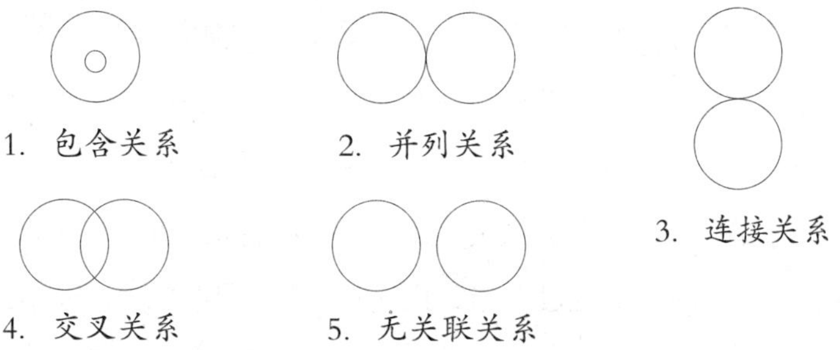

图3-1

1978年，我国理论界开始了关于教育本质问题的大讨论，当时的主要视角是想弄清楚“教育是（属于）什么”或“教育主要是（属于）什么”这个问题，主要有以下几种观点：（1）教育是上层建筑，称为“上层建筑说”。（2）教育是生产力，称为“生产力说”。（3）双重属性说（统一说），即教育既属于上层建筑，又属于生产力。（4）多重属性说，认为教育有多质，多属性。（5）特殊范畴说，认为教育是不同于生产力、上层建筑的特殊的社会现象。（6）社会实践活动说，即认为教育是有目的、有意识的社会实践活动。此外还有“生产实践说”（有物质生产说和精神生产说之分），“社会化说”与“个性化说”，“培养人说”与“传递说”，“产业说”与“非产业说”（产业部门说与非产业部门说）以及“相对说（转化说）”，等等。[①]这些观点又主要归结为两大派之间的对峙：一派是“上层建筑说”，一派是“生产力说”。这场讨论延续了十多年，热烈期在20世纪70年代末80年代初，把对教育本质的认识大大地向前推进了一步。当然，由于有关教育本质的探讨主要是从“关系”的角度即教育与社会的关系来分析，加之“上层建筑说”和“生产力说”的激辩主导着整个讨论，一些非常有见地的观点被掩盖了，没能得以深入地讨论下去，故这场有关教育本质的讨论没能取得更为理想的结果。

教育是什么？我们可以作这样的分析：第一，教育是一种社会活动。教育的开展是以活动的形式为载体的，这种活动与人的思维活动不一样，是一定会以外显的行为（语言、表情、动作、实物传递等）表现出来的，也就是说，教育活动是可以观察的。同时，教育不可能是一种纯粹的私人活动，它的动机、目的、内容、组织、手段等受社会制约，是在社会的现有框架下进行的。有人为了强调实践性，把教育定义的中心词表述为“社会实践活动”，理论上说没有错，但显得累赘，因为社会活动必定是社会实践活动。第二，教育至少是两个以上的人的活动。教育是“人—人”关系，这种关系首先是社会关系，基于这种关系的活动首先是社会活动，在此基础上，有很多种关系式，基本的有“1—1式”（即一个教师对一个学生的一对一式）、“1—多式”、“多—1式”和“多—多式”四种。总之，整个活动如果少于两人，将无法启动，也就无法开展。第三，教育是

① 参见瞿葆奎主编、郑金洲副主编《教育基本理论之研究》（1978—1995），福建教育出版社，1998年。

教师和学生共同构成的活动。在两人以上的活动中，只有同时存在“教师”身份者和“学生”身份者才算是教育活动，也就是说，一个活动的参与者中，必定存在“教师”和“学生”两种身份。第四，教育是教师主导的一种活动。按照“刺激—反应”理论，教育活动中的师生关系是“授—受”关系，即有人授予，有人接受，授予者占主导地位，接受者处于被主导的地位，不管授予的是“鱼”还是“渔”，主动接受还是被动接受，都是“授—受关系”，所以说，教育最简单的活动模式就是“授—受”模式，它的完整的基本式是“师授予—生接受—生反馈—师接受”，由此可以拓展出许多子模式。最新一轮基础教育课程改革，对“授—受”模式很是反感，并口诛笔伐，殊不知这是教育最基本的活动模式，任何教育活动如果抛弃了“授—受”模式这一最基本的内核，那就不成其为教育活动了。人们在讨论传统教育的种种弊端时，把罪过归咎于这种模式，那是缺乏分析的结果。在教育活动中，不讲究授予技巧和可接受性而导致种种不良后果的现象，传统教育有，现代教育也有，中国教育有，外国教育也有。在教育活动中，不采用这种模式而导致种种不良后果的现象，传统教育少，现代教育多。第五，教育是培养人的一种活动。任何培养人的活动都具有如下的特点：（1）培养者对被培养者有所期待，希望通过活动来达到预期的目标，所以，培养是一种目标导向的行为，是有目的的活动，当然也就必然是有意识的活动。（2）教育目的的确定不能不考虑现有的社会需要和条件，也会受到教育者的社会理想的制约。总之，教育就是围绕育人而开展的一种活动，它的本质属性就是育人性。①

关于教育的定义可以说不胜枚举，在国内，据说教育学著作有200来个版本，估计关于教育的定义不下100种。我主张或者说我认同这一观点：教育是培养人的社会活动或有目的地影响人的社会活动。这可能是有

① 肖建彬：《育人性是教育的本质属性》，《广东教育学院学报》1985年第1期。

关教育的最简洁明了的定义，也是最广泛意义上的教育定义。我们今天所讨论的教育通常是指学校教育，学校教育就是依托专门组织（机构）来实施的培养人的社会活动。这可能是有关学校教育最简洁明了的定义。

那么，如何认识教育和基础教育的性质呢？除了前面所说的两个路径外，还可以通过“应然”与“实然”的比对即分析“实然的性质”与“应然的性质”之间的吻合度来考察。

（二）基础教育是什么

回答基础教育是什么的问题，实质上就是要找到基础教育的本质属性，也可以说是给概念下定义。这是一个全球关注的大问题。

1977年，联合国教科文组织在肯尼亚首都内罗毕召开的高级教育计划官员讨论会上，对基础教育进行了广泛而深入的讨论，认为“基础教育是向每个人提供并为一切人所共有的最低限度的知识、观点、社会准则和经验”的教育。“它的目的是使每一个人能够发挥自己的潜力、创造性和批判精神，以实现自己的抱负和获得幸福，并成为一个有益的公民和生产者，对所属的社会发展贡献力量”。这个定义分析起来具有下列几个要点。

1. 基础教育是向每一个人提供的教育，只为少数人或某一类别的人提供的教育不属于基础教育。当然，教育史上也曾出现过专为少数贵族子弟提供的基础教育，但那是阶级垄断的结果，并非基础教育的本性所为。为每一个人提供的教育也可理解为每一个人都需要的教育，或者是可以为每一个人服务的教育。

2. 基础教育所提供的是知识、观点、社会准则和经验，但这种知识、观点、社会准则和经验不是社会现存的全部知识、观点、社会准则和经验，也不是少数人或某个类别的群体所仅有的知识、观点、社会准则和经验，而是“一切人”所共有的最低限度的知识、观点、社会准则和经验。所谓“一切人”所共有，是指这些知识、观点、社会准则和经验具有普适性，是放之四海而皆准的，比如，关于时间的知识，关于惜时的观点，关于守时的社会准则，关于计时的经验。所谓最低限度，是指对于人的生存和发展来说，至少应该掌握的知识、观点、社会准则和经验的量，包括数量和类量，也就是说，这些知识、观点、社会准则和经验具有基本性，是人应该掌握的最起码的东西。例如，表达、交往、计算、动作及其协调性和有效性等。就计算而言，一个人只要掌握了简单的加、减、乘、除的知识和技能，就足以应付复杂的社会生活，而其余的数学知识和技能只有在专业（职业）活动中才有意义。

3. 教育的个人目的和社会目的是统一的，即当受教育者“成为一个有益的公民和生产者”的时候，既可以“实现自己的抱负和获得幸福”，也可以“对所属的社会发展贡献力量”。在这个问题上，既不是资本主义国家经常标榜的“个人本位主义”，也不是社会主义国家经常强调的“社会本位主义”。

4. 人的潜能、创造力和批判精神是重要的，教育要让每一个人能够发挥自己的潜能、创造力和批判精神，这是达成教育目的的关键。

内罗毕会议关于基础教育的定义反映了国际社会对基础教育本质的基本认识，特别是其对象的全员性、要求的基本性和目标的统一性揭示了基础教育的本质特征，不仅具有权威性，也具有科学性。

在我国，有关基础教育的定义可以说琳琅满目，不胜枚举，但总体上还达不到内罗毕会议共识的水平。例如：

1. 认为“基础教育是指人们生存、生活和发展的基本知识和能力的教育，包括家庭教育、中小学校教育和必要的社会生活知识教育等”。这个定义把基础教育定位为基本知识和能力的教育，忽略了观点、社会准则和经验的教育，这对培养合格公民是非常不利的。

2. 认为“基础教育是人们在成长中为了获取更多学问而在先期要掌握的知识。就如同盖房子先要打地基一样，要想学好一门语言就要从认字开始。基础教育，作为造就人才和提高国民素质的奠基工程，在世界各国面向21世纪的教育改革中占有重要地位。中国的基础教育包括幼儿教育、小学教育、普通中等教育”。这个定义同样把基础教育等同知识教育，而且把基础教育的目标定位为获取更多的学问，这将极易导致死读书。

3. 认为“基础教育是一个动态的概念。目前中国事实上的基础教育，是指初中（含初中）以前的所有教育形式，狭义来讲指九年义务教育，广义来讲还应该包括家庭教育（简称家教，英文是tutor）和必要的社会生活知识教育等。有人也把高中阶段的教育归入基础教育范畴，但是目前中国还没有普及这种类型的教育，所以，在事实上高中阶段的教育还不是基础教育。随着中国发展水平的提高，预计到2020年，会基本普及高中阶段教育”。这个描述性判断严格来说还不是定义，甚至还是一个缺乏基本常识的判断，它反映的一些认识有误导作用，认为基础教育是普及教育，没有普及的就不是基础教育，同时，基础教育主要是知识教育。按照这种认识，是否高等教育普及化时期，高等教育也是基础教育呢？这显然是不正确的。

上面这些有关基础教育的定义，反映了国内对基础教育的基本认识，还是比较普遍的。总的来说，这些认识没有正确而完整地表述基础教育的性质。有什么样的认识，就会有什么样的实践。国内基础教育的种种问题，例如，知识本位强调掌握尽可能多的知识，其他都是无关紧要的；能力本位强调培养和发展能力，其他都是次要的；个人本位强调教育的目的在于个体的发展，其他都是无关宏旨的；社会本位强调教育的目的在于满足社会的需要，其他的都是处于服从地位的；忽视文化价值的传递，忽略社会准则的教习，忽略成长经验的获得，忽略生存能力的培养，忽略知识能力的整合，忽略身心发展的规律，等等，都与对基础教育性质的认识不正确不完整有关。

那么，基础教育是什么呢？最本质的认识应该是：基础教育是人人都必须接受的一种教育，这种教育会在家庭生活、社会生活包括为生活而开展的生产劳动中进行，也可以在“学校”这种特设的机构里集中进行。在公民社会里，基础教育主要由国家通过发展基础教育事业来提供。

基础教育是教育的一种，也是普通教育的一种，没有专门的、职业的指向。严格地说，普通教育是与专业教育、专门教育相对应的一个概念，是为专业教育、专门教育提供前提条件的教育，是不指向特定职业的教育。哪怕生产劳动过程中的教育未必就是职业教育，也可以有基础教育的因素，如基本的社会认知教育、群体的合作精神培养等。所以说，基础教育是为专门教育、职业教育提供最基本前提条件的教育。

基础教育是服务个体人生的一种教育。人生发展首要而长期的任务是融入社会，包括身体融入、价值融入和合作融入。身体融入需要发展个体体质，因此，基础教育应该保障学生身心健康成长并达到成熟的水平；价值融入需要掌握社会准则，因此，基础教育应该着力培养学生的公民素质，使之在正式开始职业人生之前就能成为合格公民；合作融入需要生活和职业的知识和能力，因此，基础教育必须使学生掌握普遍适用、长久有用的基本知识和技能，使学生具备生存和发展的基础。由于社会是不断发展的，因此，个体还必须有适应社会变化的能力，这种能力不可能靠一次性的教育来提供，于是，培养学生的学习能力和习惯就显得特别重要。

国家、社会和家庭为个体提供基础教育，既是一种义务，也祈求获得回报。这种回报是通过个体融入社会、服务社会来实现的，所以，基础教育的回报具有迟效性、多样性和长效性。

总之，基础教育不仅具有育人性这一教育的共同属性，还具有育人的基本性和必备性这一独特性质，这是基础教育区别于其他教育的本质所在。如果要给基础教育下一个定义，那么，可以说：基础教育是为个体的人生发展奠定基础的育人活动，它包括但不限于为个体接受专业（专门）教育奠定基础（创设良好前提）。

（三）基础教育属于什么

回答基础教育属于什么的问题，实质就是要厘清基础教育的关系属性。从教育与社会的关系看，教育是有目的地培养人的社会实践活动，属于社会实践活动中的一种，与其他社会实践活动如政治活动、经济活动、文化活动、宗教活动、种族活动等一样，同为“兄弟姐妹”的关系，而不是“父子君臣”的关系。从教育与社会的关系来探讨教育本质者，如果不对教育独特的意义（即教育独立性）有明确的认识，就很容易把教育归为“上层建筑”“生产力”，或得出“统一”“多质”等结论。当我们把人类的一切活动都称为社会实践活动的话，那么，接下来的一个逻辑层次就应该包含教育。从教育内部的关系来看，教育自身是一个复杂的系统，是由各级各类教育构成的。不同的角度有不同的分类，例如从类别（横向关系）上分，可以分成学校教育、家庭教育、社会教育三大类，或分成普通教育、职业教育、师范教育三大类，或分成普通教育和职业（专业、专门等）教育两大类，基础教育就是其中普通教育的一个构成要素；从层级（纵向关系）上分，可以分成学前教育、初等教育、中等教育和高等教育四个层次，在层级系统中必定有实施基础教育的层次。教育的发展历史表明，不管哪个国家、民族和地区，只要教育的发展水平不同，那么，不仅普通教育中基础教育的占比不同，而且教育层级中实施基础教育的层级数也不同，即基础教育的年限也不同。可以说，有人类社会，就必有教育，有教育，就必有基础教育。

由于教育是社会活动的一种，教育必然归属于某一特定的社会，带有所属社会的关系属性，即教育的性质与所属社会的性质保持大体一致，所以，在谈到某一种教育的性质时，必然是具体的，而不是抽象的。由于基础教育是教育的一种，基础教育必然归属某一特定的教育体系，带有所属教育体系的关系属性，即基础教育的性质与所属教育体系的性质保持大体一致。所以，在谈到某一种基础教育的性质边界时，必然也是具体的，而不是抽象的。当然，从关系属性来分析，由于社会和教育是发展变化的，因此，基础教育的性质既是相对存在的，也是相比较而存在的。

1. 在我国的国家体系中，教育具有社会主义性质

在我国，教育的关系属性是什么？这就要确认我国的社会性质。宪法规定我国现时代的社会属性是社会主义的，那么，就要按照社会主义的价值标准和逻辑关系来构建国家体系。教育事业作为国家体系的组成部分，必然要具备社会主义性质，体现社会主义的价值标准和逻辑关系。

每一个社会都有自己的价值追求，众多的价值目标构成一个体系，在这个价值体系中，居于统摄地位的就是核心价值。核心价值是与社会的性质相一致的，对该社会具有“维系”作用，而核心价值的丧失，与之相适应的社会性质将会发生质变，正如《管子·牧民》所说：“国之四维，一维绝则倾，二维绝则危，三维绝则覆，四维绝则灭。倾可正也，危可安也，覆可起也，灭不可复错也。”所以，春秋战国时期，当我国从奴隶社会向封建社会转变时，孔子是用“礼崩乐坏”来表述的，也是就说，孔子是从核心价值的丧失来说明社会性质的变化的。不同的社会，有不同的核心价值，但其功能是一致的，都是“维”，在国则是“国维”，在家则是“家维”，是须臾不能忽略的，尤其需要通过教育的力量使之广为传播，成为信念。“不战而屈人之兵”也好，“赤化”也好，“和平演变”也好，策略都是一样的，就是“釜底抽薪”式的“观念战”。

《管子》倡导的核心价值是与君主专制的社会性质相适应的，“何谓四维，一曰礼，二曰义，三曰廉，四曰耻”。礼、义、廉、耻就是我国君主制社会的核心价值，对维护君主专制体制具有重要作用。那么，什么是我国社会主义的核心价值呢？我国社会主义的核心价值应该体现我国社会主义的性质。《中华人民共和国宪法》指出：“中国是世界上历史最悠久的国家之一。中国各族人民共同创造了光辉灿烂的文化，具有光荣的革命传统。”“二十世纪，中国发生了翻天覆地的伟大历史变革。”中华人

民共和国的成立，“从此，中国人民掌握了国家的权力，成为国家的主人”。这是一个什么样的国家呢？宪法规定：“中华人民共和国是工人阶级领导的、以工农联盟为基础的人民民主专政的社会主义国家。社会主义制度是中华人民共和国的根本制度。禁止任何组织或个人破坏社会主义制度。”[①]既然人民是社会主义国家的主人，那么，社会主义社会就是人民当家作主的社会。这种制度的最根本原则就是“一切权力属于人民”，因此，我国社会主义社会的核心价值应该是“人民利益高于一切”，即“人民利益高于一切”是我国社会主义社会的最高价值标准。中国共产党以“为人民服务”为宗旨，其成立和奋斗源于此，新中国革命和建设的追求和举措也源于此。可以说，离开了或背离了“人民利益高于一切”这一核心价值，也就违背了中国共产党的宗旨，违背了社会主义的本质特性。[②]

在“人民利益高于一切”的总原则下，宪法确立了国家发展的价值追求，即“把我国建设成为富强、民主、文明的社会主义国家”，这就是说，“富强”“民主”和“文明”是我国人民的最高利益。应该说，人民群众，无论是群体还是个体，利益诉求不仅是多种多样的，主要可以归结为“经济”“政治”和“文化”三大部类，而且这种诉求会不断变化的，总的趋势是需要水平的不断提高。但不管怎样，国家的日益“富强”“民主”和“文明”，将会不断满足人民群众日益增长的经济、政治、文化需要，离开了国家的“富强”“民主”和“文明”，人民群众的根本利益是不可能得到保障的，其他的利益也不可能得到合法保障。

---

① 中华人民共和国宪法，1982年12月4日第五届全国人民代表大会第五次会议通过，1982年12月4日全国人民代表大会公告公布施行。根据1988年4月12日第七届全国人民代表大会第一次会议通过的《中华人民共和国宪法修正案》、1993年3月29日第八届全国人民代表大会第一次会议通过的《中华人民共和国宪法修正案》、1999年3月15日第九届全国人民代表大会第二次会议通过的《中华人民共和国宪法修正案》和2004年3月14日第十届全国人民代表大会第二次会议通过的《中华人民共和国宪法修正案》修正。本书所引中华人民共和国宪法即出于此。

② 中国共产党第十八次全国代表大会提出的社会主义核心价值观是：富强、民主、文明、和谐；自由、平等、公正、法治；爱国、敬业、诚信、友善。

“为人民谋利益”，就是要发展好、维护好、实现好人民群众在这些方面的利益。所以，国家致力“推动物质文明、政治文明和精神文明协调发展”。具体来说，社会主义社会为了保障人民群众经济、政治、文化利益的实现，必须不断促进国家提升富强、民主和文明的实现水平，与此相适应，就必须树立、贯彻并不断弘扬“共同富裕”“平等”和“法治”思想，通过共同富裕来促进国家富强，通过落实平等来增进人民民主，通过建设法治来提升文明水平。共同富裕、平等和法治就是“人民利益高于一切”这一社会主义社会核心价值的三大要素，最能反映社会主义社会的性质。

教育作为社会主义事业的重要组成部分，要恪守并充分体现社会主义的性质，就必须恪守并充分体现“人民利益高于一切”这一最高原则，就必须恪守并充分体现共同富裕、平等和法治的观念。所以，宪法明确规定，“国家发展社会主义的教育事业，提高全国人民的科学文化水平。”“国家提倡爱祖国、爱人民、爱劳动、爱科学、爱社会主义的公德，在人民中进行爱国主义、集体主义和国际主义、共产主义的教育，进行辩证唯物主义和历史唯物主义的教育，反对资本主义的、封建主义的和其他的腐朽思想。”教育法及其他有关教育的政策法律法规也明确指出：“教育必须为社会主义现代化建设服务，必须与生产劳动相结合，培养德、智、体等全面发展的社会主义事业的建设者和接班人。”这就是说，国家要建设的是具有社会主义性质的教育事业，要加强社会主义价值观的教育，反对资本主义的、封建主义的和其他的腐朽理想，要把学生培养成为适应社会主义需要、愿意并且能够为社会主义服务的人才。通过教育，促进物质文明、政治文明和精神文明，促进人的全面发展，从而达成共同富裕、人的平等和国家法治。教育不为人民服务，不能使最广大人民群众满意，就不是人民的教育，也就不是社会主义社会的教育。社会的发展是一个过程，这个过程通常是渐进的。生产力的发展是逐渐累积的，人的需要增长也是逐渐累积的，但人的需要的增长通常要高于生产力的发展速率。这就构成了一个最基本的矛盾，即人民群众日益增长的需要与社会供给相对不足的矛盾。这个矛盾同样反映到教育中来，于是产生了教育的基本矛盾，即人民群众日益增长的教育需要与社会的教育供给相对不足的矛盾。只要我们坚守教育为人民服务这一最高价值准则，就可以将这一矛盾限定在人民内部，同时通过教育事业的不断发展，就可逐步缓解甚至较好地解决这一基本矛盾。

社会主义的本质特征与社会主义的阶段特征既有一致性，也有差异性，过分强调一致性，则不可能对社会主义社会发展过程的现实基础有清醒的认识，过分强调差异性，则有可能迷失社会主义社会的发展方向。例如平等受教育权问题，我国宪法规定“中华人民共和国公民在法律面前一律平等”，这种体现社会主义本质特征的平等也表现在有关受教育的法律规定上，“中华人民共和国公民有受教育的权利和义务”“公民不分民族、种族、性别、职业、财产状况、宗教信仰等，依法享有平等的受教育机会”。[①]可以说，没有教育的平等性，就不可能有教育的社会主义属性。然而，“平等的受教育机会”的实现不仅需要核心价值的统领，而且需要物质基础的保证。在社会主义初级阶段，一方面，我国的生产力发展水平不高，经济基础还相对薄弱，国家在一定历史阶段里没有能力为所有人提供“平等的受教育机会”，只能走“先让一部分人‘好’起来”的路子，另一方面，封建等级观念和城乡二元结构，从思想到制度都使教育权利差别化有了坚实的基础，如：

· 设置“子弟学校”和重点中小学

· 优先保证城市教育

· 国家只负责高等教育

---

① 中华人民共和国教育法，1995年3月18日第八届全国人民代表大会第三次会议通过，1995年3月18日中华人民共和国主席令第45号公布。

· 建设窗口学校

· 有差别的教育拨款

· 对某类人实行“入学奖励”

· 优质学校对公权部门实行学位输送

· 在公立学校中区分等级实行“优质优价”

· 批条子入学公理化

· 高家庭背景学生获得特殊照顾

· 公营机构录用新人实行“身份”限制（如只招“211”或“985”大学的毕业生）

凡此等等，都是教育不平事，都不符合社会主义教育的平等的本质要求。社会主义社会制定国家政策，不能讲“义务”时倡导“匹夫有责”，而在讲权利时又要求“我先你后”。但这些不平等的现象又确实存在，有时还是非常“合理地”存在着。这是社会发展阶段特征的表现，是允许有限度地存在的。但这种不平等现象导致的恶果也是非常严重的，设置重点学校导致基础教育机构发展不均衡，优先发展城市教育导致城乡教育发展不均衡，把包括义务教育在内的基础教育的发展责任交给地方，导致区域教育发展不平衡，长此下去，“先让一部分人‘好’起来”的教育，不仅损害了大部分人的现实利益，而且最终将损害社会主义社会的核心价值及其基本制度。教育的公平正义是社会公平正义的重要基础和有力保证，除非我们打算放弃社会主义，否则不能不重视教育的平等问题，不能不努力消除教育的种种不平等。不管过去、现在还是将来，只要是社会主义社会的教育，就都必须体现并逐步保障平等受教育权的实现，否则就不能或不配称为社会主义社会的教育。这是我国教育的性质取向。虽然，我国现阶段的发展水平还处于社会主义初级阶段，还不是成熟的社会主义，但社会主义的价值准则和逻辑关系应该成为规范和发展教育的理想目标和参考标准，坚守一致性，缩小差异性，即教育应该沿着社会主义方向不断发展，由不成熟走向充分成熟。

社会主义教育的核心价值观是什么？到目前为止，并没有政策文本说明。但综合分析宪法、法律和中央的教育政策，人们还是可以体会到“一以贯之”的“道”，这就是这些文本一再强调的指导思想、根本原则。就其基本精神进行概括，下列六个方面当是我们必须坚守的社会主义教育的核心价值观：

· 教育必须为社会主义现代化建设服务，社会主义现代化建设必须依靠教育

· 教育必须为人民谋利益

· 坚持教育与宗教分离

· 教育必须追求平等、民主、法制、自由、公平与效率

· 以人为本与全面发展

· 坚持国家认同、文化归属与国际理解相结合

刘延东国务委员在2009年度教育工作会议上的讲话谈到改革开放30年教育工作的宝贵经验时总结了六条经验：一是坚持党的教育方针和社会主义办学方向，以中国特色社会主义理论体系为指导，加强党对教育工作的领导；二是坚持面向现代化，面向世界，面向未来，促进教育与经济社会发展相适应；三是坚持教育优先发展战略，努力建设人力资源强国；四是坚持以人为本，不断满足人民群众日益增长的教育需求；五是坚持立足社会主义初级阶段基本国情，按照教育发展规律办教育；六是坚持改革开放，正确处理改革、发展、稳定的关系。这种经验总结从工作策略的角度说明了必须按照社会主义教育价值观去谋划、指导、规范教育的发展，教育才能取得伟大的成就。相反，什么时候、什么地方违背了社会主义教育的核心价值观，教育发展就会出问题，甚至出社会问题。改革开放后，我们过分强调了“国际接轨”，忽略了“国家认同”；过分强调了“国际化”，忽略了“本土化”；过分强调效率，忽略公平；过分鼓吹张

扬个性，忽略倡导社会需求。有人鼓吹，中国种种问题皆源于中国人没有宗教，主张定宗教为“国教”，“去传统化”“去中国化”等甚至成为时尚。人们不愿甚至不敢旗帜鲜明地坚守和彰显教育的社会主义性质，由此造成了是非界限的模糊。这种现象再不改变，中国共产党将丢失自己赖以安身立命之所，而以工农为主体的已经翻了身的社会基层民众也将面临再次“翻身”的危险。

2．在教育体系中，基础教育具有基础性质

基础教育具有基础性质，这是没有疑问的，或者说是众所认同的。如何理解基础教育的基础性质呢？这里有两个需要探究的问题，其一，它是谁的基础？有什么需要通过基础教育阶段的教育来奠定基础的？其二，基础是什么？哪些因素可以归在基础的范畴？

关于第一个问题，比较好理解，实质上是探讨基础教育的地位与功能。任何事物的存在和发展都必须有相应的基础，没有或失去这种基础，事物就不可能存在或不可能发展。据此，一方面，对于社会群体中的个体来说，群体生活能力是基础，而群体生活能力的获得必须经过社会化的过程，教育就是个体社会化的重要手段，基础教育就是个体社会化的最基本的重要手段，它可以在很短的时间里比较集中有序地让个体获得基本的群体生活能力。另一方面，对于教育来说，各级各类的教育构成了一个体系，在这个体系里，基础教育是整个教育体系的基础，它为其他教育的开展提供知识、智力支撑，否则，其他级类的教育将难以展开，故完善的教育体系，必须首先确保基础教育能够有效提供开展其他教育所必需的支撑。综上所述，基础教育的基础性主要表现在两个方面：

（1）是人生发展的基础。

（2）是教育发展的基础。

推而广之，基础教育也是家庭、社会、国家、民族发展的基础，或者说是“基础的基础”。

关于第二个问题，应该说，这是一个非常复杂的问题，涉及基础教育的任务、目标、内容及实施者。广义的基础教育是与专业教育相对应的，其实施者包括学校、家庭和社会；狭义的基础教育仅指由学校实施的基础教育。在我国，实施基础教育的学校因时代的不同而有差异，但对应的年龄区间是有重叠的，或者说大致相同的。目前，我国基础教育包括幼儿教育、义务教育（九年）和普通高中教育。

我国有高度重视基础教育的传统，有着丰富的“蚤（早）喻教与选左右”思想和实践。教育史上对基础教育的性质、目标、制度、内容和方法等重大问题有过许多深入的探讨甚至讨论，早在西周，人们就有了许多探索成果。西周只有官学，没有私学，学校制度分国学、乡学两类，其中，国学分小学和大学两级[①]，“小学”就属于基础教育；乡学有“塾”“庠”“序”“校”之分，虽然程度有所不同，但基本上也属于基础教育。这些都是为奴隶主贵族服务的，至于民间，平民和奴隶没有接受学校教育的权利，只能由家庭承担社会化的任务，小孩接受的肯定是基础教育阶段的教育。西周的基础教育的任务是什么呢？据《大戴记·保傅》载：“古者年八岁而出就外舍，学小艺焉，履小节焉。束发（十五岁）而就大学，学大艺焉，履大节焉。”什么是“小艺”和“小节”呢？这从幼儿家庭教育和乡学的教学科目可以获得一个大致的认识：

西周对幼儿的家庭教育最为正规而丰富的要数大贵族家庭。他们对后代的教育是从“胎教”开始的，传说“周妃后妊成王于身，立而不跛，坐而不差，笑而不喧，独处不倨，虽怒不骂，胎教之谓也”。[②]《大戴

① 西周有比较完备的官学制度，构成了一个系统，分成小学和大学两级，从此，中国古代学制均分为两级，没有“中学”这一级，就程度而言，“小学”教学程度高者如开设“读经”科目的，“大学”教学之初级程度者，相当于“中学”。学制中之“中学”一级的设置是教育近代化（现代化）向西方学习引进的结果。

② 这段引语的意思是说：周妃后怀孕成王时，不单脚站立，不歪歪斜斜地坐，不大声地笑，单独一人也不傲慢，发怒也不骂出声，这就是通常所说的胎教。

记·本命》记载了当时对儿童成长规律的认识：“人生而不具者五：目无见，不能食，不能德，不能言，不能化。三月而彻？，然后能有见。八月生齿，然后食。期而生膑，然后能行。三年嘻合，然后能言。十有六，情通，然后能化”。①而《礼记·内则》则记载按照规律进行教育的情况：“子能食食，教以右手。能言，男唯女俞。男鞶革，女鞶丝。六年教之数与方名。七年男女不同席，不共食。八年，出入门户及即席饮食，必后长者，始教之让。九年教之数日。”②这些是对男童的教育，至于女童的教育，西周奉行“贤妻良母”主义，女孩子只接受家庭教育，没有接受学校教育的权利。《礼记·内则》载：“女子十年不出，姆教婉娩听从，执麻枲，治丝茧，织紝组紃，学女事以共衣服。观于祭祀，纳酒浆笾豆菹醢，礼相助奠。十有五年而笄，二十而嫁。”③可见，西周幼儿家庭教育的内容只有“生活常识”和“行为规范”两大类，这也是最基本的基础教育。

上了“小学”或入读“乡学”，西周有一套比较严格规范的教学科目。一般来说，西周“小学”的教学要求比“乡学”要高。西周的“乡学”由大司徒总管，《礼记·王制》说，“司徒修六礼以节民性，明七教以兴民德，齐八政以防淫，一道德以同俗。”④《周礼》也有记载，说大

---

① 这段引语的意思是说：人生下来不具有的能力共有五种：眼睛看不见，嘴巴不能食，腿不会走路，口不会讲话，没有情感，不能感化。三个月后眼睛能转动，才能看见东西；八个月后开始长出牙齿，才能吃东西，一年后膝盖骨发育了，才能走路，三年后会嘻嘻哈哈（嘴唇能自然嗡动张合），才能讲话，十六岁时，感情通达，才能接受感化。

② 这段引语的意思是说：孩子能吃东西时，教他们使用右手，能够说话时，教他们顺从听话。男用鞶革，女用鞶丝（从穿藏装束方面开始强化男女差别）。六岁时教他们数目和方位名称。七岁时，男女坐不同席，吃不同桌。八岁以后，出入门户以及入席饮食，一定要在长者的后面，这是开始教孩子谦让。九岁时教孩子历算知识。

③ 这段引语的意思是说：女孩子十岁时便不随便走出家门。姆（古代教育未出嫁女子的妇人）教导她要仪容温柔，性格顺从，执拿麻丝，料理丝茧，纺织丝帛纽带，学习女人的职责，缝纫衣服，在祭祀时，盛上酒浆果酱，按照礼节帮助祭奠，十五岁束发插簪，二十岁出嫁。

④ 这段引语的意思是说：司徒修订六礼来节制百姓的本性，申明七教来培养百姓的道德，整饬八政来防止淫乱，统一道德规范来同化风俗习惯。

司徒以乡三物（即六德、六行、六艺）教万民。我们认为，这里所说的是司徒的社会教化责任，但作为总的教育目标，应该包括这些内容，因为西周总的教育目标是“明人伦”，即把思想道德和行为规范教育放在首位的。按照顾树森的整理，西周乡学的教学科目包括四个类别：

六礼：冠、婚、丧、祭、飨、相见

七教：父子、兄弟、夫妇、君臣、长幼、朋友、宾客

八政：饮食、衣服、事为（百工技艺）、异别（五方用器差异）、度、量、数、制（布帛幅广狭）

乡三物：（1）六德：知、仁、圣、义、忠、和；（2）六行：孝、友、睦、姻、任、恤；（3）六艺：礼、乐、射、御、书、数。①

从四个类别的内容看，乡学的教学科目还是以“行为规范”的教育训练为主的，用今天的话说，就是“德育为首”和以“养成教育”为主的，当然这种德育是以一个“社会的人”的最基本的品德素养入手的，掌握这些规范对“人”“立于世上”是非常有意义的，只要加以操练，也是非常容易掌握的，但一个人一旦掌握这些规范达到“自然”的境界，蕴涵在规范里边的价值观念也就自然而然地成为一个人的基本信念。西周的基础教育也非常重视基本知识和技能的教育，但那是与生活（包括社会交往）密切相关的知识和技能，非常具有应用性。一个人要社会化为“社会的人”，如果不学习和掌握这些“常识”（自然常识和社会常识）是不可能有效融入社会的，因此，可以说，西周的基础教育是很能体现“基础性”的。

受西周的影响，后世的基础教育有很多发展甚至创新。例如：有了私学，基础教育的任务不纯然有家庭和官学承担，而是主要依靠家庭和私塾、社学、义学等承担；常识教育如识字教学有了更为具体的操作标准，

① 顾树森：《中国历史教育制度》，江苏人民出版社，1981年，第32—33页。

一般要求学生掌握2000个左右的常用汉字，能够“读、写、算”[1]，日常行为训练更为明确具体，如《弟子规》的规范要求等，对基础教育的教学如何顺应儿童的天性做进一步的探究，出现了许多非常有价值的研究成果，等等。但重视基础教育、突出“常识”教学、强调行为训练、打好人生根基，这种“本色”并没有改变。这从历代著名的蒙学教材可以得到印证。中国历代的蒙学教材多得不可数计，但有代表性的教材并不多，其中，影响最大、流传最广最久的当推“三百千”——《三字经》《百家姓》和《千字文》，从中可以看出古代蒙学教材编写所具有的“文以载道，思想性强”“包容量大，富有弹性”“生动形象，富有文采”“文句短小押韵，易于记诵”“注意联系生活实际，易于理解”和“突出基础，集中识字，符合汉字特点”以及篇幅较短等特点。《三字经》正文共1128个字，举凡教学重要性、父师职责、家庭教育的“道”与“方”、教学内容与进程、以礼教规范为中心的社会常识、以数目名物为基础的自然常识、以儒家为正统的文化常识、以封建宗法观念为标准的历史常识，以及治学的态度与目的等，都有简明通俗的论述；《百家姓》全书472个字，收集438个姓氏，算得上是“常见姓氏大全”，虽然文句本身没有可以特别发挥的意义，但依然贯彻着浓郁的尊正统的思想；《千字文》全文1000字，把天地、历史、人事、修身、读书、饮食、居处、农艺、园林以及祭祀等各种社会文化活动囊括其中。[2]

---

① 算盘发明后，“算”的教学要求主要就是让学生能够运用算盘进行加、减、乘、除等的运算，以及一些数量概念、简单数学原理的应用。

② 肖建彬：《从〈三字经〉〈百家姓〉〈千字文〉看我国古代蒙养教材的编写》，《广东教育学院学报》1991第1期.

表3-1　历代有代表性蒙学教材之特点举例[①]

朝代	教材名称	句式	押韵情况	识字与常识、规范教育
周	《史籀篇》	4言	不详（据说押韵）	√
汉	《急就篇》	3、4、7	√（押韵，下同）	√
晋	《蒙求》	4	√	√
梁	《千字文》	4	√	√
唐	《开蒙要训》	4	√	√
宋	《三字经》	3	√	√
	《百家姓》	4	√	√
	《千家诗》	5、7	√	√
明	《幼学须知》	杂言	×（不押韵）	√
清	《小学四字韵语》	4	√	√
	《幼学平仄易记略》	4	√	√

从上分析可知，古代对基础教育的“基础”的认识，包括了下列的一些内容：（1）认识并掌握伦理关系；（2）认识并掌握日常生活知识和技能；（3）认识并掌握社会风俗习惯；（4）认识并掌握2000左右的常用字；（5）认识并掌握常见的自然现象；（6）学会简单的计算。此外，为行有余力者开设简单“读经”课（小学“专经”阶段，为高程度者），如《孝经》《论语》之类，以便为进一步的学习打下基础。这些内容既反映了人们对人生发展的认识，也反映了人们对时代要求的认识，这种状况一

① 肖建彬：《从〈三字经〉〈百家姓〉〈千字文〉看我国古代蒙养教材的编写》，《广东教育学院学报》1991第1期；另参见张志公《传统语文教育初探（附蒙学书目稿）》，上海教育出版社，1962年。

直延续到18世纪（到了19世纪开始受到质疑和冲击）。

到了晚近，中国被迫开放，向西方学习，引入西方发达资本主义国家的教育制度，基础教育的“基础”发生了深刻的变化。1862年，清政府设立“京师同文馆”——基础教育阶段的外国语学校，这是近代中国第一所新式学堂，始设英文馆、继设法文馆、俄文馆、算学馆、德文馆、东文馆，“馆中功课以洋文、洋语为要，洋文、洋语已通，方许兼习别艺”。①以后课程有所增加，如算学馆设外语、算学、化学、万国公法、医学、生理、天文、物理，此外，汉文经学的教学也贯穿始终。应该说，京师同文馆的教学内容是非常丰富的，这些内容都必须通过学校教育来加以教习，而基础教育阶段的儿童应该掌握的观念、行为、知识和技能，其范围将比正式设课的内容要大。至于军事学堂、技术学堂一类的职业技术学校，学习的内容突出现代职业技术，另当别论。

康有为曾著《大同书》，仿照西方设计了一个“理想”的学制：人本院——儿童未出生之前至出生后半年内，其母进入人本院接受胎教；育婴院——婴儿在人本院到三至六个月，断乳后，进入育婴院，接受学龄前教育，到五至六岁；小学院——儿童在小学院接受初等教育，至十岁；中学院——儿童十至十五岁在中学院接受中等教育；大学院——儿童十六岁进入大学院至二十岁，接受高等教育。这一阶段学生在德、智、体几个方面都要达到基本要求。

梁启超对基础教育有着深入的研究，主张按照学生年龄特征来划分教育的阶段，每个阶段的人都受相应的学校教育。5岁以下为幼儿期，受家庭教育或幼稚园教育；6岁至13岁为儿童期，受小学教育；14岁至21岁为少年期，受中学教育或相当的师范及各种实业教育；21岁至25岁为成人期，受大学教育，分文、法、医、理、工、农、商、师范等大学。在《论

① 《续增同文馆条规八条》，《洋务运动》（第二册），神州国光社，1953年，第76页。

幼学》一文中，他专门为8至12岁儿童拟了一个教学程序表，把孩子从早晨八点上课直至下午五点散学的全部活动分成十一项，均作了具体的安排，认为“人生百年，立于幼学”。

梁启超是提倡女学的先驱之一，他曾著《论女学》探讨女子教育问题，认为男子可学的，女子都可以学。在他草拟的《女学堂试办略章》中，曾设想招收8至15岁良家闺秀40人，功课中西文各半，学堂设3种学科：一是算学，二是医学，三是法学。学生可自选一门，三科之外，另设师范。学成后，发给文凭，即可充任医师、律师、教习。

梁启超认为儿童应该读七种书：识字书、文法书、歌诀书、问答书、说部书、门径书和名物书。其所包含的内容是非常广泛的。

清末政府实行“新政”，开始了系统的旨在促进教育现代化的自上而下的教育改革，1902年颁定“壬寅学制”（《钦定学堂章程》），1904年（光绪二十九年11月）颁定并实施“癸卯学制”（《奏定学堂章程》），整个学程分三段七级，第一段为初等教育，包括蒙养院4年、初等小学5年、高等小学4年，共3级13年；第二阶段为中等教育，设中学堂1级5年；第三阶段为高等教育，分高等学堂（或大学预科）3年、分科大学堂3—4年，通儒院5年，共3级11—12年。从学段来看，初等教育和和中等教育（包括蒙养院、初等小学堂、高等小学堂和中学堂）属于基础教育，从学程来看，就学年龄从3岁到21岁的跨度已经涵盖了今天的高等教育的一部分。这是我国历史上基础教育年龄跨度最长的一个学制。这么长的一个学制要学些什么呢？（见表3-2“癸卯学制”之基础教育学习范围表）

表3-2　“癸卯学制”之基础教育学习范围表

学段与学级名称	对象、宗旨与原则	学习内容
蒙养院	3-7岁（男生） 蒙养家教合一的宗旨，在于以蒙养院辅助家庭教育，以家庭教育包括女学；以发育其身体，渐启其心知，使之远于浇薄之恶风、习善良之轨范为宗旨。	每日教育活动不得超过4小时； 游戏、歌谣、说话、手技，共4项；
学段与学级名称	对象、宗旨与原则	学习内容
初等小学堂	7岁入学 以启其人生应有之知识，立其明伦理爱国家之根基，并调护儿童身体，令其发育为宗旨，以识字之民日多为成效	每星期教育活动不得超过30小时； 修身、读经讲经、中国文学、算术、历史、地理、格致、体操入门，共8门； （读经讲经时间为每学年每周12小时，以《孝经》《论语》《大学》《中庸》《孟子》《礼记》节本等为教材）
高等小学堂	招收初小毕业生 以培养国民之善性，扩充国民之知识，强壮国民之气质为宗旨	每星期教育活动为36小时； 修身、读经讲经、中国文学、算术、中国历史、地理、格致、图画、体操，共9门； （修身课每周2课时，以《四书》为主要教材，读经讲经以《诗经》《书经》《易经》《仪礼》的丧服经传为主要教材）

（续上表）

中学堂	招收高小毕业生 施较深之普通教育，俾毕业后不仕者从事于各项实业，进取者升入高等专门学堂均有根柢为宗旨	每星期教育活动36小时； 修身、读经讲经、中国文学、外国语（东语、英语或德语、法语、俄语）、历史、地理、算学、博物、物理及化学、法制及理财、图画、体操，共12门； （读经讲经每年每周9小时，以《春秋左传》《周礼》为必读教材；外国语第一、二、三学年为每周8小时，第四、五学年为每周6小时；修身课摘讲五种遗规：养正遗规、训俗遗规、教女遗规、从政遗规和在官法戒录；）

从表3–2可见，清政府认为一个人要适应社会，需要奠定的“基础”是非常广泛的。

辛亥革命胜利后，中华民国南京临时政府开始了一系列教育改革。1912年1月19日，教育部颁布《普通教育暂行办法通令》和《普通教育暂行课程之标准》及课程表，规定“初等小学可以男女同校”，“凡各种教科书，务合乎共和国宗旨，清学部颁行之教科书，一律禁用”，“小学读经科，一律废止”，“小学手工科，应加注重”，“初等小学算术科，自第三年起兼课珠算”，“中学校为普通教育，文实不必分科”，“废止旧时奖励出身”，等等。1912年4月，蔡元培发表《对于教育方针之意见》，9月2日，教育部正式颁布新教育方针：“注重道德教育，以实利主义教育、军国民教育辅之，更以美感教育完成其道德。”1912年9月3日教育部颁布《学校系统令》，称为“壬子学制”；1913年，教育部又陆续颁布了各级各类学校法令，补充了“壬子学制”，逐步形成了一个新的学制系统，称为“壬子癸丑学制”。这个学制的主干部分分三段四级：初等教育分为两级，初小4年，男女同校，高小3年，男女分校；中学教育4年，男女分校；大学6—7年，预科3年，本科3—4年；小学之前有蒙养园，大学之上有大学院，均不设年限。就基础教育学段的设置来看，应该包括蒙养园、初等教育、中学教育三个学段，学程比“癸卯学制”有所缩短，是否其所学习的内容也相应有所减少呢？可见“壬子癸丑学制”之基础教育学习范围表（表3–3）。

表3–3　“壬子癸丑学制”之基础教育学习范围表

学段与学级名称	对象、宗旨与原则	学习内容
蒙养院	招收6岁以下儿童	不设年限，不做硬性规定
小学	招收6岁儿童 初小4年为义务教育，男女同校 以留意儿童身心之发育，培养国民道德之基础，并授以生活所需之知识技能为宗旨	初小（7门）：修身、国文、算术、手工、图画、唱歌、体操；女子加课缝纫。 高小（10门）：修身、国文、算术、本国历史、地理、理科、手工、图画、唱歌、体操；男子加课农业，女子加课缝纫。
中学校	招收高小毕业生（约14—15岁） 以完足普通教育，造成健全国民为宗旨	修身、国文、外国语、历史、地理、数学、博物、物理、化学、法制经济、图画、手工、乐歌、体操，共14门；（女子加授家事、园艺、缝纫3门，但园艺可缺；外国语以英语为主，也可择法、德、俄语）

1922年，以“适应社会进化之需要”“发挥平民教育精神”“谋个性之发展”“注意国民经济力”“注意生活教育”“使教育易于普及”和“多留各地方伸缩余地”等七条标准作为指导思想，进行学制改革，仿采美国模式，颁布了新的学制。新学制将整个学程分为四个学段：幼儿教育（幼稚园）、初等教育（小学校，6年，包括初级小学校4年和高级小学校2年）、中等教育（中学校，6年，包括初级中学校3 年和高级中学校3

年）和高等教育（专门学校和大学校，4—6年；大学院，不定期）。这个学制的主干部分就是现行学制的基础，通常叫“六三三制”或“六三三四制”。

在共产党领导的苏区（20世纪30年代），基础教育一般只有初等教育，学制最初为六年（“三三制”或“四二制”），后改为五年（即初小3年和高小2年的“三二制”）。苏区的初等教育学些什么呢？根据1934年10月中央教育人民委员部发布的《小学课程与教则大纲》，初小的课程只有3门，即国语、算术和游艺；高小的课程有国语、社会常识、算术、科学常识、游艺等5门。教学的原则强调“小学教育与政治斗争的联系”“小学教育和生产劳动的联系”和“小学教育及儿童创造性的发展”。应该说，苏区初等教育学习内容的数量并不多，难度也不大，高小的知识广度还是比较宽的，但因使用的是综合课程，学生应该没有什么太大负担。就其教学原则来看，比较有新意，看得出，在苏区，“与政治斗争联系”“与生产劳动联系”的内容是可以归在基础教育范畴内的，“儿童创造性的发展”任务也是基础教育的任务。

共产党的教育追求，解放区的教育传统，国统区的学校制度，是新中国成立后教育重构的基础。1951年学制是一个为工农服务的学制。其后，国家对基础教育的学制和内容进行过多次改革，民间也对基础教育阶段的教学内容（或者说是课程）和教学方法进行了许多探究，尽管名目繁多，主题各异，但大家似乎都想准确把握到基础教育的“基础”，期间甚至还发生过专门的论争。

关于基础教育性质的论争，主要集中在“怎样理解基础教育”“如何体现基础教育”“什么才是基础教育的基础”上。

20世纪50年代开始，教育界就基础教育的许多重大问题曾有过激烈的论争。论争的主题包括“全面发展问题”“量力性原则问题”“母爱教育问题”，虽然讨论的领域在中等教育，实质上涉及对整个基础教育的看

法。具体论争情况如下：[①]

第一，关于全面发展问题的讨论。

新中国成立后，党中央有计划、有步骤、谨慎地发展和改革各级各类教育，逐步确立教育工作的总方针和各级各类教育的宗旨、目标、工作原则和措施。实际工作中如何贯彻落实，在思想认识上遇到了两大问题：一是高等教育如何执行理论联系实际的方针；一是中等教育如何贯彻全面发展的方针。对第一个问题的激烈争论在1950年6月召开的第一次全国高等教育会议上最终基本达成了共识。第二个问题比较复杂，当时主要涉及一个理论问题和两个具体问题。理论问题是无产阶级的全面发展教育与资产阶级的全面发展教育有何区别？具体问题其一是：普通中学教育既然是基础教育、全面发展的教育，那么还要不要发展中等技术教育，办中等技术学校是否会影响这些学生的全面发展？是否会过早专业化？其二是普通中等学校学生的全面发展应怎么理解，是否一定要门门5分，平均发展，还要不要考虑学生的特长和兴趣，学生可不可以有所偏重？到底普通中学教授的普通知识的界限在哪里？什么算普通知识？怎么既能为升大学打基础，又不致平均发展，负担太重？这是当时广大教育工作者实际思考的问题。

对全面发展问题的论争始于潘梓年、张凌光对中等教育全面发展方针的理论探讨。而1951年《人民教育》第3卷第2期开辟的"问题讨论"专栏则是重要阵地。它首先刊发了潘、张两文。但从1951年至1954年，讨论并不热烈。1955年张凌光在《人民教育》2月号上发表了《实行全面发展教育中若干问题的商榷》，再次阐述他对全面发展教育的一贯理解和主张。张凌光认为，无产阶级的全面发展与资产阶级的全面发展有根本区别，它是德智体美的有机联系，追求统一和谐的人格养成，它不同于平均发展，是全面与重点、普通与特长的统一。普通知识的界限不是固定的，是随社

① 肖建彬主编《中国教育思想史》，高等教育出版社，2001年。

会和时代发展的，既是社会上一般生活、工作所通用的知识，又是大学各院系共同必需的基础知识。要减轻负担，注重培养学生自动钻研的精神和深入思考的习惯。张凌光还归纳了教育工作中存在的5个重大矛盾："首先最突出的问题是提高教学质量和加重学生负担的矛盾"，"其次是普通教育和高等教育对中学生要求不同的矛盾"，"再次是各科知识的教学和政治思想教育的矛盾"，"再次是灌输知识和培养学生自动钻研精神、独立思考能力的矛盾"，"最后特别提出全面和重点的矛盾"。以上这些矛盾，当时许多人都归因师资、教材和学校领导把握不好等问题，张凌光则认为"除师资教材和学校领导问题外，还有一个重要问题，就是对全面发展的理解问题，以及怎样贯彻全面发展教育的方法问题"。该文的观点引发了许多不同的意见，悄悄的探讨演化为激烈的论争。

对张凌光文章观点的抨击主要有下列观点：一是认为张的观点违背了全面发展方针，是资产阶级实用主义思想的反映。中等教育的矛盾是社会主义教育思想与资产阶级教育思想的矛盾。"有重点的学习"主张"类似陈旧的资产阶级的普通教育分科的观点"，会助长"天才论"，"使普通教育受到严重损害""改变今天普通教育的性质"。二是认为张的观点与"实用主义者的主张"是"一脉相承"的，都在追求狭隘的教育目标，漠视教学计划和教学大纲，不提或少提教师主导作用，主张以儿童为中心。三是认为张的观点将会把中学教育引上歧途。1956年，中央文教部门领导人提出了全面发展与因材施教相结合的原则，基本上肯定了张的观点。

"全面发展与因材施教相结合"作为官方意见的提出，一方面平息了围绕张凌光观点展开的争论，另一方面却又诱导出了新的问题：因材施教是不是仅属于教学方法？全面发展的教育方针是否需要结合或补充因材施教？能否使两者结合起来成为教育方针？1959年9月号的《人民教育》编辑部文章适时地把争论的中心主题引导到了上述问题。在确认"因材施教"必要性的大前提下，争论的分歧观点主要有：

1. 把因材施教列入教育方针。“无论从理论上还是从实际上，都有提出‘全面发展、因材施教’的必要性”，“就是要更好地发展学生个性”，“一模一样”的“平均发展”是“形而上学的世界观作怪”，并对凯洛夫教育学只强调统一性和共同性而忽视差别性和个性提出了批评。

2. 因材施教属于教学方法，不宜与全面发展并列，因而全面发展的教育方针不需要结合或补充因材施教。

3. 因材施教是孔子的老方法，和马克思提出的全面发展的教育原则大不相称，是不能结合的。

4. 现在提出全面发展与因材施教相结合，只是针对当前教育工作的偏向，是临时纠偏的方法，不是长期的根本性的教育方针。

5. “全面发展”方针本身已包括了“因材施教”的要求，“人的全面发展”也就是“个性的全面发展”，“个性的自由发展”原已包含了“因材施教”，若提“全面发展与因材施教相结合”，将给人以“个性的全面发展”与个人的个性、特长的全面发展不相容的印象。

6. 新中国的教育应加强“因材施教”，但“不赞成把‘因材施教’这条原则高举到与‘全面发展’分庭抗礼的地步”。

对因材施教问题的论争是对全面发展问题论争的深入，这种“有争论的学术”和“有学术的争论”体现了比较民主、平等、探究的精神，成为新中国成立后至改革开放前教育界比较纯粹的学术争鸣。1957年毛泽东发表了有关“教育方针”的意见后，1958年陆定一代表党中央发表了《教育必须与生产劳动相结合》一文，对“全面发展”问题做了回答，结束了这一论争。此后对全面发展的教育方针的理解统一到中央文件的精神上，而因材施教只作一般的教育方法或具体的教育原则。陆定一的文章虽在当时对在马列主义、毛泽东思想基础上统一认识有其积极作用，但亦有其明显不足：一是他关于全面发展问题争论的实质是无产阶级和资产阶级两种教育思想的斗争的论断，是缺乏科学根据的，有“左”的倾向。二是对学术问题作出政治结论，不利于贯彻“双百”方针，不利于活跃教育思想，不利于问题的深入探讨。

第二，对“量力性原则”的批判及论争。

对量力性原则的批判缘于陆定一号召。为了在教育领域继续贯彻党的建设社会主义的总路线，加快教学改革步伐，促进教学上的“多快好省”的跃进，改变中小学教学中的“少慢差费”现象，陆定一在1960年召开的第二届全国人大第二次会议期间作了“教学必须改革”的发言，专门谈教学改革问题，号召要对资产阶级教育学中的“量力性原则”予以批判。他说：“资产阶级教育学里，有一条原则，叫作‘量力性原则’。资产阶级教育学的‘量力性原则’，有对的一面，就是主张不可以使学生负担过重，和主张因材施教。我们的教育学，应该讲到这个方面，但是资产阶级教育学的‘量力性原则’有错误的一面，反动的一面，这就是不把学生当作有自觉性、主动性的人看待，而当作抽象的生物的人或其他动物或植物或‘瓶子’看待，主张‘上帝（或自然）决定一切’的‘先天论’，把劳动者的子弟当作劣等儿童看待”，“资产阶级教育学的‘量力性原则’，是为教学的少慢差费辩护的，是用来使劳动人民难以受到高等教育”。“现在，当我们提出教学要多快好省的时候，‘量力性原则’就被搬出来作为反对教学改革的理论武器了”，“要想用资产阶级教育学来吓唬我们，是办不到的”。随后，全国上下对‘量力性原则’进行了持续约半年之久的批判和讨论。

这场讨论的主基调是批判，且声势浩大，但也有弱小的不同意见。有人认为，量力性原则是完全正确的，是教学不可缺少的原则，和毛泽东所说的“工作要看对象”“量体裁衣”思想是一致的，符合认识过程的规律，是驳不倒的；过去教学中的“少慢差费”的产生不是量力性原则错了，而是没有正确运用的结果；量力性原则是方法方面的问题，不是指导思想，可以受无产阶级世界观的指导；必须正确对待历史遗产，包括资产阶级的东西。也有人认为，问题的关键在于如何创造性地运用量力性原则，而在战术上重视量力性。这些观点对量力性原则做了有益的探讨，但是，在“左”倾思想指导下的这场批判最终既没有解决理论问题，也没有解决实际问题 。

第三，对“母爱”的批判及论争。

对“母爱”和“爱的教育”的批判是由1963年10月号的《人民教育》所发表的三篇批判文章挑起的。[①]1963年5月《江苏教育》（小学版）发表《育苗人》一文，同年5月30日《人民日报》经删节修改为《斯霞和孩子》后予以发表，彰显斯霞“爱的教育”事迹，却被认为是宣扬“母爱”等资产阶级教育思想，反对教育为无产阶级政治服务，反对进行阶级教育的代表作和资产阶级向无产阶级疯狂进攻的信号，遭到严厉批判，进而在全国引发了一场所谓“同资产阶级教育思想的大论战”和对“母爱”“爱的教育”的大批判运动。1964年2月号至4月号的《人民教育》编辑了《资产阶级教育家言论摘录》作为批判参考资料，批判的范围越弄越大，还涉及对陈鹤琴“活教育”、意大利作家亚米契斯著名小说《爱的教育》、凯洛夫《教育学》以及马卡连柯教育思想等的批判。

对“母爱”“爱的教育”持批判观点的人认为，“母爱”和“爱的教育”问题“实际上就是教育有没有阶级性的问题”“实际上这就是取消教育的无产阶级政治方向，反对教育为无产阶级政治服务”。“如果还不进一步予以批判，就不能加强马克思主义教育思想的阵地，不能更好地做好我们的教育工作”。持赞同观点的认为批判者误解了“母爱”，“把教师比喻为园丁，不能和杜威的‘教育即生长’的观点混淆起来”，“抠字眼，钻牛角尖，牵强附会”“是错误的”。最后，这场论争被看作教育战线阶级斗争的突出表现。

① 这三篇文章是：《我们必须和资产阶级教育思想划清界限》《从用“童心”爱“童心”说起》和《谁说教育战线无战事》。

上述这三大论争，虽然最终都或多或少披上了“左”的外衣，产生了错误的认识，对教育实践起到了很不良的引导，但从更长跨度的历史来看，这种论证对于后人进一步把握基础教育的本质以及基础教育的“基础”还是非常有借鉴意义的。

“文革”结束后恢复了高考，人们对基础教育的基础有了新的看法，那就是一度非常流行的“学好数理化，走遍天下都不怕”口号，以及奥数热、学科竞赛热、“提分”热等，随之应运而生。

关于基础教育的基础问题，也是近年来“网议”甚热的问题，主要有如下观点：

有人认为，基础教育是每个人走向社会生活的起点。“只有那些有利于个体进一步发展并使潜能最大发挥的能力才是基础好的象征。” 因此，基础教育的基础应该是：兴趣、思维方式、视野、人文素养等让个体具备可持续发展的内容。我们的教育，在培养人文素养方面，有何建树？奥数冠军又如何？缺乏人文素养的社会浮躁而丑陋，值得为数理能力牺牲人文素养吗？①

有人认为基础教育的基础是文化科学知识，因为“基础教育应该奠定好儿童、少年的健康身体的基础，公民品德素养的基础，专门人才的基础，从事劳动的基础。而这四方面基础的统一就是文化科学知识。文化科学知识是基础教育的基础和轴心。失去基础和轴心，所谓的‘五会’‘创新’‘能力’等，皆是虚幻的”。②

人们普遍认为美国的高等教育是世界一流的，但对于美国的基础教育，也就是中小学教育，国内的很多人不予认同。他们认为中国的基础教育比美国的好，中国学生的基础比美国学生要强得多。中国教育界人士和

---

① littetang，《什么才是基础教育的基础》，见“豆瓣读书”，2009年1月15日访问。

② 王策三、孙喜亭、刘硕：《基础教育改革论》，知识产权出版社，2005年，第140页。

家长、学生对“基础”教育的理解主要是围绕着数理化来讨论，有时加上语文和英语，所谓的基础实际上多数指的是数理化基础。对于初一或更低年级的学生而言，基础指的就是数学，所以这时讲的基础教育主要是数学基础教育。人们在评价基础教育时，几乎从来不把语文教育列入基础教育的讨论范畴。否则，怎么会有“中国学生的基础比美国学生的好”的结论呢？显然没有把中国学生的语文与美国学生的英文作比较。虽然语文是基础教育的重要部分，但事实上，许多中学生，甚至一些理工科的大学生、大学教授文理不通的也大有人在，然而他们从未被认为是“基础”不好，这也许是说他们有好的数理化基础吧。①

前面，我们对千百年来人们有关“基础教育的基础”这个问题的思考和实践作了一个冗长的回放，看来，怎样理解基础教育的基础性质的确是一件非常不容易的事。它涉及基础的范畴、类别、数量和难度，而且，基础的具体内容还会随着时代的发展而变化，例如，30年前，珠算的知识技能是非常重要的，政府也曾大范围推广过“三算”的教学经验，但现今珠算已经基本上被淘汰出基础教育的范畴，计算机知识技能被列为基础教育的重要课程了。一般来说，一方面，基础的类别不全，不可能使学生全面发展；另一方面，某一类别的基础如果内容太多、要求过高，会使学生不堪重负，影响学生的成长，而如果内容太少、要求过低，则又会无法适应社会。通过上面的讨论，有关“基础教育的基础是什么”这个问题，我们可以获得如下的认识：

第一，既然普通教育是与专业教育、专门教育相对应的一个概念，也就是说，普通教育的领域或范畴就一定要比专业教育、专门教育宽阔。

第二，既然基础教育是普通教育的组成部分，是普通教育的基础部分，是与高等教育相对应的一个概念，那么，也就是说，基础教育的领域或范畴就一定要比高等教育宽阔。

---

①　新浪教育，http://www.sina.com.cn 2006/02/07 20：18。

第三，基础教育没有一个确定的范围，它取决于个体和社会的“需要”，就个体来说，成为“成年人”的过程，正是其世界观萌芽和形成的时期，是其包括大脑在内的生理系统发育成熟的时期，所以，个体需要形成所在社会（或所在社区）倡导的“品德”，并养成相应的行为习惯，否则，他会活得很“艰苦”；他需要使自己的“智力”得到有效的开发，能够应付他认为值得干的事，否则，他会感到很“郁闷”；他需要让自己拥有一个强健的“体质”，能够有效参与他喜欢的活动，否则，他会觉得很“无奈”。就社会来说，社会需要“人才”或“人手”，这种人必须“想干”“会干”“能干”，“敌对的人”不想干，“愚蠢的人”不会干，“孱弱的人”不能干，所以，社会（国家）需要让学生成为“自己的人”（同心同德）、“会干的人”（聪明睿智有能力）和“能干的人”（体魄强健）。不管这些人将来能读到什么程度，不管这些人将来做什么工作，社会都希望在这些方面能满足需要。从这个意义上说，“品德”“智力”和“体质”就是基础教育最起码的范围，最基本的领域。

第四，基础教育没有一个确定的水准，它取决于社会所能提供的教育资源，取决于高等教育的“底线”。社会为绝大多数人所能提供的教育资源有多少，基础教育的上限就有多高。高等教育从哪里教起、学起，基础教育的上限就到那里。也就是说，基础教育的水准一般不会越过社会提供的教育资源“上限”和高等教育的“底线”。不同的时代，教育资源的“上限”和高等教育的“底线”是不同的，因此，基础教育的水准也不一样，总的趋势是，随着社会的进步而不断提高，但也会有个限度，即社会和家庭不会无限期地让成年人脱离生产劳动去接受基础教育，而必须接受专业或职业教育以便投入工作，为社会和家庭作出贡献。从这个意义上说，成年之前所能接受的教育，大概应该是基础教育的基础极限。

（四）现在的基础教育是“基础”教育吗

关于基础教育的意义是无须赘述的。但“万丈高楼平地起”“基础不牢，地动山摇”“君子务本，本立而道生”，这些警句往往应用到教育领域似乎并没有多少人理会。原因是基础教育具有迟效性，基础教育质量难以精确检测，出了基础教育质量事故也找不到具体的责任人，最后，不管基础教育质量如何，即不管基础教育有没有为学生打“基础”，打的是不是“基础”，打了什么“基础”，打的“基础”如何，社会和家庭对接受过基础教育的人都会无条件“买单”，都必须接纳，都无法拒绝其“融入”，而作为学生，不管结果如何，最终都必须自我承受，兴高采烈也罢，无可奈何也罢，走过了这样一段路，就不可能重来，充其量只能在其后来的人生中不断“补课”。

现在的基础教育是“基础”教育吗？也就是说，现在基础教育的基础厚实、路径对头吗？就像建筑高楼，地基和框架特别是地下部分能让人放心吗？这个问题讨论的是我们有没有按照基础教育规律办事，即是不是把它当作“人生发展”和“教育发展”的基础去对待。关于这个问题，可以从物质基础、师资力量、管理方式和办学方向等方面去考察。

1．基础教育的物质基础是否牢靠

基础教育的物质基础是否牢靠，是最能形象地、直观地体现基础教育的基础状况的。20世纪80年代后期，教育优先发展思想已在理论界取得共识，90年代初便上升为国家战略思维和宏观教育政策。党委、政府和社会对教育的认识不仅仅写在政策文本和领导讲话中，也反映在各种形式的标语上，例如：“重视教育就是重视发展，关心孩子就是关心未来”“扶贫先扶志，教育要先行”“再穷不能穷教育，再苦不能苦孩子”“百年大计，教育为本”，等等，让人感觉认识不成问题，观念已经确立。这是非常重要的，因为在大家非常信奉“不怕做不到，就怕想不到”的时代里，教育观念变革一直被认为是教育改革发展的重要前提，也是教育改革发展的重要内容。如果纯粹从文本或表象来分析，后世的教育史家也许会得出“这是中国教育发展史上最重视教育的时代”“这是教育的认识水平最高的时代”等结论。然而，实际的情况如何呢？教育优先发展战略有没有在基础教育领域得到体现呢？

（1）校舍场地

校舍场地对办学的意义是不言而喻的。20世纪六七十年代，基础教育学校的占地面积还是比较宽裕的，不少学校还有农场或实习工厂。市场化改革使土地的价值日益提高，在经济利益的驱动下，绝大多数学校的校有土地被私人占用或被政府收回，新规划校园也“惜土如金”，通过降低标准来建设不规范“麻雀”学校或“一楼”学校。

基础教育学校到底应该如何建设？有没有统一的最低标准？

应该说，新中国成立以来有关中小学的建筑规划设计还是有“标”可依的。改革开放初期，教育部就曾颁发过《中等师范学校及城市一般中小学校舍规划面积定额（试行）》（82教基字023号）[①]，包括生均用地面积和生均校舍建筑面积（见表3–1和表3–2），其中，用地面积包括建筑用地、体育用地和绿化用地（兼作生物实习和气象观测园地）三部分。根据该定额标准，城市一般中小学要求配备的校舍包括：

教学用房。①教室：包括普通教室、音乐教室、阶梯教室等。普通教室每班一个，固定使用；音乐、阶梯教室均穿插排课。要提高教室利用率，增加排课的学时数。普通教室、音乐教室每个使用面积为54平方米，每座1.08平方米。阶梯教室全校一个，供放映幻灯、科教电影、观摩教学、学术报告、合班上课用。使用面积为100～150平方米，每座1平方米。②实验室：包括物理、化学、生物实验室等。实验室的个数按教学计

---

① 该文的制定宗旨和执行要求：1982年4月16日，为了全面地贯彻执行党的教育方针，从校舍条件上保证中等师范学校及中小学教育质量的不断提高，促进青少年德、智、体的全面发展，特制定本定额。本定额是一个近期的规划指标，可作为中等师范学校及城市（指国家建制的大、中、小城市）一般中小学编基建计划任务书、进行总体规划及单体建筑设计的依据。重点学校、少数民族学校和地处边疆的学校如有特殊需要，经主管部门批准后可适当增加一些必要的用房。县、镇和农村中小学的校舍规划面积定额，由各省、直辖市、自治区教育厅（局）会同有关部门结合本地区的实际情况制定。

划的要求设置，每个使用面积为73平方米，每座为1.46平方米。每个实验室配备仪器和准备室一间，使用面积为43平方米。此外，可设置地窖或专用药柜（橱）贮藏危险药品。③图书阅览室（包括藏书室、教师和学生阅览室等。藏书室的藏书量为2.7万～6万册，平均每个学生30～40册。使用面积为50～90平方米，每平方米藏书500～700册（上限为加高书架藏书量）。教师阅览室（并陈列教学参考资料）按教师人数1/3设座位，每座使用面积为3平方米；学生阅览室按学生人数1/12设座位，每座使用面积为1.2平方米。④科技活动室：使用面积为68～102平方米，主要供开展航模、船模和电子技术等科技活动使用。

行政用房。①党政办公室：包括党支部办公室、校长办公室、教务办公室、总务办公室、档案室、文印室、会议室、保健室、广播室和总务仓库等。②教学办公室：包括教师办公室、体育办公室和职业技术教育办公室等。教师办公室按全体教师设座位，每座使用面积为 3 平方米；体育办公室按全体体育教师设座位，并存放小型体育器材，使用面积为14～28平方米。③社团办公室：包括工会、团队和学生会的办公室。

生活用房。①教职工生活用房：单身教职工宿舍按教职工人数30%安排。其中教师每人居住面积为 6 平方米。教职工食堂（包括餐厅和厨房）使用面积为143～245平方米。厨房要考虑一部分学生中午搭伙、蒸饭的需要；餐厅在近期可兼作学生的风雨活动室。②其他辅助用房：杂物贮藏室、开水房和浴室等必要的辅助用房。

表3-4　中等师范学校和城市中小学之生均用地面积

学级类别	规模（班）	生均用地面积（平方米）
中等师范学校	略	略
中学	18～30	13～16
小学	18～24	10～11

注：

①上述用地面积不包括池塘、湖泊和起伏较大的丘陵地带等不可建筑的用地。

②定额的上限适用于表中规模较小的学校，下限适用于规模较大的学校。

③用地较紧张的大城市市区，设置田径场地有一定困难时，中小学用地定额可以适当降低，但中学用地定额不宜低于每个学生12～15平方米，小学用地定额不宜低于每个学生7～10平方米。

④本定额的附录中，列出了不同规模的各类学校各种用房的设计定额、使用面积和定额计算的有关参考数据，还列出了各类学校教学、行政用房的主要建筑标准，主要教学用房的平面布置参考图和课桌椅的参考卫生标准，可供各地计划、教育、设计部门和学校在工作中参考。

表3-5　中等师范学校和城市一般中小学之生均校舍建筑面积

学校类别	规模（班）	每个学生应占有的校舍建筑面积（平方米）
中等师范学校	略	略
完全中学	18～30	4.7～5.0
初级中学	18～24	4.6～4.8
小学	18～24	3.6～3.8

注：

①定额的上限适用于表中规模较小的学校，下限适用于规模较大的学校。中小学规模小于18班的，定额可适当提高。

②幼儿师范学校可参照中等师范学校的定额执行，并在教学用房的内容上做必要的调整。

③根据本定额研究确定现有学校的校舍规划和扩建任务时，如原校舍的平面系数（值）偏低，可对照附录中的使用面积进行核算，相应增加建筑面积。

④本定额中的小学规划面积定额，较国家建委（81）建发设字384号文件中“新建工矿企业住宅及配套项目定额指标”所列小学定额的上限，每个学生增加了0.1～0.3平方米。主要原因是为了加强教学管理，降低了小学的班级名额（由每一班级50人降为45人），其次是增加了教职工所必需的生活用房，如单身宿舍、食堂等。

这是1982年制定的标准。全国城市中小学有多少能够达到这个标准呢？校园狭窄、建筑简陋、班额超员、功能不足，还是比较普遍存在的现象。

农村的情况怎样呢？1996年，国家有关部门又颁发《农村普通中小学校建设标准（试行）》（建标〔1996〕640号）并于1997年6月1日起试行（见表3–5）。2008年，由教育部修订，住房与城乡建设部、国家发展和改革委员会批准的《农村普通中小学校建设标准》（建标〔2008〕159号）颁发，自2008年12月1日起实行（见表3–7）。[①]按照2008年的标准，农村普通中小学要求配备的校舍包括：

教学及教学辅助用房。①小学：非完全小学设置普通教室、多功能教室（兼多媒体教室）、图书室、体育器材室；完全小学设置普通教室、音乐教室、美术教室（艺术教室）、科学教室、计算机教室、多功能教室（兼多媒体教室）、远程教育教室、图书室、科技活动室、体育活动室、心理咨询室以及教学辅助用房。②初级中学：设置普通教室、音乐教室、美术教室（艺术教室）、实验室、技术教室、计算机教室、多媒体教室、多功能教室、远程教育教室、图书室、科技活动室、心理咨询室以及教学辅助用房。

办公用房。①小学：非完全小学设置行政及教师办公室、少先队部室、传达值宿室；完全小学设置行政办公室、教师办公室、卫生保健室、总务仓库、少先队部室、传达值宿室。②初级中学：设置行政办公室、教师办公室、会议室、文印档案室、卫生保健室、总务仓库、社团办公室、传达值宿室。

生活用房。①小学：非完全小学设置食堂、教工厕所、学生厕所；完全小学设置教工宿舍、食堂、开水房及浴室、教工厕所、学生厕所。学生宿舍根据需要设置。②初级中学：设置教工宿舍、食堂、开水房及浴室、教工厕所、学生厕所。学生宿舍根据需要设置。

---

① 该标准适用于设在乡镇的小学和初中，其中有关学校规模和班额的规定是，小学：非完全小学为4班，30人/班；完全小学为6班、12班、18班、24班，近期45人/班，远期40人/班。初级中学为12班、18 班、24班，近期50人/班，远期45人/班。

全寄宿制完全小学、初级中学：除分别按上述用房设置外，应按全校学生规模设置学生宿舍。

表3-6 平均每生占有校舍建筑面积（m^2/生）

学校类别	学校规模（班）	近期指标	规划指标
初小	4	3.69	4.78
完小	6	4.84	7.02
	12	4.34	5.98
	18	4.02	5.47
初中	12	6.01	10.25
	18	5.78	9.72
	24	5.63	9.41

注：

①完小、初中住校比例分别大于第二十五条二款、第二十六条二款的，可增加相应的学生宿舍和学生食堂的面积。

②初小、完小附设学前班的，可相应增加有关用房的使用面积。即：每班按30人计，设置活动室一个。每个活动室使用面积为90m^2（含游戏、活动、午睡、进餐等用）。此外，可根据需要配备使用面积为15m^2的卫生间（含便池、盥洗台、淋浴池）、9m^2的教具储存室。活动室如无午睡要求。其面积可减为54m^2。上述用房的设置均应经主管部门批准，分别纳入初小、完小校舍总面积中统筹规划设计和建设。

③表中指标系按墙厚240mm计算，超过240mm时可相应增加建筑面积。

表3-7 农村普通中小学校和全寄宿制中小学建设用地面积和生均用地面积指标

学校类别	学校规模（班）	农村普通中小学（一）		全寄宿制中小学校（二）	
		用地面积（m^2）	生均用地面积（m^2）	用地面积（m^2）	生均用地面积（m^2）
非完全小学	4	2973	25		

（续上表）

学校类别	学校规模（班）	农村普通中小学（一）		全寄宿制中小学校（二）	
		用地面积（m²）	生均用地面积（m²）	用地面积（m²）	生均用地面积（m²）
完全小学	6	9131	34		
	12	15699	29	21292	39
	18	18688	23	27901	34
	24	21895	20	34226	32
初级中学	12	17824	30	23487	39
	18	25676	29	35059	39
	24	29982	25	41307	34

注：

①表中“（一）”的部分里，完全小学、初级中学未含学生宿舍用地面积。

②开展劳动技术教育所需的实习实验场、自行车存放地（1.50m²/辆），可根据实际情况另行增加。

如果严格按照标准，农村中小学的情况似乎更糟糕，虽然不少学校不缺土地面积，但校舍建筑和功能配置令人不忍目睹。

不管城市还是农村，中小学校舍问题都比较严重，突出表现为危房比例过大[①]，至于图书资料和仪器设备（器材），则一直被许多领导认为是“锦上添花”，认为学校只需要有课本就行了。《中国教育经费统计年鉴》表明，1999年各地上报的危房数据为741.40万平方米，2007年数据为3358万平方米。据甘肃飞天新闻网2009年8月21日报道，截至2008年底，全省中小学危房面积为415.74万平方米，占校舍建筑总面积的16.69%，其中D级危房面积262.61万平方米，占危房总面积的63.17%。校舍危房和危

① 自2001年以来，学校校舍被划分为ABCD四个等级，其中D级危房，是禁止师生使用的。

险因素的存在成为影响教育民生和教育公平的一块“硬伤”。

（2）图书资料

学生上学叫“读书”，但读书不等于读课本。现在学校除了课本、复习考试资料之外，有没有安排读书呢？应该说基本没有。为什么？因为“三无”——无认识、无时间、无书籍。无认识是指教育工作者和家长认为读书没有多大必要，因而学生也认为读书不是上学的要紧事；无时间是指学校教育教学安排重点放在复习考试上，学生没有自由阅读的时间；无书籍是指很多学校都没有藏书，有的学校甚至连教师用的教学参考书也买不起。[①]这种状况怎么能形成良好的读书风气呢！怎么能形成良好的学习环境呢！中国人还没有养成“阅读”的习惯，大概与我们的学校教育这种窘境有关。

（3）仪器设备（器材）

人们不重视学校仪器设备和设施的配置，困难地区主要精力放在解决“一无两有”[②]问题，富裕地区热衷修建豪华的校门，热衷给校舍外墙贴瓷砖。由此导致许多教育教学活动难以开展，实验开出率低。这种状况在农村地区、偏远地区和贫困地区尤为突出。

为什么基础教育的物质基础这么不牢靠？中共中央、国务院认为：“目前教育经费相当紧缺，不仅不能适应加快改革开放和现代化建设对人才的需求，而且也难以满足现有教育事业发展的基本需要。”[③]

基础教育的长期困窘令人百思不得其解。直接的因素是教育投入不足，深层的原因是什么呢？要分析这个问题，大概要先厘清几个相关问

① 笔者曾在粤西的北部湾附近看到这样一所百年老校，是一所村小，在村民捐资兴建的综合教学楼里，电脑室里没电脑，图书室里的一张破桌子上堆着几十本20世纪80年代出版的练习册，积满了尘埃，除此之外，再没有别的图书了。可见，学校已经很久没有添置图书了。谁能想象这是传播文化的地方呢？

② “一无两有”指校校无危房，班班有课室，生生有课桌凳。

③ 中共中央、国务院，《中国教育改革和发展纲要》，1993年。

题：第一，谁是基础教育投资的主体，即钱该谁出？第二，基础教育投资主体的投资责任在哪？即投资主体该出多少钱？第三，哪一个教育投资主体没有尽到投资责任，即谁没有出够钱？在此基础上，才能进一步分析出“是有钱不愿出”还是“没钱可出”。

谁是基础教育投资的主体？不该是政府出钱吗？

在我国，教育事业不是私人事业，而是国家事业，宪法也明确表示，国家发展社会主义教育事业。“发展教育事业不增加投资是不行的。”[①] 谁是教育投资的主体呢？党和国家的教育政策和法律有明确规定：政府是办学主体，必须承担“教育投入”的责任。《中华人民共和国教育法》第七章第五十三条规定：“国家建立以财政拨款为主、其他多种渠道筹措教育经费为辅的体制，逐步增加对教育的投入，保证国家举办的学校教育经费的稳定来源。”“企业事业单位、社会团体及其社会组织和个人依法举办的学校及其他教育机构，办学经费由举办者负责筹措，各级人民政府可以给予适当支持。”[②]“要逐步建立以国家财政拨款为主、辅之以征收用于教育的税费、收取非义务教育阶段学生学杂费、校办产业收入、社会捐资集资和设立教育基金等多种渠道筹措教育经费的体制。”[③]从这些规定来分析，政府才是教育投入的最主要的主体，特别是基础教育中的义务教育阶段。也就是说，发展教育事业，主要要靠政府出钱。

那么，政府有没有尽到投资主体的责任呢？是政府没有钱吗？

政府有没有尽到教育投入的责任，关键是用什么标准来衡量。在我国，最权威的标准是国家标准，即中央政策和国家法律：

“在今后一定时期内，中央和地方政府的教育拨款的增长要高于财政

① 《中共中央关于教育体制改革的决定》，1985年。

② 1995年3月18日第八届全国人民代表大会第三次会议通过，1995年3月18日中华人民共和国主席令第45号公布。

③ 中共中央、国务院，《中国教育改革和发展纲要》，1993年。

经常性收入的增长，并使按在校学生人数平均的教育费用逐步增长。”①

“国家财政性教育经费支出占国民生产总值的比例应当随着国民经济的发展和财政收入的增长逐步提高。具体比例和实施步骤由国务院规定。”“全国各级财政支出总额中教育经费所占比例应当随着国民经济的发展逐步提高。”②

“各级人民政府教育财政拨款的增长应当高于财政经常性收入的增长，并使按在校学生人数平均的教育费用逐步增长，保证教师工资和学生人均公用经费逐步增长。”③

“国务院及县级以上地方各级人民政府应当设立教育专项资金，重点扶持边远贫困地区、少数民族地区实施义务教育。”④

政府的教育投入有没有达到这些标准呢？结论是非常明确的。是政府想做但没有钱吗？看来也不是。我国政府的开支是比较大方且自由的，不少地方政府大把大把地花钱建设豪华的“楼堂馆所”，搞“政绩工程”“面子工程”“形象工程”，甚至不惜做“豆腐渣工程”“歌舞升平工程”“讨欢心工程”，“三公经费”支出居高不下，却对学校的破败和窘境无动于衷。这种现象在一些贫困地区尤为突出。纯粹用政府经济比较困难是难以解释的。

是政府没有认识而不愿出钱吗？

通常来说，思想上没有认识，行动上就不会真正重视。中华民族有“崇文重教”的传统，绝大多数家庭包括公务员家庭都相信“读书改变命运”。那么，为什么就政府没有认识呢？如果对各级政府有关教育的文件和领导有关教育的讲话加以分析，人们是无论如何都不可能得出“政府对教育的重要性缺乏认识”这样的结论的。如前所述，文本的分析表明，政

① 《中共中央关于教育体制改革的决定》，1985年。
② 《中华人民共和国教育法》第54条，1995年。
③ 《中华人民共和国教育法》第55条，1995年。
④ 《中华人民共和国教育法》第56条，1995年。

府对教育重要性的认识已经达到了前所未有的高度，现在的问题只是说的和做的不吻合而已。

早在1985年，中共中央在《关于教育体制改革的决定》中就尖锐地指出："现在，各级都有一些领导干部，宁肯把钱花在并非必要的方面，对于各种严重浪费也不感到痛心，唯独不肯为发展教育而花一点钱，这种状况必须改变。"为什么会出现这种状况？一不是没义务，二不是没认识，三不是没钱，四不是中央不告诫，这种必须改变的状况却一直没有明显的改变。如果细究的话，可能与我们国家的政绩观以及与此相关的考绩制度有关。因为投资教育，短期（任期内）很难拉动GDP的快速增长，很难凸显政绩，甚至很难让人看到投资带来的变化（除校舍外），于是也就很难获得升迁。

可以说，目前我国基础教育的校舍场地这个基础总体上是很不牢靠的。虽然我们有能力让它牢靠，但我们负有责任的许多地方政府并没有想到要让它牢靠。

2．基础教育的师资力量是否厚实

关于师资的意义历来都是被重视的，要么正面重视，使教师获得尊崇；要么反面重视，对教师严加管教。历史反复证明，教师获得尊崇，将吸引优秀人才加盟教育，甚至让他们终身从教，得益的将是国家、民族、社会、家庭和孩子本人；如果教师没有地位，那么，就不可能吸引到优秀人才，教职只能主要由素质低下的人充任，由此使教师地位更加低下，形成恶性循环，遭殃的将是国家、民族、社会、家庭和孩子本人。特别是基础教育，没有高水平的教师队伍，就不可能有高水平的教育质量，就不可能有年青一代的茁壮成长。一个人如果在中小学阶段都没有打好基础，再好的高等教育也无法弥补，从而也会拖垮高等教育。所以说，要重视教育就必须高度重视基础教育，要重视基础教育，就必须高度重视教师队伍。基础教育如果没有高水平的教师队伍，这样的基础教育是不配成为"基础”教育的。

什么是“高水平”的教师队伍呢？虽然不同时代有不同的标准，但也有一些基本的要件：

· 必须有足够的数量。既使学校教育工作能够按照国家有关要求得以开展，又使每个教师的总劳动时间不超出劳动法的有关规定。

· 必须有合理的结构，包括专业结构、性别结构、年龄结构、职务结构，其中专业结构是基本结构。要保证开设的科目都有相应的专业教师。

· 必须有良好的素质。教师群体应该是社会（或社区）的精英群体，底线是要有高尚的师德和合格的资质，综合素质处于社会或社区的上等（至少是中等以上）的水平，并随社会的发展而不断提高。

· 必须有充分的体现。每一个教师都有饱满的工作热情，专注自己的本职工作，有卓越表现。

党和国家高度重视师资队伍建设，认为“建立一支有足够数量的、合格而稳定的师资队伍，是实现义务教育、提高基础教育水平的根本大计”。[①]“振兴民族的希望在教育，振兴教育的希望在教师。建设一支具有良好政治业务素质、结构合理、相对稳定的教师队伍，是教育改革和发展的根本大计。”[②]“百年大计，教育为本。”“教育大计，教师为本”。[③]这种认识水平可以说在中国教育发展史上都是很高的。

师资队伍建设状况与经济社会和教育发展水平是密切相关的。这可从党和国家设定的师资队伍建设的政策目标中得到体现。20世纪80年代，经济飞速发展，教师待遇低下，大批教师“跳槽”，有的学校一夜之间成为“无师”学校，所以当时的师资队伍建设目标是“足够数量”“合格”和“稳定”；到了90 年代，一方面，教师“下海”现象依然比较突出，

① 中共中央，《关于教育体制改革的决定》，1985年。

② 中共中央、国务院，《中国教育改革和发展纲要》，1993年。

③ 《国家中长期教育改革和发展规划纲要（2010—2020年）》，2010年。

另一方面，教育的大发展需要补充大量的教师，教师队伍的稳定问题压力很大，与此同时，教师的结构特别是学科结构不合理问题也相当严重，因此，师资队伍建设目标有所提高，要求“有良好的政治业务素质”“结构合理”和“相对稳定”。纵观过去20年，有关师资队伍建设的政策目标通常表述为“数量足够、素质较高、结构合理、相对稳定”。这大概反映了这一历史时期我国教师队伍的状况和国家的追求。到了今天，我国教育特别是基础教育的发展已经达到了较高的水平。根据预测，今后教育的发展将基本维持在这种高位水平作“箱体”运动，教师的数量需求将进入平稳状态，随着教师资格制度的实施和教师待遇的相对提高，教师补充已不成问题。现在和将来的突出问题是怎样提高教师队伍的素质并使其潜能得以充分发挥，所以，《国家中长期教育改革和发展规划纲要（2010—2020年）》提出了师资队伍建设的新目标，要建设一支“师德高尚、业务精湛、结构合理、充满活力”的教师队伍。这个新目标不仅立意高远、全面，而且针对性很强，可以说，既有理论价值也有实践意义。

我国基础教育的教师队伍状况如何呢？

（1）对照编制标准，基础教育没有足够的人手

新中国成立以后相当长一段时期，我国一直没有颁布全国统一的中小学编制标准。教育部1984年12月27日颁布了《关于中等师范学校和全日制中小学教职工编制标准的意见》，附有《中等师范学校和全日制中小学教职工编制标准参考表》（见表3-8，表3-9），并对学校的内设机构也有参考意见。[①]但那是一个参考性意见。该文件规定，全日制中小学教职工

① 该《意见》规定：普通中学一般设置教导、总务两处，规模较大的完中（或高中），教导处可以分设教务处和政教处。规模小的不设处，只配备各职能人员。普通小学一般可设教导主任和职能人员，规模大的可设总务主任。事实上，随着职能的增加和复杂化，这种构想已远远不能满足需要。同时，该编制标准还包括了校办工厂、农场的正式职工的编制，“但占用事业编制的专职管理、技术人员，以校为单位，中学不宜超过教职工的5%，小学不超过3%”。

的编制标准可由各省、自治区和直辖市自行制定。据了解，不少省（区、市）制定的编制标准都低于国家的指导性标准。即便如此，20世纪八九十年代，中小学教师缺编的情况还是比较普遍和严重的，这就是说，中小学教师缺乏足够的人手。进入21世纪，因为教师地位和待调的提高，以及许多行业的职业保障性的下降，吸引了一大批不愿到工厂去直接从事技能工勤类工作的大学生（主要是大专生）加盟教师队伍。应该说，基础教育教师队伍总量上不缺人手，但如果排除"滥竽充数"者，再加上高中取消大班额、小学推行小班化，人手依然非常缺。

表3-8 中等师范学校和全日制中小学教职工编制标准参考

单位：人

	城镇				农村			
	每班平均学生数	完全小学			每班平均学生数	每班平均教职工		
		计	教师	职工		计	教师	职工
中等师范学校	40	6.0～6.5	3.5～4.0	2.5				
高中	45～50	4.0	2.8	1.2	45～50	4.0	2.8	1.2
初中	45～50	3.7	2.5	1.2	40～45	3.5	2.5	1.0
小学	40～45	2.2	1.7	0.5	30～35	1.4	1.3	0.1

注：

①每班学生数很难统一，原则上中师、重点高（完）中以校，一般中小学以县平均按表列人数安排，但山区、牧区、湖区及海岛等人口稀少地区的单班校、复式班的学生数可实际计算。

②每班平均教职工数，在保证正常教学工作的前提下，教师和职工可以调剂使用，但不得突破学校编制的总数。

③城乡初中和小学的编制标准有所区别，主要是考虑到农村地区学校分散、规模小、学生少等情况，因而班学额和编制标准有所不同。

表3-9　中小学班额标准与每班配备教职工数参考

单位：人

学校类别 / 地域	班额	教职工	教师	职工
高中				
城市	45～50	3.6～4	3	0.6～1
县镇	45～50	3.5～3.8	3	0.5～0.8
农村	45～50	3.3～3.7	3	0.3～0.7
初中				
城市	45～50	3.3～3.7	2.7	0.6～1
县镇	45～50	2.8～3.1	2.7	0.1～0.4
农村	45～50	2.5～2.8	2.7	0.1
小学				
城市	40～45	2.1～2.4	1.8	0.3～0.6
县镇	40～45	1.9～2.1	1.8	0.1～0.3
农村	各地酌定			

注：上表系根据国办发〔2001〕74号文件附表《中小学教职工编制标准》折算。

（2）按照课程实施的要求，基础教育结构性缺编长期存在

结构性缺编是指学校没有按照专业对口原则配置专任教师，导致有些科目（课程）不能开设或不能按师资标准的要求开设。结构性缺编的后果是非常严重的，它直接危害到青少年一代的健康成长和综合素质的提高。

根据调查，在传统科目中，音乐、美术、历史、地理、体育等科目的专业教师比较缺乏，在新设置的科目中，综合实践活动、通用技术、艺术、科学等科目的专业教师更缺乏，有些科目在高校还找不到对应的专业。

在传统的中小学里，教师主教一门课程、兼教几门课程的现象还是比较普遍的，特别是在小学。恢复高考后，在片面追求升学率思潮的影响

下，能够按国家颁定的教学计划或课程方案开齐开足课程的学校可以说是凤毛麟角。普遍的做法是，要考的课程就多开课，不考的课程少开甚至不开。非统考科目（课程）通常安排“兼教”，不补充专任教师，即使有专任教师，在学校考评系统中没有地位，这导致非统考科目（课程）的专业教师就业艰难，进而导致培养非统考科目（课程）的院校削减相关专业的培养量。这种恶性循环，使得中小学不少课程缺乏专业对口的教师。

（3）要满足人民群众的教育期待，基础教育师资队伍缺乏人才

教育的质量取决于教师的素质，教师的素质状况主要包括道德水平、专业水平和体质水平，“三好教师”才是素质高的教师，才能培养出“三好学生”。教师的素质水平一直没有具体的权威数据，也一直没有得到过系统的关心，即便是研究成果也非常少。教师的道德水平是一个非常重要的问题，将专门讨论。关于教师的专业水平，一般可以从三个方面来考察（教育行政部门有关教师队伍基础数据统计的主要指标），就是说，教师的专业水平通常有三大衡量指标：

◎学历

我们教师的学历水平总体上是比较低的。主要表现为，一是法定的基本学历过低。根据《中华人民共和国教师》第三章第十一条的规定：“取得教师资格应当具备的相应学历是：（一）取得幼儿园教师资格，应当具备幼儿师范学校毕业及其以上学历；（二）取得小学教师资格，应当具备中等师范学校毕业及其以上学历；（三）取得初级中学教师、初级职业学校文化、专业课教师资格，应当具备高等师范专科学校或者其他大学专科毕业及其以上学历；（四）取得高级中学教师资格和中等专业学校、技工学校、职业高中文化课、专业课教师资格，应当具备高等师范院校本科或者其他大学本科毕业及其以上学历；取得中等专业学校、技工学校和职业高中学生实习指导教师资格应当具备的学历，由国务院教育行政部门规定；（五）取得高等学校教师资格，应当具备研究生或者大学本科毕业

学历；（六）取得成人教育教师资格，应当按照成人教育的层次、类别，分别具备高等、中等学校毕业及其以上学历。不具备本办法规定的教师资格学历的公民，申请获取教师资格，必须通过国家教师资格考试。国家教师资格考试制度由国务院规定。”[①]这基本上属于“上级教下级”的框架。在精英教育（初高中升入大中专学校的升学率在10%以内）和毕业分配阶段，这种基本学历要求是可以招到素质比较高的人补充教师队伍的，但在高等教育大众化（基本普及高中阶段教育后升入专科以上院校的比率在70%左右[②]）和自主择业阶段，各地陆续取消中师，名义上补充教师队伍的人最低学历将变成大专，但现在的大专学生是在同龄人群体中实际上处在中偏下位次的人群，甚至连师范类本科学生严格地说也算不上是同辈的精英群体。这就涉及怎样看待不同时期的学历，怎样看待统计数据上的教师学历达标率的提高。二是在职教师学历达标率偏低。在低学历标准的框架下，教师学历达标率又长期偏低，这也是教师素质偏低的一个重要表现。在精英教育阶段，合格学历的教师在数量上长期补充不足，导致大量使用民办教师，在高等教育大众化阶段，纳入正式编制的教师补充的速度赶不上纳入规划的基础教育事业发展的速度，导致大量使用代课教师，学历达标率上去了，综合素质下来了。这种现状在农村中小学尤为突出。民办教师和代课教师的专业水平总体上比不上同层次的公办教师，这是不争的事实，但他们长期工作在农村地区、边远山区、贫困地区，努力支撑着共和国的基础教育，而且生活非常清苦，“没有功劳也有苦劳，没有苦劳也有疲劳”，妥善解决他们的问题已经不是一个纯粹的教育问题了，而是一个涉及和谐社会建设甚至关乎社会稳定的社会问题了。但一旦解决了他

① 1993年10月31日第八届全国人民代表大会常务委员会第四次会议通过，1993年10月31日中华人民共和国主席令第15号公布。

② 2010年，广东高考满分为750分，实行平行志愿录取，三B院校最后一次征集志愿的最低控制线是200分。这就是说，按百分制总分不足27分的人都有可能接受高等教育，三年后，这批人中可能有一部分会补充到中小学教师队伍中来。

们的“转公”问题后，他们的素质的确还很不适应教育现代化的需要，不能满足人民群众对优质教育的需求，这对未来民族素质的提高也构成极大的压力。这是一个两难的问题。谁之错呢？表面现象主要是基础教育“缺钱”，细致分析起来，一是对基础教育的重要性特别是基础教育师资的首要性认识不足，二是当初在开展教师管理体制改革和教师教育改革的时候，要么急了点，要么改革的顶层设计没有搞好，相关政策没有配套好。

值得欣慰的是，国家已经看到并准备解决这一问题。根据《国家中长期教育改革和发展规划纲要（2010—2020年）》的规定，国家拟制定国家教师资格标准，提高教师任职学历标准和品行要求，并且要“完善并严格实施教师准入制度。严把教师入口关”。但教师任职学历标准定在哪个层次，同样是一个非常复杂的问题。要吸引优秀人才加入教师行列，必须大幅度提高教师任职的学历标准，更重要的是必须有过硬的配套政策，为“使教师职业成为太阳底下最光辉的职业”“成为令人羡慕的职业”奠定物质基础，或者再造一个热血沸腾、积极向上、乐于奉献的理想时代。

◎职称

教师职称制度也叫教师职务制度，是教师管理的基本制度。我国现行的中小学教师制度是1986年开始的。其重要标志是这一年的5月19日中央职称改革工作领导小组转发了国家教委制定的《中学教师职务试行条例》和《小学教师职务试行条例》。[①]建立该制度的目的是为了充分发挥中小学教师为社会主义教育事业服务的积极性和创造性，激发教师不断提高政治思想觉悟、文化业务水平和履行职责的能力。根据制度设计，中小学各

① 前者适用于全国普通中学、职业中学、农业中学、盲聋哑学校中学部、工读学校及省、地、县教研室和校外教育机构，原则上也适用于中等专业学校和技工学校以外的其他类型的中等学校；后者适用于全国小学、幼儿园、盲聋哑学校小学部和弱智儿童学校（班）及省、地、县教研室和校外教育机构。原则上也适用于其他类型的初等教育。中学教师职务设：中学高级教师、中学一级教师、中学二级教师、中学三级教师；小学：教师职务设：小学高级教师、小学一级教师、小学二级教师、小学三级教师。

级教师职务都应有定额，并有相应的职责和任职条件，实行聘任制或任命制，任期一般为3~5年，要进行定期或不定期的考核，可续聘或连任。中小学教师职务制度后来虽有调整甚至局部突破，例如评聘结合、评聘分开，又如有的地方在中学评聘正高级（教授级）职务，在小学评聘副高级（副教授级）职务，但总体框架没有根本改变。应该说，这个制度总体上设计是不错的，它把职务的设置、评审、聘任（或任命）、考核统一起来，有助于改革人事制度实际存在的“大锅饭”“终身制”和“熬年头”等弊端，促进教师专业化，提升教师工作绩效，也有助于推动教师的合理有序流动，促进优质教师均衡分布和学校均衡发展，但由于配套政策还不完善，评审的可操作性不强，制度执行也不够严格，这项制度未能达成其最佳效果。例如：政策的透明度不高，容易造成“暗箱操作”；有的地方为了省钱，规定高级职务的申报资格与工资级别挂钩，导致职务评审不够公允；过分强调科研成果，导致出现轻薄教学业绩的倾向；师德实际上没有成为评审的主要指标，导致教师不注重个人道德修养，功利主义流行；评审标准不具体，导致评审结果随意性比较大；没有严格控制定额，导致高级职称主要集中在重点中小学和城市中小学。特别是最后一项，给广大的农村基础教育带来的后果可能是灾难性的。

就一个国家甚至一个省份而言，教师职务大致维持一个常数。当前教师职务制度实施中有两个问题比较突出：一是职务与水平不对应。主要以论文分高低，导致很多教师“拼”凑论文，而不是研究教育教学，而论文又多抄袭，相当一部分获得高级职务者教学水平不高，教学业绩不突出。二是高级职务教师分布极不均衡，主要集中在城市、经济发达地区、重点学校（传统的重点中小学或所谓的优质学校）和高中，至于农村、欠发达地区、非重点学校和初中，则鲜见高级教师，即广大地区和学校生均高级教师比例非常低。

◎继续教育与专业发展

许多研究表明，在所谓的“知识爆炸时代”，知识的老化与更新速度是非常快的。这说明不管是谁都需要不断学习，叫作“活到老，学到老，革命到老”。这就是终身教育思想最重要的理论依据，建立学习型组织的最有力的理论支撑。也有研究指出，一个从业人员在工作时所需用到的知识技能90%~95%是在实践中获得的。这说明不管是谁都需要在实践中锻炼成长。实践是无止境的，所以需要不断探索和研究。经验是需要提升的，所以需要有理论做基础做引领。继续教育就是沟通理论学习和实践锻炼的桥梁，是专业成长的康庄大道。专业技术性越强越是如此。

中小学教师继续教育制度建立以前，中小学普遍建立了学习制度，包括政治学习和业务学习。政治学习多以学校组织为主要形式，而业务学习则多以科组组织为主要形式。继续教育制度建立后，院校培训成为主要形式，许多学校的学习制度没有得到很好的坚持。按照现行的规定，中小学教师每5年要接受240学时（后来也有规定为360学时的）的培训。为了培养骨干教师队伍，教育部实施了“跨世纪园丁工程”，此后，教育部亲自主持培训项目成为惯例，而且类型和规模有越来越多、越来越大的趋势。在教育部的示范下，各省（区、市）纷纷仿效，各地、市和经济较好的县、镇也纷纷仿效，这样，自上而下地形成了一个骨干教师培训的项目体系，并分别称为国家级、省级、市级、县级和镇级，有的还有校级。由于有政府资源支持，有课程改革的驱动，加上有无限的荣耀，整项工作做得红红火火，现在，已经发展演进为“国培计划”。应该说，这些重要举措在比较短的时间里造就了一大批骨干教师，10%左右的教师借助这个平台很快实现了专业发展。一个基本的结论是，培训与不培训是不一样的，持续有效的培训是可以在比较短的时间里促成教师实现较快专业发展的。然而，20多年来的中小学教师培训，由于资源不足且被过分集中，导致的问题也是不少的：

一是非骨干教师培训工作（即全员培训）得不到应有的重视，大部分教师得不到培训的机会，使得教师专业发展机会极不均等，极大地妨碍着教育公平。

二是上一层级培训对象的选拔以下一层级的培训经历为依据（有的地方甚至规定为准入资格），层层筛选，这种“选美模式”使教师培训精英化倾向非常严重，并有制度保障，使得中小学教师队伍内部等级分化严重，产生了一批“教育新贵”。他们占据着学校或区域“专业制高点”，有实力、有机会获得更多的资源，甚至还有可能直接参与资源的分配，专业等级制度开始身份化，专业保守主义抬头，不仅让骨干教师带动其他教师一起发展的初衷无法实现，而且还严重阻碍着专业的竞争与合作，阻碍着新人的脱颖而出。

三是妨碍充分调动各方面积极性的长效机制的建立。骨干教师拥有专业上的比较优势，又享有各种荣誉，要获得更高一级的荣誉，对他们来说如“探囊取物”，因此，荣誉对许多骨干教师来说已经没有太多的激励作用，所以，许多罩着各种光环的教师周期性地出现“职业倦怠”，敬业精神和积极性大不如他们奋斗的初期。其他教师缺乏制度性的公平的发展机会，一方面他们的专业发展缓慢，水平不高，始终处在专业等级链条的中下端，没有多少专业发言权，积极性不高，另一方面，“反正轮不到自己”“反正大多数人都和自己差不多”，成为大部分教师的自我认知和基本心态，他们的专业发展的自觉性也不高。

20多年来的教师培训实践，出现了一种“越穷越见鬼”的现象。主要表现为：骨干教师培训基本上是政府全负担的，甚至包吃包住包教材，非骨干教师培训多多少少都要教师自己支付一部分；经济发达地区的教师收入比较高，通常参加培训是不需要自己支付多少费用的，而经济落后地区的教师待遇比较差，参加培训却要自己支付大部分甚至全部费用。就像困难家庭子女上大学已成为这些家庭的沉重负担一样，困难教师接受培训也是他们家庭的一种沉重负担。国家大力发展远程教育，目的在于使教育（培训）可以打破时空的界线，使人人都有机会公平地获得同步资源，可是，越是偏、远、穷的地方，教师就越没能力接受这些优质资源。我们确认，继续教育和终身学习可以促进个体专业发展，绝大多数教师（非骨干教师群体）更需要继续教育和有指导的终身学习，但事实上他们缺乏实现专业发展的有利条件，怎样帮助他们，应该是教师队伍建设的恒久课题。

（4）考察教师队伍的现状，师德与积极性最成问题

师德是一个教师的核心素质，在各种素质中起着灵魂、统帅和动力作用，没有高尚的师德，既教不好书，更育不好人，所以，加强师德教育，是教师队伍建设的一项长期而基本的任务。党和国家历来高度重视师德问题，强调要加强师德教育，表彰师德标兵，提高师德修养，并把师德状况纳入考核范围，作为评聘、选拔、任用的重要依据，以提升教师队伍的整体师德水平。为引导中小学教师修身从教，仅中小学教师职业道德的规范就颁发了四个版本。[①]

四个版本的师德规范似乎越来越多、越来越细，效果怎么样呢？

新中国成立以来，我国教育界涌现了大批杰出教师，他们师德高尚、业绩突出，足为楷模。但似乎很难否认的一个事实是，教师的职业道德水准总体上有下降的趋势，以前的教师是值得同情和尊敬的，现在的教师似乎既不值得尊敬，也不值得同情。新浪网2008年教师节前做过一项关于“教师职业道德现状”的调查，结果显示，在4879名参与投票的公众中，有逾七成的人对目前的师德现状并不乐观。在网友留言中，老师在课堂上不用心教书、课外开小灶赚外快、对学生不一视同仁、偏向送礼学生以及

① 国家教委、全国教育工会1984年颁布《中小学教师职业道德要求（试行草案）》，国家教委、全国教育工会于1991年作了第一次修订，更名为《中小学教师职业道德规范》并于8月13日正式发布，1997年，国家教委、全国教育工会作了第二修订，2008年，教育部、中国教科文卫体工会全国委员会作了第三次修订。

随意辱骂体罚学生等有损师德的行为，被人们频频抨击。[①]职业道德规范要求越来越高、越来越多，可现状却越来越令人担忧，个中的问题是非常值得探讨的。首先，有效的行为规则应该在数量上是适当的，是人们可以比较容易记住的，如果中小学教师都记不住这些规范，能期待他们很好执行吗？其次，有效的行为规则应该是所有的行为人通过努力可以做到的，大部分人努力也做不到的规则是没有规范作用的。再次，中小学职业道德规范是面向全体中小学教师设定的职业道德方面的要求，应该设定的是职业道德底线，而不是引导性目标，也就是说，在职业道德问题上，谁触及底线就处罚谁，而不是谁达到标准或接近标准就表彰谁。

由上可见，基础教育的师资问题还是比较严重的，与基础教育的性质是不匹配的。

3．基础教育的管理方式是否恰当

基础教育的性质决定了基础教育的管理必须体现全民性、普及性、公平性和政府责任。基础教育的核心部分是义务教育，义务教育属于国家规定的基本教育。政府把义务教育做好了，可以较好地保障基础教育的全民性、普及性、公平性和政府责任，如果政府行有余力，延长普及教育年限，则可以进一步惠及广大的人民群众。这是从事业发展角度上分析的。在我国，基础教育的全民性、普及性是有目共睹的，国际社会也予以高度肯定。世界银行关于我国“十一五”教育发展规划中期的评估报告就认为，我国“十一五”教育发展规划中确定的重点发展领域，即义务教育和中等教育，已经取得了极大的进步，同时其他任务的实施也已经步入正轨。

应该说，我国基础教育的全民性和普及性是做得比较好的，至2009年，义务教育的巩固率已达90.8%，高中阶段教育的毛入学率为79.2%，学前一年、两年和三年的毛入园率分别达到了74.0%、65.0%和50.9%，离基

① 转引自《中国青年报》2008年9月11日。

本普及15年基础教育已经不远了。《国家中长期教育改革和发展规划纲要（2010—2020）》提出了到2020年普及13年教育的目标和基本普及两年学前教育的目标，已经涵盖了整个基础教育阶段。总体来看，除学前三年教育目标为70.0%比较偏低外，我国基础教育普及的目标水平还是很不错的。

我国基础教育的公平性为社会诟病也久矣。这既有教育工作者的教育理念问题，更多的是基础教育管理方式问题。从管理观念来看，许多管理者抱着“不求有功，但求无过”“不出事就是好事”“要做就做长脸的事”“决不做对自己没好处的事”的思想，把管理理解为管制和治理，只“管”不“理”，不是以人为本，而是以己为本，只强调别人要服从，从不提醒自己要服务；在管理目标设定上，不遵循教育规律和人才成长规律，热衷于形式主义、揠苗助长，短期行为突出；在管理方式选择上，不尊重人的主体地位和人的正当需要，热衷于用管、卡、压等简单、粗暴的手段，只堵不疏，一刀切现象普遍存在。这种问题不仅教育行政管理存在，学校管理也普遍存在。

（1）重点中小学的前世今生

重点中小学的设置曾经是我国基础教育一道亮丽的风景线，也是挥之不去的痛。

重点中小学的设置由来已久。腾讯新闻之共和国辞典做过一个专题，叫做“重点学校政策之变迁”，比较细致地探讨了重点学校的前世今生：

20世纪50年代初，中国开始全面移植苏联的发展模式，优先发展重工业。发展重工业，急需高等教育人才。当时教育资源有限，要更快为工业培养人才，面临着选择：是先普及教育，为更多民众提供教育机会还是牺牲部分民众的教育机会，先集中资源提高部分学校的质量，快速向高校输送合格生源？那时领导层选择了后者。

1959年，总理周恩来在二届全国人大一次会议上说：“在各级全日制的学校中，应该把提高教学质量作为一个经常的基本任务，而且首先集中较大力量办好一批重点学校，以便为国家培养更高质量的专门人才，迅速促进我国科学文化事业的提高。抓住重点，带动一般，是符合教育事业发展规律的。”

1962年教育部颁发《关于有重点地办好一批全日制中、小学校的通知》，明文规定，要求各地选定一批重点中小学，这些学校的数量、规模与高一级学校的招生保持适当比例，高中应全部包括在这类学校内，与高一级学校形成“小宝塔”，并集中精力先办好一批“拔尖”学校。

“文革”时，社会混乱不堪，教育领域则是奇怪的混合：一方面，“知识无用论”“反智主义”盛行；另一方面，农民教育得到普及和发展，重点学校制度也被取消了。

“文革”结束后，领导层开始大力发展经济。这与20世纪50年代优先发展重工业的大体方向，经济和工业化成为主导，而领导层的选择也并无二致，教育公平再次被国家经济发展的目标所压倒。

1977年，邓小平作了一系列关于恢复高考的讲话和批示，几乎每次谈话和批示都提到建设重点学校，前前后后约14次。譬如，1977年5月12日，他说：“现在看来，同发达国家相比，我们的科学技术和教育整整落后了二十年……抓科技必须同时抓教育。从小学抓起，一直到中学、大学。我希望从现在开始做起，五年小见成效，十年中见成效，十五年二十年大见成效。办教育要两条腿走路，既注意普及，又注意提高。要办重点小学、重点中学、重点大学。要经过严格考试，把最优秀的人集中在重点中学和重点大学。”

1978年，在全国教育工作会议的讲话中，邓小平又说：“学生负担太重是不好的，今后仍然要采取有效措施来防止和纠正。但是，同样明显的是，要极大地提高科学文化水平，没有‘三老四严’的作风，没有从难从严的要求，没有严格训练，也不能达到目的。”提出要“早出成果，早出人才”，要求“尽快地培养出一批具有世界第一流水平的科学技术专家”。

1978年，教育部制订《关于办好一批重点中小学的试行方案》，提出全国重点中小学形成“小金字塔”结构，并在经费投入、办学条件、师资队伍、学生来源等方面向重点学校倾斜，由此形成国家级、省级、地级、县级的重点学校“层层重点”的格局。

重点学校主要分布在城市。1982年对13个省、自治区、直辖市的348所重点中学的调查显示，城市243所，占70%；县镇98所，占28%；农村7所，占2%。其中7个省、直辖市的农村没有一所重点中学。

政府对重点中学建设，主要是增加重点中学的附加经费。有学者对某地调查统计得出，重点中学和普通中学在生均教育经费上虽有差别，但并不严重，差别主要来自附加经费。1989年至1996年，该地区3所重点中学共得到855万元附加经费。1996年的500万元被用于为一所重点中学修建运动场。而普通学校却没有得到任何附加经费。仪器设备的投入，每所重点中学所得几乎等于9所非重点中学设备费总和的9倍。[①]

复建后的重点学校制度到底对中国教育和中国社会产生了什么影响呢？该专题把新中国成立60年分为两个阶段，认为：前30年，教育公平被国家经济发展目标所压倒，后30年，重点学校继续泛滥，农村学生宁愿打工。长期以来，许多有识之士为取消重点学校制度鼓与呼，但收效甚微。各级教育行政机关行走在“保”与“废”摇摆不定的路上，结果导致教育不均衡现象日益严重。

1986年，重点学校催生择校热，国家教委推行小学初中就近入学。重点学校政策实施不久后，负面影响就日渐彰显，“择校热”“应试教育”被国人所诟病。教育主管部门开始认识到重点学校政策的弊端，于是先向义务教育开刀。

1986年，国家教委下发《关于在普及初中的地方改革初中招生办法的

① 腾讯新闻 / 共和国辞典，http://news.qq.com/zt2011/ghgcd/49.htm?pgv_ref=aio。

通知》，首次规定："积极而稳妥地取消初中招生考试，并按学籍管理规定，凡准予毕业的小学生就近直接升入初中学习。"1986年，我国颁布了《义务教育法》，规定"地方各级人民政府应当合理设置小学、初级中等学校，使儿童、少年就近入学"，但没有细则解释如何就近入学。虽然这时国家没有正式文件取消重点学校制度，但是推行小学初中就近入学，在客观上算得上是改革重点学校制度的尝试。当然，政府推行小学初中"就近入学"无疑是好事，但是实际效果不如预期理想，因为它不是解决教育均衡问题的手段，反而其实施的前提是学校之间的均衡发展。在学校差距极大的前提下，但凡有经济能力的家长们不会"听天由命"甘于让自己的孩子被分配到"差"的学校的。

与国家教育行政机关打造"重点"的行为相配合，地方各级教育部门着力制造重点、扶持重点，扩大学校之间差距的举措有过之而无不及。虽然国家倡导"就近入学"、推行"素质教育"，但实际上并没有起到引领和规范的作用。到了20世纪90年代中期，眼看"就近入学"无济于事，国家教委于是再推示范性高中建设项目，不管这种举措的初衷如何，其结果是进一步扩大了学校的差距。

1995年7月，国家教委下达《国家教育委员会关于评估验收1000所左右示范性普通高级中学的通知》，决定在2000年以前分批建设并评估验收示范性高中，其思路依然是建设重点中学的思路。虽然最终并没有评选国家级示范性普通高中，但省以下地方各级政府都把示范性普通高中建设作为体现教育实力和执政业绩的重点工作，再次上演"富"吃"穷"的活剧，本已歪歪斜斜的基础教育大厦更加摇晃，真所谓屋漏又逢连夜雨。现实的状况如何呢？

对于重点学校的一个质疑就是，其是否成为少数人的特权。这种质疑是有事实根据的。譬如，重点学校要从现有体制取得经费，渠道之一就是"共建费"。政府、企业或机构资助一笔不菲的费用，学校提供学额作为交换。此举将权势部门子女的择校费转化为公款，不需要家长自行出资，对学校也十分安全。譬如当时有调查显示，1996年福州市某重点中学初三的一个班中，科级以上干部的子女28名，占56%。[①]

2003年下半年至2004年初，学者杨东平等人对北京、苏州、宁波等10个城市调查显示，优势阶层（高级和中级管理人员、技术人员）子女约60%在重点中学就读，而低阶层家庭的恰好相反，子女约60%在非重点学校就读，如果再考虑各阶层的人口比例，这种差距更大，上层子女进入重点中学的入学机会比低阶层子女要高得多。2006年，新《义务教育法》颁发，禁止办重点学校，但效果甚微。新《义务教育法》明确规定：不得办重点学校和重点班。虽然法律已有明确规定，教育行政部门也有具体要求，但不少地方在具体操作中仍然乔装打扮，偷梁换柱，办起了所谓的"示范校""实验班""特长班"等，重点校、重点班实际上是"名亡实存"。[②]

重点学校的设置大概源于下列原因：一是国家困难，没有足够的资源支持所有学校的建设和发展；二是城乡二元的社会结构；三是教育普及程度不高；四是体现社会主义性质的教育法制不健全；五是为了"多出人才、快出人才、出好人才"；六是"集中优势兵力各个歼灭敌人"的战略思维；七是"政绩工程"行为模式下打造教育"窗口"；八是恩荫思想与特权观念在教育上的延续；九是应试教育环境的影响；十是既得利益者和潜在利益者的支持。除此之外，还与历史上形成的优质学校有一定的关系。总的来看，重点中小学是政府"管理"出来的。

时代发展到今天，如果说要继续保持重点大学制度，估计没有多少异议，但要继续奉行重点中小学制度，无论如何都不是一个开放的、民主的

---

① 见彭在羹《重点中学干部子女增多的忧虑及对策》，《教育参考》1996年第6期。

② 腾讯新闻 / 共和国辞典，http://news.qq.com/zt2011/ghgcd/49.htm?pgv_ref=aio。

现代国家所应有的选项。“经济困难说”或许在重点学校制度肇设之时说得过去，现在再也站不住脚了；国家对城乡二元结构正在进行解构；随着义务教育法的深入实施，教育普及程度已经大幅度提高；教育法规明确表达了平等教育权问题；以牺牲大部分人的利益来作育人才有违社会主义教育的本质；新中国成立60余年了，恩荫制度已失去了存在的历史条件。但政府和部分社会人士依然有浓郁的重点学校情结，依然推动重点学校做大做强。看来，从社会历史条件来说，重点学校制度不是反不了，而是政府压根就不想反。

看来，要在基础教育领域废止重点学校制度谈何容易！但重点学校制度不倒，中国基础教育就永无宁日，而基础教育涉及千家万户，中国社会想要安宁祥和，容易吗？

（2）学校等级评估：你到底追求什么

对学校进行等级评估，这是近十多年来非常流行的做法，被认为是教育督导的重要抓手。在这些政策的驱动下，各级政府的确加大了对教育的投入，一批有可能上等级的学校在政府的大力扶持下，在各种评估中脱颖而出，成为“星级学校”“示范学校”“示范性高中”“省一级学校、市一级学校或县一级学校”，成为“市重”“省重”和“国重”中职学校。这些学校成为区域教育水平和实力的重要标志。因为关乎区域教育形象和政府发展教育的政绩，所以各地政府都会把有限的资源集中起来打造若干所这样的学校。这是否属于“形象工程”“政绩工程”，目前下结论还为时尚早。因为老百姓对政府花钱建学校总体上没有什么意见，总认为建学校、办教育是千秋功业，不像建楼堂馆所，不像别的远离“民众”和“民生”的工程。然而，毕竟是将有限资源比较集中在少数学校，势必加剧教育不公。作为上级教育行政部门，出台这些举措对于引导、督促下级政府加大对教育的投入产生了很好的效果，但由此带来的负面影响也很大，如教育不公严重，择校问题突出，学校活力不足，等等。

因此，人们有理由追问：学校等级评估，你到底追求什么？

（3）示范性高中建设：到底对谁最有利

重点学校是精英教育思维，均衡普及是大众教育思维。

1995年，教育部在一片“反重”声中推出了“示范性高中”建设方案，全国要评出1000所国家级示范性普通高中（按照优质优价，被评为示范性高中的学校可以提高收费标准），美其名曰希望国家级示范性高中在实施素质教育方面起示范作用，带头克服片面追求升学率倾向，带领其他学校一起搞素质教育。因为是国家级示范性高中，它的象征意义非常突出，是一个非常直观的具有可比性的指标，而全国就仅评1000所，对于各省级地方来说是不能不争的，无论按省份平均还是按学生数、普通高中数平均，都有一个“基本数”，所以，各省（自治区、直辖市）没有不重视，不积极争取的。谁最有条件成为“示范性高中”，当然是重点普通高中或高考升学率高的所谓优质高中。示范性高中建设适逢教育信息化号角竞吹，于是，重点中学和优质高中又一次迎来了大发展的春天：校园扩大了，校舍翻新了，设备升级了，图书充实了，待遇优渥了，师资优化了，里里外外“脱胎换骨”似的，与一般中学的差距进一步扩大，并且有了物化和制度化的保障。

基础教育原本是普及的、基本的教育，是面向普罗大众的教育，是一视同仁的教育，现代社会应该走大众教育的路线，但可惜的是，我们的基础教育管理长期以来都是精英教育的思维，喜欢层层选拔，喜欢集中资源做样板，喜欢突出一点与人竞争，“示范性高中”建设等形形色色的项目就是这种思维的必然结果。有人建议教育部应该取消“示范性高中”的名称和制度，认为“示范性高中”是重点中学的翻版，取消“示范性高中”是中国教育从应试教育向素质教育转变的迫切需要，因为示范性高中煽动择校风，“示范”择校制度；“示范”教育乱收费，示范办学不遵守国家法律，示范权力寻租腐败，示范应试教育，片面追求升学率，加之在评审过程中存在腐败现象。[①]

（4）谁能上官方教育杂志的封面

官方教育刊物其实是教育管理的重要组成部分，是教育管理的风向标。翻检官方主办的教育杂志，人们会发现，有两样是经常上封面的：一是好看的校舍建筑或校园风景，一是能获高分的人（老师或学生）。

这些透露着什么信息呢？或者说，官方在倡导什么呢？

有理由认为，教育刊物在相当长的一段时间里倡导的是“物质主义教育”和“应试教育”，特别是有偿报道风行之后更是如此。这种行为很切合政府的施政理念和民众的文化心理。由此造成了一种教育时尚行为，人们不太会注意教育的内涵和实质，而看中的是教育的外在的东西，能“长脸”的东西——美丽的校舍、宏大的活动、考试的状元、竞技的获奖，功利主义和急功近利互为表里，相互促进，使得“出彩”成为教育、教学和管理的最主要的动机。这便是基础教育管理许多不可思议的举措或行为的深层次原因。

（5）中小学学生如何应对新技术的挑战？

信息技术是最近几十年来最为突飞猛进的现代技术，信息高速公路开通之后，上网由时尚变成为生活方式，信息产业也成为这个世界具有蓬勃生机的支柱产业。事实上，国家、社会和民众都无法回避它，而必须适应它、依赖它、应用它。“学校作为社会的明灯”，更应该成为新技术的发明者、开发者、倡导者、推广者，然而，最近几十年来，学校对以信息技术为代表的新技术的应用却始终犹抱琵琶、犹豫不决，社会也对青少年学生应用新技术多持否定心态。最为标志性的事件就是关于“网瘾”问题的讨论。许多学校在“为学生好”“不影响学习”和“预防网瘾”等的理念指导下，采取一系列措施对学生“上网”进行预防、制止和矫正，种种粗

① http://bbs.education.163.com/bbs/jiaoyu/33439.html。

鲁的做法不仅影响了新技术的推广，也妨碍了学生正当的权利。然而，这些现象在教育领域却是非常普遍的，而且理由还冠冕堂皇。

如果学校教育教学活动比上网有趣好玩有吸引力，学生会冒着风险翻墙去上网吧吗？

如果学校教育教学活动比上网的确更有趣好玩、更有吸引力，难道学校就不应该引导学生上网、引导学生学会应用新技术吗？

近年来，全球课程开放与移动学习已从理念变为现实，“MOOC”“翻转课堂”等正在风靡世界，阿里巴巴们在深刻改变我们的购物和支付习惯的今天，难道上网就不是一种学习吗？对待上网，我们还需要把它看作“洪水猛兽”而“围追堵截”吗？

由此看来，中小学学生如何应对新技术的挑战，的确是教育管理者和广大教师和家长必须认真研究的重大课题。

反观现实，我们现行的基础教育管理方式的恰当性、正当性有不少是很值得检讨的。

4. 基础教育是否体现了社会主义的办学方向

在《国家中长期教育改革和发展规划纲要（2010—2020年）》中谈到有关“我国教育还不适应国家经济社会发展和人民群众接受良好教育的要求”时，文本没有列出“办学方向”方面存在的问题，这说明在国家对教育问题的判断中，办学方向是不成问题的，起码不存在什么大问题。

撇开办学方向这么严肃的问题不说，我们先讨论几个跟办学方向有联系的问题：

其一，基础教育是高尚纯洁的事业，还是巧取豪夺的营生。在传统的社会认知和教育文化里，学校是“清水衙门”，知识分子是“清高”的。老师之所以能够排在“天地君亲”之后，就是因为教育重要，教师重要，基础教育是通用素质教育，以促进学生健康成长为旨归，不以教授具体的“营生”为目的，学校作为教育活动的主要场所是提升修养、追求真知、强健体魄的地方，而从事教育工作的教师品行端正、仁爱公义、无私奉献，所以，基础教育应该是高尚纯洁的事业。然而，自从应试教育风行、功利主义教育泛滥之后，基础教育政治日益失去其高尚纯洁的本性，而变成为“营生”的勾当，主要表现在两个方面：一是把教育当作一种营生，一切往钱看，爱富嫌贫、帮富压贫，甚至巧取豪夺，种种乱收费、乱罚款层出不穷，贪腐成风，教育变成买卖；二是教学生学会钻营，把自我利益最大化，甚至为了私利不择手段。这种现象，不仅其正当性没有受到批评，反而被越来越多的人接纳，甚至认同。

其二，基础教育是培养优秀公民还是培养社会贵族。几乎党和国家所有重要的教育政策、法律、法规都会提到教育目的和培养目标问题，都会要求培养“社会主义事业的建设者和接班人”，或者是“合格建设者和可靠接班人”，都想使学生成为社会的优秀公民。然而，现实中许多学校却以“贵族教育”相标榜，以培养高人一等的社会精英为招徕，有些甚至直接把培养新时代的贵族作为整个教育活动的终极目标。这种做法不仅没有获得矫正，反而得到“有权”“有钱”“有面”和“有话语权”的人的热捧，成为时尚。从阶级社会到平民社会再到公民社会，是社会进步的标志，贵族教育不仅与社会主义性质不合，而且与现代社会的特征和历史发展的潮流格格不入，但我们在这个问题上还缺乏足够清醒的认识和相应的行动。

其三，基础教育是让下一代感受国家的关怀、民族的荣耀、家庭的温暖、社会的公平正义，还是让下一代体会公权的滥用、民族的卑劣、家庭的压迫、社会的阴暗无良，这既涉及国家政策导向和教育管理体制，又涉及教育教学模式，还涉及具体教育行为。党和国家历来强调要妥善处理好“培养什么人”和“怎样培养人”这两个带根本性的教育问题，但我们并没有处理好，围绕“受教育”问题，无论学生还是家长，无论教师还是学校，都感到非常无奈、非常纠结、非常郁闷。这些负能量最后又都聚集起来倾倒在党、国家和民族的身上。人们不禁要冷静思考，基础教育到底在增添正能量还是在积聚负能量。这是一个严酷而现实的问题。

其四，基础教育是人民的福祉还是家庭的负担。基础教育作为增进个人幸福、提升家庭地位、促进社会和谐的最为重要的发展力量和最为基本的保障条件，应该从理念到实施都成为人民的福祉，但现实是，即使义务教育阶段免除了学生的学杂费，基础教育的种种不公、不义、不法现象导致基础教育的平等享有依然是广大低社经地位家庭的沉重负担。这种负担包括经济负担、心理负担和人格负担。而这与我国宪法确立的教育原则、教育价值追求和现代社会崇尚的公平正义也是相违背的。

基本可以确认的是，没有多少人会公然违背教育的社会主义方向，但基础教育乃至整个教育存在大量软性的偏离甚至背离社会主义办学方向的行为。这些行为正在架空社会主义办学方向，长久以往，出现与社会主义办学方向背道而驰的现象也不是不可能的。

基础教育本该是厚实的、全面的、丰富的、公平的，本该有能力支撑人生发展、专业教育发展、家庭发展、社会发展和国家发展的，现在看来，基础教育的基础性并不鲜明。

有鉴于此，我国基础教育的基础之牢靠性是很值得评估的。

二、素质教育：愿望与效果

在谈及中国教育的存在问题时，有人总结了三条，一曰收费太高，二曰教知识不教做人，三曰教知识不教方法。第一个问题主要是体制问题，第二、第三个问题主要是学校内部的教育教学问题，通常被认为是应试教育的突出表现，被认为是不关心学生综合素质培养的突出表现。为了改变这种状况，不少学者，甚至教育行政部门早在20世纪80年代后期便开始强调要培养学生的综合素质，倡导综合“素质”教育。

在中国当代社会，素质教育也许应该算是一个高频概念。但“素质教育”一词在1992年以前的教育报刊上还是相当少见的。关于“素质教育”的概念，有好些学者做过有关的考究。一方面，有学者认为有关“素质教育”最早的文章是1988年《上海教育》（中学版）的评论员文章，题目是《素质教育是初中教育的新目标》。[①]另一方面，也有学者认定国外教育词典还没有相应的统一概念，而国内对其译法很多，认为“素质教育”的实质是优质、高效、创新的教育，是全面提高教育质量、全面提升学生素质的教育，主张将其译为quality education。而quality education在美国和香港等地，人们把它译作“优质教育”。“优质教育”与“素质教育”到底是什么关系，从所接触到的材料来看，如香港教育统筹委员会的《第7号报告书》以及美国20世纪80年代以来的若干教育改革报告，两者不谋而合之处很多。这不是巧合，而是人们从不同角度思考“面向21世纪的教育”的必然。[②]

关于素质教育的实质，学术界已有很多的论述。有人从素质教育是什么的角度探讨素质教育的本质，有人则从素质教育不是什么的角度厘清素质教育的界线。有学者认为，素质教育在本质上是一种以人为本、面向社会、面向生活的教育理念，主要体现为：一、素质教育是主体教育观的体现；二、素质教育是科学化、理论化过程中的概念；三、素质教育与“应试教育”的根本分别在于教育价值观的对立；四、素质教育的实质是全面发展的教育。[③]这可以说是对学界主流观点的一个总结。

但是，学界对素质教育也不是没有异议的，有的反对声音还比较大。比较富有理论色彩的“异声”大概要算《基础教育改革论》了。该书针对“什么是素质教育”“什么是应试教育”和“为什么要由应试教育向素质教育转轨”等问题进行了十分细致的分析，认为“由应试教育向素质教育

① 蒋国华：《再论“素质教育”与教育改革》，《辽宁教育学院学报》，1998年第4期。

② 周峰：《素质教育：理论、操作、经验》，广东人民出版社，1999年。

③ 同注②。

转轨”这一提法存在五大问题：一、道理说不清；二、行动起来很困难；三、缺乏社会物质基础；四、与我国教育现代化的进程不太合节拍；五、导致对科学知识教育和提高教育质量的轻视。该书还认为，这种提法并不符合中央政策的精神，主要依据是1998年12月国务院批转教育部的《面向21世纪教育振兴行动计划》和1999年6月第三次全国教育工作会议、中共中央国务院颁发《关于深化教育改革全面推进素质教育的决定》等重要政策文件没有采用这一提法，甚至没有出现“应试教育”和“转轨”这两个词。①

虽然到目前为止，素质教育还没有一个经典的定义，对素质教育的分析和理解还存在很多偏差，有些偏差甚至还相当大，但在讨论素质教育时，它的大致论域和基本指向人们还是比较认同的，至少可以说是比较清楚的。关于素质教育的核心要义，最新最权威的提法当数《国家中长期教育改革和发展规划纲要（2010—2020年）》，里面提道：“坚持以人为本，推进素质教育是教育改革发展的战略主题，是贯彻党的教育方针的时代要求，核心是解决好培养什么人、怎样培养人的重大问题，重点是面向全体学生、促进学生全面发展，着力提高学生服务国家人民的社会责任感、勇于探索的创新精神和善于解决问题的实践能力。”如何落实战略主题，文本提了“三个坚持”，即“德育为先”“能力为重”和“全面发展”。应该说，撇开逻辑学关于定义的要求不说，就素质教育的精神实质而言，这个文本的表述是非常精到的，也是非常切中时弊的。

（一）我们已经付出了多大的努力

素质教育是一种理念，一种思想，一种理论，一种实践，现在正在变成一种制度。

有学者认为，素质教育经历了从“素质”到“素质教育”的理论扩

① 王策三、孙喜亭、刘硕：《基础教育改革论》，知识产权出版社，2005年，第3、10—22页。

展，以及从“应试教育”到“素质教育”的实践探索。兴起于20世纪80年代的“素质教育”，其产生和发展大致可以划分为三个阶段：1985—1992年为起步酝酿阶段，1993—1998年为探索发展阶段，1999年以来为全面实施阶段。[①]这种划分是比较符合实际的。由此推论，素质教育运动在中国已有近30年的历史了。30年来，素质教育运动的投入如何呢？也就是说，我们为素质教育的推行付出了多大的努力呢？

在中国教育史上，没有哪一种教育理念的推行像素质教育那样获得如此之多的资源。

素质教育是一种自上而下的教育革新运动，几乎动员了一切可以利用的国家力量。

20世纪70年代末80 年代初，由于高考制度的恢复，“片面追求升学率”的现象又一次迅速在中国大地上蔓延。十年“文革”，使中国教育面临着办学指导思想、制度、结构、规模、质量和条件等诸多挑战，而“片面追求升学率”所带来的种种弊端更是为人们所诟病，也许没有哪一种教育现象有像“片面追求升学率”那样受到如此理性、严厉和众多的抨击。多出人才、快出人才和出好人才是国家对教育的理想期望，但具备怎样“素质”的人才能称为人才呢？“白卷英雄”不是人才，这是已经总结出来的沉痛教训，而人才是否就是高分，而且仅仅只有高分呢？这已经成为国家和对教育进行理性思考的人关注的焦点。20世纪80年代中期以后，党和国家领导人就在一系列关于教育问题的讲话与文件中，提出了“素质”培养的问题。1985年5月，邓小平在全国教育工作会议上发表讲话，明确提出了要提高劳动者素质的问题，他说：“我们国家，国力的强弱，经济发展后劲的大小，越来越取决于劳动者的素质，取决于知识分子的数量和质量。一个十亿人口的大国，教育搞上去了，人才资源的巨大优势是

① 周峰：《素质教育：理论、操作、经验》，广东人民出版社，1999年。

任何国家也比不上的。”[①]邓小平的这一论述，开拓了人们思考的空间，仅就教育论教育或就人才谈人才是不成的，要从更高层更宏观的领域考察教育，民族素质（劳动者素质、知识分子的数量和质量）关系到国力，关系到经济的持续发展，而民族素质又与国民教育息息相关。邓小平这一思想在1985年颁发的《中共中央关于教育体制改革的决定》中得到了直接的体现。这是改革开放后中共中央就教育改革和发展问题所作的第一个重要决定。该决定指出，教育体制改革的“根本目的是提高民族素质，多出人才，出好人才”。这意味着依靠教育培养和提高民族素质已经成为中国最高决策层的重要认识，并已成为中国制定教育政策的出发点和归宿。此后，不仅中央的政策性文件和国家的教育法律法规体现并不断深入阐发了这一精神，而且还直接并具体体现在国家教育行政部门和各级教育行政部门、各级各类教育机构的贯彻意见中。这种认识的深化和普及，最终形成了波澜壮阔的自上而下的“素质教育运动”。

1986年颁发的《义务教育法》充分吸收了邓小平这一教育思想和《中共中央关于教育体制改革的决定》的有关精神，第一次把“素质”和素质培养写进法律（第三条），明确规定：“义务教育必须贯彻国家的教育方针，努力提高教育质量，使儿童、少年在品德、智力、体质等方面全面发展，为提高全民族的素质，培养有理想、有道德、有文化、有纪律的社会主义建设人才奠定基础。”

1986年，中共中央发布《关于社会主义精神文明建设指导方针的决议》，进一步强调了公民素质和素质培养的意义。

1987年，中国共产党第十三次全国代表大会（1987年10月25日至11月1日）报告指出，“要坚持教育为社会主义现代化建设服务的方针，按照实际需要，改善教育结构，提高教育质量，克服教育脱离实际和片面追求

① 《邓小平同志论教育》，人民教育出版社，1990年，第148页。

升学率的倾向”。[①]该报告没有直接提出素质教育，但报告突出强调要克服教育脱离实际和片面追求升学率的倾向，这正是实施素质教育所必须解决的首要问题。

1988年5月11日，国家教委下发了《关于全日制普通中学端正办学方向，纠正片面追求升学率倾向的督导评估的几点意见》，指出：“当前，对普通中学的督导评估，必须贯彻党的十三大精神，以坚持教育为社会主义现代化建设服务的方针，克服教育脱离实际和克服片面追求升学率的倾向作为重点，促进教育改革的深化和教育质量的提高，使普通中学的教育工作更好地转变到为提高劳动者素质和培养有理想、有道德、有文化、有纪律的人才奠定基础的方向上来，使全体学生在德、智、体、美几方面得到全面发展。”第一次提到实施“素质”培养是一种“转变”，即教育要实现由“片面追求升学率”到“提高劳动者素质”的转变。这是办学方向的转变，而不是教育教学方式、方法或技术的改变。这是20世纪90 年代声势浩大的“从应试教育到素质教育的转变（转轨）”的先声，可以说是对素质培养在认识上的一次飞跃。

1992年，中国共产党第十四次代表大会（1992年10月12日至18日）报告指出，“科技进步、经济繁荣和社会发展，从根本上说取决于提高劳动者的素质，培养大批人才”。[②]报告虽然没有提出要推行素质教育，但反映了通过改革教育提高劳动者素质和培养大批高素质人才的渴求。

1993年2月13日，中共中央、国务院发布《中国教育改革和发展纲要》。这是改革开放以来党和国家有关教育改革和发展的第二个纲领性文献。它在重点吸收了第一阶段基础教育学界关于“应试教育”与“素质教育”讨论的重要思想的基础上，明确提出“中小学要从‘应试教育’转向

① 赵紫阳：《沿着有中国特色的社会主义道路前进——在中国共产党第十三次全国代表大会上的报告》，1987年10月25日。

② 江泽民：《加快改革开放和现代化建设步伐，夺取有中国特色社会主义事业的更大胜利——在中国共产党第十四次全国代表大会上的报告》，1992年12月12日。

全面提高国民素质的轨道，面向全体学生，全面提高学生的思想道德、文化科学、劳动技能和身体心理素质，促进学生生动活泼地发展，办出各自的特色”。这一指导思想促成了理论界和实际工作者对素质教育的探讨很快走向高潮，教育主管部门也开始大量地、集中地在政策指导性文件里表示了对素质教育的明确肯定和坚决推行的态度。

1994年，国务院副总理李岚清在全国教育工作会议总结讲话中进一步明确强调：“基础教育必须从‘应试教育’转到素质教育的轨道上来，全面贯彻教育方针，全面提高教育质量。”这是国家实施素质教育的第一次宣言，昭示了国家对素质教育推动教育改革、扭转“应试教育”倾向所具有的重要意义的高度重视和期求通过实施素质教育来推动教育改革、扭转“应试教育”倾向的坚定信念。1996年4月12日，李岚清在《人民日报》上发表《基础教育是提高国民素质和培养跨世纪人才的奠基工程》，把“认真实施素质教育的转轨”作为基础教育面向新世纪的三大工作之一，号召“包括学生家长在内的全社会都要支持和关心学校实施素质教育，共同创造一个有利于儿童和青少年健康成长的社会环境”。第一次明确了教育行政部门在实施素质教育方面的指导性作用，并把实施素质教育作为全社会的共同责任。从1995年到1997年，国家教委副主任柳斌以系列论谈的形式发表了五篇“关于素质教育的思考”的文章。

由于有政府的引领和高层领导的倡导，也由于有社会各界的参与和新闻媒体的支持，素质教育波浪相逐，高潮迭起，特别是在素质教育思想统领下对早期教育改革实验如“愉快教育”“和谐教育”“情境教育”“成功教育”和“主体教育”等的理论提炼和宣传推广，素质教育逐步从个别学校的探索扩展为区域性的实验。其中，对汨罗经验的宣传推广是这一发展过程中的标志性转折点。1996年2月，《人民教育》发表长篇报道，推介了湖南省汨罗市大面积推行素质教育的经验，探索建立学校与社会联手综合治理、共同实施素质教育的有效运行机制，在全国引起了很大反响，一时间，朝圣般的人群前往参观学习，络绎不绝。

1996年3月17日八届全国人大第四次会议通过的《中华人民共和国国民经济和社会发展“九五”计划和2010年远景目标纲要》进一步肯定了基础教育领域有关素质教育实践的探索精神，强调指出：“要改革人才培养模式，由‘应试教育’向全面素质教育转变。”素质教育第一次进入了最高国家权力机关的法律性文件中，实施素质教育成为国家意志，成为国家实施科教兴国战略的政府行为。地方各级政府随即采取有力措施，贯彻落实国家的关于政策精神，部署本地实施素质教育的工作。除了发“文件”和开“会议”这两个常规举措外，还利用政府权威，运用行政力量，整合社会资源，边实验、边总结、边推广，掀起了一场中国当代教育中千百万人共同参与的教育改革实验活动。

1997年9月，国家教委在烟台召开带有工作会议性质的全国中小学素质教育经验交流会，即在我国素质教育实践史上著名的“烟台会议”。它是国家教委第一次召开关于实施素质教育的专项工作会议。在这次会议上，国家教委对历时数年、涉及全国基础教育、牵动亿万学生家长和社会各界的素质教育实践进行了全面总结和交流，并对今后的工作进行了具有实质性深化的全面部署。素质教育完成了由初期的自发改革到区域推进的实验阶段的转变，进而成为有统一领导、有规范文件、有实施步骤、有操作措施的整体配套的全国性改革。“烟台会议”之后，国家教委发布了《关于当前积极推进中小学实施素质教育的若干意见》。这是国家教育主管部门在吸收各地素质教育改革经验基础上，全面系统地推进素质教育的重要文件，其内容不仅包括对实施素质教育意义的全面阐述，而且就素质教育的内涵和基本特征进行了规范解释，同时，提出了在全国推进素质教育的一系列政府配套措施。“烟台会议”为第三阶段在全国全面实施素质教育奠定了广泛的群众基础和强大的组织基础，在素质教育发展史上具有里程碑的意义。

1999年2月，经国家科教领导小组审定，教育部于1998年12月制订的《面向21世纪教育振兴行动计划》由国务院以“国发〔1999〕4号”文件形式批转全国贯彻执行。《行动计划》的第一条就明确规定：“实施‘跨世纪素质教育工程’，提高国民素质。”这标志着素质教育实践发展的第三阶段在国家教育主管部门的引领和推动下全面启动。

1999年6月15日至18日，中共中央、国务院召开第三次全国教育工作会议，会议主题为动员全党同志和全国人民，以提高国民素质和创新能力为重点，深化教育体制和结构改革，全面推进素质教育，振兴教育事业，实施科教兴国战略，为实现党的十五大确定的社会主义现代化建设宏伟目标而奋斗。会议之前的6月13日，中共中央、国务院还发布了《关于深化教育改革，全面推进素质教育的决定》。《决定》和这次会议从国际政治经济大局和国家发展的历史使命的战略高度出发，着眼于我国社会主义事业的兴旺发达和中华民族的伟大复兴，对深化教育改革、全面推进素质教育提出了明确的目标和要求。它是我国教育改革与发展史上又一重要的里程碑，对素质教育的发展起了极大的促进作用。它进一步深化了对素质教育的认识，加快了素质教育全面实施的步伐，将中国的教育观念提升到一个新的高度，进而使中国教育事业跨上了一个新的台阶。从此，中国素质教育在更广、更高、更系统的层面上展开。[①]此后，几乎各个时期、各级教育规划都把实施素质教育作为重点，成为新世纪教育改革发展的主题，也是《国家中长期教育改革和发展规划纲要（2010—2020年）》确立的战略主题。

20多年来，各级国家机关有关素质教育的文件已经多得难以开列齐全。有关素质教育的著述也许可以用汗牛充栋来形容。以素质教育名义举行的活动有可能以主题活动数量之最而入选吉尼斯纪录。为推行素质教育

① 参见周峰《素质教育：理论、操作、经验》，广东人民出版社，1999年。

而动用的资源没有人能计算得清楚。总之，国家和人民已经为素质教育的实施付出了极大的努力。

（二）素质教育取得了多大的实效

素质教育到底取得了多大的实效，这是许多人都关注的问题，同时，也是一个公说公有理、婆说婆有据的问题。从国家（政府）、学校和社会组织提供的总结、推出的经验、颁发的奖项来看，素质教育取得了显著的成效。而从反对者的观点来看，素质教育并没有取得什么实际效果，有的甚至认为素质教育的实施把中国教育推向了灾难。其实，这些观点都有偏颇之处，一个总的感觉是，素质教育的宏观成效要比微观成效大，微观问题要比宏观问题多。

怎样来评价素质教育的成效呢？确切地说，要得出一个非常科学的或符合实际的结论绝非易事。

就成效来说，下列几点似乎是可以确认的：

1. 创设了一个明确的政策环境。

2. 广大教育工作者基本接纳了这样一个概念。

3. 许多地区、学校、教师开展了多方面的探索，也取得了一些成功的经验，特别是在促进学生全面发展和学校优质化方面，有许多鲜活的个案；

4. 带动了学校的基本设施建设。

就问题来说，下列几点似乎也是可以确认的：

1. 素质教育没有真正成为全体教育工作者的行动指南。

2. 通过实施素质教育来克服片面追求升学率倾向没有取得实质性的进展。

3. 素质教育活动有形式主义和浮躁的倾向。

4. 素质教育的理论研究比较滞后。

2001年，全国妇联领导、国家统计局批准、中国儿童中心历时一年组织实施，在全国（除港、澳、台、西藏外）的30个省、市、自治区中开展了大规模的少年儿童素质调查，共抽取42000名少年儿童及其父母作为样本，结果显示：被调查的对象（教师、学生、家长）中，“教师和学生对如何实施素质教育并不十分清楚”“72%的人认为素质教育名不副实”“老师学生雾里看花，素质教育陷入误区”。[①]这种状况在农村似乎更为突出。有材料显示，在江西农村，有35%的校长和70%的教师把素质教育等同于“搞活动”“减负”“组织兴趣小组”；有86%的校长教师认为实施素质教育就是加强德育、音体美及劳动教育等“非考学科”，这样就会影响升学率；90%的人认为“只有具备条件的学校和教师才能搞素质教育”“农村学校和教师都不太适合搞素质教育”；90%以上的教师反映“究竟什么是素质教育，怎样搞素质教育，心里不清楚，因此也搞不了”，希望给素质教育规定“模式”；25%的教师认为搞素质教育是“花样翻新”，炒作新名词，没有实际意义；仅有21%的校长对素质教育“有信心”。[②]

北京市教科院基础教育研究所2003年有关调查显示，一个中学生平均每周要上4节劣质课，一个学期要上将近70节劣质课。[③]

北京的教育在全国具有风向标的地位，其素质教育尚且如此，其他省区的状况可想而知。与“京派教育”可以平起平坐的“海派教育”，向有欧美风格，具有开放性，其素质教育状况又如何呢？

上海市徐汇区最近面向辖区内39所学校初二至高三的20945名同学进行了作业负担调查，发布了《徐汇区中学生作业情况调研报告》。结果显示：

---

① 《北京晚报》，2001年7月24日；《光明日报》，2001年8月18日。

② 谭虎：《农村中小学素质教育实施现状与推进策略》，《江西教育科研》2003（1-2）。

③ 北京市教科院基教所2001年对北京市中小学推进素质教育的情况进行了调查，该调查主要采用问卷调查法，在北京城区和郊区随机抽取1100名中小学生，发放问卷1100份，回收1026份；随机抽取1000名家长（前述1100名学生的家长），发放问卷1000份，回收963份；随机抽取教师300名（包括校长），发放问卷300份，回收279份。此外，还先后多次在教师、学生、家长中召开座谈会，同时也进行了一些个别访谈。

1．学生花在完成作业上的时间依旧偏多，选择2～3小时和3～4小时的比例分别为30.32%和30.5%。

2．睡眠严重不足。高中各年级学生平均睡眠时间均不足7小时，初中各年级平均睡眠时间为7.06个小时，离教育部规定(初中9小时、高中8小时)还有较大差距。其中，初二学生约有一半每天睡眠不足8小时；到了初三，每天睡眠7小时以下的占了77%，8小时以上的只有5.5%；升入高一后，能在晚上10点前睡觉的学生有52%，睡得晚主要原因还是作业过多；高二学生作业在2小时及以下的只有8.5%，超过9成每天睡眠不足7小时；高三的学习负担最重，每天能睡7个小时的不到10%，6成孩子睡不到6小时。除了初三，其余各年级都有超过1/3的学生选择在双休日“增加些睡眠时间”。在补觉外，多数孩子会参加文化补习，初三比例最高，达到47.05%。

3．数学作业最多。各年级同学普遍反映“数学作业最多”。绝大多数学校的学生花在做数学作业上的时间占了总作业时间的一半以上，初二年级有1/3学校的学生在数学作业上用去2/3的时间；在高一同学中，数学和物理这2门学科的作业几乎占据了总作业时间的90%；几乎所有高二、高三学生都认为花时间最多的作业是数学。

为此，徐汇区教育局下发了《中学作业管理指导意见》，要求各个学校建立同班各学科作业布置协商机制。每天由班主任负责协调、控制课外作业量，并有作业布置记录表，确保每生每天课外作业学科平衡、总量合理，有条件的学校实行作业备案公示制度。另外，老师也要加强业务功底，提高作业设计能力，建立学生错题档案和教师自己的错题本，逐步打造适合本校学生的作业体系，并形成校际题库共享机制。记者了解到，目前，师大三附中已经提前一周将“作业布置清单”上传至教导处，备案公示。南模、南洋初、市二初、徐职高、西南模范、田林、华育等学校也开始尝试根据学生实际情况分层布置作业的做法。[①]

“课改”过去10年了，作为中国教育翘楚的上海，似乎没有多大的变化。

这些都是调查的个案，而传唱全国的相关民谣也反映出这种现实：

白天搞素质教育，晚上搞应试教育。

轰轰烈烈搞素质教育，扎扎实实搞应试教育。

教育实验是个宝，除了毕业班，级级都可搞。

可见，与投入相比，我们的素质教育并没有取得应有的成效。

（三）应试教育的“本”在哪里

应试教育是否作为素质教育的对立面，还有很多争论。问题的关键是，讨论是否在同一语义下进行，如果使用相同的概念，但定义不一样，讨论起来走火入魔就在所难免。就目前来看，在绝大多数人的观念里，应试教育与素质教育两者是相对应的，甚至有人认为，“应试教育不倒，素质教育就没法搞”。当然，也有人认为，应试教育培养学生的应试能力，应试能力本身就是一种素质，一种非常有用的素质，现在国家和各行各业录用人才都要考试，没有应试能力就不可能脱颖而出，所以，应试教育应该归属到素质教育中去，是实实在在的素质教育。

素质教育的出发点和归宿在于全面提高人的综合素质，而应试教育的出发点和归宿则在于提升人的应试能力。两者还是有根本区别的。素质教育的基本教育方式是引导学习（教学互动），基本教育规则是顺应人的成长规律和社会需要；应试教育的基本教育方式是强化训练，基本教育规则是“考什么就教什么、学什么，怎么考就怎么教、怎么学”。

应试教育是一种教育模式，也是一种办学模式。当今社会，虽然反对应试教育的呼声很高，但实际上应试教育拥有更多的“卫道士”。有人

① 东方网（http://www.sina.com.cn ）2011年11月21日消息，据《劳动报》记者张贤贞的报道。

认为，当今教育的种种弊端，不是应试教育的错，而是由考试不科学造成的。我们认为，考试是否科学，不是素质教育和应试教育的分水岭，不能用现在考试的不科学来论证应试教育的科学。

关于素质教育和应试教育，争论起来有很多误区，其中最主要的是把考试等同于应试，把准备考试等同于应试教育。素质教育不是不要考试，有考试的不等于就是应试教育。人们很喜欢通过比较来说明问题，说外国的中小学学生总是玩，没有什么作业和负担，能玩出自信和创意，所以玩就是素质教育；说外国也有升学考试，也有补习，也有兴趣特长班，所以我们的教育不是应试教育。但这些是一回事吗？这种比较是科学的比较吗？

六月是调整后一年一度的大考之月。2011年6月上旬，深圳市高级中学“火”了一把，其迎高考仪式“红”遍现实世界和虚拟世界。据报（网）载：2011年6月2日下午，深圳市高级中学一年一度的完全由学生自发组织的高三抛卷迎高考仪式在“漫天飞舞”的十五万张试卷中隆重举行。全校学生为高三加油喝彩，合唱团亦到场为高三鼓舞献歌。活动结束后，高三学生们迅速打扫完整个露台没有留下一点垃圾。从相关图片看出，场面是热闹非凡的，15万张试卷飞舞空中，散落满地；从文字报道来看，学生自主性强，素质高。除了这些，这个场景还带给我们怎样的思考呢？

·高考前为什么要举行这么盛大的迎高考仪式呢？

·作为深圳市高级中学的传统仪式，透析出怎样的文化信息？

·迎高考仪式为什么要抛试卷而不是抛别的什么？

·为什么要把一年一度的高考看作是决战？

·决战的心态是怎样的？是必胜的，还是视死如归的，或者是别的什么？

·个人参加高考，为什么要与母校联系在一起，高考跟学校有什么关系？

·这样的场景在中国，人们会感到陌生吗？如果是在外国，人们会感到惊讶吗？

·这么多人加油喝彩，表达了他们怎样的情感？

……

素质教育与应试教育的直接斗争已有十多年的历史，素质教育政策及其实践中的急功近利的思想与应试教育的根深叶茂形成了鲜明的对照。种种现象表明，素质教育者低估了应试教育的强大力量。

应试教育之所以累打不倒，有其深刻的社会根源。

第一，我国社会生产力水平不高，就业艰难。在相当长的历史时期，我国社会生产力水平都比较低下，除了没有保障的强体力劳动工种如农民、临时性的泥水工等，就业非常困难。随着一大批企业的“关停并转”，原本有活干的人都没事可干，而源源不断加入劳动力大军的中小学毕业生，更加剧了就业的艰难。20世纪80年代，考不上大学的人绝大多数只能待在家里，叫作“待业”，成为名副其实的“啃老族”。“待业青年”是中国特色的称谓，特指学生毕业后找不到工作，如果长期找不到工作则称为“无业青年”（所谓毕业即失业，是一种不准确的表述，因为他们从来就没就业）。待业青年或无业青年的境况是相当困窘的，经济不独立，社会地位低，经常受抱怨，谁都会觉得难以忍受。所以，要避免这种情况，“搏高考”是唯一可以自主选择的道路。这在包分配的时代尤其如此。随着改革开放的深入，特别是高校扩招，社会提供了许多就业岗位，高校也提供了许多学位，但这些职位和学位有着非常鲜明的等级差别，等级越高，越有社会荣耀，越能获得更多更好的发展机会。现在的状况是，就业易，就好业难。而“985”，或是“211”，威居群校之上，“向下通吃”，能进入这些院校，自然是众望所选。于是，从当年的“拼升学”到今天的“读重点”或“读名校”，依然是高考关系人趋之若鹜的事。即使在自主择业和劳动力市场化的时代，“搏高考”对个体人生来说依然非常重要。

第二，我国劳动人事制度与就业制度不公平。在我国，社会二元结构和计划经济时代劳动人事与就业制度相互配合，不仅创造了一个新等级社会，而且还铸造了一种新的等级文化。所有的人被分为“居民人口”和“农村人口”。所有的就业人员，都可划分为“干部”“工人”和“农民”。“干部”“工人”和“农民”是三大阶层，其中，干部除了职务等级外，还有“国家”和“集体”之分；工人除了技术等级外，还分全民所有制工人和集体所有制工人；农民则是最底层的一种职业。每一个层级，其政治经济社会地位是不同的，并都有制度保障，不仅在职期间如此，退休之后也一样，例如：“老干部活动中心”和“退休工人俱乐部”的条件就千差万别。人往高处走，水往低处流。在统招统分的年代，通过高考，不管之前是何种境况，都可一步到位，成为“国家干部”。毕业生分配制度改革后，毕业生自主择业，但社会职业的制度等级依然存在，“国考”火爆就是一个例证，而不少地方的政府还规定，好职业只让“211”院校的毕业生参与竞争，绝大多数院校的毕业生都被拒之门外，连报名参考、一展才能的资格都没有。谁又不想获得这种资格呢？于是，当年高考独木桥变成了重点高校独木桥，其惨烈程度丝毫没有减弱。

第三，我国高等教育发展水平不高，高等教育制度不完备。在高校扩招之前，我国高中毕业生升学率是非常低的。恢复高考后的相当长一段时间，高考录取率仅为3%～5%，升学竞争非常激烈，即所谓“千军万马过独木桥”。事关个人和家庭的发展，没有人不想“拼”高考。只要能升学，集中优势兵力和精力，什么方法都使上。即使高校扩招后，奋战重点高校依然是各种教育关系人的唯一选择。

第四，官本位思想根深蒂固。在我国的民族文化传统中，对未来的祝福和期盼最主要有两个选项：升官和发财。在许多人的思维里，升官和发财就是一件事，即升官发财或升官即发财。在计划经济时代，能否成为“公家人”“官家人”，经济社会地位有着显著的差别。通过高考，能读上大学或中专，将可能成为“国家干部”（“官家人”），即使读上技工学校，也可成为“公家人”，从此，有稳定工作，生活无忧。如果无法升学，中学毕业后就只能务农或打短工，对于绝大多数学生来说，只能重复祖祖辈辈的故事，面朝黄土背朝天，而且还无法保障基本生活。可见，能否考上真有天渊之别，谁又会不在意呢？

第五，科举制度孕育了深厚的应试教育文化。科举制度是我国古代和近代重要的选官制度，虽然科举制度已于1905年废除了，但1300多年实施所积淀的科举文化早已深深融入中华民族的共同文化心理之中。它有许多积极因素，也有许多消极影响。[①]“读书做官”“追求功名”“十年寒窗苦，一举成名天下知”“两耳不闻窗外事，一心只读圣贤书”，以及不择手段博取功名等，形成了典型的应试教育模式。成语“破天荒”可以说是科举文化的一个典型案例。[②]今天基础教育及高考的种种弊端，都可以在科举时代找到源头。换句话说，我国搞应试教育有悠久历史和浓郁的传统，大家做起来驾轻就熟，习以为常，还能不断推陈出新。

第六，教师队伍的整体素质不高。我国教师队伍整体素质不高是不争的事实，也是社会的共识，由此也引发了学校管理水平低下。学校的管理和教师的教育教学无法以科学的理念、方法和模式来提高质量和学生的综合素质，由此导致了教育、教学和管理效能低下。为了提高升学率，种种违反教育规律和青少年成长规律、有悖社会主义教育性质和核心价值的做法大行其道，例如，智育至上、知识至上、识记至上，只教学要考的内

① 参见周德昌主编《中国教育史研究·明清分卷》第三章《明清时期的科举考试制度》之第四节“关于明清科举的论争”，华东师范大学出版社，1995年。

② 一个人的高中与许多人甚至一个地区的荣誉联系在一起。过去的兵役文化是“一人参军，全家光荣”，而升学率的高低与一个地区的文明程度成正比，而且是当今最被人接受的衡量文明发展水平的最重要的指标。

容，用大量的练习和做题来提高解题能力，特别是解同类题型的熟练程度，加班加点，不究实用，等等，使应试教育的行为方式成为常态。

第七，教育评价技术与方法落后。由于我们没有有效的技术和方法来测评学生在“德”“智”“体”“美”“劳”五方面的发展情况[①]，无法有效测评学生在“品德”“智力”和“体质”三大领域的达标程度，无法有效测评学生的兴趣、爱好和特长，不重视也无法有效测评学生的技能，评定学生发展状况只能以“学业”为依据，而简单且易为人们所接纳的方式就是“纸笔测试”及其结果——分数。为了确保考试结果的客观、公正，客观题和标准答案得到极大的推崇。因此，我国教育评价制度有三大特点，一是唯分数论，二是追求唯一的标准答案，三是一试定终身。学校就以此来设计教育方案，以此来要求教师，以此来训练学生。这种教育评价的片面性成为了片面追求升学率的“指挥棒”。

第八，教育政策模糊。教育行政部门和学校一方面反对片面追求升学率，另一方面又大搞片面追求升学率。优质资源优先往升学率高学校、班级和学生集中；教育评价不看过程和起点，只看结果，升学率高的地区、学校、班级、教师得到更多奖励；各级政府都在追求升学率，给地方和学校下达升学指标，把升学率纳入政绩考核。全国因高考成绩滑坡而将教育局长和校长免职或调离的事件时有发生。这能责怪谁呢？如果高考成绩，上海不如北京、广东不如广西、山东不如山西、江苏不如浙江、湖南不如湖北，一句话，这省不如那省、这市不如那市、这区不如那区，不仅上级责怪、民众抱怨，而且还会遭人冷眼。因此，在许多素质教育研讨会、现场推介会或经验总结会上，一番慷慨激昂之后，就是扎扎实实地布置与升学有关的任务，甚至“应试教育就是最好的素质教育”也已成为相当一部

① 新中国成立后，国家基本上倡导五育并举，但恢复高考后，劳动技术教育被忽视，进入20世纪90年代，国家教育政策也放弃了劳动技术教育，而提“德、智、体、美”四个方面。

分人的共识，而这些共识又分散在、落实在除“大力推进素质教育的决定”之外的文件里。

第九，重点学校制度推波助澜。重点学校设置的初衷是“多出人才、快出人才、出好人才”。但重点学校设立之初，大多并不具备这种优势。一系列政策措施后，重点学校开始在当地拥有优势。为了巩固这种优势的绝对地位，重点学校面临着更为严峻的升学压力：一是重点学校的升学率（数量和质量）必须远远高于非重点学校；二是重点学校的升学率必须逐年有提升；三是在重点学校队伍里的排位不能靠后。总之，重点学校不能怨天（政策、资源、生源、师资、环境等）尤人，必须拿出骄人的成绩。因此，许多重点学校成为片面追求升学率的领头羊，种种做法被作为成功的经验加以推广，成为区域应试教育网络的核心。

第十，“假、大、空”的官场文化阴魂不散。官场（僚）文化的一个突出特征是“假、大、空”，讲假话，弄虚作假；讲大话，吹牛成风；讲空话，不究实用。这种风气与片面追求升学率的行为一拍即合，进一步助长了片面追求升学率现象的蔓延。应试教育体制下的教育文化，一切以升学率为标尺，只要有助于提高升学率，一切违反教育教学规律、违背人的成长规律、违反教育方针政策和法律法规的事，都有人敢干，甚至还能成为经验。考试作弊、招生舞弊，算得上历史上比较严重的时期之一，甚至连评选“三好学生”这么神圣的制度都已沦落为“分数”的奴仆。只要成绩好、升学率高，就可以“一好顶百好”，甚至还可以掩盖许多缺点、错误乃至罪过。至于这个分数是怎么得来的，得了这个分数是否代表着真正形成了相应的素质，是否意味着在别的方面也达到了相同的发展水平，是否有助于将来的发展，是否有益于社会、国家和民族，等等，人们是不会细究的，只要有助于升学，就有了进一步学习和发展的机会。而我们的升学招生偏偏就仅仅看考试的分数。每次考好了，都不免大庆一番。如此循环往复，不断重复着那首歌。

看来，应试教育不纯粹是教育问题，而是一个复杂的社会问题。

（四）斩草除根容易吗

应试教育不倒，素质教育是不可能真正发展起来的。这基本算得上是大多数人的共识。

要彻底废除应试教育，来他个“斩草除根”行吗？结论是不言自明的。

应试教育反了几十年，素质教育推行了二十多年，在素质教育理念指导下不仅期望转变观念而且期望改变行为的基础教育课程改革进行了十多年，让我们来看看中小学学生的生存状态，就知道这是一个长期而艰巨的任务。

当今的中小学学生的生存状态如何呢？

2011年10月，收到《中学生报》“@百嘟嘟小记者”发来的一条形容作业很多的短信：“君子坦荡荡，小人写作业。商女不知亡国恨，一天到晚写作业。举头望明月，低头写作业。洛阳亲友如相问，就说我在写作业。少壮不努力，老大写作业。垂死病中惊坐起，今天还没写作业。生当作人杰，死亦写作业。人生自古谁无死，来生继续写作业。众里寻他千百度，蓦然回首，那人正在写作业。”①

另据一项调查显示：57%的孩子每天基本没有锻炼，23%的孩子锻炼不到半小时，15%的孩子能有半小时到一小时的锻炼时间，仅有5%的孩子锻炼时间可达1～2小时。繁重的课业同时也挤压了孩子和父母在一起的时间，33%的孩子几乎没有时间和父母在一起交流；39%的孩子每天大概能有半小时，18%的孩子有半小时到一小时，10%的孩子可以有一小时以上。78%的孩子认为最快乐的事情是能够想玩就玩。据此，研究者勾勒出了一个这样的小学生形象：平时每天上课6～7小时，放学后到校外补习语

① 短信没有标明出处，可以肯定的是，它会被不断转发。

数外，然后回家花3个小时做作业，基本不锻炼不娱乐，也没有时间和父母一起交流，晚上10点左右上床睡觉。即使在节假日，也没有多少娱乐时间。[①]这大概不仅仅是小学生的生存写照，中学生又何尝不是这样，到了毕业班特别是高三，情形更加严重。

江苏省是我国公认的教育强省之一，基础教育的翘楚。南京市又是江苏教育的重镇。多年来，特别是基础教育新课程改革以后，南京市一直大力推行素质教育，其经验颇受同行重视，但若干年之后，高考成绩一直非常好的南京，居然不及江苏其他一些地方，导致社会舆论哗然。家长和社会多认为是实施素质教育造成的。为此，南京教育当局决定重新强化学生基本训练，把高考成绩抓上去。这一典型案例，媒体称之为南京要吃“回头草”。如此高水平有影响的南京教育尚且如此，况其他地区乎？

这是一个考试的时代；

这是一个崇尚考试的时代；

这是一个通过考试可以获得很多利益、可以养活很多人的时代。

我们拥有悠久的应试教育历史；

我们拥有丰富的应试教育经验；

我们更拥有深厚的应试教育文化。

想对应试教育斩草除根，没那么容易。

三、基础教育课程新改革

鲁迅写过一篇《从百草园到三味书屋》的作品，其用意乃在于对旧教育的批判。如果从教育故事的角度来分析，里边的情景现实中是不断上演的，只不过“三味书屋”虽然已经现代化了，依然可见其飘荡的灵魂，而

① 为了了解孩子课余的生活状态，人民日报社会版和人民网教育频道共同推出专题调查：“孩子一天有多辛苦？”截至2011年11月13日，共有4161名家长参与，其中，调查对象的孩子是小学生的占52%，是初中生的占34%，是高中生的占14%。资料来源：《中国教育手机报》2011年11月14日。

现在的“百草园”则不仅仅是“自然”园，也包括“社会”园。

相当长一段时间来，学校教育甚为社会所诟病。对课程有意见，对教学有意见，对管理有意见，对教师职业表现有意见，对学生发展状况有意见。学校不再是令人向往的地方，学习不再是乐于承受的负担，教育推出的榜样不再是青少年追求的偶像。[①]说明星如数家珍，说雷锋懵懵懂懂。说理想享乐至上，说责任我“责”你“任”。

这种状况，路人皆知。党和国家一直致力于解决这些问题，其中，课程改革被认为是微观改革的最重要的举措。

新中国成立后，我国基础教育可以说课程改革不断。权威的观点认为一共有8次全国性的课程改革，分别是：1949—1952年；1953—1957年；1958—1965年；1966—1976年；1977—1985年；1986—1991年；1992—2000年；2001年至今。这些改革的重要标志就是国家推动。从中，人们可以得到一种认识，就是国家非常重视课程改革，课程改革一直就没有停止过。

有人从文化学的视角把新中国成立后的课程改革划分为7个阶段：（1）文化自闭下的重建努力（1949—1957年）；（2）文化独立意识的初步觉醒（1958—1963年）；（3）“文化革命”下的“教育乌托邦”（1964—1976年）；（4）文化复生下的拨乱反正（1977—1980年）；（5）文化开放下的思想振荡（1981—1985年）；（6）文化冲突下的体制碰撞（1986—1996年）；（7）文化多元化下的“民族复兴”（1997年至今）。[②]虽然这种划分未能反映教育自身演进的规律，所持标准也很不一致，但它毕竟为人们认识课程改革的背景及其改革愿望提供了新的视角。

新世纪的基础教育课程改革，其声势比以往任何时候都更浩大些，一

① 《为看辣妹少男少女纷纷逃课　追星现象令人忧》，《扬子晚报》，http://www.sina.com.cn，2002年4月10日。

② 《文化视野下新中国基础教育课程改革历程》，http://www.lunwentianxia.com/product.sf.3357471.1/。

方面是因为改革的愿望更强烈，另一方面是因为改革的理想更远大。

当然，与过去任何一次课程改革相比，这次课程改革被定位为“新课改”，“新课改”推行的课程便叫“新课程”，也就是说，此前实施的课程便是“旧课程”。

（一）旧课程是魔鬼

为什么要开展“新课改”？是因为旧课程以及与之相关的教育教学活动等都不行。激进主义课程改革者把旧课程看作是魔鬼，必须来一个最彻底的革命。

旧课程到底有什么问题？

现在的人们普遍认为，课程理念是课程的灵魂和支点，“是课程设计者蕴含于课程之中的需要课程实施者付诸实践的教育教学理念。新课程与旧课程的本质区别是理念的不同”。例如：

旧课程观认为课程是知识。因而教师是知识的传授者，教师是中心，学生是知识的接受者。而新课程观认为课程不仅是知识，同时也是经验，是活动。课程不仅是文本课程，更是体验课程。课程不再只是知识的载体，而是教师和学生共同探求新知识的过程。学生获取知识的过程是自我建构的过程。

旧课程观认为课程就是教材，教材又是知识的载体，因而教材是中心，而新课程观认为课程是教材、教师、学生、环境四因素整合。教师与学生都是课程资源的开发者，共创共生，形成“学习共同体”。每个学生都带着自己的经验背景，带着自己独特的感受，来到课堂进行交流。这本身就是课程建设。学生从同学身上、教师身上学到的东西远比从教材中学到的多。

旧课程观认为课程与教学是相互分离的，教师只有教材意识，只知道教材、教参、教学大纲、教学计划，而新课程规则认为课程与教学是整合的。课程是由教材、教师与学生、教学情景、教学环境构成的一种生态系统。①

王少君、毛雪梅认为：目前正在进行新中国成立以来第八次课程改革。这八次课程改革可以划分为三代，前两代课程是“目中无人”的课程，因为其课程理论研究与课程实践脱节，它既不考虑教师能动性的发挥，更未关注学生的全面发展。②

对此前基础教育课程的口诛笔伐当然不止于此，给人的感觉就是，之前的都不行，只有这次才是绝对好的。如果回归政策文本的分析，我们可以得出一个基本结论：旧课程存在问题，但不是魔鬼。明白这一点很重要，它是继承与发展、发扬与创新的前提。

首先，从指导思想来看，新课程改革没有要全盘否定旧课程的意思。《基础教育课程改革纲要（试行）》（2001年6月8日，教育部印发）指出：“基础教育课程改革要以邓小平同志关于‘教育要面向现代化，面向世界，面向未来’和江泽民同志‘三个代表’的重要思想为指导，全面贯彻党的教育方针，全面推进素质教育。”可以说，20世纪80年代以来的几次课程改革没有不以“三个面向”作为指导的，没有不提“全面贯彻党的教育方针”的。新增以“三个代表”为指导思想，提出“全面推进素质教育”，体现了那个时代的要求和对教育本质的新认识。

其次，从培养目标来看，强调的是要体现时代要求。《基础教育课程改革纲要（试行）》指出：“新课程的培养目标应体现时代要求。要使学生具有爱国主义、集体主义精神，热爱社会主义，继承和发扬中华民族的优秀传统和革命传统；具有社会主义民主法制意识，遵守国家法律和社会公德；逐步形成正确的世界观、人生观、价值观；具有社会责任感，努力为人民服务；具有初步的创新精神、实践能力、科学和人文素养以及环境

① 关文信主编《新课程理念与初中课堂教学行为策略》，中国人事出版社，2003年，第1—2页。

② 王少君、毛雪梅：《新中国基础教育课程改革的回顾与启示》，《内蒙古师范大学学报》(教育科学版)2004年第6期。

意识；具有适应终身学习的基础知识、基本技能和方法；具有健壮的体魄和良好的心理素质，养成健康的审美情趣和生活方式，成为有理想、有道德、有文化、有纪律的一代新人。”这段话有比较鲜明的时代气息，但培养“四有”新人的落脚点没有变，与社会主义社会本质有关的素质要求没有根本变化，并且许多提法在此前的政策本本里都有出现。

再次，从改革事项来看，《基础教育课程改革纲要（试行）》提出的六大改革事项是针对存在问题提出来的，不仅仅是课程本身的问题，更多的是与课程实施有关的问题。例如：

“改变课程过于注重知识传授的倾向，强调形成积极主动的学习态度，使获得基础知识与基本技能的过程同时成为学会学习和形成正确价值观的过程”更多的是指向教学；

“改变课程结构过于强调学科本位、科目过多和缺乏整合的现状，整体设置九年一贯的课程门类和课时比例，并设置综合课程，以适应不同地区和学生发展的需求，体现课程结构的均衡性、综合性和选择性”和“改变课程内容‘难、繁、偏、旧’和过于注重书本知识的现状，加强课程内容与学生生活以及现代社会和科技发展的联系，关注学生的学习兴趣和经验，精选终身学习必备的基础知识和技能”的问题属于比较纯粹的课程问题；

“改变课程实施过于强调接受学习、死记硬背、机械训练的现状，倡导学生主动参与、乐于探究、勤于动手，培养学生搜集和处理信息的能力、获取新知识的能力、分析和解决问题的能力以及交流与合作的能力”属于学习和学习指导问题；

“改变课程评价过分强调甄别与选拔的功能，发挥评价促进学生发展、教师提高和改进教学实践的功能”是课程问题；

“改变课程管理过于集中的状况，实行国家、地方、学校三级课程管理，增强课程对地方、学校及学生的适应性”是课程管理问题。

可以说，这次改革是一次“大课程”概念下的改革，核心追求是希望摆脱应试教育文化的影响，把基础教育推向素质教育的轨道。人们经常指责旧课程的种种不是，其实不能都算在旧课程上，那都是应试教育惹的祸。如果不改变应试教育文化，这次新课程改革很可能会落得同样的下场。

我们不能把“旧课程”妖魔化，弄得一无是处，推倒重来，而是要实事求是地改革，这大概也算是一种科学的态度。

（二）“让儿童成为儿童”

“新课改”推广后，教育理念受到前所未有的重视。人们为了创新、为了上层次，提出了许许多多的理念，使得21世纪初的这十几年成为一个新概念满天飞的年代。例如：

让儿童成为儿童。

学生是学校的主人。

把课堂还给学生。

仰视学生。

不能让孩子输在起跑线上。

让孩子们自己提出和探究问题。

由“校本培训”发展而来的“镇本培训”“县本培训”“市本培训”，等等。

与这些新观念相关联的还有许多新奇的做法，例如：

每堂课教师只准讲15分钟。

国学考级。

写字考级。

众所周知，基础教育存在许多这样或那样的问题，核心问题是应试教育。归属于应试教育的问题很多，我们可以把这些问题划分成三类，即宏观问题是应试教育文化，中观问题是应试教育体制，微观问题是应试教育模式。这次“新课改”主要是要解决微观问题，因此，不可能在扭转应试教育局面上有多大的成效，穿新鞋走老路就在所难免，尤其一些貌似创新的理念和做法就很容易把“经”念歪。

当人们提出“让儿童成为儿童”的时候，也许会想到这句口号是要改变“把小孩当大人看”或“把小孩当大人对待”的现象，因为我们的学生被管得失去童真，负担太重，然而，当我们仔细分析时，我们会发现，学校教育如果“让儿童成为儿童”，那就大错特错了，学校教育是“成人”的教育，应该让儿童成为“成人”、成为“适应社会发展的成人”、成为“能够推动社会发展的成人”。

当人们提出“学生是学校的主人”的时候，也许会想到传统教育“三中心”的危害，而立意要建立新型的学生观，可是，当我们仔细分析时，我们会发现，主人通常是与“仆人”对应的，人成为自己所拥有的“物”或自身的“活动”的主人时，道理上讲是通的，例如，学生应该成为学习的主人，符合人的发展和人的解放的规律和要求，但对学校而言，学校不是学生的所有物，学校里还有其他的人，如教师和职工等，当学生成为学校的主人时，其他人是什么？该怎么办？我们要提升学生在学校里的地位，为什么要把他提高到“主人”的地位呢？我们非常赞同“学校是社会的明灯”这句话，因此，学校应该成为民主、科学、神圣的地方，而要民主，前提就是必须平等和以人为本。提出“学生是学校的主人”和倡导要“仰视学生”一样，已经使师生关系由一个极端走到了另一个极端。

“新课改”后，人们倡导“把课堂还给学生”。这也是一个似是而非的命题，它的前提判断有两个：一是“课堂是学生的”，“现在是老师抢了原本属于学生的课堂”，“老师必须把原本属于学生的课堂还回给学生”；二是没有老师，学生也是可以搞定的，这就是“让孩子们自己提出和探究问题”。教育学的基本原理告诉我们，课堂是教学的场所，而任何教学，都是一个双边活动的过程，同样的道理，只有教师和学生的双边活动实际发生的场所，才能成为课堂。这样看来，认为“课堂是学生的”论调是非常错误的。当学生成为学习的主人，他们会发现许许多多自己不懂的、有疑问的问题，他们会尝试去解决这些问题，这些都是必须肯定的，也应该鼓励。当没有老师可请教时，人们常常会自己提出和探究问题。但学生来到学校，我们就不应片面强调学生的自觉，忽略教师的引导。这样的话，学校教育的功能和优势就会丧失。为了凸显学生的“主人”地位，为了把课堂“还”给学生，有些地方规定“每堂课教师只准讲15分钟”，那更是非常教条主义的。

至于“国学考级”或“写字考级”之类，与其说是用考级推动国学和写字的发展，还不如说是通过考级挖掘出了国学和写字所蕴涵的巨大经济利益。

（三）青少年学生的成长规律与教育法则

为了有好前途，人们对升学率高的学校景仰有加，趋之若鹜；为了提高升学率，人们对分数顶礼膜拜，不顾一切。

杜朗口中学的教学模式风靡全国，实际上也是“新课改”催生的一个典型。它继承了传统教学注重“预习”是好传统，对于培养学生自觉学习的习惯和能力很有帮助，但大量做“题”（导学案），始终没有跳出“应试教育”的落后模式，虽然以考分为主要标志的业绩非常突出，但并无数据显示学生的综合素质得到同步提高。

衡水中学可以说是全国最牛中学，实行全寄宿、准封闭和公司化管理，一年100余名学生考上清华北大，但看到衡水中学学生拿着课本跑操的照片、一位2011年考入香港大学的女生从高一到高三所做过的卷子摞起来有2.41米的人卷合影照片，以及5：30起床、5：45跑操、6：00—6：30早读、6：30高三学生吃早饭、6：34高二学生吃早饭、6：38高一学生吃早饭等的作息时间安排，难道没有某些方面值得我们反思吗？除了读书、考试和分数之外，难道就没有别的需要追求了吗？人的多方面需求特别是只有这一年龄阶段才会有的欲望就可以扼杀了吗？

我们不禁要追问，什么是好教育？什么是好学校？这涉及教育的本质和学校的功能，涉及培养什么人和怎样培养人这两个教育最基本的问题。我们主张教育要回归本真，要培养“人”。

基础教育的服务对象是青少年学生，是快速成长着的人。无论是古代的经验总结，还是近现代生理学、心理学等的研究成果，都揭示了青少年儿童有其自身的、不同于成年人的成长规律，例如，人的成长不是单一的发展，而是其生理和心理（包括社会性心理）的共同的、全方位的发展，故人有全面发展的需求，这种需求是自然的、内在的、强烈的。成人是指成熟的人，包括生理成熟、心理成熟、生活能力成熟和社会行为成熟，如果一个人仅仅在某一方面或某一点上成熟，那么，就算不得是一个健全的人。教育唯一的目的和全部的责任就是帮人成为“成人”，成为一个健全的人，故成“人”的教育就是辅助人全面成熟的教育，辅助人成为健全的人的教育。不是这样做和做不到这样的教育就是不完整的教育，就是不健全的教育，也就不可能是好的教育。又如，人的各方面的发展是有次序的，是有先有后、有快有慢的，是次第达到成熟的，每一方面的发展都有其“黄金期”，历代教育理论研究和教育实践探索都揭示了这样一个颠扑不破的道理——教育必须循序渐进，抓住关键期，可以获得事半功倍的效果。不这样做和做不到这样的教育就是不科学的教育，就是不睿智的教育，也就不可能是好的教育。再如，青少年儿童总是生活在特定的社会，而人类社会是靠繁衍和承传来维系的，要使教育对象成人，就是要使之成为对该社会有担当的人，这种人既愿意担当又能够担当。教育必须有意识地培养这种品格和能力。不这样做和做不到这样的教育就是失魂的教育，就是危险的教育，也就不可能是好的教育。

教育必须顺应教育对象成长的规律，兼顾个人和社会的需求，达成全面的发展。这就是教育的根本法则。

可惜的是，在基础教育领域，很少有人明了这些根本法则，很多人不理会这些根本法则。

四、基础教育的牢靠性分析

中国的基础教育体系是全世界最为庞大的，它支撑着一个同样体系庞大的高等教育、职业教育和成人教育，从而支撑着一个国家和一个社会的文明进步。这么庞大的基础教育，它的基础牢靠吗？具体来说，作为人生的基础，它牢靠吗？作为其他各级各类教育的基础，它牢靠吗？作为国家进步、社会发展和民族延续的基础，它牢靠吗？追根溯源来看，它涉及基础教育阶段与“培养什么人”和“怎样培养人”有关的基础是否牢靠的问题，所以说，这是我们必须认真思考的问题。

（一）基础教育的牢靠性指标

基础教育的牢靠性应该是一个新的概念，是一个有待深入研究的领域。如何判别基础教育的牢靠性呢？办学条件是判别基础教育的基础是否牢靠的重要指标，因为它提供了前提和可能性，但它仅仅是前提和可能性，而非现实性。条件的使用或功能的发挥非常重要，它使前提和可能性变成为现实性，直接影响结果。严格地说，目前国家并没有基础教育牢靠性指标，只有办学条件标准。国家设定的办学条件标准是最低要求，达不到标准肯定不牢靠，达到了标准也未必就牢靠，例如，国家要以教育信息化推动教育现代化，如果学校没有信息技术教学设备，信息化和现代化都“化”不起来。又如教师学历问题，高中教师的法定学历是本科毕业及以上学历，现在有谁会认为本科教高中是“实力雄厚的教师队伍”呢，低于这个学历，师资肯定有问题，高于这个学历，也未必就有好的教育质量，因为即使博士学位教师教中小学，不想干和干不好的依然屡见不鲜。

要判别基础教育的牢靠性，得综合考察条件、表现及其结果。下列六个方面值得重视：

1．基于教育有效性原则而确定的班级规模能够满足基础教育适龄人口的就学需要

（1）有足够的学校。学校的学位数能够满足服务区域内学生就学的需要，而且学校规模和班级规模适度，有条件满足学生的个性化发展需求，能辅助学生获得多样化发展。

（2）有足够的教学场所。即教育场所符合国家规定的标准。

（3）有足够的教学设施设备，并能辅助学生适应现代的社会。

（4）有足够的生活设施。

（5）学校服务半径符合规定，或政府有辅助条件解决服务半径过大问题，而又不转嫁负担给学生或家长。

（6）有符合国家规定标准的专业师资。

2．教师和学校有经济、法律的保障

（1）教师和学校的权利受到法律保护。

（2）教师和学校不会因为经济因素或其他不合理强制因素而受到尊严或人格上的威胁。

（3）专业活动的延续性有法律和经济基础。

3．教职员工和学生有基于学习和发展的共同愿景

（1）具有激励作用的教育理想和发展目标是教职员工和学生都认可或接受的。

（2）尊重并落实法定课程标准。

（3）教职员工和学生为实现共同愿景所付出的努力是有效的。

（4）国家、社会和家长认同这种共同愿景及其努力。

4．国家意志以适合学校性质和学生年龄特征的方式得到有效贯彻

（1）具备基于国际理解的国家认同感以及对国家的忠诚和责任。

（2）具备基于法定权利与义务的公民素养。

（3）具备社会服务的意愿与能力。

（4）具备符合公共准则的行为习惯。

5. 义务教育年限与基础教育普及率

（1）具有与国家实力相一致的义务教育法定年限，并有效实施不低于国家法定年限的义务教育。

（2）基础教育阶段的普及率高。

（3）学生学习积极性得到正确而合理的调动。

6. 基础教育阶段后学生的适应性

（1）升学适应性。能够胜任更高层次的学习要求并有与自身素养相一致的卓越表现。

（2）就业适应性。在择业、从业、创业活动中有与自身素养相一致的卓越表现。

（3）生活适应性。在社会生活、家庭生活、闲暇生活中有与自身素养相一致的卓越表现。

基础教育的基础不仅仅要看条件，更要看表现和结果。在现代社会，因为基础教育特别是其中的义务教育，是每一个公民应该接受的最基本的教育，所以，国家对基础教育的条件、表现和结果负有重大责任，也就是说，国家必须对基础教育的牢靠性负责。

（二）基础教育的牢靠性值得质疑

我国基础教育的现实基础如何呢？我们认为，它的牢靠性是值得质疑的。

第一，从办学条件来看，它与一个“富起来的国家”“怀揣中国梦的民族”和“对后代教育寄予厚望的家庭”的要求是极其不相称的。

高校都已扩招10年了，我们的学前教育都还得不到基本普及。改革开放30余年了，我们的义务教育还在推基于标准化学校的基本均衡发展。新中国成立60余年了，我们的基础教育依然还是家庭的沉重负担，依然还是群众最无可奈何的消费项目。

在办学条件方面，如果把所有的极端个案都摆在桌面，所谓的典型也就失去了意义。同样，像新华网《仓库成超级大宿舍：316学生同住其中》（2013年12月14日）和中新网《湖北老河口一小学因拥挤引起踩踏已致4人遇难》（2013年2月27日）的报道，如果带给人们的仅仅是悲痛，而没有反思和觉醒，那么，典型的意义又在哪呢？

第二，从教育表现来看，在应试教育、自我主义、功利主义和金钱至上的综合作用下，基础教育与国家的追求、社会的需要、民族的传统、人性的本质和自然的法则似乎相去越来越远。

我国有着非常重视德育、讲求修养的传统，有着非常深厚的家国情怀，素以信誉和礼仪著称，曾几何时，这些让人津津乐道的品质几乎消失殆尽。知识分子因为安贫乐道、心怀苍生、勇担道义而受人景仰，教师和医生因为宅心仁厚、善行乡里、乐于奉献而成为社会良心。这些已经很难在现实中找到。似乎师生、学校、社会和国家的行为都没有放在身心的修炼上，而是在追逐以金钱作为成功标志的某种东西，让人感觉中华民族的基因正在发生某种改变。如果一个社会有少数人的素质发生了“基因改性”，那也可能是高层次教育出了问题，如果一个社会的大多数人的素质都出现了“基因改性”，那肯定是基础教育出了问题。

第三，从教育结果来看，基础教育带给学生的发展、教师的发展和学校的发展正与《宪法》和法律、法规、政策设定的目标相去越来越远。

《宪法》要求学生在品德、智力、体质等方面获得全面发展，现实中我们的学生群体有哪一个方面是达标的呢？政策法规希望建设一支品德高尚、业务精湛、结构合理、充满活力的教师队伍，现实中我们的教师群体有哪一个方面是达标的。至于学校的软硬件建设，能达标的又有多少呢？

这样看来，我们还能对基础教育的牢靠性持乐观的态度吗？

第四章

高等教育

高代价的教育

高等教育是教育纵向结构中的组成部分之一，处于教育层级（阶梯）的顶部，或者说处于教育流程的后端。这是一个非常特殊的位置，不是每一个受教育者都能走到这个位置，所以，作为“顶部”，它有理由“高高在上”，也一直是“高高在上”，并且长期“被高高在上”；这是一个非常庞杂的体系，不是每一所大学都能做到与它所拥有的地位相称，但大学处在教育链条的后端，无须为自己的教育品质负责，作为“后端”，它有理由“不负责任”，也一直是“不负责任”，并且长期“被不负责任”。这个判断虽然显得有些偏颇，但历史和现实的例子却是比比皆是。

网上揶揄大学教育的顺口溜很多，诸如《大学的字歌》、《大学四字歌》等。虽然版本很多，但基本风格是一样的。

是因为考大学“搏”过了头，还是大学真的不值得“搏”？

大学教育是到了该好好反思的时候了。

一、高等教育的目标与人才规格

人们（无论社会组织还是个人）对大学教育都有很高的期待。国家把建设创新型国家、建设人力资源强国的希望寄托在大学[①]，家庭把光宗耀组、振兴家族的希望寄托在大学，个人把增值生命、改变命运的希望寄托在大学。在精英教育时代，大学被看作是国家民族之光，在大众教育时代，大学依然被看作是国家民族之光。从这个意义上说，高等教育的目标和人才规格已不再是一个纯粹的教育问题，而是一个交织着各方利益的非常复杂的问题。

（一）高等教育的目标与人才规格的意义

南方日报出版社2005年出版了一本畅销书，短短几年，已经印了几十次。这便是覃彪喜著的《读大学，究竟读什么》。在这本书中，作者谈了18个问题："读大学，究竟读什么""人生规划：三岔路口的抉择""专业无冷热，学校无高低""不可一业不专，不可只专一业""不逃课的学生不是好学生""勤工俭学的辩证法""做事不如做人，人脉决定成败""互联网：倚天剑与达摩克利斯之剑""恋爱：花开堪折方须折""性：上帝死了，众神在堕落""考研：痛苦的安乐死""留学：'海龟'变'海带'""非统招：养卑照样处优""毕业：十面埋伏的陷阱""求职：做人不要太厚道""骑一头能找千里马的驴""写字楼政

① 《中共中央国务院关于进一步加强和改进大学生思想政治教育的意见》（2004年8月26日）指出："大学生是十分宝贵的人才资源，是民族的希望，是祖国未来。"

治：白领必修课”“创业：29岁以前做富翁”。书中有许多独到的认识和有效招数，不仅值得大学生思考，而且还值得大学教育工作者的警觉：大学到底应该培养什么人和怎样培养人。

“培养什么人”和“怎样培养人”是教育的两大核心问题，也是教育最基本的问题。胡锦涛有关教育的谈话或讲话一再强调这一问题，表明党和国家高度关注人才培养问题，也说明现实中人们非常忽视这一问题。古语说，君子务本，本立而道生。想负责任的人不能不深入思考这些问题。

关于“培养什么人”的问题，实质上探讨的就是教育目的的问题。教育目的、培养目标与人才规格大概是一个问题的三个层次，通常被混同使用，指向同一事物，即教育活动的预期结果。教育学的教育目的论通常会阐述这样一套观点：教育目的是教育学的根本问题，在整个教育工作中具有十分重要的地位。第一，教育目的是教育活动的出发点和根本依据，也是教育活动的归宿和最高标准。第二，教育目的是教育工作者的行动指南。第三，教育目的对受教育者进行自我教育具有指导作用。①其中，教育目的是最宏观的概念，是就整个社会包括学校教育而言的。“学校是社会为实现教育目的而设立的专门教育机构，所以教育目的首先是学校教育的目的，但是不应当由此得出结论说教育目的只是学校教育的目的……在现代……教育已经越出学校围墙，教育目的已经在某种程度上成为社会生活目的的一部分。”②培养目标是一个中观的概念，通常指各级各类学校的教育目标，如小学教育目标，大学教育目标等，即关于某一级类教育活动的预期结果。人才规格则是一个微观概念，通常指各级各类教育所要达成的具体目标，即培养目标的具体指标。

关于“怎样培养人”的问题，实质上探讨的是教育活动的模式问题，具体涉及内容、过程、方法与管理等问题。教育学的课程论、教学论、教

① 张人杰主编《大教育学》，广东高等教育出版社，1995年，第49页。

② 王道俊、王汉澜主编《教育学》（新编本），人民教育出版社，2004年，第96页。

育论和管理论大概阐述的就是这些问题。

高等教育的目标与人才规格作为高等教育的核心问题，既是理论问题，也是实践问题。前者必须回答好“是什么”和“为什么”，后者必须回答好“如之何”和“怎么样”。关于前者，人类历史上形成了四种基本观点：即“个人本位论”“社会本位论”“教育无目的论”和“教育目的辩证统一论”。这四种教育目的论，各有各理，各有各市场，在当代中国（改革开放后）都很流行，但官方的教育目的论的主基调则是“辩证统一论”。关于后者，形形色色的实践和理论主要围绕“放养”与“圈养”、“内生”与“外烁”、“规范”与“自由”来展开，由此形成光怪陆离的教育流派。这些流派在当代中国同样也很活跃，不过，就实践而言，中国高等教育的路径选择与它的目标设定似乎越来越远。高等教育不搞清楚这两个问题，就会出无穷无尽的问题。

（二）高等教育目标与人才规格的政策分析

我国高等教育的目标与人才规格受国家教育目的的制约，也是国家教育目的的一部分。在我国，我们经常说“我国的教育目的”，这其实指的是我国现代的教育目的，即中华人民共和国成立后国家以各种形式颁定的教育目的，包括党和国家主要领导人的讲话。我们说当代教育目的，主要是指现行的教育目的。就政策文本的分析来看，我国有关教育目的最具代表性的表述有四种。一是1957年2月毛泽东在最高国务会议上的演讲：“我们的教育方针应该使受教育者在德育、智育、体育几方面得到发展，成为有社会主义的觉悟的、有文化的劳动者。”二是1981年6月中共中央十一届六中全会通过的《关于建国以来党的若干历史问题的决议》，其中指出：“坚持德智体全面发展，又红又专、知识分子与工人农民相结合、脑力劳动与体力劳动相结合的方针。”三是1985年5月《中共中央关于教育体制改革的决定》，其中指出：“教育要面向现代化，面向世界，面向未来，为90年代以至下世纪初叶我国经济和社会的发展，大规模地准备新的能够坚持社会主义方向的各级各类合格人才。”“所有这些人才，都应该有理想、有道德、有文化、有纪律、热爱社会主义祖国和社会主义事业，具有为国家富强和人民富裕而艰苦奋斗的献身精神，都应该不断追求新知，具有实事求是、独立思考、勇于创造的科学精神。”四是1995年3月八届人大三次会议通过的《中华人民共和国教育法》（此前的1982年宪法所提教育目的仅针对青少年儿童）。

《中华人民共和国教育法》（1995）作为教育的基本法，对教育目的有总的要求。《教育法》第五条规定，教育要“培养德、智、体等方面全面发展的社会主义事业的建设者和接班人”。这是我国有关教育目的的权威的表述，是各级各类教育制定培养目标和各级各类学校（教育机构）制定人才规格的最重要的法律依据。教育法的这一规定，继承了我国政策法规有关教育目的表述的基本精神，有两个基本意思：第一，要使受教育者成为“社会主义事业的建设者和接班人”。这是教育工作最终的出发点、落脚点和归宿点，即教育不能把受教育者培养成为“社会主义事业”的旁观者和敌对者。它有两个层次，一是“社会主义事业的建设者”，这是最低要求，是对所有受教育者而言的；二是“社会主义事业的接班人”，这是高要求，是对受教育者中的优秀分子而言的。这种思想早在1988年12月25日《中共中央关于改革和加强中小学德育工作的通知》中就有很明确的表述：“中小学德育工作的基本任务是，把全体学生培养成为爱国的具有社会公德、文明行为习惯的遵纪守法的好公民。在这个基础上，引导他们逐步树立科学的人生观、世界观，并不断提高社会主义思想觉悟，使他们中的优秀分子将来能够成长为坚定的共产主义者。”这就是说，“好公民”是对全体受教育者而言的，是最基本的要求，能够成为“好公民”，就是“社会主义的建设者”；“共产主义者”是对部分优秀学生提出的高要求，如果学生将来能够成为坚定的“共产主义者”，那么，他们就不仅仅是“社会主义事业的建设者”，而且还是“社会主义事业的接班人”。

第二，“社会主义事业的建设者和接班人”是全面发展的人。所谓全面发展的人，就是指在德、智、体等方面都有发展的人。那么，该怎么理解“德、智、体等方面”的含义呢？

所谓“德、智、体等方面”，就范围来看，是仅指德、智、体三个方面，还是至少包括德、智、体三个方面，即不止三个方面？如果不止这三个方面，那么它还包括了哪些方面？首先，从理论上来分析，一是“德、智、体等方面”的“等”字在文法上应该是“省略”的意义，而非“总结”的意义，二是在要素上纳入素质范畴的或教育范畴的除了德、智、体之外，还有其他的要素，如“美”“劳”等。从不同的角度来划分，肯定还有其他一些要素，但不管如何划分，“德”“智”“体”三要素在所有要素中是最重要的、最基本的。其次，从实践上来分析，社会欢迎甚至可以说需要“人”具备多方面的素养，这就要求教育必须给人以多方面的培育或训练。人具有多方面发展的基础条件或潜能（加德纳的多元智力理论说明了这一点），有些条件或潜能会自然发展，如骨骼的增长、性器官的成长等，有些则需要特别加以教育训练，如社会认知、行为养成、生产和生活技能等。以“全方位教育”来促进人的“全方位发展”，是一种美好的追求，这些教育或发展对人和社会来说都是非常有意义的，但现实中是很难达到的，尤其是对普罗大众和有限的生命来说，既不可能也没必要，因此，用“有选择的教育”促进人的“多方面的发展”就变成可以企及的目标，而“德”“智”“体”就成为普遍的、共同的选择。无论一个人将来做什么，大体这三个方面是缺一不可的。当然，要想在社会上“活”得很好，单这三个方面还是不够的，人还必须有“看家本领”，即专业上过硬或有某种“谋生能力”（职业技能）。这也是实践一再证明了的道理。

就本义来看，“德”“智”“体”到底是德育、智育、体育，还是品德、智力、体质？要弄清楚这个问题，就必须首先弄清楚文本所要表述的是“工作内容”还是“素质内容”，如果是工作内容，即教育工作或教育活动要干些什么，那么“德”“智”“体”就是德育、智育和体育的意思；如果是素质内容，即通过开展教育工作或教育活动使人发生变化，获得发展，那么，“德”“智”“体”就是品德、智力和体质的意思。从《中华人民共和国教育法》的文本分析及其与《中华人民共和国宪法》等的关联来分析，应该是指后者，即品德、智力和体质。

《教育法》有关教育目的的规定适用于各级各类教育，自然也包括高等教育。其精神已经很好地落实在《中华人民共和国高等教育法》的相关规定中。

《中华人民共和国高等教育法》（1998）①第四条规定：“高等教育必须贯彻国家的教育方针，为社会主义现代化建设服务，与生产劳动相结合，使受教育者成为德、智、体等方面全面发展的社会主义事业的建设者和接班人。”第五条规定：“高等教育的任务是培养具有创新精神和实践能力的高级专门人才，发展科学技术文化，促进社会主义现代化建设。”关于贯彻国家教育方针，实质上就是解决“怎样培养人”的问题，核心精神有两条，即“为社会主义现代化建设服务”和“与生产劳动相结合”。这个问题容后再议。关于高等教育“培养什么人”的问题，就粗略的文本分析来看，我国高等教育法的规定既继承了之前政策法规的基本精神，即“使受教育者成为德、智、体等方面全面发展的社会主义事业的建设者和接班人”，又有高等教育的层级特征，即“培养具有创新精神和实践能力的高级专门人才”。但就进一步的细致分析来看，依然还有许多值得深入探讨的问题：

1. 高等教育的受教育者在德、智、体等方面全面发展所要达到的水平是什么？或者说，一个合格的大学毕业生，其在品德、智力和体质方面至少应该达到什么水平？即合格的大学毕业生应该具备什么样的品德？应

① 《中华人民共和国高等教育法》由中华人民共和国第九届全国人民代表大会常务委员会第四次会议于1998年8月29日通过，自1999年1月1日起施行。

该具有什么样的智力？应该拥有什么样的体质？

2. 如何衡量大学毕业生有没有以及有多少创新精神？

3. 大学毕业生作为高级专门人才，应该具备什么样的实践能力？这种实践能力包括什么？要达到什么水平？

4. 怎样理解“高级专门人才”？

大学生到底应该具备怎样的品德，这是一个理论上缺乏基本研究、政策上缺乏明确规定、实践上缺乏有效经验的问题。过去我国的发展心理学主要探究青少年儿童的心理发展问题，具体地说，主要探究高中及以下人群的心理发展问题，对大学生（法律上的成人）的心理发展缺乏应有的研究。有关大学生品德方面的要求，长期以来，我们都侧重在思想政治方面。这可以从党和国家有关大学生思想政治教育的规定中推论出来。《中共中央国务院关于进一步加强和改进大学生思想政治教育的意见》（即“中央18号文”）提出“加强和改进大学生思想政治教育的主要任务”有四项：一是“以理想信念教育为核心，深入进行树立正确的世界观、人生观和价值观教育”；二是“以爱国主义教育为重点，深入进行弘扬和培育民族精神教育”；三是“以基本道德规范为基础，深入进行公民道德教育”①；四是“以大学生全面发展为目标，深入进行素质教育”。四项教育各有自身的目标，其中，“三观教育”要求使大学生正确认识社会发展规律、认识国家的前途命运、认识自己的社会责任，确立在中国共产党领导下走中国特色社会主义道路、实现中华民族伟大复兴的共同理想和坚定信念；“民族精神教育”要求大学生培养团结统一、爱好和平、勤劳勇敢、自强不息的精神，树立民族自尊心、自信心和自豪感，培养爱国情怀、改革精神和创新能力，始终保持艰苦奋斗的作风和昂扬向上的精神状态；“公民道德教育”要求大学生能自觉遵守“爱国守法、明礼诚信、

① 基本公民道德规范是指“爱国守法、明礼诚信、团结友善、勤俭自强、敬业奉献”等五条目。

团结友善、勤俭自强、敬业奉献”的基本道德规范，培养良好的道德品质和文明行为；“素质教育”要求大学生增强遵纪守法观念，思想道德素质与科学文化素质和健康素质协调发展，勤于学习、善于创造、甘于奉献，成为有理想、有道德、有文化、有纪律的社会主义新人。这四个方面的要求，大概就是国家对大学生在“德”方面的最重要的要求。

大学生到底应该具有什么样的智力水平，同样是理论上缺乏基本研究、政策上缺乏明确规定、实践上缺乏有效经验的问题。心理学认为，智力是人的一种心理品质。多元智力理论认为，人的智力是多元的，有强项也有弱项。人的能力分为一般能力和特殊能力，一般能力就是智力，具体包括感知力、注意力、记忆力、思维力（理解力、想象力等）、表达力、创造力等，在解决各种问题上都影响活动的效率，其中，创造力是智力的最高表现形态。人的各种智力因素的发展是不同步的，是与人的生理发展密切相关的，一般来说，感知力、注意力、思维力、表达力等智力要素在成年的时候就已发展到比较高的水平，或者说，这些智力要素的发展黄金期在成年之前（出生之后至整个基础教育阶段），成年之后很难再有大的发展，而创造力的发展不仅以其他智力要素的发展为前提和基础，也与任务（问题）的性质和经验的丰富性有关，从这个意义上说，创造力的培养应该是成人后教育的重点，或者说，大学教育要发展学生的智力主要是发展学生的创造力。特殊能力是与特定领域相关联的能力，是影响专项活动效率的能力。大学属于专业教育，有很多专业领域，需要专门技能。相对来说，特殊能力的培养训练，很多大学都比较强调，而一般能力的培养训练，很多大学却不很重视。20世纪90年代后，国家越来越强调“创新精神”和“实践能力”的培养，就大学教育来说，这是非常必要的，也抓住了我国高等教育的突出症状，但问题是：什么是创新精神？大学生应该具备什么水平的创新精神？如何判定大学生是否已经具备了创新精神？创新精神是否等同或包含了创新能力？如果两者不是一回事，那么，对大学生来说，到底是培养创新精神重要还是培养创新能力重要？这些基本问题都不甚明了。至于实践能力，到底是指一般实践能力还是专业实践能力？要达到什么水平？同样也是不甚明了的。

大学生应该拥有什么样的体质，这可能是迄今为止大学教育目标中最具有清晰标准的项目。《国家学生体质健康标准》明确列出了大学生体质健康标准，具体包括《大学一年级—四年级男生身高标准体重》《大学一年级—四年级女生身高标准体重》《大学男生评分标准》和《大学女生评分标准》，其中男生评分标准包括“肺活量标准体重”“1000米”“台阶试验”“50米跑”“立定跳远”“掷实心球”“握力体重指数”“引体向上”“坐位体前屈”“跳绳”“篮球运球”“足球运球”和“排球垫球”13个单项；女生评分标准包括“肺活量标准体重”“800米”“台阶试验”“50米跑”“立定跳远”“掷实心球”“握力体重指数”“仰卧起坐”“坐位体前屈”“跳绳”“篮球运球”“足球运球”和“排球垫球”13个单项。

至于什么是“高级专门人才”，现有的教育政策法规并没有明确的界定，但按语义学的分析方法，至少有这么几层意思：一，人才是有才能的人；二、高等教育所要培养的是有高级才能的人（水平）；三是这种高级才能是专门的才能（类别）。关于才能的类别，比较容易理解，高等教育是分门别类的，即有专业的，不同的专业会培养不同的才能。关于才能的水平，比较难以理解，目前还没有一个让人一目了然、能够清晰知道相互之间差异的“量”的指标，高等教育法关于高等学历教育有一个描述性的学业标准，从中人们可以看出不同层次学历教育的内容及程度差异（参见表4–1）。

表4-1　高等教育法规定之高等学历教育的学业标准

城镇		修业年限	学业标准
专科教育		2～3	应当使学生掌握本专业必备的基础理论、专门知识，具有从事本专业实际工作的基本技能和初步能力。
本科教育（学士）		4～5	应当使学生比较系统地掌握本学科、专业必需的基础理论、基本知识，掌握本专业必要的基本技能、方法和相关知识，具有从事本专业实际工作和研究工作的初步能力。
研究生教育	硕士	2～3	应当使学生掌握本学科坚实的基础理论、系统的专业知识，掌握相应的技能、方法和相关知识，具有从事本专业实际工作和科学研究工作的能力。
	博士	3～4	应当使学生掌握本学科坚实宽广的基础理论、系统深入的专业知识、相应的技能和方法，具有独立从事本学科创造性科学研究工作和实际工作的能力。

注：非全日制高等学历教育的修业年限应当适当延长。

我国高等学历教育的毕业证书与学位证书是分授的。学位颁授条件比学历获取条件要严格。颁授学位是以能够毕业为基础的，专科教育不授予学位，为了齐整高等教育水平，国家制定了各层次学位的授予条件。《中华人民共和国学位条例》（1980）关于学位申请或授予的条件规定也可以看作是我国高等学历教育三大层次的人才培养规格的统一要求（参见表4-2）。

表4-2　国家学位申请资格和授予条件的统一要求

<table>
<tr><th rowspan="2">层次</th><th colspan="3">申请资格或授予条件</th></tr>
<tr><th>前提条件</th><th>学习条件</th><th>学术条件（水平）</th></tr>
<tr><td>学士</td><td rowspan="3">凡是拥护中国共产党的领导、拥护社会主义制度，具有一定学术水平的公民，都可以按照本条例的规定申请相应的学位。</td><td>高等学校本科毕业生，成绩优良，达到下述学术水平者，授予学士学位</td><td>（一）较好地掌握本门学科的基础理论、专门知识和基本技能；
（二）具有从事科学研究工作或担任专门技术工作的初步能力。</td></tr>
<tr><td>硕士</td><td>高等学校和科学研究机构的研究生，或具有研究生毕业同等学力的人员，通过硕士学位的课程考试和论文答辩，成绩合格，达到下述学术水平者，授予硕士学位</td><td>（一）在本门学科上掌握坚实的基础理论和系统的专门知识；
（二）具有从事科学研究工作或独立担负专门技术工作的能力。</td></tr>
<tr><td>博士</td><td>高等学校和科学研究机构的研究生，或具有研究生毕业同等学力的人员，通过博士学位的课程考试和论文答辩，成绩合格，达到下述学术水平者，授予博士学位</td><td>（一）在本门学科上掌握坚实宽广的基础理论和系统深入的专门知识；
（二）具有独立从事科学研究工作的能力；
（三）在科学或专门技术上做出创造性成果。</td></tr>
</table>

综上所述，我国高等教育的目标其实就是两句话：即“德智体等方面全面发展的社会主义建设者和接班人”和“具有创新和实践能力的高级专门人才”。关于人才的规格，《高等教育法》和《学位条例》并没有具体开列出德智体等方面的发展指标，除了“拥护中国共产党的领导”和“拥护社会主义制度”这个基本的统一的要求外，只是对专业的学术水平（包括课程考核成绩）有一原则性的描述。虽然人们可以从字面上读出不

同层次学术水平的差异性要求，但要真正操作（教育和测评）却是非常困难的，例如：“较好地”掌握与掌握“坚实的”“系统的”和掌握“坚实宽广的”“系统深入的”之间到底有多大的差异，估计是没有多少人能够具体说清楚的。看看国外大学的教育目标或培养规格要求，似乎人家来得实际些。例如，普林斯顿大学本科毕业生有12条衡量标准：1. 具有清楚的思维、表达写作能力；2. 具有以批判的方式系统地推理的能力；3. 具有形成概念和解决问题的能力；4. 具有独立思考的能力；5. 具有敢于创新和独立工作的能力；6. 具有与他人合作的能力；7. 具有判断什么意味着彻底了解某种东西的能力；8. 具有辨识重要的东西和琐碎的东西，持久的东西和短暂的东西的能力；9. 熟悉不同的思维方式；10. 具有某一领域知识的深度；11. 具有观察不同学科、文化、理念相关之处的能力；12. 具有求学不止的能力。这些要求全面、具体、有用。再如，哈佛大学本科毕业生有5条衡量标准：1. 能够清晰而明白地写作；2. 应该对认识和理解世界、社会和我们自身的方法具有一种判断鉴别的能力；3. 对自己的文化和其他的文化有广阔的视野，并在这样的考虑之下安排自己的生活；4. 了解并思考过道德和伦理问题，在做道德选择时具有判断力；5. 在某些知识领域应具有较高的专业水平。这5条标准初看很简明扼要，仔细分析，体现了“高大上”的风格。

我们到底应该培养什么人，国家、学校、家庭和社会可能都有不同的见解。或者说，学校、家庭和社会的见解可能与国家的规定有差异。

众所周知，大学生迟早要走出“校门”（学习之门），进入“社会”（工作之门），大学教育应该为他们进入社会提供准备和帮助。大学的教育目标和培养规格必然会接受社会的检验。从就业的角度看，我国大学的教育目标和培养规格似乎显得比较笼统，而社会的用人单位选择（录用）毕业生则比较具体，关注核心素质，具有操作性。

长期以来，我们把“德”“智”“体”全面发展简化为“智”的发展，而“智”的发展又等同于“知”的发展，“知”的发展则集中体现为考试“分数”的多少。为了获得“高分”，于是产生了“应试教育”。在“应试教育”的理念、体制和行为模式下，分数又成为各级各类学校的教育目标和培养规格。这种状况虽然在基础教育阶段的表现尤为突出，但其他级类的教育包括大学教育也深受影响。在大学，招生“抢状元”、片面强调专业性和学派之间“壁垒森严”，就是突出的表征。

钱伟长一直主张人要培养发展多方面的素质，要打破学科专业的壁垒。这与传统的“一专多能”“能文能武”“又红又专”的理想追求有共通之处，可惜的是，现实中人们却“知而不行”。

另一种“知而不行”的典型便是“高分低能”现象。理性的人和没有偏见的人都认可人是活在社会上的，人能否很好地活在这个“世上”，取决于其“生存能力”，取决于其的“社会适应性”。现实中，许多应试教育的强人却是社会生活的弱者，这是我们设定、实施和检测教育标准必须考虑的。

教育目标和培养规格是教育活动的重大问题，也是比较难解决的问题。关于教育目标和培养规格的设计与表述，有几对矛盾一直是比较难处理的：

1．概括性与操作性

在教育目标的表述上，概括性与操作性是一对矛盾。

是高度概括还是具体细致，这是很费周章的。概括的设计和表述比较鲜明、容易记，但如果没有进一步的细化或具体化，则不容易把握，不容易理解，也不容易实施。如儒家培养君子，墨家培养兼士，非常鲜明易记，但如果没有对于“君子”和“兼士”的进一步解释或规范，谁又知道“君子”和“兼士”到底是怎么样的呢？到底应该如何培养呢？问题的另一方面是，如果教育目标概括不够，记不住，实施起来就容易淡化甚至走样，如《中共中央关于教育体制改革的决定》提出：“教育要面向现代化，面向世界，面向未来，为90年代以至下世纪初叶我国经济和社会发展，大规模地准备新的能够坚持社会主义方向的各级各类合格人才。”“所有这些人才，都应该有理想、有道德、有文化、有纪律、热爱社会主义祖国和社会主义事业，具有为国家富强和人民富裕而艰苦奋斗的献身精神，都应该不断追求新知，具有实事求是、独立思考、勇于创造的科学精神。”这么一段话，内容非常丰富，但缺乏概括性高的“中心词”，不鲜明。可以推断的是，全国教育工作者没有几个能记住。近30年来，“四有”“两精神”的学生其实非常缺乏。实际上，改革开放以来，许许多多政策文件和法律法规有关教育目标和人才培养规格的表述，大多失之于“概括性不够”，操作性又不强。有不少学者批评毛泽东的提法，但从“技术”层面看，毛泽东的表述还是非常独到，是有其科学性的。毛泽东说，要使受教育者“在德育、智育、体育几方面都得到发展，成为有社会主义觉悟的有文化的劳动者”。这也是众多的表述都带有毛泽东表述的影子的原因。

如何处理这对矛盾呢？通常的解决方案是：教育目标倾向于高度概括，培养规格倾向于具体描述。例如，墨家的教育目标是培养“兼士”，而“兼士”的主要要求（培养规格）则是“厚乎德行”“博乎道术”和“辩乎言谈”。因为两者表述的都是与目标相应的内容，也有把前者称为“总体目标”，把后者称为“具体目标”的。

大学实施的是专业教育，在教育目标的表述上，应该协调好“概括性”与“操作性”的矛盾。首先，一个专业培养出来的人是什么样的人，应该有明确的定位，即对应特定的职业群或特定的岗位类别，是教师、医生、职业军人或是律师、财务工作者之类，总之，必须有一明确指向，这就是“概括性”，这些人各该具备怎样的素质或特征，这就是“操作性”。过去大学在目标设定上或失之于宽，如“培养坚持四项基本原则，掌握基本知识、基本理论和基本技能的社会主义高级专门人才”；或失之于窄，如培养小学语文老师。失之于宽者不重视培养规格的设计，失之于窄者往往一种职业工作分成若干环节和阶段。这些都需要认真总结反思。最近一个时期，高等教育界流行“通识教育”，这是一种非常好的理念，对于为专业发展打下比较宽阔的基础非常有意义，对于学生提高专业选择与自身兴趣特长的吻合度也非常有必要，但过分强调通识教育，反对专业教育，甚至认为大学教育与职业无关，则是非常错误的。这是大学在设定培养目标和厘定培养规格时务必需要小心的。

2．全面与重点

在教育目标的内容（最终表现为人的素质类别）选择上，全面与重点是一对矛盾。

不管是怎样的教育活动，其目的不外乎是期望促进人的素质发展或提升，而人的素质类别是多种多样的，大的方面看，有身体素质，有心理素质。心理素质中，有认知、情感和个性，这些素质表现在处理个体与外界的关系上有一套心智应对体系，表现在处理个体内部的关系上，又有一套心智对应系统，是强调要全面还是要突出重点，同样是非常令人纠结的。我国实施的是全面发展的教育目的，期待通过教育活动，促进学生获得全面发展，或者说身心健康成长，但在素质类别的选择上，我们突出强调了品德、智力和体质三个方面。例如《宪法》有关教育目标的规定，就是着眼全面发展，突出强调三个方面的。

大学设定教育目标也应妥善处理好全面与重点的关系。教育目标设定不全面，就无法提升人的综合素养，人就不可能有比较好的社会适应性，同样，如果教育目标不突出重点，大学教育的专业性就无法体现，社会上专业技术难度比较高的工作或问题就无法有效进行和解决。

3．知识与能力

在教育目标的文化素质取向上，知识与能力是一对矛盾。

文化素质是一个人素质的重要组成部分，也是人的素质中比较显性的部分。提升人的文化素质是大学教育的重要任务之一。《礼记》说读大学要“履大节、习大艺”，“艺”就可以归在“文化”项下，“节”也与文化有密切关系。所以，大学教育目标的设定必须有明确的文化素质要求。

“文化素质”是一个非常复杂的问题。历史上在讨论这个问题的时候，往往把它归结为“知识”与“能力”（或智力）的关系问题，形式教育论者认为，能力比知识重要，教学必须重点发展人的能力，而不是传授知识；实质教育论者认为，知识是能力形成的基础，没有知识的积累，就不可能形成相关的能力，教学必须重点传授知识，有了知识，人就自然而然地发展自己的能力。现代研究表明，除了本能之外，其他社会能力都是习得的结果，有效的训练可以让人更好地形成和发展自己的能力，而知识的准确掌握则是能力形成的重要基础。当然，发展了的能力又对特定知识的掌握有促进作用。在“知识爆炸”的信息时代，面对海量信息，人不可能穷尽某一方面的知识，获取知识和驾驭知识的能力就变得日益重要。这是文本时代与数据时代的重大区别。

4. 广博与精专

在教育目标的文化知识处理上，广博与精专是一对矛盾。

强调能力的重要性，并不等于说知识就不重要。知识是能力形成和发展的重要基础。那么，到底要掌握多少知识？即知识该掌握到什么程度？又该如何掌握知识呢？这同样是设置教育目标时必须考虑的。关于知识的“博”与“精”的问题，中国历代名家有很多精辟的论述，基本观点是要平衡两者的关系，即既要广博，掌握尽可能多的知识，又要精专，在某一领域掌握系统详尽的知识。这种关系和过程通常被概括为“由博返约”。

大学的教育目标一般都会要求学生“掌握本学科（或专业）的基本理论”“专门知识”“基本理论扎实”“系统的知识”等（见表4-1）。在高等教育实践中，专科层次实施的是高等职业教育，以高级职业技能训练为主，对基本理论、专业知识的要求一般不会太高，强调的是“必备”“必要”，基本趋向是“尽可能少”，少到不能再少的程度。本科教育则不同，它实施的是高等专业教育，对于基本理论、基本知识的要求比较高，强调从本学科、本专业出发，掌握“系统”“必需”的理论和知识，基本趋势是“尽可能多”，多到不能再多的程度，而对于基本技能，则强调“必要”的。当代大学流行的“通识教育”反映了本科教育的“博学”要求。到底本科教育应该划定多大范围的“知识”，见仁见智，这从公共课的性质和数量可以看出，也可以从学校提供给学生的阅读书目单来判断。但总的研判是：中国大学的要求阅读量和大学生实际阅读量都远远少于美国；教育质量低的大学，其要求阅读量和学生实际阅读量都远远低于教育质量高的大学。

教育目标和培养规格属于教育活动的顶层设计，直接影响课程的设置和学生的选择，进而影响到教学的设计和实施，当然，从长远来看，还影响学校文化的建设与传承。如果能够做到境界高、操作性强，无疑可为大学教育质量的提高奠定比较厚实的基础。

二、学位：身份还是水平

新中国成立60多年，但学位制度的实施仅30来年。高校为了学位而采取的策略，往往既令自己纠结，也让别人费解。

（一）学位首先是水平然后才是身份

学位是标志被授予者受教育程度和学术水平达到规定标准的学术称号。学位获得者经在高等学校或科学研究部门学习和研究，考试合格或达到有关要求后，由有关部门（有资格的高等学校和科学研究机构）授予相应的学位。所以，学术水平能否达到规定的标准是能否取得学位的决定性前提。

学位制度作为一种教育制度或科学研究制度，起源于中世纪的欧洲，最初是一种任职资格，其后成为学习资历和学术水平的标志。人们取得的学位级别不同，标志着他们的学术水平的差异。正因为制度上学位与学术水平是挂钩的、对应的，所以，学位还是社会身份的象征，特别是取得最高学位（博士）的人，不仅荣誉感会经常浮上心头，而且当被别人介绍为博士头衔时，也会吸引羡慕的目光。在学位制度比较完善的国家里，人们似乎不太注意高等教育学历，而更在意所取得的学位。所以，有了学位之后，人们自然认为拥有者具备了相应的水平，于是，学位也就成为一种社会身份。

中国大学的学位制度实际上是舶来品。1935年4月，南京国民政府颁布《学位授予法》，新中国成立后，1980年2月，第五届全国人民代表大会常务委员会第13次会议正式通过了《中华人民共和国学位条例》，选采的是比较流行的包括学士、硕士和博士在内的三级学位制度，没有“副学士”的设置。该法自1981年1 月1日开始实施。

我国现行的学位制度虽然采借英美等国学位制度，但也有很多中国元素。第一，我国的高等学历教育中，专科教育是没有学位的。不像有些国家为相当于专科层次的学生设置“副学位”或“准学位”。第二，我国的学位本质上是国家学位，而国外的学位绝大多数属于学校学位。在我国，因为是“国家学位”，所以，只要能拿到学位，国家就必定承认，社会也就相应地承认，而在“学校学位”的国家里，一个人拿到的学位主要靠社会认可，特别是行业或学术组织的认可。因此，“国家学位”的获得，或“国家学位”授予的正当性和权威性在于法定的授权、资格和程序，而“学校学位”的获得，或“学校学位”的正当性和权威性在于学科与专业教育的高质素、严格的培养质量控制和学生高水平的表现。第三，我国既重学历又重学位，而学历与学位是有差异的，其中的复杂性还不容易理清。具体表现为：（1）学历教育权与学位教育权是分离的。有本科学历教育资格的高校未必有学士学位授予权，例如，教育部批准设立的本科院校，还要接受学士学位授予权评审，通过了才能享有相关资格，如果没有通过学士学位资格评审，那么，这所学校只能颁发本科毕业证书，而不能颁发学士学位证书。（2）学位制度不仅有严格的等级性（级的差异），而且还有鲜明的阶级性（类的差异），在我国，学位制度的性质基本上属于普通高等教育制度，只有普通本科院校和研究机构才有可能获得学位授予资格，其他的机构不管学术水平如何，连申请评审的资格都没有，如各省级教育学院，国家授权其举办成人本科学历教育，认可其颁发的成人本科学历证书，但没有授权其开展学士学位教育资格。（3）学位颁授在法律层面上缺乏操作性，如何处理主要靠政策调节。在我国，大学本科毕业，取得本科学历，但未必能获得学士学位，就是说，能够取得学士学位，就一定能够取得本科学历；学士学位的学术水平一般要高于本科学历的学术水平。但不能以此简单类推，能够取得硕士学位，就一定能够取得硕士研究生毕业学历，硕士学位的学术水平就一定比硕士研究生学历的学术水平高，能够取得博士学位，就一定能够取得博士研究生毕业学历，博士学位的学术水平就一定比博士研究生学历的学术水平高。比如，以同等学力申请学位的问题，就是只有学位没有学历的。又如，在职攻读硕士研究生学位问题，即使学生参加统一考试，经过统一录取，在职学习三年以上，取得硕士学位，依然不能取得研究生毕业学历。其中原因，谁也说不出一个令人信服的道理。在我国政府的政策文件和官方表格里，学位和学历的关系似乎永远都是需要特别说明的。这在外国则特别简明，国外普遍比较看重学位，学位制度的操作性比较强，能够获得学位（荣誉学位除外），就意味着修读了相关的课程并获得了相应的学分（以考核为前提的），也就表明已经达到某一学历相应的毕业水平。

关于“博士后”。这是取得博士学位后的一种研究工作经历（其中，不乏博士研究生毕业后找不到自己理想的工作，而选择做“博士后”的），不属于学位制度的范畴，甚至严格说起来还算不上是一种身份。但在我国，博士后正被作为一种高于博士的“学位”和“学历”，则更是对制度的误解，由于许多政府部门倾向这样看，越来越多的人和组织也这么看。

总之，对于学位的正确认识是：学位是水平和身份的统一体，内在的是水平，外在的是身份，首先是水平，然后才是身份。

（二）当学位显示身份的时候水平就会让位于身份

因为学位是学术水平的标志，那么，有学位就有水平，就有身份，学位慢慢地变成了身份的标志，或者说主要是身份的标志。人们慢慢地也会这样认为，某人不是因为有了相应的学术水平，于是有了相应的学位，于是取得相应的身份，而是因为某人拥有某种身份（即某某学位头衔），于是有了某种教育经历的学位，于是便有了与某种学位相应的学术水平。慢慢地，人们看重的往往不是学位隐含的水平，而是学位所代表的身份。例如，学位隐含着水平，职称也隐含着水平，学位制度的最高等级是博士，职称制度的最高等级是教授，按照职称的等级设置，博士毕业生取得博士学位后谋取相应的专业技术工作，享受讲师待遇，但需要认定。这就是说，博士学位的学术水平是不如教授的学术水平的，但现实中，不少地方和学校，贵博士而轻教授，规定只有具有博士学位的人才能带博士；在有权培养博士的单位，有些讲师就担任博士生导师，而在没有授权的单位，哪怕资深的名教授也没有培养研究生的资格。这样就更加凸显了学位的身份光彩，而不会太在意是否真正具备了相应的水平。

当学位显示身份的时候，水平就会让位于身份。既然人们在意的是身份，不太在意真实的水平，那么，现实中，人们就会着眼于如何获得身份，而不是考虑如何获得水平。比如，学位授权点申报时，就滋生了一群“学位申报专家”，专供申报单位填表之用。不少学校或科研机构，为了上“点”，高价引进专家，凑成团队，凑够方向，凑足成果，申“点”成功后，所引进的专家不久又会被下一家有需要的单位高价引进。又如，研究生培养没有严格按照标准和规范执行，整个流程缺乏必要的控制，只要一个人能够走完程序，就可获得学位，就具备相应的身份，而国家和社会则认可为具备了相应的水平。这样一来，学位教育就难以避免地陷入歧途。身份是可以出售的，而水平是靠修习的，不可能靠售购来获得。有权单位把学位作为商品，作为创收的法宝，高价而沽，有需要的人把学位作为贴金，花钱购买，提升身价。近20年来，我国学位教育存在的种种乱像，就跟这有关。当然，买卖学位或学位掺水、学位作假的现象不独中国有，外国也有。

（三）学位教育已经成为左右高校办学进程的一股力量

学位成为身份的标志，学位教育权就成为稀缺的资源。当学位不仅仅成为获得者个人的身份，而且也是学位授予者的身份的时候，学位授予权作为稀缺资源的诱惑性便更加凸显。高校越办越多，拥有稀缺性资源的高校占比就越来越低，稀缺性资源的诱惑力也就越来越大。因为在我国现代教育政策法规体系中，高等教育总体上不属于分类管理，而是有着鲜明而严格的等级制的宝塔式管理，低层级的高校不得跨类，高层级的高校可以随便跨越；难以向上越级，但可以随便向下越级，居于塔尖的学校在办学权限上可以"向下通吃"。于是，争夺稀缺性资源（主要不是指实物和货币，而是指权利和资格）便成为主导高校办学行为的无形的强大的力量。绝大多数高校的管理者乃至广大教师往往都不会安守本分，往往都不会把主要精力放在如何充分发挥大学的功能上，往往都不会深入探究高等教育的规律以及人才成长的规律，往往都不会通过科学的、细致的、持续的教书育人工作和研究服务工作来提升学校的办学水平，往往都不会基于国家、民族、社会和学生的需要来选择行为或评判行为的价值。不少本科院校的校长在提出任期目标或制订发展规划时往往都把申"硕点"和"博点"作为最重要的目标和任务，学校的一切工作都围绕着"申点"来展开，有助"申点"的就大力干，无助"申点"的可干可不干，影响"申点"的坚决不干。大学教育演化为"申点工程"。这是一个形象工程、利益工程、政绩工程，当然，“申点工程”也是一个表格工程、买卖工程、关系工程，有时甚至还是“打点”工程。学校把大量人力、物力、精力、时间放在“申点”上，准备时像打了鸡血似的，斗志昂扬，各显神通；成功后得意忘形，失败了垂头丧气，全然忘了大学最应该作为的事情。以至于专科院校，也是跃跃欲试，最近就有“工士”试点的系列报道。看来，教育部深刻地认识到，专科院校也是很眷恋学位的，何不可以这根无形的绳子顺便把所有专科院校一块套住，一起牵着。

在许多人看来，有什么样的学位，就有什么样的水平，有什么样的授予学位的权，就有什么样的力（实力）。然而，当今的实际并不如此，而是有什么的学位，未必就有什么样的水平；有权授予什么样的学位，未必就有什么样的教育实力。既然学位与水平并不完全一致，或者说可以不那么一致，于是，人们就会想，既然“申点”就像挤公车，能够上去，有了资格，又有谁会怀疑“申点”者的水平呢？而且一旦坐上了车，就可以优哉游哉地坐到终点，一张车票，全程有效，全家享用，世代享用，为什么要花那么多的心血、时间和资源在学习和教育上呢？这又何苦来着。

个人为学位而奋斗，高校为学位教育权（资格）而奋斗。这就是今天中国高校的真实生态。《学记》说，君子务本，本立而道生。中国大学“本”不立、“道”不生，这或许又是其中一个重要原因。

三、教学管理：不断走向“山寨”

学校以教学工作为中心，这是教育规律的要求，也是实践反复证明了的铁的规则。学校什么时候以教学工作为中心，教学质量就有保证，什么时候不以教学工作为中心，教学质量就会下降。

在各种条件（特别是可统计比较的条件）大致一致的情况下，教学质量的高低取决于教学管理的好坏。

中国大学的普遍特征是追求“高墙大门”，以示威武、神秘和深邃，但当代中国大学的教学管理可能是各级各类学校中最为“自由开放”的。所谓自由，是说大学教学管理无规则，或者说很多人不尊重规则；所谓开放，是说大学教学管理不重视监督和反馈，管理过程构不成一个封闭的“戴明环”。

（一）缩水

一门课程多少学分，需要上多少时间，这在教学计划或人才培养方案里是有明确设定的。而一门课程需要付出多大的努力才能达标，通常在教学大纲或课程大纲里也是有设定的。没有上够那么长时间，意味着这门课程的教学任务就无法完成，没有付出那么多的劳动，意味着教师或学生就不可能达到该课程的教学要求。而无论是没有完成任务还是没有达到要求又能通过的（通过课程考核和通过毕业审查），便是“缩水”。

例如，考勤制度是学校教学的基本制度。许多大学规定，学生缺勤达到一定量（通常是三分之一）时，将不能参加该门课程的考核，必须重修。而在中国，极少有学生属于真正意义的“全勤”，缺勤是非常普遍的现象。但事实上，大学里缺勤达到一定程度（踩红线的人）的学生数远远高于重修的人数。有的是整个利益链条上的人合伙在考勤登记上做了手脚，有的则是明知踩了红线依然予以放行。在“就业率”“校园稳定”“人情公关”以及永远无法厘清的关系面前，学校最终选择了退缩，以牺牲责任和制度为代价，来换取博弈的平衡。

除基础教育“加工”“加料”外，包括高等教育在内的其他各级各类教育普遍都在“偷工减料”。大学缩水主要表现在四个方面：

1．时间“缩水”

我国的学制设计中，一个学年一般分两个学期，小学全学年学习时间为39周，其中教学时间为35周，学校机动时间为2周（主要用于学校传统活动、文化节、运动会、远足等），复习考试时间为2周，另外的13周是寒暑假和法定节假日时间；普通高中全学年学习时间为41周，其中教学时间38周，复习考试2周，社会实践1周，另外的11周是寒暑假和法定节假日时间。大学全学年学习时间是多少，没有查到法定周数，大致应该是41—42周，或者说每个学期介乎20—21周，底数应该不会少于20周，因为少于这个数就连普通高中都不如了。按照常规，大学上学期九月初开学，一月中旬放假，满排也就20周，下学期二月下旬开学，七月中旬放假，满排最多也是21周。所以，就大学校历的安排来说，一个学年满排基本上也就41周，引用教育部的意思，这41周是不包括寒暑假和法定节假日的。目前的现实是什么呢？大学不会早于九月开学，不会迟于一月中旬放假，不会早于二月中旬开学，不会迟于七月中旬放假。其间，还有中秋节、国庆节、元旦、清明、五一、端午等法定全民节假日8天和青年节、妇女节各半天的法定部分人群节假日，即大学普遍达不到应有的教学或学习时数。当然，这种情况已经是非常正常的了，严格按照这样的规则来安排校历和教学活动，完全称得上是比较正规的大学，因为即使有点“缩水”，那也是国家许可的。

现在讨论的“时间缩水”不属于上述列举的情形，而是在上述基础上的继续“缩水”。一般的做法是推迟一周开学，提前一到二周放假，一个学年下来，可以省出三到四周。由于学生是按学年交纳学费的，缩短时间不会扣除学校的学费收入，虽然，时间少了，学的东西也少，但学生依然非常乐意接纳这种“缩水”。近年来，越来越多的大学加入到有组织的“时间缩水”行列，有些大学校长甚至把“时间缩水”作为治校经验加以传播，认为少一周时间，仅水电费就可以节约几十万元，一个学年下来，可达一两百万，如果再加上其他教育与管理成本，利益是非常可观的。

当然，直接这样推迟开学和提前放假也不是什么光彩的事，而且有教育行政部门也明令大学新生入学的最后期限。因此，“时间缩水”的大学已经开始使用“自主社会实践”（通常是本科院校）和“专业实习”（通常是专科院校）这类概念，直接在校历里安排2周时间，以满足校历有关教学时间的形式要求，六月底便把学生放了回去，不少高职院校直接把最后一学年设置为“专业实习”，学生大二结束后便可离校，自谋岗位、“自主实习”，一年后回来拿毕业证即可。

当许多大学都把“控制开支”“节约成本”的制胜法宝放在“时间缩水”上，那么，本科四年可以省出近一个学期，而专科三年甚至可以省出一年多。

这种做法完全不是基于确保人才培养质量的制度安排。如果说，学生逃课或缺勤是一种个人的违纪违规行为，那么，在校历安排上做手脚，那可是有组织设置“漏洞”的行为，是一种违反学校规矩和教育良心的行为。

2. 内容“缩水”

所谓内容缩水，指的是规定该教该学的内容没教没学。

在中国的许多大学，每一门课程常常被要求有“课程大纲”或“教学大纲”，那是显示教学目的、教学范围、教学重点、教学难点和教学要求的教学文件。应该说，这是保障教学质量十分重要的文件，然而，在教学实践中，“阴阳”教学大纲的现象也是普遍存在的，即实际存在两套教学大纲，一套是作为学校文件发布、存档和备查的，一套是教师在课堂上或教学中实际执行的。教师执行的大纲其教学内容往往要少于公开发布的，也就是说，公开发布的大纲内容，有好些是在教学中不执行、不落实的。这些未执行和未落实的内容通常是难度较大的内容。虽然绝大多数情况下，这种事情不是学校的制度设计，也不是教学管理部门与教师“合谋”的结果，而是教师“自主”的结果，但许多教学管理部门对这种现象往往是“睁一只眼闭一只眼”，任由其横行，也助长了这样一种行为。

内容缩水的另一种情形在不少的大学里也是存在的，那就是列入教学计划或人才培养方案的课程，因为师资、成本或其他所谓的客观原因而不开设、替代性开设或缩减性开设，例如，教育见习、专业实习、实验等成本高的课程，为了提高考研率而默许学生不修相关课程，等等，这就是有组织的“内容缩水”了。

3．要求“缩水”

所谓要求缩水，说白了就是降低要求，包括教学要求、课程要求、毕业要求和学位要求。现在高校普遍存在要求缩水的现象。

在教学方面，教师不按要求备课和上课，不按计划落实教学进度，习惯脚踩西瓜皮，滑到哪里是哪里；不认真组织教学，不管学生是否有效参与；不检查学生的预习、阅读和课业完成情况，教学过程放任自流。更有教师见着教学难点绕着走，学生请教问题敷衍了事。与之相适应的是学生对教学虚以应付，不少学生上课时身在曹营心在汉，课后无课业。学校风行“60分万岁”！更有学生大学期间几乎不怎么上课，却打工、恋爱、生育、毕业皆“不误”。

在课程方面，除了内容缩水外，最主要的就是在课业评价方面降低要求：一是减少课外作业、实验和实验报告以及考卷题型、容量和覆盖面等的数量，二是降低作业、实验和考卷的难度；三是放宽评判尺度；四是为部分成绩接近及格的学生做“软着陆”处理，直接提为及格。至于补考，基本上是装模作样。西南联大各专业的淘汰率（或课程不合格率）大多高达40%—50%，而我国现代大学几乎极少有不过关的，不是现代大学生聪明和勤奋，而是现代大学考核很容易过关。

“文革”期间，有一首歌谣被经常唱，叫作“东风吹，战鼓擂，现在世界上究竟谁怕谁，不是人民怕美帝，而是美帝怕人民”。现在这首歌被改编后也在谈论大学种种景况时被引用，“东风吹，战鼓擂，现在世界上究竟谁怕谁，不是学生怕老师，而是老师怕学生”。其实，在许多大学里，怕学生的又何止是老师。例如，学校、领导和老师就特别害怕学生不及格。让不够“格”的学生不合格，学校、领导和老师会面临许多麻烦。直接求情、上级或亲戚朋友打招呼要求放过的、联名写陈情表的，简直到了死缠烂打的地步，如果还不奏效，那么就开始恐吓，什么“不想活啦”，什么“你不让我好过我就不让你好过”啦，甚至还拉出媒体来推波助澜，最终能坚守的老师、领导和学校就微乎其微了，于是，高校几乎全线降低要求。而让不够“格”的学生合格，学校、领导和老师都没有麻烦，麻烦的是用人单位和社会，但用人单位和社会的麻烦又能找谁去诉苦呢？社会不能“退货”给高校，单位虽然可以解雇员工，但换成别的人也差不多。“差不多就行了”已经逐步演变成为国人国民性重要特征之一。长此以往，这样的国家和民族是不可能有“科学意识”“创新精神”和“实践能力”的。

4. 成绩“注水”

成绩注水就是指考核成绩被人为地掺入水分，即分数高于实际水平，而不是学业水平的真实反映。这种虚假成绩就像注了水的牛肉，牛肉重了，钱多收了，质量坏了，把人害了。

在大学，成绩注水一般有两种情况，一是学生要求教师“提分”，尽量为学生出具优良成绩，这样，学生的成绩表就很好看，找工作就有优势。这种情况通常是比较“机灵”“有关系”或“有地位”（比如学生干部）的学生才能办到。二是“组织”要求教师“提分”。有的学校或院系明确告诉教师，现在学生找工作不容易，竞争非常激烈，成绩好、获奖多、证书多特别有利于就业。学校就业率上不去，不仅上级会批评，也会影响招生和专业设置，从而直接影响大家的补贴和饭碗。这就明摆着要求教师“放水”。有许多学校规定学生的学位论文或答辩达不到70分，就不能获得学位。于是在论文送审和答辩时，都会特别交代务必打70分以上，以便他们能够毕业和拿学位，不然，毕不了业，拿不了学位，就要留级，对谁都不好。最终是皆大欢喜，勉强能过关的论文，往往能获得良好的成绩，甚至优秀的分数。

在当代中国，看到大学生的成绩别太当真，打几个折才可能比较接近实际。

（二）破耗

破耗者，徒破费瞎消耗也，即花了时间、精力做了无用功。

大学之破耗，主要有两种：

1．内容不切实用

大学所教学的内容不切实用是一个不争的事实，也是一个由来已久的问题，甚至可以说是一个自身无法解决的问题。许多家庭宁愿花高价钱送子女到港澳台读书，也不愿意留在内地念大学，其中一个原因就与现在大学的教学内容不切实用有关。

我国大学几乎没有课程设置的自主权，设置的课程一般有两个来源，一是传统设置专业性的课程，即传统课程，一是上级及领导人指定的课程，即威权课程。课程设置主要有两个依据，一是与领导人讲话有关的政策性文件，一是与教指委意见有关的指导性意见。传统课程是读这个专业的人世世代代学习的内容，师傅传徒弟，鲜有什么变化：学校不能有什么变化，因为它变革不了；教师不想有什么变化，因为不想受累；学生不知能有什么变化，因为没有他们思考的余地。邓小平说教育要“三个面向”，这是非常有远见但又有现实针对性的话，然而，说得容易，要做到就很难。这也是我国大学专业课程普遍陈旧落后的主要原因。至于威权课程，则是所有学习者都要学习的内容，而且是需要反复学习的内容。列入党章的指导思想是要学习的，不管是不是共产党员，都要反复学习。于是，这些内容从小学开到大学，包括研究生教育。领导人说，某某事情要从娃娃抓起，那么，相关的课程就会从小学设起。我们的领导人会出席教育活动，或到学校视察，总会要讲些话，但涉及事情的话都会列入课程，涉及方法的话都会要求学校采取措施“照做”。目前，我国大学的课程中可以归为威权课程的主要有：一是思想政治理论课，包括“思想道德修养与法律基础”“中国近代史纲要”“马克思主义基本原理概论”及“毛泽东思想和中国特色社会主义理论体系概论”。二是计算机基础。现在，计算机课程成为从小学开到大学的公共课，现在不仅全国学生要学，而且，专业技术人员晋升职称也要考计算机（等级考试），在职教师学了还要学，例如，教育部正在组织实施“信息技术应用能力提升工程”，就是面向全体教师的。三是以红头文件的方式推行的课程，这类课程往往与当前形势有关，除了军训和军事教育、公共体育外，还有法制教育、环境教育、环保教育、反腐倡廉教育、荣辱观教育、理想教育、大学生心理健康教育、艺术教育、就业教育、创业教育、消防教育、安全教育、诚信教育、禁毒教育，以及时事政策学习、社会实践，等等。这些威权课程有三个鲜明的特点，一是要求“三进”，即进教材、进课堂、进脑袋；二是有行政监督权护着，规定机构、编制、人员、经费、场地、设备、领导重视“七到位”，并以检查、评分、公示、通报整改等措施推行；三是威权课程门类往往只做加法，不搞减法，即有增无减。

我国大学的学分多寡不一，一般在40学分/学年左右，高的一般不超过45学分/学年，低的一般也不会低于35学分/学年。传统课程占40%—50%的比重，威权课程占25%—30%的份额，剩余的份额则是通识类（文化科学）、职业技能类（如师范教育的教师教学技能训练）、实践教学类（如实习）以及学科专题讲座类的课程。

关于各类课程的实用性如何的问题，已经成为“皇帝的新衣”之类的问题，也是一个“你懂”的问题。无论哪一类课程，其实就是一个产业链，不仅仅是涉及课程的专任教师的“饭碗”，还包括课程标准制定者、教材及教学用书的编写者、教材及教学用书出版者、教材及教学用书的流通环节，这是一个从业人数众多、环环相扣、相互依存的产业，一条绳上绑着许许多多的蚂蚱，逃不了你也蹦不了我，于是抱团了。利益攸关者都不希望有所改变，如果要改变，那么，只能是加强，而不是别的。这是中国教育最“要命”的所在。

那么，学生要学这么多不切实用的课程，这样的大学上起来还有多大的价值？

所以，在大学，要耗费那么多时间精力去读没有多大用处的内容，相当一部分还是之前学过多次、考过多次的内容，又没有别的选择，唯有逃避和应付了。

有决定权的人宁愿大学有规矩地死去，也不愿大学自由地活着。

2．方法陈旧沉闷

许多人感慨，在各级各类学校教育中，大学教育可能是最不讲究方法的。在信息化时代，国际非常流行的现代化的“网络教学”“移动学习”“慕课”等教学与学习模式，或互动的、探究的、合作的教学方式，对我国大学似乎都没有太多的影响。中国大学的教学就像广袤、宁静的湖泊，任何陨石级的改革冲击，往往激起的仅仅是几波涟漪，诞生一批“书豪”“教富”和“学商”之后便复归于平静。“山还是那座山，梁还是那道梁”，只有那看家狗，叫得特别响。

大学的课堂，最大的特点就是“陈旧沉闷”——用极其“陈腐”的方式，讲授非常“老旧”的内容，课堂气氛“死气沉沉”，以学生为主体的相关人士都非常“郁闷”。基本表现有：

一本讲稿（教案）讲到老。没有任何新观点、新材料、新角度、新思路。

一种姿势（教态）讲到底。上课了，懒洋洋地进入教室，走上讲台，放下材料，安装移动硬盘，找到PPT，喝一口水，坐下，开始边放PPT边念讲稿，慢条斯理、照本宣科，眼睛只在教学平台的显示屏和讲稿之间来回移动，间或喝点水，直到下课。至于课室有多少学生，到齐了没有，教学过程中学生的反应如何，自己的声音学生能否听清楚，等等，他们是不知道的，压根就没打主意要知道。于是，老师是懒得理你们读不读，我照讲不误；学生则是“理得你说啥，睬你都傻”。

这就是大学上课睡觉者众、逃课者多的又一重要原因。好在信息技术日新月异，上网之后有博客，博客之后不久又有微信，加上大学比较注意设施设备投入，网络信号覆盖率高，为百无聊赖的学子打发这令人郁闷的时光提供了极其便利的帮助。自从有了这一神器后，大学课堂里交头接耳、闲聊胡扯的现象急剧下降。

当然，偶尔也有“慷慨激昂”之士，一副怀才不遇、苦大仇深的样子，牢骚满腹，口若悬河，把祖宗、执政党、国家、民族、社会和单位糟蹋得一无是处，然后戴着自编“高才执言”“英勇神武”的光环接受在课堂上难得热血沸腾的学子的膜拜。

那么，是不是现在的大学就没有一个好老师、没有一个好生、没有一节好课呢？当然不是。但这不能从总体上否认现在大学课堂教学普遍存在的“陈旧沉闷”。

其实，这种现象是可以克服的，只要大学愿意稍微改变一下管理规则，就可很快扭转这种教风、学风，形成于类似恢复高考初期大学的校风。可是，大学里有权制定这方面规则的人得不到基本的保护，说不定改革还在动议中，这些规则制定者已经下台。因为这些人的职位命运掌握在任命他们的组织手里，这个组织制定了许多控制他们的“紧箍咒”，其中一个就是每年必须接受他们下属的测评，如果他们准备动下属的“奶酪”，让下属觉得工作要求越来越高，生活“质量”越来越低，下属们就会“揭竿而起”。即使“铁腕治清华”的罗嘉伦再世，也难以治理现代大学教学之沉疴，因为现代大学校长没几个有罗嘉伦的阅历和背景，也没有像罗嘉伦那样获得较多的赋权。

（三）补读

我国大学据说普遍实行学分制，但不是那种完全意义上的学分制，而是学期学分制。与传统的学籍管理相比，除了学业成绩（分数或等级）之外，还有学分和绩点，而学分和绩点是根据成绩换算的，其他的管理方式并没有多大的变化。学习好的无法提前毕业，除了成绩极其不好的学生，一般也没有人会延期毕业。也就是说，依然是齐步走、没选择的教学模式。一般学校都会有考勤制度，督促学生按照总体设定完成课业，但学生干部往往享有特权，他们可以借口学校或院系有任务或有安排而不参加上课，即使踩了“红线”也可以获得豁免，不会被追责，照样可以被照顾而参加考试，很少遇到“死脑筋”教师，只认制度不认人的。但考证考级则不同，误了必须补。

我国大学的学生工作一般归党委管，不在包括教学在内的行政管理系统里。就像二级教学单位（如院、系、部、中心等）中的思想政治理论课教学部一样，它的许多业务工作不在教务处的职能范围内，而是由党委直管。党委系统的学生工作有一套以思想政治教育为主的操作模式，它以评优评先、发展入党、推荐就业等为激励，以活动为主要载体，以综合测评为抓手，以比较“雄厚”的预算经费为基础，开展大量的各式各样的活动，广大学生也非常热衷参与。“活动比上课好玩”“上课没有活动实惠”。这也是造成补课现象普遍存在的重要原因。

传统的教育学理论有第一课堂和第二课堂之说，强调不要忽视第二课堂的作用，现在大学的第二课堂都快取代第一课堂的地位了。学生乐此不疲，到上课时已筋疲力尽，有的干脆就不上课了，关于活动影响课业的批评声时有所闻，但现有体制下这种现象无法改变。

丰富多彩的大学生活，必须有丰富多彩的活动来体现。但如果超出一定的度，就会出问题。目前来看，大学的学生活动普遍存在“多”（次数、占用时间）、“滥”（什么芝麻绿豆的事都组织学生活动，甚至做成“节”）、“低”（学术含量、心智水平）、“俗”（品位、泛时尚化）、“空”（没有什么实质内容）等，许多不切实用的活动充斥校园，真的很耽误学业，学生能够自觉补课，已经善莫大焉，更多的是采取“以情动人”的措施来弥补过关的。

（四）逃课

自高校扩招后的第一个毕业季开始，大学逃课现象就已经引起了社会舆论的高度关注。此事一发不可收拾，且有愈演愈烈的趋势。这不仅是我国现代高等教育史上的第一个逃课高潮，也是我国高等教育进入21世纪之后出现的首个有损脸面的现象。

毕业后的同学聚会，常常成为“逃课经验交流会”，无论课业成绩好还是不好，似乎逃课都是大学中最值得缅怀的光荣记忆。学习成绩好的人以逃课来表明自己聪明，不用怎么学一样有好成绩；学习成绩差的人以逃课来解释自己高明，即使没怎么学一样能毕业。与此相对应，无一例外的是有关老师成了调侃的对象，他们的言行举止甚至成了嘲笑的材料。

在我国，没有不逃课的大学。大学已经形成了自己的一套逃课文化，基本理念是“不会逃课的学生不是好学生”“学生逃课不是学生的错，而是学校的错”“青春年华应该做更有意义的事”等，基本方法有“硬逃”和“巧逃”，“独自逃课”和“合作逃课”。“巧逃”的最高境界是全勤，又没人揭发。“合作逃课”既保证上课有一定的人数，又让想逃课的人都有机会逃课，而且既给足了任课老师面子，还都不缺勤。最公平的“合作逃课”被认为是轮流安排。此外还有尝逃课，即花钱请人上课点到，这使“代课”一词由之前的“代教”一义衍生出“代学”的新义。

1．逃课是一种怎样的现象？

我国大学的逃课到底有多严重呢？《解放日报》记者在上海的调查结果是逃课率为22%；《工人日报》记者在重庆的调查结果认为逃课现象很普遍，被调查的学生甚至认为，“可以这么说，在我们班上找不到没有逃过课的同学，只有逃课多少的区别。”[①]

我国大学的逃课现象最为严重的是哪个年级呢？答案是大四或毕业年

① 《校园逃课现象：大学生雇人代上课为哪般》，《工人日报》2003年11月17日，http://y.sina.com.cn。

级。不少人未毕业就在外上班，像《南国早报》（2012年2月2日）报道的现象其实不是个别现象，当然也不仅仅在毕业年级存在。学校对此态度暧昧，睁只眼闭只眼，后来还认为这样有助于提高就业率，于是有的高校的态度甚至从默许转变为赞许。

什么课程最容易出现逃课现象呢？没有上课的这些人又去了哪里呢？《人民日报》（海外版）（2001年10月23日）有一个粗略的调查统计，表明基础课、专业课、公共课都有逃课现象，被反复特别强调的一些课程成为逃课的重灾区，而在逃课者中真正"混日子"的只占6%。

逃课现象如此普遍，无有幸免，形形色色，不一而足。把这些现象放在显微镜下细致探究，最后看到的是"黑色的幽默"。

2．作为社会精英的大学生为什么会逃课？

学生为什么逃课，细究起来，造成逃课的根源错综复杂。据《解放日报》报道："大学生逃课的根本原因在哪？首先是在思想认识上。一些学生甚至'创造'出一种'逃课有理'论，说什么'不逃课的学生不是好学生。有些课程很没劲，浪费时间，还不如自修。'许多学生认为，某些课程教学内容陈旧、不合口味，所以才逃课。值得注意的是：重点大学学生持此观点的不在少数。上述这个'报告'（笔者注：即《上海大学生发展报告》）还显示：28.7%的学生认为教学效果差，没有学到东西；27.8%的学生认为课程乏味，脱离实际；20.5%的学生认为教学内容陈旧，信息量太少；7.4%的学生认为教学内容太容易，自学也可以掌握。"[①]据《工人日报》的报道，"逃课一族"多半是高校部分即将毕业的学生和刚入学的新生，主要原因是突击考证、打工挣钱和参加社会实践。也有部分是为减轻家庭负担者，还有一些是对某个学科某个老师"不感兴趣"者。[②]上

① 《高校课堂"上座率"七八成 大学生逃课为哪般？》，《解放日报》2001年12月2日，http://www.sina.com.cn。

② 《校园逃课现象：大学生雇人代上课为哪般》，《工人日报》2003年11月17日，http://y.sina.com.cn。

述基于调查的分析，主要谈了逃课的客观原因，而据《人民日报（海外版）》引自学生的说法，大致有如下种：一是假条制作简便，二是课堂没有吸引力，三是教科书太陈旧，四是没学习动力。即"逃课有客观原因，也少不了学生的主观原因。如果同学学习态度不积极，就会逃课。中南财经政法大学的白教授说：'现行教育体制中，应试教育仍占据主导地位，升学是学习的唯一动力。部分学生进入大学后，没有了原来的支撑点，新的目标又没有确定。在这个空当里，他们学习松懈，没有寄托，不知何去何从。'没有明确的学习目标，没有学习激情，自然就会逃课。而且，在现行招生体制下，并非所有人都能读自己喜欢的专业。若对现在的专业没有兴趣，自然少不了逃课。"[①]还有因为看教科书觉得插图（性病类）恶心而看世界杯，等等，都可成为逃课的理由，看来大学生逃课现象是多因素综合作用的结果。

从"教"的角度看，主要有：

其一，有些课程实在没有什么用。

大学课程的实用性差早有诟病，据《南国早报》报道：阿毅和他的同学对逃课上班并不以为耻。他们认为，现在用人单位对毕业生"有实践经验"的要求越来越高，可学校强调过英语四级、学电脑，对学生的实践机会和实践质量却显得不够重视。阿毅和同学们反映说，去年学校有一次实践机会，可同学们感觉收效甚微。在学校的统一安排下，全班同学到一个对点学校做了一个月的实习老师。由于校方全权代理，没有多少人际关系可处；学生表现无论好与坏，都不会被人家"炒鱿鱼"。阿毅说这次出去上班，才发现课本之外的东西太丰富了。他说他们系也有一个在外上班的人，因为上班时间玩电脑游戏，被用人单位毫不留情地解雇，饱尝"下岗"之苦；而口才、合作精神、人际交往能力等，都成为衡量人才的标

① 《课堂没吸引力了？——反思大学里的逃课现象》，《人民日报》（海外版）2001年10月23日，http://www.sina.com.cn。

准。阿毅接着说：我们觉得，这样的例子很生动，也很让人反省。中学时为了挤上高考独木桥，大家都讲“应试教育”；但上了大学，就要讲“应‘市’教育”了。[①]

同时，教材陈旧也是大学生逃课的一个原因。据《人民日报（海外版）》报道，学生认为：“书本上的东西又旧又落后，谁愿意在课堂上浪费时间？”调查发现，大学课本很多是20世纪80年代的产物。如现行的《古代汉语》是1991年4月第2版、1998年4月第27次印刷；《中国现代文学史简编》是1984年3月第1版、1998年5月第17次印刷。文科书历史悠久一点还可以理解，但看看大学里选用的计算机教程，大多已跟不上时代的要求，更别指望从中获取前沿新知。

其二，有些教师上课实在没有水平。

据《人民日报》（海外版）报道，学生认为:“老师上课内容太老套，很多课只要考前背背笔记就搞定了，故不如多花点时间看自己喜欢的书。”“本以为到了大学，上课会有趣一些，结果很让人失望，还不如自学。”逃课的同学都有自认为充足的理由。调查发现，大多数同学都在抱怨老师上课的内容和形式太过死板，整个人就是抄笔记的机器，课堂气氛沉闷。上这样的课，同学们不仅没有获取知识的充实，反而觉得浪费时间。长期实行的应试教育是造成课堂气氛沉闷的重要原因。不少老师为了完成学校下达的硬性教学任务，或者为了保证学生的考试通过率，不得不采取“填鸭式”的教学方法。而学生只要考前猛背几天就可过关的现状，也让不少同学抱着侥幸心理大胆逃课。[②]这是很有道理的，也说明了另外一种情形：在大学，有些善于讲课的名师，即使上公共课，同样非常受欢迎，常常几百人修习。

---

① 《大学未毕业就在外上班　大四生逃课现象堪忧》，《南国早报》2002年2月21日，http://www.sina.com.cn。

② 《课堂没吸引力了？——反思大学里的逃课现象》，《人民日报》（海外版）2001年10月23日，http://www.sina.com.cn。

其三，有些课程听不听都能过关。

教学难度过低，对想学习的人来说，不解渴，对想混文凭的人来说，好对付。感到不解渴的人会想其他出路，感到好对付的人无法赖在课室里白耗着。

其四，大多数听课纪律形同虚设。

为了维持课堂秩序，我国学校摸索出了许多制度和措施。点名、提问、奖励（表扬、加分、让学生演示示范、向家长报喜、委任为小先生、评先评优、越级）、处罚（批评、扣分、体罚、向家长投诉、校纪处理、留级等）、课堂表现纳入课程的综合成绩评定，等等。到了大学，师生都是成年人，好多措施已经失灵或不方便再使用，但考勤制度则是普遍保留的。

我国大学都有考勤制度，但考勤制度是否有效执行则是个未知数，许多老师没有考勤习惯，许多学生考勤员不想对缺勤同学下手，所在院系不愿意亮家丑，再加上大学生有足够的智慧摆平这些事。为了应对考勤，请假条满天飞，其中绝大多数的理由是身体原因。“为了确保万无一失，逃课最好要写假条。”这是“逃课族”普遍认同的观点。网吧可以为逃课学生写病“假”条，医院应求诊者要求开具病假单更是业务范围内的事，无病都可以开药，无病当然也可以开假条。于是，名目繁多的请假条摆上了讲台。内容丰富、理由充足，老师也有了不管的台阶，这样，逃课者更加会放任自流了。

当然，高校扩招后就业形势非常严峻，各级党委和政府都把促进大学就业提到前所未有的高度，学校肯定不会等闲视之。既然上大学是为了更好地工作，那么，“一切为了工作”就变得顺理成章。为了提高就业率，学校有意网开一面，放松了纪律。

既然来与不来上课都没有多大分别，有些课上与不上没有多大差别，逃课现象就在所难免。

3. 大学逃课现象能治理吗？

逃课问题其实是一个“全球性问题”，特别是世界杯期间，各国大学生球迷都想逃课。世界各国的大学都想有效解决逃课问题。据中新网北京2002年3月4日的消息：“今年夏天将在日本和韩国举行的世界杯足球赛决赛阶段的比赛已经日益临近，泰国的教育部门也没有放松，他们正在为防止学生在世界杯赛期间赌球和逃课制定措施。”“据新华网记者今天援引当地媒体报道，泰国教育部学生检察部门已决定，世界杯期间，将向全国派出250名督察员，监察各地学校是否存在聚众赌球的现象。这些督察员将与当地警方密切合作，一旦发现有学生参与赌球，就立即通知警方。同时，警方也将严密监控赌博集团的行动。至于每次世界杯期间都会出现的逃课潮，教育部门也想出了一个好办法，即在学校转播足球赛。教育部已向各地学校发出建议，在世界杯赛期间，组织学生球迷在学校看球，并由体育老师或当地的足球运动员到场监督并做评论。”[①]

要治理逃课现象，前提恐怕是需要好好认识这种现象。《21世纪人才报》（记者李佳蔚，通讯员周莹、张立力、阮华宁）曾经以《“是学生就会逃课” 聚焦校园“新逃课族”》为题对逃课现象进行了深度调查报道，探讨了“谁在逃课”“‘新逃课族’的生存法则”和“‘新逃课族’背后的思考”等问题，为人们认识这种现象提供了一个新视角。这里分部分引用如下：

首先，关于名称，报道这样命名：

对于学校里的学生来说，逃课一直都是很敏感的话题。在老师、家长们的眼里，逃课是大逆不道的行为，逃课者也自然而然地被归入“坏孩子”之列。然而在知识经济高度发展的今天，逃课已不再是顽劣学生的专用名词，它作为大学里的常见现象被形形色色的学子们赋

① 《泰国教育部提防世界杯 重拳出击力防学生逃课》，中国新闻网2002年3月4日，http://sports.sina.com.cn 。

予了新的内容。……我们姑且叫他们“新逃课族”。

其次，关于“谁在逃课”这个问题，报道这样写道：

“是学生就会逃课。”刘林对于记者的提问回答得理直气壮。刘林，重庆大学新闻专业在校本科生，超级“新逃课族”。据他自己说，一学期基本只上开头和结尾的几节课。“很简单，我工作去了……我认为书本上的东西和自己在新闻单位实践所得完全不一样，而且后者往往更实用，更有价值。”

一组最新公布的数据显示，高校专业课逃课率在20%左右，基础课的逃课率在25%以上，至于哲学、邓小平理论、毛泽东概论之类的公共课则高达50%。通常这部分“新逃课族”会放弃基础课和公共课。

“新逃课族”中还有一部分属于商品经济中的弄潮儿，他们逃课的目的很明确，为了赚钱。

由此看来，学生们逃课的理由不再是贪玩贪睡这么简单，他们有自己的目的和打算，但记者对他们的命运却担忧起来，如此学习，大学考试怎能过关？

第三，关于“‘新逃课族’的生存法则”这个问题，报道告诉我们：

“大学考试要过关很容易。”

记者了解到，老师对于逃课的学生总体上比较宽容，只要不影响课堂纪律和正常的教学秩序，一般都不干涉或者强行处罚。

“你不明白，上大学的第一个月就耗尽了我对上课的所有热忱。在长达3年的时间里我总觉得讲台上那个正说话的人与我毫无关联，他讲的东西只是为了帮助我通过考试，获得某项资格证书。他们似乎压根儿看不出台下那群头发乱蓬蓬、满脸不屑的家伙们，是多么渴望被引入某种奇特的灵魂的旅行之中……而现在我们学的确实没多大意义。”

据记者调查，新时期的“新逃课族”对于学业的把握已游刃有余，他们只需要花费少部分时间就能获得优异的成绩，其中不乏奖学金的获得者。而这部分学生，他们的毕业走向门路更开阔，待遇比自己的同龄人更优越。

“工科的学业比文科重一些，但现在很多工科专业里也有多门设置不合理的老旧课程，学生也逃课，但爱学习的同学大多可以自学，而普通同学则是60分万岁。”

第四，关于“‘新逃课族’背后的思考”，报道是这样分析的：

一种观点认为，逃课固然有许多客观原因，但很大程度上取决于学生自己的学习态度不够积极，缺乏学习的自觉性和积极性。

但学生们有自己的说法。有学生认为，在知识爆炸的时代，他们的许多教材太陈旧，已跟不上时代发展的需要。也有人认为老师讲课不生动，手段不灵活，缺乏创新意识。书本知识停留在读和看的阶段，与自学没有两样。

看来，逃课使大学教育面临新的挑战，应试教育越来越遭到学生们的反对。当然，作为学生，选择逃课这样一种极端的方式或许不够明智，或者，还需要一种新的途径与方式去寻求知识和课堂的平衡。

之所以大段大段引述这篇报道，就是因为“逃课”这一新的大学现象已经成为困扰现代大学的尖锐问题，并且还有“正义化”的倾向。这篇报道告诉我们，大学逃课现象的出现是有一定道理的。但是，如果人们据此认为大学逃课现象或逃课行为是合理的，是“新生事物”，那就大错特错了。上大学是因为大学里有值得学习的东西，而且这些值得学习的东西还就在大学里头，还就主要地通过课堂教学的渠道来传习。如果认为在大学之外可以比在大学里头学得更多更好，而为之喝彩的话，这就把个别现象当作普遍真理了，也就演化为新的大学无用论了。如果上大学几乎可以不上课，那还上大学干什么？中学毕业后直接参加社会实践就行了。我们要预防像“文革”期间那样疯狂的“经验主义教育学”思潮的再度泛起。社会是一所大学，有许许多多书本里学不到的东西，但它永远代替不了实体的大学。总的来说，逃课现象或逃课行为的恶果是后患无穷的：

第一，它妨碍了学习的有效性，无法在有利条件下集中学习尽可能多的东西。

第二，它影响了学习的系统性，无法形成和完善“学科结构”和专业的“认知结构”。

第三，它贬抑了理论的重要性，有可能陷入经验主义的泥沼。

第四，它滋长了急功近利的思想，容易急躁，并导致放弃对人生理想的坚守。

第五，它挑战了制度的权威性，容易养成藐视规则的习性。

第六，它影响了其他师生的教学热情，进而降低了教师的职业效能和同学的专业认同感。

第七，它助长了大学弄虚作假风气的蔓延，损害了学术的神圣性和大学的形象。

第八，它把投机取巧的作风带入社会和工作单位，加速了“世风日下”。

这样看来，“逃课”充其量就是一种“情有可原”的现象或行为。

为了防范逃课，各大学纷纷“迭出”怪招，包括国内大学的“考笔记”、泰国增派警察与集中校内看球、美国的利用手机报料等。

逃课顽症须综合治理。所谓综合治理，至少涉及“管”“教”“学”三个方面。管要“管严”“管实”，管理上放任自流，确定的目标、要求和内容不实在，学生是很难用功的；教要“严教”“活教”，再好的内容如果教不得法，没有难度，如炒冷饭，听的人也是够难受的；“学”要“勤学”“实学”“活学”，再有趣的学习都是一项艰苦细致的工作，需要勤奋，需要扎实，需要活学活用，这是千古遗训。所以，陶行知说，不要死读书、读死书、读书死，要活读书、读活书、读书活。说的就是这个道理。如果我国的大学严格要求学生，不刻苦细致就不可能取得好成绩，稍为懈怠就毕不了业，如果我国的大学厘定的教学内容是非常有价值、非常有趣的，如果我国的大学教师都能认真备课，努力把课上得非常生动、有吸引力，试问，哪个学生愿意逃课呢？当然，大学和社会都要共同营造良好的环境，让学生不想逃、不敢逃、不能逃，如果社会没有纲纪，大学也是很难独善其身的。

《人民日报》（海外版）记者黄志军、谭婷调研后认为，要杜绝大学校园的逃课现象，各方都应作出积极的努力。如学校应改革不合理的教育体制，采取真正意义上的学分制，宽进严出，激发同学们的学习积极性；采取激励机制，鼓励老师革新教学内容和教学方式。当然，作为学生，更应明确学习目标，珍惜时间好好学习。[①]这种分析是非常在理的。我们如何才能做到这一点呢？当年的西南联大就有许多可以汲取的经验。

（五）情爱与同居

《腾讯网》之《今日话题》第2871期（2014年7月31日）讨论的话题是“女大学生代孕：生育黑市下的产物”，话因是北外女研究生靠代孕谋生。大学生代孕在20年前是闻所未闻的事，而现在却成为网络热点话题，反映出现代人的观念和行为的确越来越开放了。而此前不久，厦门大学博导刚刚闹得沸沸扬扬。其实，与此相关的事项在大学里也是司空见惯的了。现代大学不仅撤销了“文明检查队”，而且按教育部新规还可以结婚生育。

教育部恩准大学生可以结婚生育，这是政策的人性光辉。大学生已步入成年，也开始步入恋爱、结婚、生育的黄金时期。我们无法确切地知道马斯洛是怎样定位“情爱”的，情爱似乎是一种贯穿从低级到高级的需要。哪怕在最“男女授受不亲”的时代，男欢女爱依然是令人向往的。这

---

① 《课堂没吸引力了？——反思大学里的逃课现象》，《人民日报》（海外版）2001年10月23日，http://www.sina.com.cn。

是无可指责的。因为行为可以约束，但情感是奔放的。在禁锢的年代，青年们暗恋，秋波暗送，想让一人知道，不想让别人知道；在开放的年代，青年们明恋，卿卿我我，只要两人相好，不怕别人知道；在放开的年代，青年们狂恋，热情相拥，不管最终结果如何，就怕别人不知道。

现代大学大概处于狂恋的发展阶段。狂恋有四大标志：一是大学生活以“恋”为主，一来即恋，以恋为荣。许多人是先确认恋爱关系，再慢慢了解，培养恋爱感情。二是同居，想方设法过“小两口”生活，俨然是一对夫妻，而不是一对情侣。三是为爱大打出手，无论是好兄弟还是好姐妹，在爱情问题上通常以武力解决纷争。四是分手与重组频繁。在恋爱舞台上，乱哄哄，你方唱罢我登场，一个是名花易主，城头变换大王旗，一个是江山改色，战地黄花分外香。当然，说当代大学狂恋，还因为有不少“出位”的恋爱行为：挂横幅，对着宿舍大楼高喊“我爱你”，组成亲友团助威，捧上9999朵玫瑰，等等。改革开放不仅解放了人们的性观念，也放开了人们的性行为。当代大学的流行语是：“上大学，就是要好好谈一场恋爱！”“将爱情进行到底！”“那些年我们一起追过的女孩。”其恋爱理念是“不在乎结果，只在乎过程”和“不在乎天长地久，只在乎曾经拥有”。在此理念指导下，不少大学生的大学生活规划是恋爱至上的，至于学业，那是摆在第二位的，而且还是60分万岁的那种。学校根据政策法规能够管束的是禁止男女在学生宿舍里同居，此外别无他法。学生可以结婚生育，但学生同时又想依时毕业。这是一对矛盾。这对矛盾的主导方在学生，它给教学管理带来严峻的挑战。

（六）课桌文化

课桌文化历史悠久，反映了课堂教学无聊、学生的价值观和文明程度，直接表现为学生上课不想听、不好听、听不懂，又必须待在课室。

课桌文化一般出现在中小学，较少出现在大学。但高校扩招后，课桌文化在大学有蔓延趋势，而且格调越来越低，反映出相关一部分大学生缺乏理想追求、情感管控能力不足、及时行乐思想严重的倾向，同时，也说明了现代大学的教学缺乏吸引力，无法把学生的注意力引导到教学问题上来。这里既有课程的因素，也有教师的因素，毕竟，我国没有为高校扩招专门做好师资方面的准备。在相当长一段时间里，国家教育决策或国家教育政策的基本模式就是“脚踩西瓜皮，滑到哪里是哪里”“头痛医头、脚痛医脚”，也还带有比较鲜明的“大跃进”思维。另外，相当一部分进入高校的学生，其实也没有做好读大学的准备，在人生规划、职业理想、知识储备、学习方法、生活方式、社交能力等方面，都还停留在“中小学”阶段。大学的教学管理不解决“教”与“学”的问题，大学就会变成高中的延续，“孩子们”读的不是大学一年级、二年级，而是“高四”“高五”到“高六”“高七”。

（七）合作作弊

在我国，作弊是一个普遍存在的问题，而且呈现出这样一种趋势：年级越高（年龄越大），作弊现象越普遍、越严重、越花样迭出、越肆无忌惮，被发现后也越来越若无其事。现在，要找到一个从未作过弊的人其实是不容易的，有些人自始至终靠作弊来升学，拿学位。据《中国青年研究》报道：“近日，一份对892名大学生进行的抽样调查显示，有82.74%的大学生曾有过作弊行为（包括夹带纸条、给别人传答案、替考、高科技舞弊等），成绩中等以上的舞弊者占80.66%，其中，目的是‘帮助’同学的，占8.86%。”[①]当然，被逮住的只是少数。

当有统考、亮分、排队的时候，考试实际上不再是个人事务，而成为集体事务：考试的荣辱是大家的荣辱。因此，在乎考试成绩的不仅仅是考生自己，也包括家长、老师、学校、社区、教育当局乃至党委政府。所以，利益相关者都希望考出好成绩，都想方设法出好成绩，都千方百计地

① 《调查：82.74%大学生曾有过作弊行为》，人民网，2005年8月31日，http://edu.people.com.cn/GB/1053/3655737.html。

创造条件出好成绩。这就是为什么考生作弊，往往身后有家长、老师、校长的影子。在我国，合作作弊也是一个比较普遍的现象。也许人们对曾经轰动一时的湖南郴州嘉禾一中高考疯狂舞弊案还记忆犹新。综合当时的报道（如《河南报业网》的《湖南嘉禾一考点高考疯狂作弊(附图)》）：2000年，7月7日上午9时，全国高考第一场语文考试开始。架设在考场对面楼中的摄像机拍摄到了如下的情景：考场内，一位考生偷偷掏出纸条，看过后，又不动声色地传给后座；另几位考生，不断地前前后后交流答案……11时30分铃声响起，考试结束，考场内一片混乱。按我国高考考试守则规定，考试终了时间一到，考生必须立即停止答卷。但是在铃声响过两分钟后，考场内却是这番情景：监考老师甚至站在仍奋笔疾书的考生边耐心等待。到了下午，记者在另一考场看到，考场秩序更为混乱，考生们传纸条，打手势，交头接耳，可谓是五花八门。这一切监考老师都尽收眼底，但他就是视而不见。情况太混乱时他干脆背过身去，看着走廊。考试结束了，考生们借着最后的机会不断彼此交流。尽管身戴大红监考证的老师就在身边，但是铃响两分钟后，许多考生仍不愿交卷。事后，共有203名考生被取消当年高考资格，77名考生相关科目成绩无效。教育局副局长、招生办主任和一中校长、考点副主任被提起公诉。这是一起典型的合作舞弊案。为什么会出现这种状况？据说作为考点副主任的校长在考务工作会议上发表过让监考老师感觉“能松就松”的话，大致有三句：“不能出现大量答案雷同的试卷”“不能出现集体性舞弊”“学生十年寒窗不容易”。也有报道说校长讲了如下意思的话：“对考生既要严格要求，又要关心爱护，要到省里争饭碗。学生十年寒窗不容易，家长付出了很多心血。主要防止大面积舞弊和试卷雷同，你们自己把握一下。”这简直就是集体作弊的动员令。

在我国，作弊的何止是高考，有些人小学就开始作弊了。中国青少年计算机信息服务网的《小学生作弊的心理是什么》提供过一个个案：

“我的孩子考试时爱作弊。为这事，老师找过我好几次，我也严厉地批评过他，可他就是改不了，还振振有词地说：‘不抄白不抄，别人都抄出了好成绩，我不抄不是亏了？’‘考不出好成绩，您能给我买新书包吗？’您看，气人不！我奖励他，是希望他能考出好成绩，不是让他去弄虚作假啊！我该怎么办呢？”当人们认为不作弊要吃亏时，作弊就变成了一种社会公共心理。从小就作弊，很容易就养成一辈子作弊的意识和行为。《中国青年报》曾报道过从事教学管理多年的杨朝晖（首都师范大学）和吴春卿（华北电力大学，北京）两位老师对八名作弊大学生所做的心态调查，①在“不得不抄”和“能抄就抄”的大环境里，尽管作弊者各有各的原因，但没有充分认识到作弊行为的严重性和存在侥幸心态则是共同的。

作弊发展到当代，已经有了新的进展，具体表现在四个方面：一是传统方式与现代技术结合。关于传统的作弊方式，明清的考试规则应对的角度已多有条例，如今依然有很多作弊者选用先人的方法，但同时，也不断把新科学技术应用于作弊活动，如无线电发射接收技术、影像技术、信息技术等。技术日新月异，作弊工具也在花样翻新。二是有人要为“作弊”正名。作弊本是见不得光的、丢人的、违规的、妨碍公正公平的行为，也是一种欺骗行为，现在有人就像“洗黑钱”那样要让它成为正当的行为，抛出了所谓的作弊有理论、作弊正当论、作弊合法论等论调，这在整个反作弊史上堪称“奇葩”。三是老师学生皆上阵。老师的天职是为人师表，作为监考者，应该防范和处置作弊行为，现在却狼狈为奸，合伙作弊，简直置天理于不顾。四是作弊何止在考场。除了考场作弊外，现在的作弊场所已经延伸到了命题场所、印制场所、评卷场所、登分复核场所，乃至组织场所和录取场所，甚至还有协助作弊的网站。真个是“道高一尺”“魔高一丈”，在风气变坏的环境里，技防始终都是落后的，谁又能保证签署

① 见《心态调查：我为啥作弊》，搜狐网，2001年11月2日，http://learning.sohu.com/31/34/learning_article15533431.shtml。

《承诺考试诚实守信保证书》是有效的呢！

考试作弊何以愈演愈烈呢？除了考试与利益挂钩这一根本原因外，还与下列因素有关：一是缺乏为自己行为负责的品质。许多人以自我为中心，随心所欲，行为不计后果。法纪观念和责任意识淡薄。二是社会不良风气的影响。“好汉不吃眼前亏”，为达目的不择手段，不劳而获，弄虚作假。三是对作弊行为处罚不力。许多人碍于情面，不敢抵制；许多人为关系所困，拿规矩做交易；许多人为了学校的声名，采取隐瞒策略；还有许多的老师和学生联名上书为作弊者开脱。由此导致作弊行为得不到应有的处罚，通常是大事化小，小事化了，还美其名曰：“年轻人，难免犯错，改了就好！”“处分不是目的，关键是教育。”“给人处罚，留在档案，会影响人的一生的，要对学生一辈子负责。”笑眯眯地批评教育一番就过了，有的连批评教育都免了，真是不了了之，那么，又有谁会把规则当一回事呢？！四是不少有过作弊行为的人进入到教师队伍。老师都靠作弊谋得这一职业，这样的老师是不会要求学生严守规则的，他们也没有资格要求学生不作弊。

试想，一个充斥作弊的大学，跟“山寨大学”又有什么两样呢？

（八）校园新贵

大学是培养高级人才的地方，社会各界的精英绝大多数是经由大学培养出来的，特别是大学里的学生组织，更是未来社会领导者的储才阆苑，我国社会各界领导大多出身于大学的学生干部。如果我们的大学能够培养出“以天下为己任”“奉百姓为神明”的社会精英，那么，大学就成为社会的明灯、人类的灯塔，这是一流的大学；如果我们的大学能够培养出具有民主意识和服务精神的大学干部，那么，大学也会成为社会进步的推动器，这是二流的大学；如果我们的大学仅仅能够培养出高水平的社会公民，那么，大学也算为社会发展添了砖加了瓦，这是三流的大学。如果大学做不到上面的任何一条，那么，只能算是不入流的大学。不入流的大学往往会成为反潮流（逆潮流）的大学。

南方网曾经登载过中国人民大学政治学副教授陈伟的一篇近4000字的博文。他认为学生会是大学最黑暗的一角。这个判断是否确切、是否偏激、是否胡扯、是否以偏概全，我们暂且不去讨论，但陈伟描述的他本校学生组织的这些现象，在其他大学也是有所表现的，也许没有中国人民大学的突出尖锐，决不至于全是虚构的。至于是否符合中国人民大学的实际，我们不敢妄断，但以该大学招生的乱七八糟、乌烟瘴气来推论，陈伟的博文未必就是虚妄的。

在我国的大学，的确活跃着一群与普通学生很不一样的人，他们的名称依然叫“学生干部”，但与过去大学的“学生干部”不一样：他们时时处处表现出“自豪”和“自信”，压不住的贵气直往外冒；他们比普通同学获得更多的“资源”和“机会”，挡不住的运气直逼人来；他们可以得到更多的“照顾”和“原谅”，包括不及格、缺勤等，往往都能“摆平”，仿佛有消灾化险的瑞气罩住，因而，他们往往高人一等，有的人甚至不把普通老师放在眼里，还有的人拉帮结派、以权谋私，凡此种种，不一而足。这些人已经成为我们大学的校园新贵。

大学校园如果活跃着一批学生贵族，即所谓新贵成群，校园不伦。那是非常危险的，那是大学精神沦丧的重要标志。

四、学术神圣与大学自主

学术是指比较专门且有系统的学问，而大学则是社会的学术中心。讲到学术，不由得让人肃然起敬，而讲到当代中国大学的学术，不由得让人扼腕长叹。

（一）学术是神圣的

中国向有敬重读书人的传统，即所谓“万般皆下品，唯有读书高”，其根本原因就在于“学术”是神圣的。读书可以获得学问，甚至可以成为有学术的人，这是非常高（水平）贵（难得的）的。至于成为大学问家，知人所不知，能人所不能，这便是“神”“圣”了。

学术是神圣的，大学也因有学术而变得神圣。

学术的神圣性大概表现在如下几个方面：

1. 学术是“真理”“真知”的代名词，试图揭示的是世间万事万物的普遍规律或普适性的价值规则，这些“微言大义”不是一般人所能体悟的。

2. 学术成果的获得是一个艰苦、严谨的求证过程。

3. 真正的学术成果与探究者是否拥有权力、是否富贵无关。

4. 对学术问题的思考不受性别、种族、身份、地位的限制。

5. 学术的动机和目的主要在于人生关怀、社会关切和宇宙关注，而不是谋求自身的利益。

6. 真正的学术成果对人类社会有意义。

总之，学术具有独特性、纯粹性和有用性，因此，人们会认为它是神圣的。

（二）现在的学术还神圣吗

如果学术（包括学术工作者、学术活动和学术成果）不具有独特性，而是山寨货；不具有纯粹性，而是谋利货；不具有有用性，而是垃圾货，你会认为这样的学术是神圣的吗？答案是否定的。其实，严格说来，这算不得是学术。产货的活动算不得学术活动，产出的货算不得学术成果，产货的人算不得学术工作者。既然算不得学术也就罢了，可偏偏人家还要拿这当作学术。在大多数人都不搞学术的社会里，假学术是很容易蒙倒人的，尤其是一些真学术也为假学术站台的时候，假学术便仿佛成了真学术。即使没有真学术站台，几个假学术在一起相互证明对方的假学术的真切性和高水平，再抬出几个外国人说事助威作伪证，假学术也可披上真学术的外衣。特别是借洋人抬高身价的事，在假学术圈里屡试不爽，因为这个世界绝大多数的人是行外人，他们不懂真假；少数行内人中绝大多数人都没出过国，压根就不知道国外有没有这个人，所以无法质疑；至于少数出国的行内人，绝不可能这么巧，到过伪证人所在地或见到过伪证人，所以无证据质疑；如果万一真给碰上了，让个别人明了了这是一场骗局，那也未必就会出事，说不定事件发现者自己也入伙到假学术圈中，不用花多少力气，便可分享作假带来的无上荣耀和巨大利益。这就是现代假学术横行的重要原因。

2004年3月17日，中国政法大学的杨玉圣在学术批评网之学界观察上抛出《中国新近十大学术公案》一文，揭露了十大假学术事件，分别是：胡黎明博士论文抄袭事件；北大教授海外论文“相似”事件；张汝伦抄袭事件；王铭铭剽窃事件；陈国生现象；语言学界“骗子”案；王同亿现象；人口史风波；长江《读书》奖事件和湖北省社科评奖风波。根据杨文，十大学术公案的大致情形是这样的：①

1．胡黎明博士论文抄袭事件

原华东理工大学教授胡黎明，曾经是一颗耀眼的“科技启明星”：1992年，年仅29岁的胡黎明被聘为教授，第二年，就获得了硕士和博士生指导教师的资格，他用两年时间走完了别人几年乃至几十年的路。他曾经身兼要职：华东理工大学技术物理研究所所长、国家超细粉末工程研究中心负责人、国家教委超细材料反应工程开放实验室主任、博士生导师；一度浑身光环：如上海市科技精英、上海市科技启明星，先后获得国家杰出青年基金奖励、跨世纪优秀人才基金奖励，7次获得国家教委科技进步二、三等奖，等等。

1997年6月6日，华东理工大学校长王行愚教授接到清华大学一位教授的检举信，详细列举了胡黎明博士学位论文《CVD反应器中超细粒子的形

① 以下有关十大事件的梗概皆引自杨玉圣《中国新近十大学术公案》一文，有删节。因事件与名人名校（机构）有关，所以非常有典型性。详见：2004年3月17日学术批评网之学界观察；学术交流网之学术问题讨论于2004年3月18日转发。

态控制》的抄袭章节、数据及被抄袭文献出处等材料。最后经学位委员会讨论，认定胡黎明的博士学位论文从模型、数据到表述方法都存在着非常严重的剽窃现象，其抄袭是有意的、大范围的、系统的，抄袭程度前所未见，性质极其严重，且本人不能正视剽窃事实，学术道德败坏，经无记名投票，一致决定撤销其博士学位，取消其博士生、硕士生导师资格。

胡黎明的上述博士论文曾送交20位化学工程、材料科学、化学方面的校内外同行专家评阅，有18份认为这是一篇较优秀的博士学位论文。胡黎明等联名在《华东理工大学报》发表的两篇论文也存在严重剽窃现象，还多次在获奖人才基金申报等材料中弄虚作假，并利用计算机虚拟制作了两本莫须有的所谓“专著”——《CVD技术的化学工程研究》《纳米颗粒制备科学与技术》的封面。

胡黎明的导师、1991年当选为中国科学院院士的陈敏恒教授，曾任华东理工大学校长，被撤销其院士称号。这是中科院第一次因学术道德问题而对一名院士除名。

2．北大教授海外论文“相似”事件

1994年，北京大学生命科学学院蛋白质工程和植物基因工程国家实验室的6位科学家在荷兰《植物分子生物学》联名发表《鼠金属蛋白-I基因的表达给予转基因烟草植物对镉的抗性》一文（署名Aihua Pan, Meizhu Yang, Feng Tie, Lingyua Li, Zhangliang Chen and Biggen Ru）。同年8月，加拿大维克多利亚大学的Satosh Misra副教授质疑该文与她和L. Gedamu在1989年《理论和应用遗传学》（第78卷）发表的《耐金属转基因欧洲油菜和烟草植物》一文“十分相似”，“在引言及讨论两段中，字字相同”。

1996年2月，北大校方在情况通报中指出：“潘爱华同志在‘PMB’上发表的论文，确实在导言、方法及讨论多处文字上抄用了DR. S. MISRA在（19）89年发表的文章而没有在参考文献中列出该文出处及其作者，这是一个在科学论文写作中的严重错误。”“潘爱华从写这篇文章到发表，都未告知陈章良和茹炳根”，应负主要责任。决定潘不再担任金属硫蛋白项目主持人，也不能再作金属硫蛋白的科研，不能再发表这方面的论文，并调离生命科学学院，取消潘的“北大优秀中青年学术骨干”资格。

中国科学院李佩珊和薛攀皋认为此一“严重的抄袭事件”“对国家科学工作的声誉造成损害”。

3．张汝伦抄袭事件

针对复旦大学教授张汝伦的专著《历史与实践》，孙周兴教授在《中华读书报》2000年3月29日发表评论——《实践哲学的悲哀》：称该书“并不是张汝伦教授的‘著作’，而是一本‘译作’，或者充其量也只能说张汝伦教授‘编译’的”；《历史与实践》是“伪书”、张是“文抄公”。

张汝伦教授发表《批评的悲哀》作为回应，但没有丝毫的自我批评和任何认错的表示，逼得孙周兴教授只好在《悲哀复悲哀》中继续揭发、再证《历史与实践》的抄袭性质。

因为在张汝伦教授出事之前，已有中文系申小龙教授抄袭在先，继之有哲学系佘碧平副教授剽窃在后，还有历史系已通过答辩的某博士学位论文被发现存在大量抄袭的问题，故他们工作的大学曾一度被风趣的网友给幽默为“复印大学”。

4．王铭铭剽窃事件

王铭铭教授的《想象的异邦》（上海人民出版社1998年版），被首都师范大学中文系攻读博士学位的王晓生（2002年1月10日在《社会科学报》发表《北大博导剽窃，叫人如何不失望》，署名“晓声”）揭露第二编《视野》“总共10万字左右全部抄袭自他自己所翻译的哈维兰的《当代人类学》”。王铭铭是从英国获得博士学位、在北大从事完博士后研究而留校的“海龟”，当时是北大教授、博士生导师，而且还是国家“百千万工程”入选人、全国高校优秀青年教师。

北大教授抄袭再度成为报纸、网络、广播、电视关注的焦点话题，有严厉批评的，有冷静分析的，也有为王铭铭唱赞歌、鸣不平的，无奇不有。王教授指导的博士生感到“自己敬爱的老师遭受恶意攻击”，并说“王老师之所以遭到这样的恶意攻击，就在于‘木秀于林，风必摧之’，就在于有人嫉妒他为中国人类学做出的突出贡献，嫉妒北大人类学在学术界的地位”。王教授教过的本科生则讨论如何“向铭铭献花”。包括清华、北师大在内的10多位教授向北大校长写信，要求“保护王铭铭”；武汉大学的一位教授把10万字的抄袭说成是王教授“放弃自己的言说能力而让一个或许并不比自己高明多少的哈维兰先生替自己作学术发言”。还有的认为“这样对待王铭铭过了”，因为“王铭铭在学术上是有贡献、有创见的，像他这样处在该学科前沿的人才，中国没有几个。费孝通先生年纪大了，精力有限，他名下的一些博士生，平时实际上由王铭铭指导。如果让王铭铭靠边站，有些事无人代替”。于是，“为王铭铭辩护”一度成为相当流行的关键词。

北大校发24号文件（2002年2月5日）《关于停止王铭铭招收博士生的决定》云：“鉴于王铭铭教授错误行为的性质，为严肃学术纪律，2002年2月4日，学校研究决定，停止王铭铭教授招收博士生。”

王铭铭先生现在依然是北京大学社会学人类学研究所的教授，也仍旧是该所的博士生导师（只是暂时停止招生而已）。而且，据《中华读书报》头版头条报道，王教授的书照样畅销。

5. 陈国生现象

陈国生曾任西南师范大学历史系教授，现为湖南衡阳师范学院地理系副主任、教授。

学界造假，本已花色多多，但陈国生教授的学术造假往往出其不意，匪夷所思：除了在多篇（本）论著中抄袭多位学者的论著外，他还盗用陕西旅游出版社的名义、盗用复旦大学出版社出版的张伟然教授著《湖南历史文化地理研究》的条形码和封面设计，在1996年将自称“筚路蓝缕”而实则多有抄袭的《心理心态与历史研究》“自编书号并擅自印刷”成书。该书作为陈国生破格申报教授的主要成果之一，尽管当时曾遭到专家异议，但他依然在1998年如愿以偿圆了自己的教授梦。

西南师范大学教授蓝勇、贵州师范大学教授张新民，于2002年先后将陈国生的剽窃行为告上重庆市第一中级人民法院。张新民在打赢了这场历时9个月、索赔1元人民币的官司后，颇为感慨：“促使我们最终走上法庭的，并不仅仅是他的侵权行为本身，而是他在抄袭行为败露时，还振振有词地炮制了一套‘抄书有理’的自我辩解理论——所谓‘善抄书者可以成创作’。按照他的理论逻辑稍加推衍，学术尊严丧失殆尽不说，天下是非黑白也会因此而完全颠倒。”

把“一晚上不写上七八千字就不爽”挂在嘴边的陈国生，不仅论著数量特多，而且涉及领域特广：从古代历史地理、现代旅游地理到地方史、文献史、心态史，直至主编《中国近代史》，但这些东西大都不干不净，不是涉嫌抄袭剽窃，就是被指弄虚作假。据说陈国生的问题曾被反映到西南师范大学的上级主管部门——教育部，而教育部监察局也曾致函该校要求认真调查，但无果而终，不了了之。所以，尽管输了法律和道义这双重官司，但“这一切并没有损伤陈国生教授的一根毫毛。他不仅仍继续逍遥自在地当着他的教授，而且对法院判决的任何一项都没有执行”，曾被侵权的张伟然径直把“陈国生教授的所作所为”名之曰“陈国生现象”，并视之为“中国文科学术的丧钟”：陈国生一次次胆大妄为，不仅是对学术规范的践踏，而且是对学者尊严的践踏，对人类良知的践踏，但践踏了，你能怎么样？陈国生现在仍过得很滋润，他担任着衡阳师院地理系的教授兼副系主任，享受着学校给予的特殊津贴，据说还有进一步提拔的希望。

6．语言学界“骗子”案

北京师范大学教授伍铁平在西安外语学院学报《外语教学》1995年

第2期上发表过一篇学术评论，即《学术界不存在骗子吗？——驳云林的一些错误观点》，其中谈道："学术界也有那么一个人，根本不是语言学家，却要冒充语言学家，自吹自擂，把他的错误百出、缺乏语言学起码常识的言论自我吹嘘为'勇于探索、敢立新说的语文新秀'。这样的行为就是欺骗行为，进行这种欺骗行为的人就是骗子。""在物质产品方面要打假，在精神领域里同样也有打假的任务。"文中提到的徐德江先生（在加拿大有永久居留权）乃《汉字文化》杂志社实际负责人（副社长兼副主编，社长兼主编为不久前去世的袁晓园女士），于1995年11月18日，向北京市海淀区人民法院起诉前文称他为"学术骗子"乃侵犯其名誉权，要求伍铁平和《外语教学》赔偿20万元人民币。此即当时轰动海内外的语言学界"骗子"案。

吕叔湘、周有光等语言学家在《语文工作者有责任对伪科学进行揭露和批评》的呼吁信中，公开支持和声援伍对徐的批评：近年来，语言学界对徐德江的各种错误观点和大量的常识性错误进行了严肃的批评。徐德江自封为"著名语言文字学家"，声称创造了"徐德江公式""徐德江学说"，在他任实际主编的《汉字文化》上，吹捧"他的论著代表当代汉语文字学术研究的最高水平"。他和他实际主编的刊物散布了大量错误观点，干扰了正常的学术讨论，妨碍国家语言政策的贯彻执行，造成了极其恶劣的影响。伍铁平发表了多篇有理有据的批评文章，揭露了徐德江信口开河、自吹自擂等恶劣表现。徐德江对语言学界的批评不但丝毫不加考虑，反而采取恶意攻击、乱扣帽子的做法予以抵制，甚至向法院提起诉讼，控告伍铁平教授侵犯他的"名誉"，企图蒙混舆论，利用神圣的法律窒息正常学术批评的开展。这种行为，我们是不能容忍的。

1996年3月、12月，海淀区法院曾两次开庭调查、审理此案，但始终未能判决。直至1998年7月14日，北京市高级人民法院才在为此案签发的（1998年）信查办第24号公函中指出："此案法院不宜审理。"这场"马拉松式”的语言学界“骗子”案，以事实上被驳回而告终。“骗子”案尽管不了了之，但有关的论争仍在继续，远未终结。

7. 王同亿现象

“王同亿现象”是指以王同亿为代表的抄袭剽窃、粗制滥造、弄虚作假等炮制伪劣辞书的违法违规行为。据上海辞书出版社原社长巢峰先生估计，从20世纪80年代至90年代初，王同亿自编、主编并出版的词典达25部，计一亿七千多万字，年均1700万字，其中包括2700万字的《语言大典》、670万字的《现代汉语大词典》、420万字的《新现代汉语词典》。王同亿被媒体誉为“奇人”“超人”“超韦伯斯特”“辞书大王”“没有军衔的将领”。一位新华社记者曾在《光明日报》发过一张题为“著作等身”的照片：王同亿主编的书摞起来正好和他一般高。但这些辞书往往大量抄袭《辞海》《现代汉语词典》等。为此商务印书馆、辞海编辑委员会等，在1993年分别状告王同亿和海南出版社侵权。经三年审理，北京市第一中级人民法院于1996年判决王同亿侵权罪名成立，责令其立即停止侵权，并赔偿原告经济损失。被告虽提起上诉，却遭北京市高级人民法院驳回，维持原判。

以《语言大典》为例，该书两巨册、重达7.5公斤，被专家们称为“谬误大全”“令人愤怒的‘笑话大全’”“伟大的假货”“废话加胡话”“满纸荒唐言”“胡编之尤”“鬼话连篇”“一部集剽窃、谬误、不通于一体的大杂烩”。文化老人罗竹风躺在病榻上痛心疾首曰：王同亿现象的“问题不仅在于抄袭。王氏词典谬误之严重，质量之低劣，在当前胡编乱造的逆流中确已达到了顶点”，它“几乎集古今中外谬误之大成，简直变成了一场‘癌扩散’”。首先发现《语言大典》问题的上海辞书出版社编审、《辞书研究》主编徐庆凯把该书一言以蔽之曰“劣质辞书之最”。《语言大典》曾有如下莫名其妙的释义：“牛鞭”——“用公牛阴茎制成的鞭”；“神差鬼使”——“由神和鬼派出的使者”。2001年，不甘寂寞的王同亿再度抛出《新世纪现代汉语词典》（京华出版社）等“错误百出的‘魔鬼词典’”，如把“不破不立”释为“公安机关受理的刑事案件，能侦破的，就立案，不能侦破的，就不立案”；把“暴卒”释为“凶暴的士兵”。收了“狗日的”“狗娘养的”等污言秽语以及“口交”“傻B”“泡妞”之类不堪入目的内容。在新闻出版总署的干预下，该书被停售，与该书大同小异的《高级现代汉语大词典》被查封。

围绕王同亿现象这一怪胎，近十年来，曾引发了中国辞书界最大的著作权诉讼和空前的集体批评，彰显了辞书学界的正气。

8．人口史风波

中国社会科学院人口所研究员杨子慧主编的《中国历代人口统计资料研究》（改革出版社1996年版），是一部370万字的中国社会科学院“八五”重点科研项目成果，人口所学术委员会评审意见称之为“目前国内关于上古至现代的第一本历史人口学专著”，而北大、北师大的评审专家则断定此书为“迄今唯一的断代史类的人口学术著作，填补了我国历史人口学研究的空白”。可是，复旦大学教授葛剑雄、曹树基在《历史研究》1998年第1期上发表的《是学术创新，还是低水平的资料编纂？》却对此提出了几乎完全相反的评价：主编杨子慧“对于国际学术界有关中国人口史研究状况的了解，几乎是一片空白”，其古代部分基本上是由一些非专业人员编撰的，除了个别编者以外，大部分人从未从事过中国古代人口史方面的研究，“占全书篇幅72%的古代各篇，只是一个低水平的、错误百出的资料编纂，从中难以发现编纂者们的学术贡献”；本书从“总体上说是不合格的”，是“一个基本失败的课题”。

杨子慧等不服，以该书编委会名义发表反批评，认为葛等对《资料研究》一书“持全盘否定、一棍子打死的态度，对编著者进行了尖刻、岔詈的指责，扣了一顶顶‘莫须有’的帽子，乃至采取了近乎人身攻击的做法。这是我们断然不能接受的！尤其令人不能容忍的是，葛、曹的所谓批评在很大程度上是出自他们个人的主观揣度，有悖于学术讨论应当恪守的基本原则和态度”。其“书评傲气凌人、呵斥训人。其所用挖苦、讽刺、诬蔑、诽谤，以及近乎人身攻击的词语，入目皆是。毫无学者式的那种与人为善的气息。”故“郑重声明，我们欢迎科学、积极、健康、平等和实事求是的学术讨论与批评，反对全盘否定、一棍子打死的所谓学术讨论与学术批评。同时坚决反对与之俱生的那种扣帽子、打棍子的大批判文风”。

葛剑雄教授回应说：“杨子慧等的回应文章指责我们的书评用词尖刻，我接受他们的批评，愿意向他们道歉。但这不能成为拒绝批评的理由，不能成为回避问题实质的挡箭牌，更不能成为评价批评是否正确的根据。”曹树基表示：“中国社会科学院各研究所应该是各领域的国家队，他们的研究成果理应代表国家水平，他们的学风也应代表国家提倡的学风。”“就目前国内的情况来看，学风的败坏已经系统化了，学术界长期以来缺少严肃的学术批评，导致大批胡编乱造的所谓学术论文、学术著作泛滥成灾。”“新中国成立几十年来，我们从未建立过与国际学术界接轨的学术评审、学术出版、学术批评等方面的制度和规范。今天，却是建立这种制度和规范的时候了。”

清华大学教授李伯重评论说：葛、曹书评之所以激起风波，“主要是因为我国学坛严重失序，既无学术规范，又无学术纪律。要改变这种状况，就必须做到有‘法’可依，做到执‘法’必严。而具体的手段就是开展认真严肃的学术批评。鉴于目前我国史坛学风积弊已深，积极开展学术批评，是端正史坛学风的当务之急”。

9．长江《读书》奖事件

长江《读书》奖，曾一度雄心勃勃，想“办成最权威、最公正、最有影响力的学术著作奖项”，亦称“长江读书奖”“长江—读书奖”或“读书奖”等，由香港长江集团李嘉诚基金会资助、三联书店《读书》杂志承办，1999年10月启动，2000年4月评审。《南方周末》2000年6月9日大幅专题报道该奖的来龙去脉及其评审结果。

据《南方周末》记者钟晓勇《99万元大奖奖给“读书”人》说：为了制定科学的评审程序，《读书》执行主编黄平1999年赴欧公干时，“索性把经取到了瑞典诺贝尔奖评审委员会，把他们的程序拷贝回来”。评审时，评委们“体现出了高度的责任感和恪守立场的气节，让他们看到了学术民主动人的一幕”。该报道还说：“这次奖项，引发微词的是费孝通的《费孝通文集》、汪晖的《汪晖自选集》和钱理群的《想起七十六年前的纪念》。因为费孝通是特邀名誉主席，汪晖是学术委员会召集人，钱理群是评审委员会委员……汪晖作为《读书》杂志社的成员，和其他所有杂志社成员一样，是不具备推荐、评选资格的。但评选活动开始时，他已经在国外进行学术交流直到现在。《汪晖自选集》得奖后，《读书》杂志原有将之撤下的打算，但这是经过程序产生的结果，《读书》杂志没有这个权力，民主的结果只能尊重。”这之后，相关报纸、网络争议不断，特别是由中华读书网发起和主办的“百位学者谈长江读书奖风波”讨论，独树一帜。

“对于这次活动，汪晖的著作获奖，是这次议论得最多、争议也最多的。”的确，汪晖先生以该奖项的最终权力机构——学术委员会召集人和《读书》执行主编的双重身份、以《汪晖自选集》一书获得首届长江《读书》奖之著作奖，成为众矢之的。中国社会科学院研究员徐友渔指出：“评奖委员会特邀名誉主席获特别荣誉奖，学术委员会召集人获著作奖，一名评委获文章奖，这是什么规矩！而且还堂而皇之地将评奖结果昭告于天下。”肖夏林在《自己评，评自己——长江，〈读书〉奖有感》中指出：《读书》奖评委会一部分是汪晖的“新左派盟友”（如甘阳、陈燕谷等），另一部分“是单位政治中的兄弟像黄平、孙歌等六位”，罗志田等是“汪晖的亲密朋友”；与汪晖学术立场不同的自由派知识分子汪丁丁也与之保持“亲密关系”。北京大学教授贺卫方《从程序的角度看“长江读书奖”》评论说：回避制度不完善是此次评奖最大的弊端，“作为《读书》的两位主编，黄平出任学术委员会委员，并担任整个评审工作的召集人，而另一位执行主编汪晖的著作又最终获奖，这样的安排与结果，任你怎么辩白，也是难免招致天下物议的”，并使“荣誉打了折扣”。

面对争议和批评，在沉默了一段时间后，读书奖工作室在《中国青年报》（2000年7月1日）首次发表“唯一正式声明”，其中曾专门谈汪晖先生与读书奖：“汪晖在设奖的酝酿初期，就对之多有疑虑。但由于他是三联书店聘请的兼职主编，不便对三联书店的重大事务表示可否，所以对评奖一事保持距离。加上1999年10月出国，更明确了对本届评奖完全不参与的态度。因此，汪晖不是本届评奖工作的召集人，也完全没有参加包括章程设计、书目推荐和评审在内的任何工作。在从公开媒体获知得奖消息后，汪晖即于6月11日以来三次来函工作室并转学术委员会表示辞谢。但工作室至今仍建议他慎重考虑。”时任三联书店总经理、《读书》主编的董秀玉女士说：“一个时期以来，我一直关注着某些人对《读书》的攻击和中伤……这所有对《读书》的围剿，到底是做的什么文章？！”她还针对有关汪晖获奖的议论说，“万万没有想到，好不容易被我们从平静的书桌后面拖出来，却平白无故地遭到了百般的诬陷和指责，成为某些人攻击和其他扼杀《读书》的标靶，实在是太过卑鄙的手法”。汪晖本人先是于6月22日在网上发了一篇写于四年前的《“死火重温”——以此纪念鲁迅逝世60周年》，以当年鲁迅的孤独和受围攻自喻。7月2日，又发布《我对目前争议的两点说明》：第一，“对于评奖过程和评奖结果，我个人没有任何参与，也不负有任何责任”。第二，“对于评奖结果有不同的看法是正常的”“引起某些争议和批评是正常的”“应该欢迎一切善意的批评和建议”。但有人把评奖工作“变成了对我个人的道德攻击”“有些人歪曲事实，无中生有，不仅对我本人无端地进行攻击和诽谤，而且也将矛头指向评审委员和其他获奖者。在这次有关评奖的议论中，有些人利用知识界的思想分歧，混淆视听，攻击异己，用心之深，让人震撼。有些网站和个别报纸成为谣言的渊薮，他们甚至没有对当事人进行任何采访，没有对事件进行认真的调查，就任意制造流言，随意进行人身攻击。对于这些丑恶现象，我在此表示强烈的谴责。对于评奖结果可以进行正常的批评和建议，但有些人以获奖为由对我个人进行诬陷和诽谤，严重损害了个人的名誉，我将予以追究”。《说明》还认为“围绕评奖活动而引发的一系列事件值得知识界同人反思。攻击和诬陷的方式不但毁坏了知识界的正常讨论，而且也是对我们的社会生活和社会关系的毒化”。汪晖最后表示：“那些想用污水和中伤来阻止我们的思想探索的人是不会得逞的。”

早在《我的遗憾　我的希望》一文中，葛剑雄即已从爱护读书奖的角度、以朋友的身份建议汪晖放弃此奖：“我希望，在正式颁奖之前，汪晖兄表明态度放弃获奖，主办者宣布汪晖退出评奖。为汪晖兄和《读书》计，这样做有百利而无一弊。务请三思。如果认为有违民主，不妨请评委们再讨论一次。万一评委们还是坚持评选结果，汪晖兄主动放弃总可以吧！”在读到工作室至今仍建议汪晖先生表面上是“慎重考虑”、实则拒绝辞谢读书奖的声明后，葛剑雄尽管深感困惑不解，但仍然善意地表示：“事至如此，我不知道为什么工作室还要坚持违规，不能成全汪晖兄的正确选择，使他能够早日从这场是非中解脱。”争论归争论，评奖结果依然如故。还有，此次长江《读书》奖之评选，既是首次，也是最后一次。

10．湖北省社科评奖风波

湖北省社会科学优秀成果评奖（1994—1998）结果于2001年1月22日在《湖北日报》公示之后，舆论哗然。武汉大学教授邓晓芒、赵林、彭富春发表《是可忍，孰不可忍？——评湖北省社科评奖中的学术腐败》指出：这是“学术腐败在政府评价体制中的一次公开的粉墨亮相。在本次评奖过程中，评奖主持人和个别评委利用职权，在哲学社会学组把一场严肃的评奖活动变成了一场一手遮天、结党营私、瓜分利益的丑剧，在湖北省哲学界造成了极其恶劣的影响，体现了搞学术腐败的典型方式”。在初评中，由于没有匿名评审制度和健全的回避制度，尽管在评审到自己的成果时评委本人也“回避”一下，但从评审的结果来看，“评委们相互之间的心照不宣、彼此关照、利益均沾、互投关系票，已达到了出神入化的程度”。如哲学社会学学科组全部5位复评评委（负责复评并参加终审），获一等奖2人、二等奖2人、三等奖1人，中奖率100%。该学科组负责初评的7位专家（即初评委），4位有成果参评，分别获二、三等奖，获奖率也是100%。其中武汉大学哲学系马列教研室有7人申报，有6人获奖：一等奖1名、二等奖3名、三等奖2名，这6名获奖者中，有5名是师生关系，其中老师为本次评奖活动中哲学社会学组复评组组长、省社会科学优秀成果评委会副主任，而其弟子则是哲学社会学组初评组组长。鉴于哲学社会学组评审结果极不公正，三位教授“强烈要求按湖北省社联各学会团体举行会员投票，选出真正具有代表性的评委，对此次评审结果进行重评或复审，尤其是对陶德麟、汪信砚依靠权势和捣鬼所获得的一、二等奖，应本着严格的学术标准取消其获奖资格……否则的话，湖北省学术界尊严扫地，湖北省第一届‘政府奖’名誉扫地，湖北省大批有真才实学的专家教授和博导们也真该去扫地了！”该文被吴静男称为“天底下最犀利的批评”“是中国学术界的幸事”！

湖北省社会科学优秀成果评奖办公室认为邓晓芒等人的文章“内容十分不真实”，投诉率只有1%，“足见这次评奖活动是相当成功”。“整个评奖工作是公平、公正、科学、民主的。评审程序是合法的，评审结果反映了大多数评委的意愿，也反映了各院校的整体实力。”针对这篇“评奖办公室”的文章，邓晓芒等又公开发表了《掩耳岂可盗大钟？——再评湖北省社科评奖中的学术腐败》。

其实，湖北省这次评奖的问题，不过是全国类似问题中的一个突出例子而已。“在全国范围内，十余年来，相当的一些评奖，评职称、评基金，都是在那里貌似认真地按照程序走过场，实际起作用的主要是人情关系、裙带关系、互利关系，这已经是公开的秘密。”

杨玉圣梳理和剖析的十大学案，都是引起重大反响的学术事件，既包括教育界、学术界、出版界的抄袭剽窃、弄虚作假等学术失范以及学术违规、违法现象，也包括学术不公、权学交易、学术腐败等现象。其实，中国人对学术问题总体上还是比较宽容的，如果一介学子偶尔掺点假货，基本上是没人理会的，现在的问题是，有着神圣光环的大家大量掺假，而且还不承认，这就叫“是可忍，孰不可忍”了。人们不禁会问，大家尚且如此，学术还会神圣吗？中国学术殿堂、“211”和“985”大学尚且如此，学术还会神圣吗？进一步的问题是，假如大学没学术，甚至充斥着假学术，这样的大学还神圣吗？至于肖传国买凶报复伤人案更是为学术界丧心病狂的造假提供了新注解。①

---

① 据大众网、东南新闻网、新民网等2010年9月22日报道，北京警方召开新闻发布会，宣布“打假斗士”方舟子、《财经》杂志编辑方玄昌遇袭案告破，华中科技大学同济医学院泌尿外科主任肖传国等四名嫌疑人，被警方以涉嫌故意伤害罪刑事拘留。警方介绍，肖传国认为二方学术“打假”，致使他未入选中国科学院院士，为报复，其花费10万元雇凶伤人。8月29日傍晚，方舟子报案称，在石景山区鲁谷南路住处附近，被人用不明气体及铁锤袭击。此前，6月24日晚，《财经》编辑方玄昌在返家途中遭两名陌生人持械袭击，住院治疗。据了解，方舟子报案后，北京市公安局相关部门会同石景山分局成立专案组，展开调查。负责侦破此案的石景山刑侦支队副支队长刘卫民（音）介绍，专案组在勘查现场的同时，走访了周边80余家店铺、1200余人。最终，警方找到两名目击群众，并根据其描述和周边监控，锁定了犯罪嫌疑人。与此同时，通过两案的证据指向，初步认定方舟子、方玄昌遇袭案为同一伙人所为。随后，两案被并案调查。警方表示，9月上旬，专案组在湖南长沙、湘潭、株洲、湖北武汉等地，先后将嫌疑人龙光兴（男，31岁，贵州省黄平县人），许立春（男，32岁，湖南省湘潭市人）和戴建湘（男，45岁，湖南省湘潭市人）控制。经调查，龙光兴等人袭击方舟子、方玄昌，系受肖传国指使。昨日下午，肖传国从国外返回，在上海浦东机场被警方控制。警方介绍，肖传国认为方舟子、方玄昌通过媒体、网络对其学术“打假”，从而导致其未能入选中国科学院院士。为报复二人，肖传国花10万元指使远房亲戚戴建湘，由戴建湘组织龙光兴、许立春等人袭击二方。目前，肖传国等4名嫌疑人因涉嫌故意伤害罪，已被警方刑事拘留。

当然，如果有人花点工夫，把全国所有与学术有关的不规范行为加以整理或罗列，我想，没有多少人会认为现在的学术界和不是学术界的学术事项是纯粹的、圣洁的。大家知道，科技部、教育部、中国科学院、中国工程院、中国科协曾于1999年11月18日联合发布《关于科技工作者行为准则的若干意见》，教育部2002年2月27日推出《关于加强学术道德建设的若干意见》，中国社会科学院2002年8月29日出台《中国社会科学院关于加强学风建设的决定》，教育部2004年4月又将印发《高等学校人文社会科学研究学术规范》。此外，北京大学、清华大学等高校也先后制定了各自的学术道德规范。按照我国的惯例，如果不是问题相当的严重，是不会密集地出台那么多有关学术的规范的。当然，如同大部分教育政策一样，这些文件几乎是可以不贯彻落实的，因而，假学术才会愈演愈烈，也才会出现肖传国之类的现象。

（三）是谁使学术沉沦的

其实，中国学术不够神圣不仅仅表现在学术造假和学术腐败方面，而且不神圣之风弥散在学术的各个领域或各个方面。

1. 容忍造假：假作真时假亦真

改革开放后，中国作假之风盛行，无所不及。《中国青年报》社会调查中心通过民意中国网和搜狐网对1365人进行了一项调查，结果显示，只有0.5%的人肯定自己没遭遇过作假行为，具体来说，85.1%的人遭遇过“短信欺诈”，83.7%的人遭遇过“假货”，77.0%的人遭遇过“盗版书”，其他依次为“虚假报道”（70.4%）、“盗版CD”（70.3%）、“街头骗术”（70.2%）、“假政绩”（57.1%）、“假发票”（52.1%）、“学历作假”（42.0%）、“学术作假”（41.8%）。该调查还显示，日常生活中人们在有意无意地宽容甚至参与作假，比如，有68.7%的人“明知是盗版书却依然购买”，47.9%的人“明知是冒牌服装却依然购买”，31.6%的人承认自己曾经“考试作弊”，16.6%的人承认“论文抄袭”，14.2%

的人“明知是假发票却依然购买”，5.9%的人承认自己“学历造假”。[①]然而，这么多的假现象、假东西和作假行为，除了极少数职业打假人（包括以打假来获得赔偿者）外，绝大多数人采取了默认、容忍的态度，甚至协助别人作假，以致形成这样一种氛围：作假是正常的，不作假办不成大事；能混过去的就是真的，只有混不过去的才是假的。

2．私利充斥：铤而走险损公恩

用“人心不古、利欲熏心”来形容当代中国人的人性，大致不会全错。国家以经济建设为中心，各地方、各单位、各家庭和个人纷纷确立了“一切向钱看”的意识，把发财致富作为人生的唯一目标。当贫困成为一种耻辱，当权利与金钱挂钩，什么理想、公义、道德、荣辱、规则甚至法律，都会让位于金钱。新中国成立时被制度和人民打倒和消灭的种种丑恶现象，在金钱的烛照下死灰复燃、沉渣泛起，特别是少数高官厚禄者大肆搜刮民脂民膏，导致了社会风气的败坏，社会主义社会蜕变成私利充斥的社会，学术界也无法幸免。可以说，社会上的种种不正当手法、不光彩举措都被广泛应用到学术领域。有些人为了满足私利，不择手段，铤而走险，损公肥私，公恩私授，国家和公众利益成为“唐僧肉”，人人都想侵占。在学术界，凡涉及立项、评奖、评先、评职称、资格评审、成果鉴定、专家推荐、专业仲裁乃至教材编写、论文发表、图书出版甚至研究生招生，等等，都有可能存在种种肮脏的交易。有些是个人行为，有些则是组织行为。君不见，高校升格评审，教学水平评估，学位授权点、重点学科、重点实验室、重大科研平台、科研团队、院士和教学名师遴选，教学成果评奖，乃至学位论文答辩，几乎都看得到“组织活动”的身影；君不见，不少高校设立“驻京办”，门店就开在教育部附近；君不见，领导帮下属走后门已经成为关心群众的重要表现……下面这几种方式是比较普遍

① 《中国青年报》2010年9月7日。

使用的：

（1）“巴黎和会”式。

（2）“轮流坐庄”式。

（3）“相互抬举”式。

（4）“友情客串”式。

（5）“联合围剿”式。

（6）“高槛挡客”式。

（7）“举不避亲”式。

（8）“明价代办”式。

在现实的世界里，像十大公案那样，硬抄、硬评、硬分、硬讲好话者，比比皆是，想方设法“施恩”，以便获得回报，就是没有多少人愿意对“国家（集体）”“公义”和真正的“荣誉”负责。

学术界是一个大观园。学术大观园是否也像大观园那样只剩下两只石狮子是干净的呢？人们自有判断。

3．心气浮躁：成果计划逼出来

众所周知，做学术、搞学问，最需要心平气和。俗语说得好，慢工出细活。如果以计划经济的思维和大跃进的胆气来做学术工作，并且只问结果，不管过程，而结果与个人的利益（待遇、职称、学术地位、发展机会等）直接挂钩，浮躁作风和功利主义行为就会应运而生，当然，粗制滥造、弄虚作假也会如影随形。

为了尽快实现四个现代化，为了尽快赶超发达国家，为了建立创新型国家，我国从20世纪80年代开始，便对发展科学技术予以高度重视，以前有“863计划”，现在有科技发展规划，目的就是想用经济建设的思维模式来发展科技和整个学术事业，于是，定目标，下任务，设立考核指标，提供配套保障，建立奖勤罚懒制度，等等，实行量化考核和积分制，科研或学术工作被推上“高铁”，沿着已定的轨道轰隆轰隆地前进，通常情况下是超载前行。为了在规定时间里完成预定的学术任务，主要是承担省部级以上研究课题、在权威刊物上发表学术论文、出版学术专著、取得发明专利、获得研究奖励以及研究平台和团队建设取得的成效，人们往往由焦急到急躁，最后发展成为具有弥散影响的浮躁学风，追求多出成果、快出成果，仅仅注重形式和数量，而忽视实质和质量，投机取巧、弄虚作假、合作作弊随之而生。

现行的学术管理体制是逼良为娼的体制。许纪霖早在2004年2月就在《中国教工》上发出“计划学术何时休”的呐喊，指出学术研究越来越计划了，大学教授没有从政府那要来经费，不仅带不了研究生，连升职称都困难。能否拿到经费，除了众所周知的关系学之外，填表也是一项专门的学问。课题申请一刀切地要求集体攻关，经费向大而空倾斜，已成为一个巨大的利益博弈游戏。[①]类似的情况在中国台湾地区也曾出现，这便是“5年500亿计划”，但台湾在推行过程中和计划结束后进行了全方位的检讨，而我们却在愈来愈制度化、体制化，并形成了一种让人无法独善其身的学术文化。

由中华人民共和国教育部主管、中央教育科学研究所主办的《教育文摘周报》2011年6月22日摘编了《中国青年报》2011年6月1日发表的陈倩儿的一篇文章，题目叫《钱能砸出好大学？》，深入报道了人们对台湾“5年500亿”计划的评论。该计划的实施始于2006年，用5年时间（即大陆的“十一五”计划期间）和500亿新台币补助台湾重点大学，按照台湾教育当局设定的目标，希望10年内至少有1所大学进入“全世界大学排名前100名”，5年内至少有10个研究中心成为“世界一流”。2009年，台湾大学首次进入英国泰晤士报高等教育增刊《世界大学排名》的“百大”之列，位居95名。台湾教育当局和台湾大学校方认为这标志着“5年500亿”

① 许纪霖，《计划学术何时休》，《中国教工》2004年2月号。

目标的实现。但台湾社会和学术界却颇有“异议”。台湾《中国时报》发表系列报道，细数台湾学界在此项大手笔计划下的种种表现，指出该计划“造成各大学忙着生产论文，教授及学生变成机器，大学丧失了原本该有的多元功能”。根据台湾高等教育评鉴中心的评论，在巨额补助下，大学论文数量剧增，但论文质量不高，被引用率偏低；与没有补助的前5年相比，受补助大学在核心期刊《自然》《科学》上发表的论文数量仅仅多了2篇。报道援引的学者的评论也许对我们反思各种大学问题很有帮助，兹将这些观点加以引介：

台湾南华大学社会所薛淑美认为：“前进百大”很可能只是一场数字游戏，因为世界上没有哪所名校能“在5年之内完成其学术功业”。

在台湾新竹清华大学彭明辉看来，“前进百大”的游戏不仅没有扶植“学术功业”，反而带来严重的恶果：它通过强调“3I”与论文数量的“科研绩效”评估，加速了台湾“学术文化之沦丧”。“3I”是SCI、SSCI、A&HCI的简称，具体指代科学引文索引数据库、社会科学引文索引数据库、艺术与人文引文索引数据库。“我们有的是一流人才、二流文化、三流制度。”盲目追求国际排名与国际标准将会逐渐切断“学术与台湾社会的关联”，台湾的产业竞争力因而被“瓦解”。

台湾政治大学周祝英说，这样的指标自上而下地增加了大学教授发表论文的压力——学校为了有漂亮的“成绩”，把教授们发表论文的数量和职称挂钩，助理教授、副教授和教授，都有不同的论文数量要求。“‘5年500亿’用SCI、SSCI绑架了所有优秀的学者。”在“5年500亿”的带动之下，急功近利的氛围蔓延整个台湾学术界。

文章指出，为了轻松应对“5年500亿”的指标，一些大学教授开始投机取巧，专挑符合“3I”标准，但影响力较低的期刊发表论文，“更厉害”的教授则招收大量研究生，在自己所指导的研究生论文上“挂名”，相熟的学者“互相挂名”也是家常便饭。在这样的“论文产业”中，研究生也成为了“福特汽车式论文生产线”的重要一环，基本学术能力的培养反而被忽视。

文章指出，众多台湾高校校长出面抨击“5年500亿”使大学变成“论文机器”。台湾新世大学校长赖鼎铭甚至把台湾高等学府比作“养鸡场”，“大学成为养鸡场，大学教师成为帮政府下蛋的金鸡，却无暇带小鸡”。

程曜毕业于台湾新竹的清华大学，2002年经“百人计划”被引进到北京清华大学。他指出：“5年500亿”计划在一定程度上是受中国内地“985工程”的启发。“当看到大陆增加投入之后，重点大学的论文发表数目激增，台湾也开始砸钱。”而眼下，台湾的科研也面临着与中国大陆相似的问题：论文数量多却质量低下。台湾“5年500亿”计划与大陆的“985工程”有一个共同特点——迷恋“对数字的控制”，强调“目标明确，可以检验”。要推动教育发展，“钱当然很重要”，但在“砸钱”之前，需要先弄清楚“什么是一流大学”。一流大学的精神是“做引领人类前进的科研，做不为人所喜，可是对未来有益的事情”。虽然“5年500亿”让台湾学术界变得更加“急躁与急功近利”，但还是有一点积极的影响：“毕竟才5年过去，台湾就已开始反思了。”

文章指出，为了寻回大学精神，台湾学者已经开始有所行动。2010年10月，作为台湾政治大学教师会会长的周祝英发起了一系列探讨大学教育的沙龙。大学精神是什么、评估制度下的大学精神怎么了、大学教授的任务是研究还是教学等都是沙龙的主题。希望找回“教自由、学自由、独立自由、追求真理、培养人才”的大学精神。

对照台湾的政策实践和研究环境，大陆学人只能自叹弗如。当然，既得利益者是不希望改变的，他们反而希望进一步加强。因为他们是规则制定者、标准设计者、资源分配者和成果鉴定者，项目多到不可胜数，可以转包，做二传手；经费多到用不完，甚至连“开房”都作为项目经费报。

总之，自己吃国家的肉，弟子喝国家的汤，让别的学人在羡慕和哀叹中老去吧。

在中国学界，卖身投靠早已发展成为一道浓墨重彩的令人伤感的风景线。

4．甘愿屈从：人格扭曲不独立

大学是知识分子成堆的地方，原本是最富智慧的机构，是最具探索精神的人群。其实未必。一切都取决于让不让你有智慧，以及让你探索什么和怎么探索。

按照法律，大学是独立法人，是具有法人资格的结构，是可以而且必须承担完全民事行为义务的，当然，也具有完全民事行为能力。说白了，大学作为一个学术机构，是有独立人格的，是享有自主权的。其中，自主权是独立人格的基础、标志和保障。没有自主权，大学就不可能有独立人格，没有充分的自主权，大学就不可能有完全的独立人格。近年来，学界和社会一直在讨论“学校行政化”的问题，归根结底，它是“学术行政化”的问题，与学校规格和旋转级别倒没有太多本质的联系，而真正与之相关的问题则是“高校自主权”。

关于高校办学自主权，是一个长期争论不休且颇多诟病的问题。席西民在回答记者关于“大学的自主权到底是什么？怎样才能真正发挥好大学的自主权”等问题时说：现在大学自主权并不小，只是大学的自主权界定不清楚而已，该有的没给，该控制的又缺乏监管。例如，现在大学校长财权不小，却缺乏严格预算约束和监管。国家财政拨款使用比较随便，但本应自身决定的招生、专业、学位、职称等却需报批。到底什么是大学的自主权？第一，你批准，我办学。怎么办学、办什么样的学、开多少专业、招多少学生、招生标准的设定、怎么招生，都是学校的权力。第二就是评审教授。现在我们实行的是国家教授，只有那些教育部授权的学校可以自评职称，很多学校要通过政府组织评审教授，但是实际上不同学校教授的差别很大，所以各个学校应该有权来自评教授。第三是学位授予权问题，我们现在实行的也是国家学位。不同学校学位水平差异很大，学位授予权也应该是各个学校的权力。[①]从席酉民的观点来看，大学自主权主要包括办学权、职称评审权和学位授予权，而办学权主要是经政府批准后的专业设置权和招生权。应该说，这些权力对高校办好学是非常重要的，但也是不够的。高校是否需要办学自主权是无须讨论的，《中华人民共和国教育法》就明确规定"学校按章程自主管理"，这就是说，学校包括高校应该自主管理，但也不能乱来，必须按章程办事。现在的问题是，学校的科学发展应该有哪些自主权？这些权力必须保障学校有充分的自主，又不至于乱来。按照制衡理论来看，作为学校办学需要很多的权力，但任何权力都必须制衡才能确保它的有效性。

就目前的政策法规来分析，我国并没有全面而细致的学校自主权的界定。就已有的规定和经验来分析，下列这些权力似乎是应该落实的，但都没有很好落实：

第一，机构设置权与人（事）权。

为了防止"行政化"，学校内部机构设置应该有一个标准，即控制数。这个控制数应该由政府设定。对公立学校来说是指令性的，对民办学校来说是指导性的。至于学校内部设置哪些机构，则由学校自己决定。在中国，政府许多行政部门经常发文要求学校设置这样或那样的机构，而且以检查和考核作为执行砝码，有谁敢不设置呢？比如，计划生育作为基本国策，哪所学校敢不设计划生育办公室呢？反腐倡廉非常重要，上级要求纪检办公室、监察办公室和审计办公室必须加强，谁敢不在机构、编制等方面有所倾斜呢？规模少的学校因为机构控制数有限，想把党委办公室和学校办公室合并或合署办公，把组织部与人事处合并或合署办公，有人会

① 李润，《一位校长眼中的高校行政化》，《中国青年报》2011年6月6日。

控告说这是削弱党的领导，谁敢冒天下之大不韪呢？大学设有学生处和保卫处，被认为这是行政工作部门，必须加设学生工作部和武装部作为党委工作部门，才算是加强了党对有关工作的领导，谁敢不设置呢？政府机关有个就业指导中心，高校就必须设置就业指导中心，政府机关有招生工作领导小组办公室，学校就必须设置招生工作领导小组办公室。否则，不仅检查不过关，出了问题还“吃不了兜着走”。“有门就有岗，有岗就有人；有庙就有神，有神就有僧。”弄得学校必须上下对应，机构臃肿。有一所民办本科院校，2万多学生，设有一个“资源管理处”，职能包括公立大学的组织部、人事处、财务处、后勤处、基建处、离退休工作处和计生办，编制12个人，而在公立大学，这些职能部门的处级干部就不止十几个。谁不知道怎样设置才对大学更有利呢？问题是大学自己做不到，原因是没有相应的自主权。

严格地说，学校是没有什么机构设置权的。所谓机构设置的自主权，不仅仅表现为学校有权设置多少机构、设置什么机构，更重要的是表现为学校有权不按照有关文件设置某些机构。例如，计划生育实行属地管理，广州市人口与计划生育局就曾颁发过这样一份文件，叫作《关于印发广州市属地机关单位人口和计划生育管理服务规范的通知》（穗计生发〔2011〕12号），里面规定：

第四条　单位要成立由党、政一把手任组长、分管领导任副组长的人口和计划生育领导小组。

第五条　各单位应立人口和计划生育办公室（以下简称计生办），配备专兼职人口计生干部，职工人数超过300人的单位专职人员配备比例不低于300∶1。

第二十四条　（五）单位流动人口超过100人的，应建立计划生育协会组织，开展自我教育、自我管理、自我服务。

第二十五条　（三）采取多种措施协助解决流动人口在就业、就医、子女入托入学、法律援助和贫困救助等方面的实际问题，维护流动人口合法权益。

严格地说，学校也是没有多少人事权的。第一，学校没有编制权，政府不会动态调整编制数。第二，学校没有最终录用权和录用方式选择权，动用事业编制的招聘不仅要预先申请计划指标，而且录用标准要由政府同意，最终能否录用成功，需要政府审批。在录用方式上，学校不能根据岗位性质选择录用方式，而必须按照政府的设定执行。第三，学校没有最终考核权，年度考核结果必须报批。第四，学校没有专业职级确定权，职称资格等要政府审批。第五，学校没有继续教育学分确认权，只有参加政府人社部门组织的培训才被认可学分。第六，学校没有人事管理选择权，只能按照政府机关的人事管理模式管理教职员工，不能采用职员制，员工只能通过行政级别的提升来提升待遇。第七，学校没有多少聘任权，基本上就按政府制定的模板办。

例如，为了“人职匹配”和“有效率”，政府可以对公立学校实行编制管理，但人员聘用应该由学校根据自身的规模和业务来选择。然而，现行的人事政策是逢进必考，而且是预报计划，统一考试。比如，某师范大学要招收一名“数学教育”专业的博士，希望有中小学教学经验的候选人优先，但这被认为是附加不公平条件。

又如，学校不能根据自身实际和岗位要求来制定聘任规则，聘任的规则包括试用期、连聘条件、长聘条件等，都得按照政府的设置来办，但政府的聘任制度设计是以蓝领工人为基准的。学校要调整专业，对专业技术人员的要求就会有变化，聘用10年就必须转为长聘，这些人有了铁饭碗，就只愿意干他会干的、干开了的活，不想换其他的工种干，而大学还必须让他有活干，继续养着。这也是我国大学现代化步履艰难的重要原因。

第二，财权。

学校财权实际上包括筹措权（如来源权等）、分配权、使用权、绩效评估权和监督权。现在落实比较好的有：一是常规经费筹措权，财政基本上按时足额拨付；二是经费使用权，基本上都能按照国家财经制度和学校财经管理要求执行。至于其他方面权力的行使几乎都受到诸多困难。例如：其他经费或其他渠道的筹措举步维艰，尽管公立大学的财产归属政府，但政府对基本建设等办学条件的改善就没有尽好责，学校筹措遭遇很多困难，向政府贷，有关主管部门往往不同意；出租一些场地，广州市政府要年年收取土地出让金（仿佛土地是广州市政府的，而且还年年出让），除了极少数要冲“一流”的大学外，绝大多数“普通”大学过着惨淡经营的日子。又如，关于经费分配权，许多大学不重视预算，经费分配无原则，那是大学要负的责任，但“上级”经常代大学分配经费也是普遍而且有愈演愈烈趋势的现象。许多部门在推广自身业务时，都要求大学必须从学费总额中划出一定的比例，好像就业指导经费、勤工俭学经费、困难补助经费、学生活动费、员工培训费、工会活动费、学生宿舍水电额度、思想政治理论课建设费，等等，如果不照办，检查就不过关，就会被通报。绩效评估和监督包括内部和外部，内部的绩效评估和监督有时难到位，就现行的体制与规则而言，按照加强监控、提前介入的规则，学校纪委和审计部门的人是全程参与采购或与大额度用钱有关的工作，达到一定额度的采购或工程招标是由政府招标平台实施的。众所周知，经过政府采购平台的货物或工程，其价格总是比较高，类似这样的项目绩效，如何评估？谁来监督？至于外部绩效评估和监督，往往很难做到及时。

现在的状况是：一方面，在管钱的问题上，有些大学领导者无知、胆大、想乱来；另一方面，政府对大学也的确不放心。

第三，课程自主权。

在人们的观念里，在大学所有的自主权中，最没有异议的大概就是课程与教学方面的权力了。课程自主权包括课程设置权、课程实施权、课程评审权和课程推广权，其中最重要的是课程设置权。如前所述，我国大学（少数“一流”的大学除外）其实是没有多少课程设置权的，即除了传统课程和威权课程之外，已经没有多少可设置课程的空间了。没有课程设置的自主权，课程实施、课程评审和课程推广就成为一句空话。没有课程设置的自主权，专业设置权、专业调整权，培养创新型人才，创出办学特色，都是诱人的画饼。偌大一个中国，十几亿人口，想用几百种专业“一本打尽”，怎么可能呢？怎么会不千人一面、千校一面呢？

第四，教学自主权。

教学自主权可能是所有大学办学自主权中落实得最好的一种。

教学自主权包括教学标准制定权、教学活动组织权、教学状态评估权、学业评定与学籍管理权。这么些权中，教学活动组织权基本上是由学校行使的，其他的一些权力基本上是政府和学校共有的，而在政府与学校共有的权力中，最终说了算的是政府。例如，虽然大学都会确立一些教学的要求（标准），但由于我国实行的是国家学历学位制度，因此，实际上是政府在制定教学标准；又如学籍管理，绝大多数大学是几乎没有招生自主权的，关于招生条件，不能提特别要求①，录取时按1∶1.05的比例出档，依规则录取。至于转学和转专业、提前毕业，也有诸多的限制。

国家对教学的管理是非常重视的。许多专业或课程都设有教学指导委员会（简称“教指委”），教育行政部门的目的似乎是想发挥“专业”或“学术”的力量来推动教学的发展，但现实的状况是“教指委”正在转变为“教委”，是依据行政意图发布指令的机构，他们最该做的教学指导工作却被冷却在一边。这也使教育行政部门对高校教学的管理由之前的直接

① 例如，关于师范类专业的招生条件，中小学校、教育行政部门、师范院校、家长都希望中小学教师身材好、五官端正、有一定的身高、无肢体缺陷，能给成长着的青少年儿童以愉悦的感觉和积极的影响，认为这样有助于学生的健康成长。而中小学学生更是如此，漂亮、英俊的老师上课，学生到课率高，积极性高。但招生行政部门却以“涉嫌歧视”为名予以反对。现在的中小学教师相当部分达不到理想的要求，如有些教师身材矮小，板书有困难，站在讲台，学生只能看到一小部分，和学生在一起，矮了一截，经常被自己的学生摸头。

控制成功转型为间接控制。

当然，这种成功转型不仅仅表现在教学管理领域，也表现在其他管理领域。这就是为什么社会会广为流传“教育部是市场经济体制下最后一个计划经济的堡垒”这样的话的真实原因。

人们深信，大学的生命体征是学术，而大学的生命源泉是自由。控制与自由是一对矛盾，控制多了，自由必然就会减少。规则与自由是一对兄弟，规则越是明确，自由就越奔放。我国的大学管理没有理顺好这两对关系，所以说，现在的大学管理问题很多，致使大学有大问题。

为什么要对大学办学权控得这么死，要么控制者不自信，要么控制者有私心。要知道，群众路线是我们党制胜的三大法宝之一。我们伟大的党什么风浪没见过，其中重要的原因就是始终相信和依靠人民群众，他们有足够的智慧和力量实现党的目标和任务，推动历史向前发展。

五、高教发展与道路选择

屈原说，路漫漫其修远兮，吾将上下而求索。用这句话来概括近200年来我国对教育发展道路的探索是十分贴切的。

（一）我国教育一直在找“路”

如果说我国教育现代化是从19世纪中叶（以1862年京师同文馆的设立为标志）开始的话，那么，自那以来，我国教育现代化一直存在着道路选择。一开始（洋务运动时期）仿照发达国家设立新式学堂，包括与实业挂钩的实业学堂；继而（戊戌变法时期）期待培养维新人才；至清末教育革新运动，始有教育体系、教育制度的设计；其后从模仿日本（癸卯学制，1904）、德国（壬子癸丑学制，1912—1913）、美国（壬戌学制，俗称“六三三四制”，1922）到模仿苏联（1951）；“文革”期间我国试图探索自己的学制，将学习年限大大缩短；“文革”结束后，我们恢复了“六三三四制”；进入20世纪90年代之后，我们在教育事业发展模式选择了“市场取向”的发展道路，到了世纪之交，我们采借了北欧的经验，对基础教育阶段的教育教学模式进行深刻的改革，采借德国的经验，对职业教育的办学体系、管理体制和教学模式进行全面的改革，采借美国的经验，对高等教育的办学体系、管理体制和教学模式进行持续的改革，所有这些改革都是在我国改革开放不断深入和全球化背景下展开的，因应了信息化和国际化的需要，最突出的特征就是“市场化”的加速。在这个方面，尤以高等教育最为明显。

从官方的政策文本来看，改革开放后，我国现代教育寻找到的这条道路就叫作中国特色社会主义教育发展之路。它是在邓小平理论、三个代表重要思想和科学发展观指导下开辟的，是以建立社会主义市场经济体制为基础，并与之相吻合、相配合的，其核心是以市场机制推动教育发展、配置教育资源、调节教育行为，培养适应社会主义市场经济体制的各级各类人才。当然，这是不是中国特色社会主义教育发展道路？这条道路是不是适合中国教育的健康发展，还是一个十分值得探讨的理论问题。

高等教育从“市场取向”到“市场化”的转变，起于后勤服务社会化（学校越来越多的后勤服务项目开始收费），经由就业市场化（自主择业、市场决定薪金）、知识市场化（知识服务收费）进而达到办学市场化（即市场化办学，强调投入产出和盈利）和教育市场化（教育成为产业，按产业规律和市场规则运作，而不是按人才成长规律和人才培养规则运作）。在此过程中，国家有关“入世”的决策发挥了十分重要的推波助澜的作用。高校扩招后，我国教育特别是高等教育已经基本完成了“市场化”改造，可以说，我们基本建成了“市场化教育”。中共十七大后，国家开始意识到整个教育市场化带来的危害，开始强调教育公平和义务教育均衡发展，这在凸显教育的公益性方面发挥了积极的作用。今天，对我国教育较为准确的描述是：除了公益性义务教育之外，其他的教育基本上就属于市场化教育，而市场化教育程度最高的就是高等教育。

（二）教育市场化运动的影响

教育市场化和教育产业论兴起于20世纪90年代初，一度是非常时髦的话题，而把教育看作是可以开辟且有待开辟的“市场”，可以获得巨大的、稳定的且无风险的利润或投资回报，进而大规模“掘金”的实践实际上在更早时候便以开始，只不过市场取向的理论研究和政策制定使教育市场化成为一场广泛而持续的运动，深刻地影响着我国教育的走向，特别是高等教育的走向。

第一，我国教育事业特别是高等教育事业获得了跨越式发展。具体表现为：一是教育规模陡坡式拉升。从普及义务教育、高中阶段教育到高等教育大众化，以及普及学前教育，其中，在高校扩招政策的推动下，高等教育迅速从精英教育发展到大众化教育，并且比大众化教育基本标准翻了将近一番。二是以校舍、设施、设备为主的办学条件得到了根本改善和快速提升。三是教师队伍数量的快速壮大和学历水平的快速提高。

第二，民办教育在整个教育事业中所占的份额迅速提高，当中绝大多数属于营利性的学校，深刻地改变着人们关于“教育具有公益性”的观念，以及作为社会公共事业的性质。

第三，金钱逐步成为教育资源分配、教育行为选择以及教育现象评判的主导因素之一，功利主义横行，权钱交易开始在许多教育领域滋生，教育不公平弥散到各级各类学校以及学校教育、教学和管理的各个环节。

第四，育人性作为教育的本质属性，作为学校的灵魂寄托，开始消退，教育和学校开始失魂落魄，从而使得生民缺信仰、社会无理想、民族欠精神、国家少安宁。

这样看来，教育市场化既非一无是处，也非万能灵药。

邓小平有一个“两手抓，两手都要硬”的理论，其中就特指了教育。我们无法体会伟人把握大势、分析问题的睿智，但从现实看来，我们对改革开放战略决策实施所可能带来的负面影响严重地估计不足，而且我们常常是一手抓，一手硬，例如，以为经济发展了，一切都会好起来；以为GDP上去了，我们就有能力解决其他问题；以为社会上出现这样那样的坏现象，都是发展过程中出现的问题，都可以通过发展来解决；以为把教育推向市场，就可以调动各方面的办学积极性；以为缴费上学、缴较多的费上较好的学是天经地义的，花钱买教育更能激发人们的求学热情，等等，其实每一样都留下了后遗症，付出了高昂的代价。根据这种思维制定的教育政策，其不良后果严重影响到社会的方方面面，有些影响可能要经过两三代人的不懈努力才能消弭，例如，重点学校的设置、把幼儿教育推向社会、无休无止地批判传统和否认先辈、教育行政化、一切向钱看和差等化教育……单单入园难和缴纳高额择校费的问题，就足以让一个家族的爷爷奶奶一代、父母一代、自己以及自己的孩子这一代种下怨恨或蒙上阴影，他们怎么可能热爱这个国家、热爱这个社会、热爱这个政府以及领导这个政府的执政党呢？特别是青少年儿童，当他们知道长辈为了自己的学习含辛茹苦、忍辱负重、百般无奈、四处求人，皆因这个社会的制度不公平，那么，反社会意识就会自然扎根在心灵深处。从这个意义上说，我国教育市场化压根就不是一项有益苍生的良策，而很可能是误尽共产党天下的阴谋。

发达国家也会引入市场机制来发展教育，但它们主要是用来改善教育资源配置，引导办学质量竞争；发达国家也有很多私立学校，其中相当一部分是公益类的，是慈善性质的，而营利类学校则按市场机构运作，与公益类学校走的不是一条道。

我们常说，要借鉴人类文明进步的一切成果，来促进自身的发展。由此看来，真不知道“肉食者”是何以谋之的。进一步的分析可以推论，几十年来，我国实行以经济建设为中心的国策，目标在于建立社会主义市场经济体制，因此，我国在宏观上是经济学家主导着社会的改革，包括教育的改革，他们拥有的见识、观念和理想，会影响各项社会事业的改革和发展。比如，亚行驻华首席经济学家汤敏就对我国的教育决策有着直接而且巨大的影响。汤敏认为："我们现在教育本身也需要进一步改革，大学是扩招了，但是教育本身对市场的适应、专业的设置、学校的教学教材和教学方法这些还没有完全融入市场，因此有一部分的专业大学生，市场的需求就会比较少一些。那么这些大学生找工作难也是一种现实的现象，我们应该加速教育改革……最后，最重要的是我们大学生的理念要进行改变，我们要适应这个市场……我觉得中国的教育是随着市场经济的发展大有前途的，而前途一定体现在跟市场紧密的结合，是为市场服务，利用市场发展自己。"[①]而北京大学国际MBA美方院长杨壮更是对我国教育市场化改革的前景充满信心："关于中国的教育发展，我的想法是中国的社会不断发展，也不断开放，中国教育在今后的五年会更趋于国际化，更趋于市场化，更能为企业培养出需要的高素质人才，我对这点信心十足，只要我们的政策开放下去。"[②]通常情况下，专业使他们更加追求效率，更加讲究投入少产出多，他们往往以"经济人"的人性假设来看待自然人和法人，看待政党、国家和社会，把交易公平看成是整个的社会公平，从而忽视了社会正义、国家责任和政党良知。而这将导致顶层设计的缺陷。与此同时，我国在微观上则是利益集团（如开发商）领导下的党政一把手负责制，在特定的利益格局里，一个个重点项目在冠冕堂皇的理念下被炮制出来，并顺利通过论证和立项，一切都有党和国家的政策依据，一切都有完备的手续，一切都经过规范的程序。于是，对上贯彻了精神、完成了任务，利益集团获得了如期的回报，地方则提高了GDP，一个皆大欢喜的结局让利益各方都很满意，至于是否符合教育发展规律、是否满足教育参与者的需要，那就另当别论了，如遍及全国各地的"大学城"建设决策，

① 《杨壮、汤敏做客新浪对话教育市场发展实录》，新浪财经，2003年12月19日，http://finance.sina.com.cn。

② 《杨壮、汤敏做客新浪对话教育市场发展实录》，新浪财经，2003年12月19日，http://finance.sina.com.cn。

人们有充分的理由认为，那不是在建“大学”，而是在建“城”。又如，花重资改扩建重点学校，使之成为巨无霸学校，而美其名曰“增加优质学位”。再如，引入民营资金入股重点学校，允许重点中小学收取择校费，然后由投资方、重点学校与政府分成。或者是名校办民校。等等。

或许，我们对这个问题的判断根本上就是错误的。

（三）可以学的和必须做的

在近200年的教育现代化进程中，中国一直是学习者。

在近200年的高等教育发展史上，大学的功能是在不断扩充的。

欧洲的传统大学是以人才培养为己任的，关于人才培养的模式，欧洲大学也创立了较好的传统，包括目标、课程、教学、管理等，这与我国商周时期的“六艺教育”、汉唐时期的大学教育、宋代的书院教育有许多相通之处。这是应该予以继承的。

德国的高等教育以严谨著称，特别具有探究精神，柏林大学首倡科学研究，并以自身的实践确立了科学研究作为大学的重要功能的地位。

美国高等教育产生过“威斯康星思想”，从而确立了社会服务作为高等学校的三大功能之一的地位；美国高等教育也产生过以斯坦福大学为代表的办学模式，从而确立了产学研结合作为现代高等学校办学的基本模式的地位。世界最优质的高等教育资源或者说最具创新活力的大学大部分集中在美国。这是美国高等教育对人类社会的重要贡献。

今天，我们国家教育特别是高等教育的开放程度是非常高的，对外交流合作也相当频繁，国际上先进的器物和技术已经与我们国内没有多少“时差”了。关于大学的职能，我国的教育政策和领导人的讲话都非常认可并要求大学切实履行“人才培养”“科学研究”“社会服务”三大职能，此外，我们国家还提出了大学必须履行“文化承传与创新”的职能。至于产学研结合的模式，教育部乃至国务院更是不遗余力地加以推广。为什么我们如此急迫和虚心地向发达国家高等教育学习，特别是向美国学习，而且还耗费了大量的学费，我们的大学还如此受人诟病呢？有人说，大学的文化和精神是需要积累的，罗马不是一天建成的。殊不知香港科技大学短短十几年工夫，便可跻身世界名校行列，成为亚洲屈指可数的好大学。这足以让内地那些有年头的大学汗颜。看来，我们办大学，还没有找到成功的诀窍，或者说，我们现在反复强调的东西，并不是推动大学卓越的法宝，即对大学走向成功而言，既不是充分条件，也不是必要条件，更不是充分必要条件。那么，我们能够做些什么呢？我们又必须做些什么呢？一句话，要在向世界高等教育水平高的国家和世界上的好大学学习过程中，找到它们成功的规律，然后按规律办我们的教育。比如，为什么产学研模式会萌生于硅谷，而在我国却花怎样的气力都推广不起来？其实，发达国家的高等教育管理和大学的治理更值得我们学习，包括管理制度，更包括管理文化。

第五章

职业教育
重要但不招人喜欢

在我国，现代的职业教育开始叫实业教育。《癸卯学制》认为职业教育是为农工商等各项实业培育人才以求实业振兴的，是为了富国裕民的。辛亥革命后，国民政府开始在学制中从名称上压缩“实业教育”的范围，而在实质上扩充了“职业教育”的范围。实业学校设甲乙两种，覆盖高等小学校和中学校，设有专科学校，大学本科实行分科教育。1917年成立的中华职业教育社则是旗帜鲜明推广职业教育的社团，1922年的学制，正式以职业科（1932年改为职业学校）取代实业学校的名称，并且取消了相当于高等小学校阶段职业教育机构的设置。1951年的学制，把实施中等职业教育的机构叫作专业学校。其后，职业教育还有过多种名称，诸如技术教育、职业技术教育、劳动技术教育、劳动教育，等等，虽然这些概念的内涵和外延不尽相同，但所指称的事物则是相同的。

一、职业教育重要吗

职业教育重要不重要，关键取决于国家是否当它是一回事，它自己是否像一回事，用人单位（社会或人才消费者）在选人用人方面最终是怎么一回事。

（一）历史上的职业教育

在我国，漫长的古代社会或者说农牧社会是不重视职业教育的，一方面，技术保守主义导致技术革新非常缓慢，社会生产力中的技术含量不高；另一方面，人们认为，职业教育是“术”而不是“学”，研求的是“器”而不是“道”，所以，它是属于末流而不是主流。《学记》说，君子务本，本立而道生。因此，在整个古代官学体系中，职业教育没有得到应有的重视，毕业生一般都能获得一定职级的官职，但通常只是技术官员，“富而不贵”，不像普通教育的毕业生，可以被任命为比较好的职位，有较广阔的发展空间，特别是科举考试后，“鱼跃龙门”“布衣卿相”的现象更是加剧了职业教育的消沉。在整个古代，极少有民办的职业学校，许多怀揣高技术的专家（艺人、工匠等）基本上是采用家学方式和师徒制来传授技艺，甚至为了保守独家技艺，还采取限传措施，如传男不传女、仅传长子等。这就使得社会对技术及其职业教育瞧不起、看不见、用不着。在这种情况下，职业教育是不可能得到很好发展的。

我国教育现代化始于19世纪，是以观念变革为先导，以学校教育模式变革和发展职业教育为突破口的。观念的变革经历了“睁开眼睛看世界”“师夷长技以制夷”到“中体西用”的发展；学校教育模式的变革则以1862年的京师同文馆（开始实质上是语言学校）为标志，从培养目标看，主要是培养会办洋务的翻译人才，职业教育的色彩非常浓郁，只是学生多为少年儿童，又为语言学校，故多把它看作是普通学校。它采用西方学校的管理模式办学，包括引进课程、教材、教法、班级组织形式、课题教学方式、学校运作方式等，与传统的官学和私塾都很不一样，称为新式学堂；现代职业教育的发展始于洋务运动，与农工商兵船（交通）等实业和声、光、电、化等新技术有关的职业技术学校纷纷设立，可以说，在我国教育现代化的初始阶段，职业教育的发展势头是最猛的。这是实业救国思想的最初实践，也是实业救国运动的肇始。

学制化的现代职业教育始于《癸卯学制》，一方面，能够成为学制三大系统之一，发展有了制度的保障，这是可喜可贺的；另一方面，三大系统中，职业教育的地位是最低的，它的起点相当于高等小学，高点仅相当于高等学堂，没有机会进入相当于本科的分科大学及大学选科，更不可能进入通儒院，而且分科大学及大学选科也不属于职业教育范畴。由此确立了一个传统，职业教育的最高实施机构是大学专科层次，至于初始阶段，有高小阶段的，也有初中阶段的，但始终在学制各大系统中地位是最低的。

中华人民共和国成立后，职业教育的发展就像小孩玩的“跷跷板”，其地位一会儿高一会儿低，与普通教育的关系一直都没有处理好，当国家强调文化科学知识学习时，职业教育就被忽视，当国家特别强调职业教育时，整个教育的质量就呈下降趋势。“文革”倡导劳动教育，也会强调一些实用技术教育，但主要是低端技术教育，无法激起职业教育的热情。改革开放后，恢复高考，科举文化和状元文化复活，国家倚重普通教育，忽略劳动教育和职业教育。[①]虽然中央全会（如十三届七中全会）也曾多次强调大力发展职业教育，其后国务院也做出过多次有关职业教育改革和发展的决定或意见（1991，2002，2014），在大多数年景里，职业教育在形式和数量上满足了政策文件的要求，但绝大多数职业学校都挂羊头卖狗肉，设置所谓“职正普通班”，农村职中在为农服务的理念指导下，举办所谓的“种养班”，技不如农、力不如农、心不如农，更是尴尬，许多升学无望的学生宁愿读职中普通班，也不愿意接受职业教育，最终的结果便是挂职业教育之名，行普通教育之实。只是到最近十年，境况才有了明显的好转。

可以这么说，在我国历史上，职业教育就一直没有得到应有的重视，虽然自举办新式学堂以来，职业教育在学制上，在国家的政策文件上，在黄炎培等走在时代前列的教育家的研究和实践上，可以看到或体验出它的价值，但在实践中，无论党委、政府，还是社会机构，抑或是平民百姓，真正重视职业教育的没几个。

（二）法律上的职业教育

现代社会本质上是法制社会。一项社会事业能够得到法律的规范，不管是完善的规范，还是有缺陷的规范，都是非常有意义的。

在我国已颁行的七部法律中[②]，《职业教育法》是其中的一部。目前，在各级各类教育中，只有义务教育、职业教育和高等教育有法律，而且《职业教育法》是先于《高等教育法》颁发的。可见，国家还是重

---

① 国家教委副主任柳斌力主将全面发展的内涵由“德、智、体、美、劳”改为“德、智、体、美”。恢复高考后，中小学和家长就变着法子让学生不劳动了，柳言成真后，中小学生从此可以光明正大不劳动。职业教育本质上是劳力上劳心的教育，人们不愿意劳力，又怎么会在此基础上劳心呢？

② 依次是《中华人民共和国学位条例》（1980）、《中华人民共和国义务教育法》（1986）、《中华人民共和国未成年人保护法》（1991）、《中华人民共和国教师法》（1993）、《中华人民共和国教育法》（1995）、《中华人民共和国职业教育法》（1996）、《中华人民共和国高等教育法》（1998）。

视职业教育的法律建设的，在我国的教育法律体系中，职业教育也是有地位的[①]。

关于立法宗旨，《职业教育法》开宗明义，是为了“实施科教兴国战略，发展职业教育，提高劳动者素质，促进社会主义现代化建设”。这个宗旨与其他六部法律的宗旨相比，是有其特别之处的，撇开《学位条例》《未成年人保护法》和《教师法》这些单方面法律不说，就其与《教育法》《义务教育法》和《高等教育法》比较而言，其他三部法律均有提到“促进社会主义物质文明和精神文明建设”，但《职业教育法》却没有提及，而是提“促进社会主义现代化建设”（参见表5-1）。首先，我们应该确认的是这种差异并不是“无意的”，因为之前的义务教育法、教育法和之后的高等教育法都有相同的落脚点，独独职业教育法的落脚点与众不同。其次，我们应该好好斟酌的是为什么有这种差异。

就字面上理解，“现代化建设”的范畴是非常广泛的，也可以说是无所不包的，既包含了“物质文明和精神文明建设”，也包含了其他文明建设，如政治文明、社会文明和生态文明的建设。党的十八大提出的“五位一体”的建设中国特色社会主义事业的总体布局，就是由“经济建设、政治建设、文化建设、社会建设、生态文明建设”构成的。如此说来，国家对职业教育的促进功能有更多的期待。同时，“现代化”建设与“物质文明和精神文明”建设相比，“现代化”的指向更明确，任务更艰巨，“社会主义物质文明和精神文明”有性质的限定，但没有发展的要求，既可以是“保有型”“维持型”，也可以是“发展型”“革新型”的。如此说来，国家赋予职业教育的使命似乎更加重大。

---

① 在各类教育中，学校教育有立法，社会教育和家庭教育没有立法；在学校教育中，学前教育和普通高中教育没有立法。

表5-1　我国教育法律立法宗旨比较

序号	教育法律名称	立法宗旨
1	学位条例	促进我国科学专门人才的成长，促进各门学科学术水平的提高和教育、科学事业的发展，以适应社会主义现代化建设的需要
2	义务教育法	发展基础教育，促进社会主义物质文明和精神文明建设
3	未成年人保护	保护未成年人的身心健康，保障未成年人的合法权益，促进未成年人在品德、智力、体质等方面全面发展，把他们培养成为有理想、有道德、有文化、有纪律的社会主义事业接班人
4	教师法	保护教师的合法权益，建设具有良好思想品德修养和业务素质的教师队伍，促进社会主义教育事业的发展
5	教育法	发展教育事业，提高全民族素质，促进社会主义物质文明和精神文明建设
6	职业教育法	实施科教兴国战略，发展职业教育，提高劳动者素质，促进社会主义现代化建设
7	高等教育法	发展高等教育事业，实施科教兴国战略，促进社会主义物质文明和精神文明建设

关于职业教育的地位，《职业教育法》第三条规定："职业教育是国家教育事业的重要组成部分，是促进经济、社会发展和劳动就业的重要途径。"用法律条文来对职业教育地位做出规定，说明国家是认可职业教育的，是看重职业教育的。义务教育和高等教育在其法律条文里就没有类似规定，即便是《教育法》也没有对教育的地位用这种方式的法律条文来加以规定，只是说"教育是社会主义现代化建设的基础，国家保障教育事业优先发展"（当然，教育在各项社会事业中处在优先发展的战略地位，也就惠及了各级各类教育）。为什么？是职业教育的比较地位比义务教育和高等教育还重要吗？显然不是。因为国家反复强调，义务教育是各级各类

教育的重中之重，连重中之重的义务教育都没有在其法律条文中特别表达其地位的重要，显然不是因为职业教育的地位特别重要，而是担忧人们认识不到职业教育地位的重要，或者担忧人们不重视职业教育。或许这种做法正是职业教育的现实地位和发展状况使然。

表5-2 我国教育法律法定地位比较

序号	教育法律名称	法定的地位
1	义务教育法	
2	教育法	教育是社会主义现代化建设的基础，国家保障教育事业优先发展
3	职业教育法	国家教育事业的重要组成部分，是促进经济、社会发展和劳动就业的重要途径
4	高等教育法	

此外，在立法依据上，也是很微妙的。已经颁行的七部法律中，《学位条例》和《教师法》没有列明立法依据，除《职业教育法》外，其他的四部法律都有依据宪法，这种现象就非常特别了。《教育法》作为教育的母法，直接依据宪法是非常正常的；《义务教育法》颁行较早，《教育法》还没有出台，其他有关法律法规也很不完善，直接依据宪法，同时又依据实际情况，也是非常正常的；《未成年人保护法》不是一部纯粹的教育法律，也早于《教育法》颁行，直接依据宪法也是非常正常的。剩下的《职业教育法》和《高等教育法》都属于同一层次的法律，都应该依据《教育法》和该层次的其他法律，才是正常的，而独有《高等教育法》可直接依据宪法，既听“奶奶”的旨意，又听“妈妈”的话。在家庭里，享有这种殊荣的“孙子”自然不一般，其地位自然要比其他兄弟姐妹高。在我国，地位又高又牢靠的，是无须特别明示的。

表5-3　我国教育法律立法依据比较

序号	教育法律名称	法定的地位
1	学位条例	
2	义务教育法	宪法和我国实际情况
3	未成年人保护法	宪法
4	教师法	
5	教育法	宪法
6	职业教育法	教育法和劳动法
7	高等教育法	宪法和教育法

依此看来，我国职业教育的地位真的不怎么样，但国家是要提升其地位的，而把其地位的重要性用法律的形式来加以明确，则是非常重要的，因为这是基础性、前提性的工作。

二、我们需要怎样的体系

关于构建职业教育体系的努力已经持续了很长的时间，从理念、政策到实践，似乎始终没有定型。用一句时髦的句型来说，就是“体系建设始终在路上”。

（一）现行的职业教育体系

我国颁布并实行的第一个现代学制（也有依历史分期而叫近代学制的）是“癸卯学制”（1904）。职业教育（实业教育）在《癸卯学制》中便取得了相应的地位。《癸卯学制》分直系教育、师范教育和实业教育三类，其中，直系教育从蒙养院到通儒院，分“蒙养院”、“初等小学堂”（学制5年）、“高等小学堂”（学制4年）、“中学堂”（学制5年）、“高等学堂”（学制3年）、“大学堂”（学制3—4年）和“通儒院”（学制5年），共三段七级；师范教育分“初级师范学堂”和“优级师范学堂”两级，分别培养小学教师和中学教师，学制上其程度分别与中学堂和高等学堂相同；实业教育分“实业学堂”“补习实业学堂”和“实业师范学堂”三类、“初等”“中等”和“高等”三级，学制上其程度分别相当于高等小学堂、中学堂和高等学堂。就《癸卯学制》中的实业教育体系而言，还是比较完备的。第一，从类型上说，包括了职业学校教育和职业培训，还包括职业师范教育，即职业教育师资的培养。第二，分初等、中等和高等三级，层级齐全，与当代职业教育体系的层级相当，而且其低重心、大跨度，适应了当时的教育水平和产业水平。第三，对职业教育的性质和目标有明确的规定。《奏定学堂章程·实业学堂通则》指出：“实业学堂所以振兴农工商各项实业，为富国裕民之本计。”直接目的是振兴农工商各项实业，终极目的在于富国裕民。《癸卯学制》设定的实业（职业）教育体系的框架，是我国现代职业教育体系的底本，此后的职业教育体系基本上就是以“癸卯学制”的设计为框架的。“壬子癸丑学制”（1912—1913）的实业教育仅为高小和中学程度，没有相当于高等学堂程度的实业教育，原来（“癸卯学制”中）属于高等学堂程度的实业教育改设为专科学习，但不属于实业教育的范畴。“壬戌学制”（1922）正式成为职业教育，但其实施范围进一步收缩，只设相当于中学阶段的职业学校，专门学校依然不属于职业教育之列。1932年学制调整，取消了综合中学，但职业教育的体系没变，一直沿用到新中国成立。

新中国学制始建于1951年，是一个“糅合”的学制，即宗旨、原则精神和部分形式取自根据地和解放区的教育实践，体系（类和级、修业年限等）上则继承了民国学制的框架，分为幼儿教育（幼儿园）、初等教育（包括小学、青年和成人初等学校）、中等教育（包括中学、工农速成中学、业余中学、中等专业学校）、高等教育（包括大学、专门学院和研究部）和各级政治学校、政治训练班以及各级各类补习学校、函授学校和聋哑、盲人等特殊学校。之后开展学制改革实验，如提早入学

（1958），实施“两种教育制度”以大力发展职业教育（1964），缩短修业年限（1958年后，特别是“文革”期间）。“文革”结束后，在拨乱反正、正本清源的政策推动下，学制迅速恢复回1932年学制的基本框架，高考成为正途，职业教育走入新的低谷，直至20世纪90年代中期，以《职业教育法》的颁行为标志，才慢慢地走上新的发展征途，特别是与高校扩招相伴而行的相当于大学专科的职业技术学院的普遍设立，使职业教育成为规模相当大的教育类型。

关于现行的职业教育体系，《职业教育法》设有专章来表述，其第二章共用了5条的篇幅来设计，具体如下：

1. “国家根据不同地区的经济发展水平和教育普及程度，实施以初中后为重点的不同阶段的教育分流，建立、健全职业学校教育与职业培训并举，并与其他教育互相沟通、协调发展的职业教育体系。”（第十二条）这是职业教育体系设计的总纲，包括三个要点：一是职业教育体系作为一个相对独立的教育体系，必须与其他教育相互沟通，处理好分流与衔接的问题、互通与流动的问题，比如，实施小学后分流，就必须有相当于初中阶段的职业学校；与此同时，职业教育内部也必须协调发展，处理好级类之间、地域（布局）之间和专业之间的关系。二是职业教育包括学历教育（由职业学校承担）和非学历教育（由职业学校、培训机构或用人单位等共同承担）。在各级各类教育中，职业培训是职业教育最具特色的地方。三是职业教育有不同的分流方案，但重点是初中后分流，即高中阶段的职业教育是职业教育的重要起点。当然，还有其他的分流方式，如小学后分流、高中后分流等，实施何种分流，依据经济发展水平和教育普及程度，由国家确定。经济发展水平和教育普及水平越低，就越早分流，相反，就会延迟分流。就人的成长而言，小学后分流应该只是一个过渡性方案，因为三年后，他们毕业时依然没有成年，不能算作完全的“劳动者”。从年龄角度看，初中后分流是比较合适的，但在高学历社会，未来将会逐步过渡到高中后分流为主的体系。

2. “职业学校教育分为初等、中等、高等职业学校教育。初等、中等职业学校教育分别由初等、中等职业学校实施；高等职业学校教育根据需要和条件由高等职业学校实施，或者由普通高等学校实施。其他学校按照教育行政部门的统筹规划，可以实施同层次的职业学校教育。”（第十三条）这是有关职业学校教育的层级设计和机构分工的规定。它恢复了“癸卯学制”的三级设计，明确设立高等职业教育，与之前的学制相比，规定普通高等学校可以实施高等职业教育，其他学校按统筹规划可以实施同层次的职业学校教育，是本“职业教育法”的一个创新。

3. “职业培训包括从业前培训、转业培训、学徒培训、在岗培训、转岗培训及其他职业性培训，可以根据实际情况分为初级、中级、高级职业培训。职业培训分别由相应的职业培训机构、职业学校实施。其他学校或者教育机构可以根据办学能力，开展面向社会、多种形式的职业培训。”（第十四条）这是有关职业培训的类型、层级和机构分工的规定。它是我国这么多学制中对职业培训类型规定最为详细的，三个层级的划分因应了职业学校教育的三个层级，这是一个创新，机构分工方面，也体现出了周全性和开放性。

4. “残疾人职业教育除由残疾人教育机构实施外，各级各类职业学校和职业培训机构及其他教育机构应当按照国家有关规定接纳残疾学生。”（第十五条）这是有关残疾人接受职业教育的规定，体现了宪法有关公民平等受教育的思想。

5. “普通中学可以因地制宜地开设职业教育的课程，或者根据实际需要适当增加职业教育的教学内容。”（第十六条）这是有关非职业教育学校的职业教育问题的规定，因应了“普通教育职业化，职业教育普通化”的国际潮流。

总之，关于现行的职业教育体系，可以概括地描述如下：职业教育是现代教育体系的重要组成部分，是国家教育基本制度之一，以初中后分流为主，包括职业学校教育和职业培训两个方面，分初级、中级和高级三个层次，在四级学制系统中，其程度基本覆盖了初中及以下、高中阶段和大学专科的学校教育。现行的职业教育体系是历史上最完备的职业教育体系，或者说，是最具有现代性的职业教育体系，它从体系上既为职业教育的规范化提供了明确的法律边界，也为职业教育的发展提供了广阔的可能性。

（二）职业教育体系的缺陷

自改革开放之后，有关建立中国特色的职业教育体系的探索就一直没有停止过，自《职业教育法》颁行之后，有关职业教育体系的改革也一直就没有停止过。因为我国职业教育，无论理论还是实践，一直都遭遇许多问题，包括新形势、新情况、新问题，一直都没有“定型”，例如，吵得沸沸扬扬的教育部鲁昕副部长的“技能型本科”的政策性讲话，说要将新建的600所本科院校转型为“技能型本科院校”。

我国职业教育体系到底遭遇了什么问题呢？就现象来说，第一，基础教育阶段，片面追求升学率严重，重普通高中轻职业高中，具体表现在：（1）鄙薄职业教育的观念比较普遍，职业教育吸引力不强；（2）结构、质量与社会需求不适应；（3）投入不足，办学条件较差；（4）“双师型”教师严重不足；（5）农村职业教育薄弱；（6）行业企业参与积极性不高。这就导致普通高中大班额现象严重，而职业高中招生困难。第二，高中阶段普及水平区域差距明显，中西部农村普及水平偏低，民族区域高中发展滞后，特殊教育高中发展滞后。第三，办学模式单一，缺乏办学特色。第四，高等职业院校仅有大学专科层次，缺乏吸引力。等等。至于与职业教育相关的问题更是不胜枚举。所有这些问题，就体系来看，主要有：

1．什么是职业教育，没有明确的规定

什么是职业教育？特别是年级较高或程度较高的学校教育属于什么？真不是一个容易搞清楚的问题，比如，职业技术学院和专科学校，合称高职高专教育，这说明高职教育与高专教育不能等同。又比如，本科及以上教育都是分科教育或专业教育，都直接对准某个职业或工种，有的专业口径甚至不及高职专业宽，为什么不属于职业教育？专业教育与职业教育的区别是什么？为什么专业教育要比职业教育地位高一等？这一连串的问题，都属于基本理论问题。而基本理论问题没搞清楚，职业教育体系不可能有坚实的理论基础。例如，有人认为，职业教育是与基础教育、高等教育和成人教育地位平行的四大教育类型之一。这种说法就将误尽天下苍生。因为它们不是一个分类标准下的概念，职业教育与普通教育对应，基础教育与专业教育对应，高等教育与中等教育、初等教育和学前教育对应，成人教育与青少年儿童教育（儿童教育、未成年人教育）对应，而且职业教育还有一种叫职业高等教育，成人教育主要是职业教育，基础教育也有职业教育的因素。如果一个现代国家仅做四种教育，那么这个国家要出问题，如果职业教育与基础教育、高等教育和成人教育平行，那么，这种教育要出问题。

《职业教育法》共五章40条，没有对什么是“职业教育”做过任何界定。

2002年8月，国务院颁发《关于大力推进职业教育改革与发展的决定》（国发〔2002〕16号）中有一段近似“定义”的话：“职业教育为初、高中毕业生和城乡新增劳动者、下岗失业人员、在职人员、农村劳动者及其他社会成员提供多种形式、多种层次的职业学校教育和职业培训，是我国教育体系的重要组成部分，是国民经济和社会发展的重要基础。”按照这段话的意思，职业教育的对象主要是弱势群体，包括：“初、高中毕业生”“城乡新增劳动者”“下岗失业人员”“农村劳动者”等，人们很容易会把这些人与“升不了学的人”“没有任何经验的‘新兵蛋子’”“被淘汰的劳动者”和“没技术的苦力”等一些词联系起来，也很容易把职业教育与非正规教育联系起来。难道这就是职业教育？难道我国此前的职业教育仅仅干了这些活？难道高等专科学校不算职业教育，连中专、中技教育都不算职业教育？

《教育管理词典》（第三版）对“职业教育”和“职业技术教育”都下有定义，认为职业教育是“对青少年或成人在就业前或就业后，为提高其所从事职业的工作质量和效率所实施的一种专门教育”，而职业技术教育则是指“公民在接受普通教育的基础上，以就业、转业或提高职业技术水平为目的的一种教育”。[①]其实，职业教育和职业技术教育基本相同，没有必要下两个定义。按照职业教育先贤的思想，教育的实质本来就是职业的，所以，职业教育不是什么特别的教育。它跟普通教育最大的区别，就在于普通教育没有指向哪一种（类）的职业，而职业教育则有明确的职业指向性，这种职业指向性越明确，职业教育的色彩就越鲜明。

我国职业教育先驱黄炎培说过，“用教育方法，使人人依其个性，获得生活的供给和乐趣，同时尽其对群的义务，名曰职业教育”。“世界一切问题的中心是人类，人类一切问题的中心是生活。要是这个中心，在若干世纪内，一时没法改变，那么有生活，必有需要，有供给，那么人类必定有各个的特性，各个的特长，而人与人之间，亦必定有彼此相感的精神和相结的方式，在人群递嬗间，更必定有老辈根据的经验，来供给后辈的仿效，从仿效中获得改进的门径，吾们所说职业教育这套理论，虽措辞容有不同，而这理论的主干，是不易磨灭的。”职业教育的目的，是“为个人谋生之预备，为个人服务社会之预备，为世界及国家增进生产能力之预备”，而“为个人谋生之预备”，就是要“使无业者有业，有业者乐

① 《教育管理词典》，海南出版社，2005年，第297页。

业”。黄炎培的“三预备”思想，深刻而全面地揭示了职业教育的本质特征和职业教育的宗旨目标。

据此，我们可以把职业教育理解为“是有明确的职业指向性并以提升人的职业效能为核心的教育”。如果这种理解能够被确定，特别是能够被“法定”，那么，我国的职业教育将会打开一片广阔的天地。然而，非常可惜的是，职业教育“名不正”，所以，长期以来，“言不顺”“事不行”。

2. 从层级上讲，职业教育的最高层级仅为专科层次，低人一等

按照1991年的政策设计，我国职业教育体系包括初级、中级和高级三个层次。[①]实际上就是从初等职业教育开始的（小学后分流，相当初中阶段），包括中等职业教育（相当于高中）和高等职业教育（相当于大学专科）。但它强调了“职业教育为初、高中毕业生和城乡新增劳动者、下岗失业人员、在职人员、农村劳动者及其他社会成员提供多种形式、多种层次的职业学校教育和职业培训”。作为与技术有关的教育，起点太低，而高等职业教育实际上是没有相应院校来承担的，当时我国有许多高等专科学校，但在属性归类上并不属于职业教育，因此，按照当年的政策及认识，职业教育仅有初等和中等两级。虽然当年中等专业学校（包括技工学校）能够招收到非常优秀的学生，那不取决于教育制度本身的完备性，而是有就业制度（包分配）做保障。

按照2002年的政策设计，我国职业教育首次不提“初等职业教育”，

① 国务院《关于大力发展职业技术教育的决定》：“根据未来10年我国经济、社会发展的需要，在20世纪90年代要逐步做到：使大多数新增劳动力基本上能够受到适应从业岗位需要的最基本的职业技术训练，在一些专业性技术性要求较高的劳动岗位，就业者能较普遍地受到系统的严格的职业技术教育；初步建立起有中国特色的，从初级到高级、行业配套、结构合理、形式多样，又能与其他教育相互沟通、协调发展的职业技术教育体系的基本框架。”

即不提“初中后分流”，而提“以中等职业教育为重点”，并要求“大中城市和经济发达地区要在继续发展中等职业教育和职业培训的同时，积极发展高等职业教育，有条件的市(地)可以举办综合性、社区性的职业技术学院”。“实施高中阶段学历教育的各类职业学校统一规范为‘××职业技术学校’，高等专科学校和成人高等学校要逐步统一规范为‘××职业技术学院’”。这就是说，十年来我国职业教育的层次大体上已经提升了一级，即主要有中等和高等两级。在2002年政策的推动下，此后十多年我国职业教育取得了长足的进步，特别是高等职业教育获得了跨越式的发展。职业技术学院不仅成为职业教育的主要阵地，而且在高等教育中也占据着相当大的份额。即便如此，在层级上依然没有突破“大专”的局限。

按照2014年的政策设计，今后，我国职业教育将出现本科层次。①但目前为止，尚无哪所本科层次的院校自认为是职业院校。这就是说，职业教育的最高层次是专科。

层级太低，导致地位低、吸引力差、出路差，历来是职业教育发展的死穴。

3. 不仅层级之间衔接差，而且类型之间沟通极其不畅

我国实行国家学位制度和学校学历制度，但对经批准设立的学校依法颁发的毕业证书，国家是承认其学历的，也就是说，我国实行了准国家学历制度。既然实行的是准国家学历制度和国家学位制度，那么，理论上讲，同层次的最低要求（拿证的最基本的条件和水平）应该是大致相同的，修习的合格课程及由此获得的学分也应该是互通的。然而，实际情形并非这样。在整个学制系统及相关政策里，职业教育就是一条“死胡

---

① 国务院《关于加快发展现代职业教育的决定》：“总体保持中等职业学校和普通高中招生规模大体相当，高等职业教育规模占高等教育的一半以上，总体教育结构更加合理。到2020年，中等职业教育在校生达到2350万人，专科层次职业教育在校生达到1480万人，接受本科层次职业教育的学生达到一定规模。从业人员继续教育达到3.5亿人次。”

同”“断头路”，几乎没有选择性。第一，职业教育的招生批次是靠后的（取消分配后），中等以上的学生是不会乐意报考的，这注定职业技术院校很难有较好的生源。第二，层级之间不衔接，没有连续升学的可能。长期以来，国家禁止职业教育类毕业生升学，无论接受哪一等次的职业教育，他们毕业后只能选择就业，而不像普通教育，小学毕业可升初中，初中毕业可升高中，高中毕业后可升大学，大学毕业后可考研，人生充满了机会，有广阔的想象空间。近年来，政策上开了一个小口，允许职业教育类毕业生对口升读，但名额有限，仅具象征性，而不是公平开放的制度设计。第三，类型之间相互不沟通，分流是单一方向的，即普通教育类学生可以转到职业教育类院校就读，职业教育类学生不可能转到普通教育类院校就读。第四，现行的招聘模式，撇开实际存在的对职业教育毕业生的歧视后，仅考试环节（只考文化知识，不考技能）就将职业教育类毕业生置于非常不利的境地，从而反证了职业教育的低水平，进一步加剧了体系上衔接沟通的困难，使整个职业教育体系更加封闭。

没有出路的教育是令人绝望的教育，这是职业教育发展的又一死穴。

早在2002年，国务院颁发的《关于大力推进职业教育改革与发展的决定》就提出：“力争在‘十五’期间初步建立起适应社会主义市场经济体制，与市场需求和劳动就业紧密结合，结构合理、灵活开放、特色鲜明、自主发展的现代职业教育体系。”现在回过头来评判，这个目标并没有达成，哪怕是“初步”水平的目标。

三、职业教育发展的命门在哪

职业教育到底出了什么问题呢？上文，我们从职业教育体系的角度探讨了其问题所在，下面，我们再从历史的角度来分析其存在的问题。

不同的历史时期，职业教育会存在不同的问题，但也有一些是始终没有解决好的“老大难”问题。恢复高考后，职业教育受到比较沉重的打击，与以经济建设为中心的国策对人才特别是技能型人才的需要很不适应，与促进劳动力就业的需要很不适应，引起了中央的高度重视，一再强调要大力发展职业技术教育。

1991年10月17日，国务院做出《关于大力发展职业技术教育的决定》，指出："目前我国的职业技术教育无论规模、规格和质量都还不能适应经济建设和社会发展的需要，在整个教育事业中仍然是很薄弱的环节。社会上乃至一些部门和地方的领导中还存在着鄙薄职业技术教育的现象；职业技术教育的有关法规和配套政策不健全，管理体制尚待进一步理顺，资金投入不足，办学条件差，支持职业技术教育发展的服务体系很薄弱；教育内部的改革和建设亟须加强，高水平的示范性骨干学校数量还太少，职业技术教育的专业设置和专业结构有些方面与社会需要结合得不够紧密等。这些困难和问题亟待认真研究解决。"为此，做出了"高度重视职业技术教育的战略地位和作用""积极贯彻大力发展职业技术教育的方针""采取有力政策支持职业技术教育发展""加强职业技术教育的改革和基本建设"和"加强和改善对职业技术教育工作的领导和管理"五项决定。应该说，这个文件对我国职业教育在20世纪90年代获得大发展发挥了重要的作用，但毋庸讳言，这个文件的对策措施超前性不够，跟不上时代的发展变化，特别是生产水平的提高、取消毕业生统包分配和普及高中阶段教育的发展，对职业教育影响非常大。

2002年8月24日，国务院在《关于大力推进职业教育改革与发展的决定》（国发〔2002〕16号）中指出："职业教育的改革与发展也面临一些问题，一些地方对发展职业教育的重要性缺乏足够的认识；投入不足，基础薄弱，办学条件较差；管理体制、办学体制、教育教学质量不适应经济建设和社会发展的需要；就业准入制度没有得到有效执行，影响了受教育者的积极性；地区之间、城乡之间发展不平衡。"为此，提出了包括"深刻认识职业教育在社会主义现代化建设中的重要地位，明确'十五'期间职业教育改革与发展的目标”“推进管理体制和办学体制改革，促进职业教育与经济建设、社会发展紧密结合”“深化教育教学改革，适应社会和企业需要”“采取切实措施，加快农村和西部地区职业教育发展”“严格实施就业准入制度，加强职业教育与劳动就业的联系”“多渠道筹集资金，增加职业教育经费投入”和“加强领导，推动职业教育持续健康发展”七个方面24条意见。这是一个着眼于体系构建和体制改革的政策文件，促进了我国职业教育实现了跨越式的发展，但在职业教育发展瓶颈问题上没有实质性的突破。

2014年5月2日，国务院做出《关于加快发展现代职业教育的决定》（国发〔2014〕19号），说：“当前职业教育还不能完全适应经济社会发展的需要，结构不尽合理，质量有待提高，办学条件薄弱，体制机制不畅。”为此提出了六项28条决定。这是在现代职业教育理念下制定的第一个国家级政策文本[①]，从中可以看到，职业教育的结构、质量、条件以及体制机制等问题，职业教育与经济、社会特别是产业的关系问题，一直都没有解决好。该政策文本抓住“体系”这个牛鼻子，试图解决这些问题，明确提出了现代职业教育的发展目标：到2020年，形成适应发展需要、产教深度融合、中职高职衔接、职业教育与普通教育相互沟通，体现终身教育理念，具有中国特色、世界水平的现代职业教育体系。与《国家中长期教育改革和发展规划纲要（2010—2020年）》有关“现代职业教育体系”的内涵相比，《关于加快发展现代职业教育的决定》在认识水平和重点把握上都有很大的提升：第一，在服务对象上，“适应发展需要”的提法显

① 《国家中长期教育改革和发展规划纲要（2010—2020年）》提出：“到2020年，形成适应发展方式转变和经济结构调整要求、体现终身教育理念、中等和高等职业教育协调发展的现代职业教育体系。”为此，提出了“大力发展职业教育”“调动行业企业积极性”“加快发展面向农村的职业教育”和“增强职业教育吸引力”四项发展任务，再加上与此相关的“高中阶段教育”所列的“加快普及高中阶段教育”和“推动普通高中多样化发展”两项发展任务，其实，并没有把落脚点放在“现代职业教育体系”的构建上。

示了更广阔的视野和全口径的领域。第二，在发展方式上，“产教深度融合”的提法为现代职业教育的发展指出了一条生路。第三，在教育构造上，虽然两个文件都强调要“体现终身理念”，但2014年的《决定》把职业教育体系放在教育体系中去设计，着力打通纵横的关系，即纵向衔接、横向沟通，这比单纯提“中等和高等职业教育协调发展”更科学，而且以新三级（高中、大专、本科）取代旧三级（初中、高中、大专），体现了与时俱进的精神。第四，提出“中国特色、世界水平”，立意高远，想象空间大。据此可以推断，如果不折腾的话，按照2014年《决定》精神、原则、思路去落实，一个充满活力的现代职业教育体系可望建立起来。

如何打造这样一个现代职业教育体系呢？根据现代职业教育体系的内涵及对我国职业教育体系缺陷的分析，以下三个方面，将是未来职业教育改革的重点。

（一）打通“死胡同”

有句广告说得很在理，叫做“通则不痛，痛则不通”。现在职业教育的种种问题，很多病因就出自“不通”，也就是职业教育“死胡同”“断头路”的问题。

第一，要打通纵向衔接关系。所谓纵向衔接关系就是上下衔接关系，下一级能够升得上去，上一级的能够接得了。就像普通教育系列那样，义务教育阶段和义务教育对学前教育，制度上是一定能够升学的，也是必须升学的，之后的制度安排是，学生是否升学以及往哪个方向升学，是有自主权的。所谓打通纵向衔接关系，就是要改变现在的制度设计，确保职业教育系列的学生在升学和就业方面拥有自主权，其核心的问题是，中职应届毕业生能够有制度性机会像普通高中应届毕业生通过普通高考升入高等学校那样，通过特别高考，入读高等学校。与此同时，学生还能适应继续学习的要求，包括课程的配合。

第二，要打通横向沟通关系。所谓横向沟通关系就是左右沟通关系，具体包括教育内部和教育外部两种。就教育外部关系而言，主要是要打通职业教育与产业社会（用人单位）的关系，要按产业社会的需求办学，开门办学，而不是按学校的爱好办学。这就是通常所说的面向社会、立足社会、服务社会，就教育内部关系而言，主要就是要打通职业教育与普通教育的关系，要改变现在由普通教育到职业教育“单行线”的状况，学生可以比较自由地在两个系列中穿行，普通教育系列的学生可以转学到职业教育系列去就读，同样，职业教育系列的学生也可以转学到普通教育系列就读。

第三，要打通职业学校教育与职业培训的关系。在我国的职业教育体系里，职业学校教育和职业培训也是两个互不相干的小系列。众所周知，职业学校教育长于理论教学，职业培训长于技能训练，各有优长，如果职业技术院校能够认可职业培训机构的技能训练课程，而职业培训机构又可依仗职业技术院校的理论力量，则可望快速提升我国职业教育的水平。

为此，要把职业教育放在产业社会这个背景中去运作，构建职业教育立交桥，建立“优势课程”互认机制和“优势资源”互补机制。这样才能打通死胡同和断头路，创造“四通八达”的现代职业教育体系。

（二）改造“二流子”

职业教育没有地位既与体系不畅有关，也与自身没有大作为有关。第一，职业教育学生是从普通教育中分流出来的，基本上是普通教育系列学业不成功者，所以，职业技术院校的生源形象不佳一直影响着职业教育地位的提升。第二，职业教育的技能训练一直没有形成突出优势，造成理论上不如人，技术上也不突出。就业层次偏低，而职业效能与同层次的普通教育系列学生相比也没优势，且发展后劲不足。第三，职业技术学校的学风、教风和校风不能令社区感到满意。因此，在人们的心目中，接受职业教育的人是不思进取的混日子的人，他们对自己的发展没有什么要求，游手好闲，得过且过，又比较自我，还很有反叛性格，就像“二流子”。

黄炎培在揭露当时实业学校的弊端时也曾指出："其设置拘系统而忽供求""其功课重理论而轻实习""其学生贫于能力而富于欲望"。[1]可谓一针见血。

职业教育要改变"二流子"形象，外因是变化的条件，内因才是变化的根据。作为条件，主要有制度安排、硬件建设和发展机会三个方面。在制度安排上，要一视同仁看待各级各类教育，不要把职业教育看作是"二流"教育，低人一等的教育；在硬件建设上，要确保学生学到现代技术和职业技能；在发展机会上，要搭建公平的、能够展示职业教育优势的平台，让职业教育人有展示的机会。作为根据，主要是指职业教育人要发愤图强，以业绩提升行业地位，拓展生存空间。现在比较流行的一句话，叫作"不作死就不会死"，与之对应的是，"不作为毋宁死"。这对职业教育关系人特别是教师和学生来说尤其如此。职业教育的优势应该体现在"职业"方面，明了职业状况，熟悉职业流程，掌握职业技能，具备职业操守。如果在此基础上还能培养出有志改善职业环境、提升职业品位的学生，那就"善莫大焉"，又何至于没地位呢？

（三）改变"一头热"

"一头热"是长期以来我国职业教育发展的真实写照。谁热？中央热。改革开放后，党中央经常提到要大力发展职业技术教育，国务院每隔十来年就出台一个"决定"，政策性文件和推广工作会议的层次、频率在各级各类教育中是比较高的。全国的情况如何呢？具体来说，第一，从权力机构来看，中央热，省温，地（市）凉，县冷，乡镇及以下寒。第二，从职业教育机构来看，大家都不满意自己的现状（做职业教育和接受职业教育的人），层级越低就越没有积极性。第三，从产业社会来看，之前企业行业办学非常普遍，现在都当包袱甩给政府，甩给教育部门。社会参与

---

① 《中华职业教育社宣言》，见舒新城《中国近代教育史料》（第二册）。

职业教育的意愿非常低。大企业、好行业不用承担发展职业教育的义务，又可轻易地享受职业教育的成果；中小企业和困难行业无力承担职业教育的义务，即便积极参与，通常情况下也是为人做“嫁衣裳”。第四，从受教育者及其家庭来看，人们压根就瞧不起职业教育。如果一个家庭的孩子最终只能读中职学校，通常情况下，这个家庭会被一种希望破灭的气氛笼罩着，家庭在社区中的地位也会莫名其妙地下降。职业教育如此不受欢迎，反过来又影响地方党委和政府举办职业教育的愿意，地方党委和政府怎么会有心思花大力气去发展呢？所以，最终只有中央热。正如黄炎培在论及推广大职业教育主义时所说：“（一）只从职业学校做功夫，不能发达职业教育；（二）只从教育界做功夫，不能发达职业教育；（三）只从农工商职业界做功夫，不能发达职业教育。”“一头热”的这种状况不改变，不为社会办职教，不让社会办职教，职业教育的春天是不可能到来的，当然也谈不上建立现代职业教育体系。《国家中长期教育改革和发展规划纲要（2010—2020年）》说，职业教育要“面向人人，面向社会”，其此之谓乎。

要改变“一头热”，实现“大家热”，关键是要建立职业教育利益共同体，即在一个新的现代职业教育体系里，维护好、发展好、实现好各有关方面的利益，大家都在共同的办学中获得好处。

2002年，国务院颁发《关于大力推进职业教育改革与发展的决定》提出要“建立并逐步完善在国务院领导下，分级管理、地方为主、政府统筹、社会参与的职业教育管理体制”。这只是举办方的构想，还不是职业教育参与各方的权利义务方案。按照这个规定，是不可能建立起职业教育利益共同体的。

在现代职业教育体系里，职业教育的参与方一般包括举办者、参与举办者、教育实施者、受教育者、教育结果承接者。那么，这些方面的共同利益如何串联在一起呢？链条就是通过教育提升受教育者的劳动力，进而提升其职业效能。政府必须通过制度使链条各方在合作中获得收益。

第一是党委、政府。它是职业教育发展的主要责任方，代表国家和社会举办职业教育。在我国，教育是国家事业，所以，国家在职业教育方面负有“兜底”的责任。这个“底”怎么“兜”，分级“兜”，以地方为主“兜”。地方政府让社会力量承担得越多，财政为“兜底”承担的压力就越小。政府特别是地方政府作为责任主体，它的利益如何来实现呢？它是通过提高职业教育的综合服务能力来实现的。具体来说，它的收益大致有四类：一是尽了宪法关于“国家发展教育事业”的义务，为人民群众提供了教育与就业服务，是一件惠民生、得民心的事项，主要表现为社会效益；二是为产业社会输送接受过专门训练的劳动力，不仅可以解决企业行业劳动力补充和素质提升问题，而且对提高企业行业劳动水平和效益非常有帮助，这对密切政企关系、促进社会繁荣有直接影响；三是GDP的增长，税收有保障；四，职业教育水平高有助于提高国家或地方美誉度。

第二是产业社会。它是职业教育发展的重要参与方，国家赋予它参与（举办、合办或支持）职业教育的权利，但它没有单独举办职业教育特别是职业学校教育的义务。作为一个集合体，它其中的每一个单元都代表自己的利益举办或参与举办职业教育。在我国，企业、行业举办职业教育是有传统的，后来它们抛弃职业教育，主要是因为职业教育没有给它们带来好处，反而成为包袱，所以，如何保障它们因参与职业教育而获得额外的或更大的利益，是发挥它们参与职业教育的积极性的重要前提，也是国家发展职业教育的关键。

产业社会有可能从职业教育那里得到什么好处呢？分析起来，大致有三个方面：一是有可能招收到熟悉本企业行业职业特性的员工，提高熟练劳动力来源的可靠性，大幅度降低财务成本；二是提高本企业行业的劳动生产率，进而提高生产（经营、管理、服务等）的盈利能力和水平；三是借助职业教育扩大本企业行业的知名度和影响。此外还有一种概率比较微小的可能，那就是借助产教的深度融合，实现技术革新、流程革新乃至结构革新，如果能做到这一点，那整个企业、行业和社会就“赚”大了。产业社会参与职业教育有可能获得的三大效益中除“广告”效益是明显而确定的之外，招工和增效都存在着许多不确定性，因为它受许多因素制约。如果没有特别的合约，“我读你的书，我不打你的工”“恶意挖角”和“随意跳槽”就会成为常态，收获季节，那些没有付出的企业行业就会下山抢桃子，久而久之，就没有人愿意栽桃子，最终就得由政府来承担责任。所以，保障产业社会参与职业教育的合法权益是必需的，哪怕是公益捐助类参与，也要保证它们获得“广告”收益。

产业社会独立举办或合作举办职业教育，必须建立自主择学、定向就业和劳动服务期制度。政府和行业还应提供配套的政策措施，例如，准入的资格门槛，基于技术等级的起薪制度，界定“恶意挖角”行为，建立技术保密制度等。此外，与此相适应的是，政府在指导和规范职业教育时，应引导走精细化发展之路，而不要走综合化发展之路，要把职业教育机构布局在产业带上，而不是拢起来成为“职教城”。

除了产业社会即各单位之外，家庭也是重要的职业教育参与者，要为学生接受职业教育付出学费、生活费以及其他一些资源，即使免交学费，家庭也是要投入的。有投入就希望有回报，如果没有回报，家庭参与职业教育的意愿就大打折扣。家庭的回报如何实现呢？主要看学生的出路，受了职业教育后能够找到满意的工作，家庭就认为值得，如果找不到满意的工作，家庭就认为不值得。此外，家庭在衡量回报方面还有一条底线，那就是学生的健康成长，要学好，不要学坏。退一步说，如果身体好，没有形成坏习惯，或者改掉了坏毛病，即使没有学到技术或本领，家庭也会认为过得去。所以，家庭参与职业教育的利益保障主要建筑在职业技术院校或职业教育机构上，依赖它们实施的教育、教学、管理和服务。

第三是学生。学生是职业教育的核心主体，在职业教育的利益链条上居于关键节点的地位。学生的利益回报来自两个方面，一是有没有学到东西，包括与职业有关的知识、技能、规则和经验，也包括立足社会、提升自我所需的观念、能力、习惯和人际网络；二是学习生活是否有助于增进健康和修养。当然，这两个方面的利益能否兑现，最直接、最主要的衡量指标就是就业。为了鼓励学生发奋学习，政府、行业和企业应该有配套的措施，比如，起点报酬与学业职级和职业资格等级挂钩，为接受职业教育的学生创设公平的就业环境，像政府公务员限定211工程以上大学毕业生才能报考那样的政策，将使职业教育难有出头之日。

第四是学校。学校（含教育机构）是职业教育的实施者，是职业教育发展的重要的责任主体。学校在职业教育中的利益何在？应该说根本利益甚至可以说是存在前提就是学生。就我国目前的情形看，公立院校难有直接的体现，学生和经费有政府护着，但民办院校则直接与生源和收入有关。一般说来，职业院校不可能“卖”学生，用人单位也不会以学生为交换条件支付费用给职业院校。因此，对职业院校来说，学生“进得来”（招生）和“出得去”（就业）是最为关键的，解决了这两个问题，其他问题就迎刃而解了，就可实现利益回报了。

职业教育类院校如何解决“进出”问题呢？关键的节点就是解决“为谁办学”的问题。是为学生办学，还是为产业社会办学？是需求导向，还是供给导向？是以理论为重点，还是以能力为重点？是培养学生会说事，还是培养学生会做事？这是衡量“为谁办学”的分水岭。当然，职业教育举办者如果能够建立制度，完善办学水平评估，对办学业绩突出的学校、教师和管理人员给予奖励，则非常有助于职业教育水平的提升，这样将会给职业教育利益链条上的各方带来“红利”。

当大家都有好处，职业教育才可能成为众人的事业、社会的事业、国家的事业。当大家都贡献智慧和力量，现代职业教育体系才能建立起来。

第六章

道德和道德教育
令人伤痛的话题

德育即道德教育。作为一个狭义的概念，德育是指品德教育；作为一个广义的概念，德育是指影响人的思想行为的一种教育，具体包括思想教育、政治教育和品德教育。因此，德育常常叫作品德教育、思想教育、思想品德教育、思想政治教育，也叫思想工作、思想政治工作。概念很多，虽然内涵有所差异，其实所指都差不多，特别是在实际工作过程中，这些概念被经常混同使用。

道德研究和道德教育在我国有着非常悠久的历史传统，以至于许多教育史家都认为，我国的教育史其实就是德育史。

新中国成立后，党和国家历来高度重视道德和道德教育，特别是对青少年的思想道德教育。中国共产党第十七届中央委员会第六次会议更是从文化建设的宏观视野来谋划道德建设和道德教育，做出了《中共中央关于深化文化体制改革、推动社会主义文化大发展大繁荣若干重大问题的决定》。正如《中国共产党第十七届中央委员会第六次全体会议公报》中所指出的："中国共产党从成立之日起，就既是中华优秀传统文化的忠实继承者和弘扬者，又是中国先进文化的积极倡导者和发展者。我们党历来高度重视运用文化引领前进方向、凝聚奋斗力量，团结带领全国各族人民不断以思想文化新觉醒、理论创新新成果、文化建设新成就推动党和人民事业向前发展，文化工作在革命、建设、改革各个历史时期都发挥了不可替代的重大作用。”“改革开放特别是党的十六大以来，我们党始终把文化建设放在党和国家全局工作重要战略地位，坚持物质文明和精神文明两手抓，实行依法治国和以德治国相结合，促进文化事业和文化产业同发展，推动文化建设不断取得新成就，走出了中国特色社会主义文化发展道路。我国文化改革发展，显著提高了全民族思想道德素质和科学文化素质，促进了人的全面发展，显著增强了国家文化软实力，为坚持和发展中国特色社会主义提供了强大精神力量。”①十七届六中全会为新阶段我国道德建设和道德教育指明了方向。但是，具体到学校道德建设和道德教育，还是有很多讲不清楚的地方的。

许多研究者特别是从事这项工作的专家认为，改革开放后，我国青少年道德教育取得了很多的成就，但也遭遇到不少的新情况、新问题和新挑战。中央的许多政策文本对成就也是给予高度肯定的，同时也高度正视新情况、新问题和新挑战。那么，我国道德和道德教育到底是一种什么样的状况？存在什么问题？出路何在？需要我们冷静而深入地思考。

---

① 中国共产党第十七届中央委员会第六次全体会议于2011年10月15日至18日在北京举行。10月18日全会通过了《决定》和《公报》。

一、道德和道德教育的阶级成分有多少

在现代中国，道德和道德教育被打上深深的阶级烙印。在各种教育内容中，没有哪种教育内容有像道德和道德教育那样，有强烈的反传统精神，有鲜明的政治色彩，有明确的斗争倾向。

“文革”结束后，我国政局也拨乱反正，结束了“以阶级斗争为纲”的治国思维，十一届三中全会决定将全党的工作重心转移到经济建设上来。是否道德和道德教育的阶级成分就这样消减了呢？几十年来，我们倡导的是什么道德？我们怎么倡导这些道德？

（一）“育”什么“德”

德育的关键问题之一是“育”什么“德”？这也是一个前提性或基础性的问题。在漫长的中国古代社会，就现有的史料来看，似乎这不是一个问题，也许是因为古代社会的社会属性大致相同，都是家天下，都是阶级社会，即所谓“天不变，道也不变”，世世代代依天道而行即可。至于在由母系氏族社会向父系氏族社会转变、原始社会向奴隶社会转变的历史时期，是否在“育”什么“德”问题上出现过重大困惑，现在不得而知，但在由古代社会向近代社会转变、近代社会向现代社会转变、封建社会向半封建半殖民地社会转变、半封建半殖民地社会向社会主义社会转变的历史时期，“育”什么“德”的问题不仅凸显出来，而且似乎变得十分的严峻。这是否是由臣民社会向公民社会转变的必然遭遇，有待专家们进一步细究。同样，在由计划经济体制向市场经济体制转变的过程中，“育”什

么“德”这个问题也一样严峻地凸显出来了。“道”要变，是否意味着“天”已变？同样有待专家们进一步细究。

不同社会、不同时代，其主流的社会价值观是会有所不同的，尤其是当代社会，除了主流社会价值观外，还有形形色色非主流的社会价值观。因此，社会不同、时代不同，思想意识和道德规范也会有所不同，这是道德的时代性。同样，不同阶级因为阶级利益的不同，其思想意识和道德规范也会有所不同，这是道德的阶级性。例如，1982年出版的教育部认可的教育学教材，在讨论学校德育任务时，一方面强调要把学生培养成为符合社会主义要求的新人，突出“新”字，即时代性；另一方面，又规定要培养学生的“共产主义的道德品质”“无产阶级的政治态度”和“无产阶级世界观”，突出了阶级性。①

我们是社会主义国家，还处在初级阶段，正在进行中国特色社会主义现代化建设。这就决定了我国的教育一方面必须培养社会主义事业接班人，必须对青少年进行社会主义和共产主义教育，必须反对封建主义、资本主义和一切腐朽没落的思想，即必须体现道德和道德教育的阶级性（社会性）；另一方面，必须紧紧围绕党和国家的阶段性目标和国情来开展有针对性的教育，即必须体现道德和道德教育的时代性。这种原则在德育方面尤其需要贯彻落实。

德育内容如何体现阶级性和时代性呢？也就是说，我们该“育”什么样的“德”，我们所“育”之“德”是否具有阶级性和时代性。这是理论上颇多争议的问题，也是实践中比较模糊的问题。现实中的状况是“公说公的理”“婆说婆的理”。回归到政策法规层面上来分析国家倡导的道德和道德教育内容，是理清这些问题的唯一有效的途径。

---

① 华中师范学院教育系、河南师范大学教育系、甘肃师范大学教育系、湖南师范学院教育系、武汉师范学院教育教研室合编《教育学》，人民教育出版社，1982年，第190—191页。教育学界常称此书为“五院校教育学”。

首先，我们以时间为序，大致梳理一下改革开放以来党和国家政策法规关于道德和道德教育的规定，看看我们这个社会该“育”什么“德”，要求“育”什么“德”。

1.《中华人民共和国宪法》（1982）的规定

宪法的规定有两条：“国家培养青年、少年、儿童在品德、智力、体质等方面全面发展。”（第46条）“国家通过普及理想教育、道德教育、文化教育、纪律和法制教育，通过在城乡不同范围的群众中制定和执行各种守则、公约，加强社会主义精神文明的建设。”“国家提倡爱祖国、爱人民、爱劳动、爱科学、爱社会主义的公德，在人民中进行爱国主义、集体主义和国际主义、共产主义的教育，进行辩证唯物主义和历史唯物主义的教育，反对资本主义的、封建主义的和其他的腐朽思想。”（第24条）从宪法的规定可见，作为教育目标的全面发展主要包括但不限于品德、智力和体质，也就是说，发展青少年儿童的品德当是教育的主要任务之一。哪些品德是在社会主义教育中必须培养的呢？宪法提倡“五爱”公德，反对腐朽思想，这些可以看作是国家倡导的道德。与此相关的是实施理想教育、文化教育、纪律和法制教育、爱国主义教育、集体主义教育、国际主义教育、共产主义教育、辩证唯物主义教育和历史唯物主义教育，以及反腐朽思想教育，这些可以看作是国家倡导的道德教育。宪法作为母法，只对重大问题做原则性规定，这样看来，在“育”什么“德”的问题上，宪法所列应当是德育最重要或最基本的内容。宪法提倡“公德”，一方面反映出党和国家承认在人类社会里存在“公共”的道德，即存在“通用”的、“普遍”的道德或超阶级的道德，道德不纯然是“阶级的鸿沟”，例如，爱祖国、爱劳动、爱科学等；另一方面，也可以看出，我们党和国家所提倡的“公德”带有明显的社会主义特征，例如，爱人民，爱社会主义，以及反对腐朽思想，这就是说，宪法有关道德和道德教育的规定还是颇有阶级色彩的。其后由国家教育行政部门（国家教育委员会）发布的德育纲要便体现了这一认识和要求。

2．中小学德育纲要的规定

1988年，国家教委发布《小学德育纲要（试行）》，以“五爱”为基本要求，非常重视思想品德、行为习惯、意志性格及品德能力的培养，提出了10个方面的教育内容，每项内容又包括若干具体要求，突出了基本的公民道德、公民意识以及学习、劳动、生活、文明礼貌等行为习惯的培养，其中“热爱中国共产党的教育”“热爱人民的教育”“热爱集体的教育”和“辩证唯物主义观点的启蒙教育”就具有明显的阶级性。

1988年，国家教委发布《中学德育大纲（试行）》，对中学阶段的总目标和初、高中分阶段的目标要求分别做了规定，根据中学生生理、心理的特点和思想品德形成发展的规律，规定了初中阶段和高中阶段的最基本的教育内容，包括思想、政治、道德品质、个性心理素质和能力等方面，社会主义色彩和阶级性明显增强。

其实，1988年中小学两个德育大纲的制定，充分体现了这样一种指导原则，即强调以马克思主义为指导，以社会主义初级阶段的理论和基本路线为依据，适应我国社会主义现代化建设，大力发展社会生产力和改革开放的需要，适应建设社会主义民主政治，加强社会主义精神文明建设的需要，在继承学校德育优良传统的基础上，对德育工作进行整体改革；从学生的实际需要出发，重视基本道德、基本观点、基本文明行为的教育与养成。中小学德育内容非常丰富，而且还有层次化、系列化的特色。虽然中小学德育内容有浓郁的社会属性和阶级色彩，但与以阶级斗争为纲时代的德育内容相比，已经有了不少的时代气息。

3．《中共中央关于改革和加强中小学德育工作的通知》的规定

1988年颁发的《中共中央关于改革和加强中小学德育工作的通知》可以说是我国有关中小学德育工作的最高级别的文件。中央认为，我国的改

革开放正在深入发展。现在的德育工作还很不适应新形势的要求。中小学生在理想情操、道德风貌、行为习惯、法纪观念和政治认识等方面存在着不少值得重视的问题，极少数学生甚至走上歧路。该《通知》着眼于“把全体学生培养成为爱国的具有社会公德、文明行为习惯的遵纪守法的好公民，在这基础上，引导他们逐步树立科学的人生观、世界观，并不断提高社会主义思想觉悟，使他们中的优秀分子将来能够成长为坚定的共产主义者”这样一个基本任务，把爱国主义教育、集体主义教育、社会主义民主和遵纪守法的教育、劳动教育、道德教育和良好心理品质教育（含青春期教育）作为中小学德育的基本内容。[①]这是中央在改革开放发展到一定历史阶段时对德育工作内容的新的思考，与此前中央有关的德育内容相比，理论性特别强的意识形态内容的比重有所减轻，而良好心理品质教育（青春期教育）和我们行为习惯养成被提到重要位置，人的主体地位和心理健康日益受到重视。这是一个科学性比较强的文件，特别是其中的公民教育思想和“好公民”“使他们中的优秀分子将来能够成长为坚定的共产主义者”的提法，闪烁着智慧的光芒。如果能够得到贯彻落实，无疑可以把我国道德和道德教育带向一个新境界。可惜，几个月后的事件影响了它的执行。

“六四”之后，我国中小学德育工作的重心开始转移，思想和政治教育被置于极其重要的地步。1990年，国家教委发布《关于进一步加强中小学德育工作的几点意见》，从反对“和平演变”、培养社会主义事业接班人的高度，阐述了把德育工作放在学校教育工作的首要地位的意义和具体要求，认为中小学德育“对保证人才培养的正确政治方向、促进学生全面发展起着主导的决定性的作用”，提出“要在继续加强学生的道德教育的同时，切实加强思想和政治教育”，要坚持用共产主义思想教育学生。此

① 《中共中央关于改革和加强中小学德育工作的通知》，1988年12月25日。

后若干年，学校德育工作的阶级性明显增强，而公民道德教育和日常行为规范的养成教育没有得到应有的重视。

4．中央有关教育改革和发展的综合性的政策文本的规定

作为中央有关教育改革的综合性的政策文本，1985年《中共中央关于教育体制改革的决定》没有具体提到德育。《中国教育改革和发展纲要》是改革开放后第二个非常重要的综合性教育改革政策文本，由中共中央、国务院印发（中发〔1993〕3号）在“全面贯彻教育方针，全面提高教育质量”部分阐述了德育改革发展的思路，提出“用马克思主义、毛泽东思想和建设有中国特色的社会主义理论教育学生，把坚定正确的政治方向摆在首位，培养有理想、有道德、有文化、有纪律的社会主义新人，是学校德育即思想政治和品德教育的根本任务”。“对广大青少年要加强党的基本路线教育，爱国主义、集体主义和社会主义思想教育，近代史、现代史教育和国情教育，引导学生运用马克思主义的立场、观点、方法认识现实问题，走与工农结合、与实践结合的成长道路，促进学生逐步树立科学的世界观和为人民服务的人生观，增强学生抵制资产阶级自由化和一切剥削腐朽思想的能力，坚定建设有中国特色的社会主义的信念。要重视对学生进行中国优秀文化传统教育，对中小学生还要注重进行文明行为的养成教育。”突出基本路线教育、国情教育和反自由化的教育是其特点。1999年，中共中央、国务院又合发了一个综合性的教育改革政策文本，叫作《关于深化教育改革，全面推进素质教育的决定》（中发〔1999〕9号），强调要对学生进行辩证唯物主义和历史唯物主义教育，爱国主义、集体主义和社会主义教育，中华民族优秀文化传统和革命传统教育，理想、伦理道德以及文明习惯养成教育，中国近现代史、基本国情、国内外形势教育和民主法制教育，邓小平理论教育，心理健康、民族团结和国防教育，以及校园精神文明建设。职业学校要加强职业道德教育。这些内容基本上属于反复强调，但“邓论三进”（即“进

教材、进课堂、进学生头脑”工作）则是个新提法。此后，凡是重要的德育项目都是按照“三进”思路来推行的。

5．《基础教育课程改革纲要（试行）》的规定

2001年颁发的《基础教育课程改革纲要（试行）》是经国务院批准的，是“课改”的动员令、大规划和线路图，是课程方案和课程标准以及教材编审的重要依据，在谈到课程改革的目标和新课程的培养目标时提出：基础教育课程改革要以邓小平同志关于“教育要面向现代化，面向世界，面向未来”和江泽民同志“三个代表”的重要思想为指导，全面贯彻党的教育方针，全面推进素质教育。新课程的培养目标应体现时代要求，要使学生具有爱国主义、集体主义精神，热爱社会主义，继承和发扬中华民族的优秀传统和革命传统；具有社会主义民主法制意识，遵守国家法律和社会公德；逐步形成正确的世界观、人生观、价值观；具有社会责任感，努力为人民服务；具有初步的创新精神、实践能力、科学和人文素养以及环境意识；具有适应终身学习的基础知识、基本技能和方法；具有健壮的体魄和良好的心理素质，养成健康的审美情趣和生活方式，成为有理想、有道德、有文化、有纪律的一代新人。[①]按照我国的惯例，指导思想用的是标准格式，但没有提及“马克思主义”和“毛泽东思想”。教育要“三个面向”，是一个非常精辟的判断，对基础教育课程改革当然具有十分重要的意义，“三个代表”理论上说属于党建思想，对基础教育课程改革的指导就较难直接挂钩。作为指导思想，没有提到青少年成长规律，应该是一个遗憾。在培养目标上，总的基调是“体现时代要求”，具体提了七个方面的要求，涉及德、智、体、美四个方面，除了“具有适应终身学习的基础知识、基本技能和方法”外，其他六条都与德育有关，如果按严格的标准来划分，也有四条半可以直接列入德育的范畴，反映出国家对道

① 教育部关于印发《基础教育课程改革纲要（试行）》的通知，教基〔2001〕17号，2001年6月8日。

德和道德教育的一贯重视。但培养目标没有提及“共产主义”，只在两个方面使用了“社会主义”，即“热爱社会主义”和“具有社会主义民主法制意识”，最终的落脚点表述为“四有”新人①，而不是“社会主义事业的建设者和接班人”。有关世界观、人生观、价值观的标准使用的是“正确”而不是“科学”。这是非常耐人寻味的，但不管怎样，这个文件可能算得上是国家在德育和培养目标上最具时代性、最少阶级性的一个文件。

6. 中共中央关于社会主义核心价值体系的主要内容

2006年10月，中国共产党十六届三中全会通过《中共中央关于构建社会主义和谐社会若干重大问题的决定》，第一次明确提出了“建设社会主义核心价值体系”这个重大命题和战略任务。2007年，胡锦涛在“6·25”重要讲话中强调②，要大力建设社会主义核心价值体系，巩固全党全国人民团结奋斗的共同思想基础。社会主义核心价值体系包括四个方面的基本内容，即马克思主义指导思想、中国特色社会主义共同理想、以爱国主义为核心的民族精神和以改革创新为核心的时代精神、社会主义荣辱观。2011年，中共十七届六中全会通过有关文化改革发展的决定，全面阐述了社会主义核心价值体系的主要内容（见下表）。

① “有理想、有道德、有文化、有纪律”，中共党史上的80句口号之一。1981年2月，中国人民解放军总政治部根据中共中央关于建设社会主义精神文明的号召和军队的特点，在《关于加强部队青年工作的指示》中提出了“四有、三讲、两不怕”的口号。“四有”即“有理想、有道德、有知识、有体力”。1983年1月，总政治部又根据党的十二大文件中关于社会主义精神文明建设的有关提法，将“四有”的内容调整为“有理想、有道德、有文化、有纪律”。“四有”提法得到了邓小平的多次肯定，他说：“搞社会主义精神文明，主要是使我们的各民族人民都成为有理想、讲道德、有文化、守纪律的人民。”“四有”后来成为新时期党和政府青年工作的指导原则和社会主义精神文明建设的目的的概括表述。可见，“四有”新人作为邓小平在特定历史时期和特定环境里予以肯定的提法，在对人的培养方面特别强调了“四有”，具有很强的针对性，但作为培养目标的总概括，显然是不科学的，比如，里边就没有提到“有体魄”。

② 2007年6月25日，胡锦涛在中央党校省部级干部进修班上发表讲话，提出并阐述了科学发展观，也提出了社会主义核心价值体系的框架。

“社会主义核心价值体系”的主要内容①

纲	目	核心精神
坚持马克思主义指导地位	1. 用中国特色社会主义理论体系武装全党，教育人民； 2. 不断发展马克思主义； 3. 大力推进马克思主义学习型政党建设； 4. 深入推进马克思重要理论研究和建设工程。	用发展着的马克思主义指导新的实践
坚定中国特色社会主义共同理想	1. 深入开展理想信念教育； 2. 针对社会热点难点问题，从理论和实践结合上做出有说服力的回答； 3. 深入开展形式政策教育、国情教育、革命传统教育、改革开放教育、国防教育，组织学习治国近现代史特别是党领导人民进行革命、建设、改革的历史。	最大限度把广大人民团结和凝聚在中国特色社会主义伟大旗帜之下
弘扬以爱国主义为核心的民族精神和以改革创新为核心的时代精神	1. 广泛开展民族精神教育，大力弘扬爱国主义、集体主义、社会主义思想，增强民族自尊心、自信心、自豪感； 2. 广泛开展时代精神教育，与时俱进、开拓创新，永不自满、永不僵化、永不停滞； 3. 大力弘扬一切有利于国家富强、民族振兴、人民幸福、社会和谐的思想和精神，大力发扬艰苦奋斗、劳动光荣、勤俭节约的优良传统； 4. 加强民族团结进步教育； 5. 加强爱国主义教育基地建设。	增进对伟大祖国和中华民族的认同，推动国家发展和民族振兴

① 根据《中共中央关于深化文化体制改革、推动社会主义文化大发展大繁荣若干重大问题的决定》（2011年10月18日，中国共产党第十七届中央委员会第六次全体会议通过）之第三部分“推进社会主义核心价值体系建设，巩固全党全国各族人民团结奋斗的共同思想道德基础”整理。

（续上表）

纲	目	核心精神
树立和践行社会主义荣辱观	1. 深入开展社会主义荣辱观宣传教育，推进公民道德建设工程，加强社会公德、职业道德、家庭美德、个人品德教育，引导人民自觉履行法定义务、社会责任、家庭责任； 2. 深化群众性精神文明创建活动，倡导爱国、敬业、诚信、友善等道德规范，形成男女平等、尊老爱幼、扶贫济困、扶弱助残、礼让宽容的人际关系； 3. 全面加强学校德育体系建设，构建学校、家庭、社会紧密协作的教育网络； 4. 深入开展学雷锋活动； 5. 深化政风、行风建设，开展道德领域突出问题专项教育和治理； 6. 把诚信建设摆在突出位置； 7. 加强法制宣传教育； 8. 弘扬科学精神； 9. 深入开展反腐倡廉教育，推荐廉政文化建设。	在全社会形成知荣辱、讲正气、做奉献、促和谐的良好风尚

从上表可见，社会主义核心价值体系是一个几乎无所不包的体系。如从德育的角度来分析，上表所涉及的内容大致可以进一步概括为“指导思想教育”“理想教育”“民族精神和时代精神教育”以及“道德教育”。这是一个大德育（包括思想教育、政治教育和道德教育）体系，内容极其丰富，也可以说是非常庞杂，其中，思想和政治教育占了一半并被置于前面。从成功教育的法则来看，内容全面既是优点也是缺点，多则杂，杂则乱，乱则无神伤主题。为此，十八大报告首次提出了12个词共24个字的社会主义核心价值观，给2011年《决定》这条龙点了睛，社会主义核心价值体系有了明确的“魂”。

2012年11月8日，十八大报告是这样概括社会主义核心价值观的："倡导富强、民主、文明、和谐，倡导自由、平等、公正、法治，倡导爱国、敬业、诚信、友善，积极培育社会主义核心价值观。"[①]2014年2月12日，中央办公厅印发《关于培育和践行社会主义核心价值观的意见》，将12个词的社会主义核心价值观分成三个层面：国家层面、社会层面和个人层面，进一步揭示了其中的独立意蕴和内在的逻辑关系，进一步提升了社会主义核心价值观的层次性、逻辑性。

同样是谈社会主义核心价值，"核心价值观"和"核心价值体系"带给人们很不一样的感觉。德育工作如果按照社会主义核心观来展开，有望能收到真正的实效。

7.《国家中长期教育改革和发展规划纲要（2010—2020年）》的规定

2010年，经中央政治局审议、由国务院组织研制的《国家中长期教育改革和发展规划纲要（2010—2020年）》颁发，这是我国21世纪第二个十年教育改革发展的施工蓝图。《纲要》在阐述"坚持以人为本、推进素质教育"的战略主题时提出："坚持德育为先。把社会主义核心价值体系融入国民教育全过程。加强马克思主义中国化最新成果教育，引导学生形成正确的世界观、人生观、价值观；加强理想信念教育，坚定学生对中国共产党领导、社会主义制度的信念和信心；加强民族精神和时代精神教育，增强学生爱国情感和改革创新精神；加强社会主义荣辱观教育，培养学生团结互助、诚实守信、遵纪守法、艰苦奋斗的良好品质。加强公民意识教育，树立社会主义民主法治、自由平等、公平正义理念，培养社会主义合格公民。""重点是面向全体学生、促进学生全面发展，着力提高学生服务国家人民的社会责任感、勇于探索的创新精神和善于解决问题的实践能

① 胡锦涛：《坚定不移沿着中国特色社会主义道路前进　为全面建成小康社会而奋斗——在中国共产党第十八次全国代表大会上的报告》，2012年11月8日。

力。”“促进德育、智育、体育、美育有机融合，提高学生综合素质，使学生成为德智体美全面发展的社会主义建设者和接班人。”其基本精神有四个要点：第一，把德育工作摆在优先位置；第二，德育的全部工作就是社会主义核心价值体系教育，具体就是“五个加强”；第三，重点是提高学生服务国家人民的社会责任感；第四，最终的落脚点是“德智体美全面发展的社会主义建设者和接班人”。《纲要》关于德育工作的规划最具闪光点的是把社会责任感培养作为德育工作的重点，反映出国人社会责任感缺失的严重性；最特别的提法是“加强马克思主义中国化最新成果教育”，这大概指的是邓小平理论、“三个代表”重要思想和科学发展观，也许“中国梦”或其他“最新成果”也可纳入其中，但是不会包括马克思主义、列宁主义和毛泽东思想的。

由上可见，几十年来，我国德育工作内容一直没有一个比较固定的设计，包括基本主题、基本体系、基本框架、基本板块、主要内容和工作重点，连“大体则有，具体则无”都谈不上，而且文件很多，领导人讲话也多，内容经常变化，一时一个调，一人一个腔，往往都要贯彻落实，但大多提法又不完全一致，使人感觉非常“杂乱”，实际工作者莫衷一是。当然，非得要从众多的政策法规提炼出共性的德育内容的话，比较一致的大概是“政治理想”“公民道德”和“时代精神”三项，而完全退出的则有“国际主义教育”和“共产主义教育”。

其次，运用排除法，探讨一下党和国家政策法规要求防范或清除的东西，来看看我们不能“育”的“德”是什么。

宪法是最具权威性的法律。1982年宪法提出要“反对资本主义的、封建主义的和其他的腐朽思想”，这一规定是我国在精神文明建设、思想文化建设或德育工作中最根本的要求，也可以说是意识形态中的高压红线和改革开放的底线要求，为了建设中国特色社会主义，什么都可以探讨和尝试，但“腐朽思想”必须反对。这一规定后来为许多政策文件所引用，表明反腐朽思想也是德育工作的重要内容。

“资本主义的、封建主义的和其他的腐朽思想”都必须反对，这是非常明确和毫无疑问的，也是比较容易理解的，因为它是社会进步和人的发展所需要的。但是，什么是“资本主义的、封建主义的和其他的腐朽思想”，是不是封建主义就是封建社会的思想，资本主义就是资本主义社会的思想？除了封建主义和资本主义，还有哪些腐朽没落的思想？这些问题，并不是每一个负有教育责任的人都明了的，更不是成长着的人所了解的。这些问题不清晰，德育是不可能达成目标的。

腐朽思想属于文化范畴。我们所反对的“资本主义的、封建主义的和其他的腐朽思想”指的是资本主义和封建主义这两种文化所包含的反社会、反人性、反科学的思想观念和行为方式，以及存在于其他社会的反社会、反人性、反科学的思想观念和行为方式。判断是否属于腐朽思想，关键是看其有没有“三反”。

政策文本列举必须反对的错误和腐朽思想或行为有哪些？根据2011年颁发的《中共中央关于深化文化体制改革、推动社会主义文化大发展大繁荣若干重大问题的决定》，下列六大行为和思想是必须坚决反对的：“损害祖国利益和尊严”“拜金主义、享乐主义、极端个人主义”“以权谋私、造假欺诈、见利忘义、损人利己”“失信”“封建迷信”“腐败”。十八大之后，中央提出反“四风”，包括官僚主义、形式主义、享乐主义和奢靡之风。这些（六类和四风）都可归入“腐朽”的范畴，都应该予以反对，即都应该作为德育工作的内容。

无论从应该做什么来规定，还是从反对做什么来表述，根本的目的都在于界定。改革开放后，我国的德育内容发生了很大的变化，人们也在研究和实践中对某些德育的基本理论问题逐步形成了一些共识，这对提高我国德育内容的科学性和德育工作的实效性是很有意义的。

有哪些问题基本形成了共识呢？

第一，关于有没有公共道德的问题。越来越多的人认可人类社会存在公共道德。公共道德具有跨越时代和超越社会的特征。道德作为人类社会的行为规范，是用于规范人的行为的。不管什么社会，为了维护社会秩序，都需要规范和调节人的行为。不管哪个社会，人的行为目的和方式都有近似之处，会形成某些共同心理特征，于是就会有公共道德的出现。

第二，关于有没有普世价值的问题。越来越多的人认可人类社会存在普世价值。普世价值是超越社会性质和跨越意识形态的价值。价值是人的追求，大家都追求的就是共同价值，所有人都追求的就是普世价值。正如真理是放之四海而皆准的，普世价值则是放之各色人等而皆认同的。越是人性的，就越是普世的。

第三，关于道德的阶级成分有多少的问题。越来越多的人认可“阶级性”是一个过时的概念，而在实际工作中，绝大多数德育工作者都避谈“阶级性”，所以，尽管有关德育内容的规定还残留着些许阶级色彩，但现实中的德育是没有多少阶级成分的。我们认为，道德的阶级成分与社会上的阶级对抗的激烈程度成正比，与社会的民主程度成反比。现代公民社会，人民追求民主，社会日益开放，道德的阶级成分越来越少也在常理之中，只要领导者的阶层化发展不至于出现统治阶级，势力群体和利益集团不至于借助公权力向底层社会攫取，让越来越多的民众感到日子不好过，社会上的阶级对抗就不会白热化，这时，人们以亲疏利害交往，没人会想到阶级的问题。

第四，关于基础德育内容的问题。越来越多的人认为德育的内容有泛滥的现象，都认可这些庞杂的内容中必有一些内容是基本的、基础的，对于普罗大众来说，他们只要学习和掌握这些基本的、基础的内容就行了。那么，什么是基本的或基础的德育内容呢，回答应该是公民道德教育。按下远大的共产主义理想对人的要求不提，实际上国家也不再强调国际主义和共产主义教育了，就中国特色社会主义的现实要求来看，对全体民众进行的教育都应该是公民教育，而不是党性教育，不是培养优秀共产党员的教育，所以，作为一个合格公民应该具有的道德品质，便是我国德育最基本或最基础的内容。

（二）如何“育”德

德育的关键问题之二是如何育德？如果说“育”什么“德”还带有很多的理论思辨色彩，那么，如何育德则是一个实践性非常强的问题。美国的教育改革家布鲁纳下过一个判断，认为任何知识都可以以一种合适的方式教给任何年龄的人。这句话实际上透露了两个信息，一是方法是重要的；二是没有最好的方法，只有合适的方法。而这两点恰恰是我国在如何育德的问题上最为忽视的。一方面，很多人认为，“做菜没技巧，关键料要好”，认为只要原料纯正，随便也能做出好菜。这种思维迁移到德育上来，就是认为只要德育内容选得好，随便做都会有成效。另一方面，很多人认为，好料做出来的东西人人都会很喜欢，特别是有表态权的人。殊不知有人喜欢山珍海味，有人喜欢吃素，即使是同样的料，有人喜欢爆炒，有人喜欢慢炖。比如，同样是马克思主义教育，研究型专家可能喜欢读原著，实践型专家可能喜欢搞调研，高考生可能喜欢记住规范的答案要点，而广大民众则更喜欢听一些通俗有趣的报告或图片展览。不同群体有自己喜欢的方式，以他们喜欢的方式进行教育，才能更有效果，才是最合适的方法。谁能认为专家的马克思主义信仰就比大众坚定呢？

现行有关德育的政策法规文本大多数都是“详”内容而“略”方法。宪法（1982）没有涉及德育方法的规定。《中共中央关于改革和加强中小学德育工作的通知》谈了改革中小学德育工作方式方法的原则和方向，其他的重要文件诸如《关于教育体制改革的决定》《中共中央关于加强社会主义精神文明建设指导方针的决议》《关于进一步加强中小学德育工作的几点意见》《中国教育改革和发展纲要》《中共中央关于加强社会主义精神文明建设若干重要问题的决议》《关于深化教育改革，全面推进素质教育的决定》《关于基础教育改革与发展的决定》《国家中长期教育改革和发展规划纲要（2010—2020年）》《中共中央关于深化文化体制改革、推动社会主义文化大发展大繁荣若干重大问题的决定》以及中小学德育纲要及其配套文件、班主任工作文件，都没有具体阐述德育方法的内容，最多也就是提出要改革德育工作方式方法，或谈些方法改革的原则意见。可见，重“道”轻“术”，重内容轻方法的行为倾向与几千年的德育风格是一致的，属于我国德育史上一贯的行为模式。

我国德育不注重方法可能与我国的教育学研究传统有关。我国的教育学研究非常强调学什么，不太在意怎么学，认为讨论学什么比较有理论色彩，研究的是“道”的层面，处于主导地位；而探讨怎么学则属于雕虫小技，研究的是“术”的层面，既没有什么理论性，也处于从属的地位。这也是课程论比教学论发展得更好的原因。

教育学原理为人们提供了一套理论和原则。第一，德育是全面发展教育的重要组成部分，是一种双边活动，是一个过程。第二，在学校里，德育过程与智育过程既有密切的联系，又有显著的区别。智育过程实质上是学生认识世界和发展认识能力的过程，主要是解决学生认识世界和改造世界的能力问题。德育过程则是学生识别是非、善恶，掌握道德规范，形成学生的思想品德的过程，主要是解决学生对客观事物采取的主观态度的问题。第三，学生的思想品德是由知、情、意、行四个要素构成的，它们均可作为德育的开端，也可以综合实施。第四，德育过程有自己独特的规律，是培养学生知、情、意、行的过程，也是促进学生思想矛盾发展的过程。第五，根据德育任务和思想品德形成规律提出来的德育原则，对于提高德育质量是非常有意义的。我国社会主义德育原则包括“理论和实践相结合”“积极引导，正面教育”“发扬积极因素，克服消极因素”“严格要求与尊重学生谐谑感结合”“注重学生的年龄特征和个性差异”“在集体中进行教育”和“教育影响的一致性和连贯性”七项。第六，德育的途径是多种多样的，方法主要有说服、榜样、参观、锻炼、陶冶、修养、评比、表扬和批评、奖励和处分、操行评定等。这些方法是传统的方法，也是基本的方法。每一种方法都有其独特的作用，多种方法应用往往可以收到综合的作用。[①]

随着改革开放的不断深入，德育实践与德育理论也在不断发展。在德育方法方面，还是取得了不少理论和实践成果的。第一，党和国家非常强调德育方式方法的革新，认为德育工作方式方法也要与时俱进。许多政策文本在谈及德育时，往往都使用“改革”“改善”“改进”一类的词，反映出对德育方法和现实效果并不满意。第二，提出了许多新颖的改革原则，如《中共中央关于改革和加强中小学德育工作的通知》就强调指出：“德育工作是塑造学生心灵的工作，必须遵循中小学生身心成长的规律。”要求从目标设计上要区分层次，德育与传授科学文化知识相结合，寓德育于丰富多彩的活动和社会实践之中，热爱关心学生，倡导学生自己管理自己。要加强德育队伍建设，创设良好的德育环境，要加强校园文化建设，要构建学校、社会、家庭“三结合”的德育网络等，对增强德育工作的实效性都是有意义的。第三，特别强调了社会实践在德育方法体系中的地位，对学生深化认知、增强情感会有帮助。其他如心理辅导特别是团体辅导、朋辈互助等，也是很受欢迎的方式方法。第四，取得了一些重要的共识，如德育方法没有阶级性。改革开放之初，很多人相信，不同的阶级，德育方法是不同的，即德育方法有阶级性。20世纪80年代中后期，学界反复讨论，不同时代、不同阶级，有没有共同有效的德育方法？邓小平南方谈话帮人们打开了理论视野，现在，人们确信有效的方法谁都可以使用，而无须在乎是谁创立了这一方法。这在德育这个与意识形态紧密关联

① 可参见德育原理类的著作或教育学之德育部分，如，华中师范学院教育系、河南师范大学教育系、甘肃师范大学教育系、湖南师范学院教育系、武汉师范学院教育教研室合编《教育学》，人民教育出版社，1982年，第187—234页。

的领域尤为值得珍视。

二、道德教育现状有什么值得反思

众所周知，就教育特别是道德教育来说，好内容还要有方法才会有好结果，同样，好方法还要有好内容才会有好结果。当然，好内容和好方法在一起未必有好结果，但不好的内容和不好的方法在一起肯定不会有好结果。

新中国成立之后，我们的教育似乎一直生在“反思”之中。20世纪80年代末，邓小平说我们改革开放后的工作一手硬、一手软，教育失误了，主要是思想政治教育失误了。其实，几十年来，除了各级各类的德育工作总结特别是汇报会罗列一大堆成绩外，绝大多数的德育研究报告特别是现状分析报告展示的都是系列问题，带给人们的深刻感觉就是道德教育现状和公民素质水平“景况堪忧”。

秋石在《求实》杂志上发表了《正确认识我国社会现阶段道德状况》一文，指出，“从正确价值观立场、科学认识方法论和历史视野出发来分析认识当前我国的道德状况，必然会得出这样的结论：我国道德状况的主流是发展进步的”。认为，我国道德问题仅仅在一些时段、一些领域和一些人群中出现，出现道德问题的主要原因有四：一是道德发展滞后性；二是体制机制不完善；三是法治和德治还不完全相适应；四是社会舆论放大效应。[①]在秋石看来，“生产方式和上层建筑的变革，经济社会的全面进步，为新中国成立特别是改革开放以来中国道德的发展进步，奠定了坚实的基础，注入了持续的动力”，而“在新的经济、政治、文化制度基础上生长起来的崭新道德，以及不断开展的群众性道德建设活动，又反过来为社会的全面发展进步，营造了良好的精神道德环境，提供了强大的精神支

① 秋石：《正确认识我国社会现阶段道德状况》，《求实》2012年第1期。

撑和动力”“事实证明，我国道德的发展进步，在总体上是与我国经济社会的发展进步同向的，道德建设的成就，在冰雪灾害、汶川地震、玉树地震以及北京奥运会、上海世博会、广州亚运会等一系列检验社会道德状况的关键时刻，得到了充分的显示和证明”。这是典型的经济决定论，类似的论调早在封建社会就非常流行。按照秋石的逻辑，经济社会发展水平越高，社会道德水平就越高。进一步的推论是，改革开放后我国经济社会发展水平比过去高多了，社会道德水平也会比过去高多了，因而，我国的道德状况和道德教育状况也就无须特别的担忧和反思。

情形果真如此吗?

据《中国青年报》报道：国家禁毒委员会办公室、公安部禁毒局禁吸禁种处处长王刚披露，截至2011年10月底，我国经公安机关查获并登记在册的青少年吸毒人数已达到170余万，占整体吸毒人群的比例已超过87%，冰毒、摇头丸、K粉等新型化学合成毒品是其消费新宠。截至11月7日零时，这个数字已逾178万。[①]

据《新民晚报》报道，近日，上海市闸北区检察院对警方破获的一起未成年女性参与卖淫和介绍卖淫的特大案件提起公诉。该案涉案人员多达20人，其中多数为在校中学生，2人为未满14周岁的幼女，涉及上海市某职业学校分校、普通高中等9所学校。“不少涉案女生为零花钱主动卖淫、介绍卖淫，嫖客形成了固定‘圈子’，形似日本社会的所谓‘援助交际’”。[②]这种状况即便是在新中国成立前也是骇人听闻的。

如果我们认真思考以下一些问题在“现代中国”的表现，也许就不会得出秋石的结论，除非他有意为之：

从未参与赌博活动的人有多少?

---

① 资料来源：《中国教育手机报》，2011年11月14日。

② 《上海20多名女中学生组援助交际团 相互介绍卖淫》，http://news.qq.com/a/20111107/000262.htm?pgv_ref=aio，2011年11月07日。

从未做过假（包括作弊）的人有多少？

真正信仰共产主义的共产党员有多少？

从不拿群众一针一线、不以权谋私的干部有多少？

始终守法经营的工商业主有多少？

从未冲红灯的司机有多少？

从未乱丢乱吐的人有多少？

至于违法乱纪、坑蒙拐骗、杀人越货、贪污受贿、欺压百姓、鱼肉乡民、良心泯灭、偷工减料、买官鬻爵，历史上的一些恶行劣迹，有的在沉渣泛起。人民群众深切怀念中国共产党执掌政权之初，虽然一穷二白，却用极短时间，把社会上的各种丑恶现象荡涤无存，天下一派风清气正、欣欣向荣的景象。最近一段时间，微信上有一段非常流行的材料，叫作“怀念20世纪80年代”：

那时候药是可以治病的

照相是要穿衣服的

借钱是要还的

孩子他爹是不用做鉴定的

学校不是为赚钱的

有了病是看得起的

住房是分配的

白痴是不能当教授的

已婚者是不能找二奶的

肉是可以放心吃的

老鼠还是很怕猫的

人还是有良心的

人们不禁要问，现在怎么啦？现在的社会怎么啦？现在的人怎么啦？现在的教育怎么啦？

诚如中央所言，“一些领域道德失范，诚信缺失、假冒伪劣、欺骗欺诈活动有所蔓延；一些地方封建迷信、邪教和黄赌毒等社会丑恶现象沉渣泛起，成为社会公害；一些成年人价值观发生扭曲，拜金主义、享乐主义、极端个人主义滋长，以权谋私等消极腐败现象屡禁不止等，也给未成年人的成长带来不可忽视的负面影响。互联网等新兴媒体的快速发展，给未成年人学习和娱乐开辟了新的渠道。与此同时，腐朽落后文化和有害信息也通过网络传播，腐蚀未成年人的心灵。在各种消极因素影响下，少数未成年人精神空虚、行为失范，有的甚至走上违法犯罪的歧途。这些新情况新问题的出现，使未成年人思想道德建设面临一系列新课题”。[①]而“一些大学生不同程度地存在政治信仰迷茫、理想信念模糊、价值取向扭曲、诚信意识淡薄、社会责任感缺乏、艰苦奋斗精神淡化、团结协作观念较差、心理素质欠佳等问题”。[②]青少年德育可能是各级各类教育中最令人头疼和揪心的一种。

（一）学校德育重要吗

任何人和事，其地位和重要性都是挂钩的。学校德育也一样。

学校德育的重要性和地位不仅表现在理论上，还表现在政策里和实践中。

教育原理在表述学校德育的地位作用时经常使用“极其重要”和“非常独特”这两个词，足见其在教育体系的地位。关于这一点，有非常多的教育学类著作可供查阅。

关于教育政策文本对学校德育的重要性的阐述或规定多得不可胜数，在众多文件里，最早把德育工作提升到空前高度的是《中共中央关于改革和加强中小学德育工作的通知》，它指出：“在各项工作中要十分重视教

① 《中共中央国务院关于进一步加强和改进未成年人思想道德建设的若干意见》（中发〔2004〕8号），2004年2月26日。俗称8号文。

② 《中共中央国务院》关于进一步加强和改进大学生思想政治教育的意见》（中发〔2004〕16号），2004年10月15日。俗称16号文。

育工作，教育工作中要十分重视中小学教育工作，中小学教育工作中要十分重视德育工作。”[①]推论的结果就是中小学德育工作是各项工作中最需要重视的，前提就是，中小学德育工作是最重要的，是各项工作的重中之重。

1990年，国家教委《关于进一步加强中小学德育工作的几点意见》，强调指出，中小学德育“对保证人才培养的正确政治方向，促进学生全面发展起着主导的决定性作用”。并从反对“和平演变”、培养建设社会主义事业接班人的高度，阐述了把德育放在学校教育工作的首要地位的意义和具体要求。[②]由于“把德育工作放在学校教育工作的首要地位”的理念得到了领导人的倡导，由此，一个新的概念被广泛使用，这就是“德育为首”。[③]

关于“德育为首”，不少学者质疑其科学性，认为其有片面性，我认为这种质疑混淆了“品德”“德育”和“德育工作”的关系。我赞同德育为首，基于以下几点理由：

第一，从理论上看，品德、智力和体质是人的全面发展的基本要素，正常情况下，三者之中品德是最重要的，而在全面发展的教育内容中，培育品德的德育也是最重要的，而保障德育内容落实的德育工作在学校各项工作中同样是最重要的。

第二，从历史来看，重视德育是我国学校教育的一贯传统。把“做人的教育”放在首位，千百年来是一脉相承的。

第三，从实践来看，党和国家对学校德育是非常重视的。改革开放以来，党和国家一直把学校德育放在十分重要的地位，颁布了一系列有关

① 中共中央，1988年12月25日颁发。

② 参见原文。国家教委，1990年4月13日颁发。

③ 关于“德育为首”，学界曾展开广泛的讨论，认为这是一个不科学的提法。由于提法涉及政策文件和领导人的讲话，因而论争的主阵地不在公开的学术讨论平台或思想交流平台上。

学校德育工作的政策和法规文件；党和国家领导人也发表了一系列有针对性的讲话。例如：1988年12月25日，中共中央颁发了《关于改革和加强中小学德育工作的通知》，系统、明确地阐述了新时期中小学德育工作的地位、作用、指导思想，确定了中小学德育工作的基本任务、基本内容、领导体制，并对建设德育工作队伍、优化社会育人环境、加强对德育工作的领导、改进中小学德育工作的方式方法等方面提出了一些重要措施和意见，要求各级党委和政府以对民族未来高度负责的态度，加强对中小学德育工作的领导，号召全党、全社会都来关心中小学生的健康成长。这是中共中央所颁发的有关中小学德育工作的第一份专题性文献，是一份地位高、内容全、观点新的政策性文件。1990年4月13日，国家教委为落实“德育为首”，根据《中共中央关于改革和加强中小学德育工作的通知》的精神，颁发了《关于进一步加强中小学德育工作的几点意见》，进一步从中小学德育工作的地位、作用、德育的培养目标、德育内容、德育实施的途径和措施、加强教师的思想政治工作和加强中小学德育工作的领导等方面阐发了中共中央的《通知》精神。其后的《中国教育改革和发展纲要》《关于进一步加强中小学德育工作的若干意见》①《爱国主义教育实施纲要》《关于深化教育改革全面推进素质教育的决定》《关于基础教育改革和发展的决定》《中共中央国务院关于进一步加强和改进未成年人思想道德建设的若干意见》《中共中央国务院关于进一步加强和改进大学生思想政治教育的意见》以及其他一些政策文本，无不体现了党和国家对德育工作的高度重视。

第四，作为一种工作策略来说，当一个领域的工作被忽视，或出现新情况、新问题、新挑战，那么，把这项工作放在首位，对于问题解决是非常有意义的，也是科学的做法。

---

① 中共中央于1994年8月31日发布，强调要落实《这个教育改革和发展纲要》，并重申中共中央之前所发有关德育工作的文件的贯彻落实。

关于学校德育的重要性是毋庸置疑的。我们想进一步了解的是，党和国家最重视德育的哪一个方面，即学校德育的重心是什么？邓小平说：“毫无疑问，学校应该永远把坚定正确的政治方向放在第一位。但这并不是说要把大量的课时用于思想政治教育。学生把坚定正确的政治方向放在第一位，这不仅不排除学校科学文化，相反，政治觉悟越是高，为革命学习科学文化就应该越加自觉，越加刻苦。”[①]1990年4月13日，国家教委为落实“德育为首”，根据《中共中央关于改革和加中小学德育工作的通知》的精神，颁发了《关于进一步加强中小学德育工作的几点意见》，在进一步强调中小学德育“对保证人才培养的正确政治方向，促进学生全面发展起着主导的决定性作用”的同时，还从反对“和平演变”、培养建设社会主义事业接班人的高度，阐述了把德育放在学校教育工作首要地位的具体要求。看来，学校德育中的政治方向、政治觉悟、思想政治教育更为党和国家所关心。

作为进入21世纪之后我国德育工作的两份规划蓝图，《中共中央国务院关于进一步加强和改进未成年人思想道德建设的若干意见》（中发〔2004〕8号，2004年2月26日）和《中共中央国务院关于进一步加强和改进大学生思想政治教育的意见》（中发〔2004〕16号，2004年10月15日）为新的发展阶段构建起了整个的学校德育体系。两个文件的顶层设计思路是一致的，领域具有“全覆盖”的特征，思想性（马克思主义及其中国化的理论成果，这个通常被认为是无产阶级的指导思想）和方向性（社会主义特别是中国特色的社会主义）非常突出，而且都非常强调学校在思想道德建设和思想政治教育方面的重要作用。

8号文定位为思想道德建设，共十个部分28条，涉及地位、指导思想、基本原则和主要任务、中小学、共青团和少先队、家庭、道德实践活

① 邓小平：《在全国教育工作会议上的讲话》，选自《邓小平文选》，人民出版社1983年7月第一版，第101页。

动、场所建设使用和管理、营造社会氛围、净化成长环境以及加强领导等内容。

16号文定位为思想政治教育，共九个部分30条，涉及地位、指导思想和基本原则、主要任务、课堂教学、拓展渠道、发挥党团组织作用、加强队伍建设、营造良好环境和加强领导等内容。

从实践来看，有一个口号体现了在学校里“育人无死角”的理念，叫作“教书育人、管理育人、服务育人”。学校德育花费的人力、物力等资源也是非常多的。在中小学，除了校长作为直接责任人之外，直接负责德育工作的有书记、德育副校长、法制副校长（通常兼职）、德育处或思政处、共青团、少先队、年级组、班主任、少先队辅导员、学生会；除了思想品德、思想政治等课程之外，列入课程表的还有升旗仪式、班会和社会实践以及纪念日活动。在大学，除了组织保障、经费保障、制度保障之外，思想政治教育几乎成了享有特权的领域，所有的政策都向思想政治教育倾斜，例如，辅导员按学生人数250∶1配备，评职称有宽待，可以有教授级辅导员，行政级别两年可以升一级，有特岗补贴，还有其他一些特别的进修机会和发展项目。如果两个各方面条件基本相同的人，一个做辅导员，一个做教务员，那么，6年后，辅导员可能上了副处，而教务员能否上正科还是个未知数。至于思想政治理论课更是集万般宠爱于一身，课程是国定、教材是国审、实施是由学校党委直接领导、课程建设则单独评估。

如此，谁能说学校德育不重要呢？谁能认为学校德育不被重视呢？

（二）学校德育有效吗

学校德育有效吗？这是一个非常沉重的话题。

俗话说，一分耕耘，一分收获。这句俗语似乎并不包括德育，它在学校并不应验。如果德育工作有成效，问题行为学生和学生的问题现象必然会很少，教育政策和德育工作者希望的局面就会出现。然而，现实并非如此。

长期的、大量的马克思主义教育，人们的共产主义信仰水平却不断下降[①]，对社会主义社会的信任却不如发达的资本主义社会[②]；长期的、大量的法纪和规则教育，我们这个社会却“潜规则”盛行；长期的、大量的理想教育，却越来越多的人选择及时行乐、得过且过；长期的、大量的艰苦朴素、勤俭节约教育，却越来越多的人向往纸醉金迷、骄奢淫逸的生活；长期的、大量的集体主义、团结友爱、助人为乐教育，却个人主义到处泛滥、草菅人命时有发生、贪念冷漠等人性张狂……

下面一些事件当令人反省：

· 中学生遭7名少年围殴被3次推下河致溺亡[③]

2008年3月31日晚，宣汉县南坝中学初二学生陈某到南坝镇步行街的一家网吧上网。当晚10时30分左右，有7名少年也来到该网吧，转了一圈后这7名少年悄悄摸到了陈某的身后：“出来，我们找你有点事。”陈某莫名其妙地跟着出去。刚出网吧，7名少年凶相毕露，不由分说就对陈某拳打脚踢。一阵围殴后，他们搜走了陈某身上的现金。看到只劫得7元钱，这伙人再次对陈某进行殴打，直到附近一茶楼的服务员制止，这伙人才悻悻离去。遇抢劫之后，陈某回到家中，却发现身上的钥匙丢了进不了屋，他便又沿路返回寻找钥匙。当行至滨河路漫水桥路段时，再次遇到那7名少年。7名少年再次对陈某实施殴打，然后将其推入河中。看着陈某在冰冷的河水里挣扎，站在岸边观看的7名少年反而觉得十分“有趣”。当陈某好不容易爬上岸，这7个少年上前对其又是一顿殴打，再次将他推入了河中。在河水里挣扎了好一阵后，陈某努力爬到岸上，但这

① 就连许多高级领导人家中都设有佛像，定时朝拜，党委、政府和公共建筑都请风水先生指导，民间更是如此。

② 裸官现象严重，有钱人和有门路、有能力的人都争相移民或取得外国居留权。

③ http://www.sina.com.cn 2008年04月11日08：36，四川在线-华西都市报，引用时有删节。

伙人继续上前围攻，然后第三次将陈推入急流中。终于，陈某在河里耗尽了最后一丝力气，再也没有爬上岸来。4月1日清晨，当地群众立即报警，4月3日，专案组将7名犯罪嫌疑人悉数抓获归案。令人吃惊的是，这7人全系未成年人。

· 自评诚实却安于说谎①

《羊城晚报》消息，记者尹安学，通讯员黄符伟、刘国柱报道："广州市青少年素质现代化的三大重点是青少年公民意识的培养、创新能力的提高、文化素养的提高。"在当天上午举行的"广州青少年素质现代化论坛"上，广州青少年素质现代化课题组公布了对广州市青少年素质的一次最新抽样调查。数据显示，大部分青少年具有较强的公民责任意识。89.2%的青年认为自己是一个具有公德心的人，88.5%的人自认为是一个诚实的人，有84.4%的人自认为是一个环保意识强的人。但调查同时显示，青年的意识和行为仍有一定偏差。很多青年认为一些小节问题无伤大雅，在"说谎，讲大话""不守时间、不守诺言""考试测验作弊""排队打尖、插队"等具体行为上，都有超过三成的人认为在自己身上偶尔发生过，特别是有超过一半的青年认为自己偶尔"说谎，讲大话"。具体到环保行为，只有34.1%的人表示在日常生活中经常尽量使用环保产品，31.4%人表示有时这么做，23.1%的人表示偶尔才会这么做，11.4%的人表示从来没有这么做，说明被调查对象在意识和行为上有些脱节。

· 处置棘手管教困难，少年犯罪正在上升②

据了解，"古惑仔"对校园周围的安全造成极大隐患，但现在公安等部门处置起来十分棘手。由于"古惑仔"团伙勒索学生钱财、收取保护费，数量都比较小，达不到刑事立案标准，且调查取证难度大，很多情况下只能以一般治安事件处理。参加这类团伙的"古惑仔"普遍在13—

① 金羊网，2003年12月10日，14:35:24（子琦／编制），引用时有删节。
② 金羊网，2003年12月09日，10:55:35（夏天/编制），引用时有删节。

15岁，属于《未成年人保护法》保护范围，公检法司等对是否逮捕“古惑仔”或送少管所存在不同认识，这为“古惑仔”的生存、壮大提供了空间。很多老师反映，“古惑仔”在收取学生保护费后，很多受害孩子宁可自己解决，也不敢得罪“古惑仔”。广州市公安局曾对1000名在校中学生进行调查，结果表明，如果受到勒索，只有21.4%的学生会向家长、校方或警方求助，而大多数学生则选择交钱换平安，而钱的来源多是攒、借，甚至偷窃，一个新的“古惑仔”又出现了。记者从广东省未成年犯罪管教所了解到，我国每100名罪犯中，有10名是14—18周岁的未成年人。在广东，近几年抓获的刑事犯罪嫌疑人中，未满18岁的青少年比率超过20%。该所教育改造科刘粤强科长介绍，这些未成年犯人中，大部分属“古惑仔”，“古惑仔”犯罪呈上升势头。

·明知错了还放纵出格，多数“古惑仔”价值判断正确①

广州市穗港澳青少年研究所去年对1600多名学生进行调查，80%以上的学生认为贩运毒品、卖淫、滥用药物、抢劫、胁迫他人加入“古惑仔”团伙等属于最坏的行为，但仍有1%—5%不等的学生做过这种事情。该所调查显示，半数有“古惑行为”的青少年认为抢劫、胁迫他人加入“古惑仔”团伙等“古惑行为”“很坏”或者“比较坏”，反映出“古惑仔”对自己的行为有较为正确的价值判断，但调查同时表明，这种事情他们同样在做。

·越来越多家长为孩子的“怪异”“出格”感到苦恼、焦虑和无助②

“我实在管不了自己的孩子了，求你们帮帮我！”广州市海珠区的曾女士给本报（即《羊城晚报》）打来救助电话：儿子读小学起就喜欢模仿影视剧里一些武打镜头，每天要做200个俯卧撑，练就了一身所谓“好

① 金羊网，2003年12月10日，14:35:24（子琦/编制），引用时有删节。
② 金羊网，2003年12月05日，12:52:29（日京/编制），引用时有删节。

功夫”，现在在学校动不动就打人，还向同班同学收取保护费！天河区的朱阿姨同样为儿子操碎了心：初中毕业回家待业的儿子仗着长得帅气，竟然和一些小青年跑到附近技校门口，以“交朋友”为名，骗取女学生的钱财，家里托人找来的工作，他却借口“太辛苦”死活不干！朱阿姨还看不惯，儿子一直穿一些让她目瞪口呆的服装，一件好好的牛仔裤，硬是偷偷剪了9个洞！

虽然目前还没有广州“古惑仔”的具体数量统计，但通过多次调查，“有一点可以肯定，那就是‘古惑仔’越来越多，这一类青春期非主流的、在常人看来明显怪异的行为，在未来会呈直线上升趋势”。刚刚在广州结束的“中国教育学会小学德育研究会工作会”上，多数专家也曾指出，暴力、吸毒等“古惑仔”学生近年呈增多趋势。他们认为，这类学生中多数已经走向犯罪边缘，再不管教后果不堪设想！中国青少年犯罪研究会一项统计表明，近年来青少年犯罪总数已占全国刑事犯罪总数的70%以上，其中十五六岁“古惑仔”犯罪案件又占到青少年犯罪案件总数的70%以上。十五六岁被专家们称为“犯罪年龄”。据统计，广州市两级法院2001年判处未成年罪犯935人，所占比例达7.1%，去年还有上升。

· 采取极端手段解决人际矛盾

案例一：事起选床，兰州医学院女生砍伤两名同学——2003年6月8日凌晨2时许，兰州医学院教学楼某区的102室突然传出凄惨的求救声和尖叫声，该学院临床医学系一年级女生李琴双手拿着菜刀和尖刀凶狠地砍向了同宿舍的王惠，而和王惠睡在一排的刘燕看见眼前的景象急忙下床奋力夺过了李琴手中的菜刀，谁知李琴一转身又从自己的床铺上拿起了一把小菜刀砍向了刘燕。灯突然亮了，看见门口的拖把，王惠冲了过去拿起拖把打向李琴，而丧失了理智的李琴再一次拿刀冲向了王惠。对着两名同学一番砍剁后，李琴拿着沾满鲜血的刀跑出了宿舍。之后，大楼巡查保安席某在6楼和7楼之间的拐弯处发现了手拿菜刀躲在角落瑟瑟发抖的李琴，而王惠和刘燕也因为伤势严重被送往兰医一院和省人民医院进行抢救。

案例二：事起打牌争执云南大学学生连杀四同学——2004年2月，案发前几天，云南大学生化学院2000级学生马加爵和邵瑞杰等几个同学打牌时，因邵瑞杰怀疑马加爵出牌作弊两人发生争执。曾被马认为与其关系较好的邵瑞杰说“没想到连打牌你都玩假，你为人太差了，难怪龚博过生日都不请你……”马认为他的这番话伤害了自己的自尊心，转而动了杀机。2月13日晚、14日晚、15日中午和晚上，马加爵用石工锤杀死唐学李、邵瑞杰、杨开红和龚博。

案例三：事起论文没过兰州交通大学研究生用有毒液体泼洒导师——2004年5月10日上午9时许，兰州交通大学40岁的副教授、硕士研究生导师梅教授上班时，和自己所带的一名三年级研究生罗豫发生争吵。情绪失去控制的罗豫突然恼羞成怒，堵上前去企图殴打导师。梅教授惊慌失措，匆忙夺门而逃。然而此时，罗豫完全失去理智，步步紧追将梅教授拽倒在楼梯口的地上，然后从身上掏出事前预备好的有毒液体，丧心病狂地迎面向梅教授的身上泼倒去。之后，作恶后的罗豫仓皇逃离作案现场。据另一名知情学生讲，由于梅教授没有让罗豫的论文过关，所以罗豫一直耿耿于怀。

……

“感谢同学当年不杀之恩！”是近年来同学毕业周年聚会的流行语，反映出当今社会狂躁暴戾和人际关系的冷漠紧张。

·药家鑫故意杀人案

2010年10月20日深夜，西安音乐学院大三学生药家鑫驾车行使到陕西省西安市西部大学城学府大道上撞到被害人张妙，下车后发现张妙在记自己的车牌号，药家鑫拿出刀子，连捅张妙8刀，致其死亡，后驾车逃跑。

这类事件非常多，过去，人们会以为是天方夜谭，而现在却是经常发生在身边的事实。可见学校德育的效果令人实在不敢恭维。另一个现象也证实了这一事实的存在，这就是近二三十年来，“德育的有效性”一直是教育科学研究立项的热门课题，说明这个问题一直就没有解决好。

有耕耘没收获，或是多耕耘少收获，通常有两种情形，一是种子不成；二是耕耘不得法，包括不得地利、不合天时和不守法则。

2003年，北京市教科院基教所发表过一份调查报告，调查的结果主要有两点：一、在列出的近20门科目中，学生最不喜欢的科目是：五分之一的小学生选择了品德；近三成的中学生选择了政治；超过五分之一的中学生选择了历史。关于不喜欢的理由，比例较高的是教师讲课枯燥乏味，此外，还有学习内容太陈旧、成绩不好等。二、对学校德育实效性差的问题已引起重视，但未能得到切实解决。学校德育实效性差原因固然复杂，但其根本原因乃在于我们对道德的核心价值观和学校德育的功能观的认识错位。因为，仅仅从学校德育的目标、内容、方式、方法、途径、形式等方面进行改革，而不对传统的道德价值观进行深刻反思，实乃本末倒置。① 当然，人们无从知道北京市教科院基教所说的“传统的道德价值观”指的是哪个时候的价值观，是古代社会的，近代社会的，还是现代社会的？是新文化运动之后的，新中国成立之后的还是改革开放之后的？需要深刻反思的是什么样的道德价值观？

上学，读书，中国人一直以为是很神圣的，现在却显得很庸俗；

学校，教育，中国人一直以为是很高尚的，现在却显得很卑微。

学校啊，何时才能弦歌不绝，感化生民？

（三）社会德育环境良好吗

按照中央关于构建学校、社会和家庭三位一体的德育网络的构想，社会当是德育的重要阵地。全体公民特别是青少年学生思想道德水平和政治觉悟如何，社会这个大环境的影响是非常重要的。墨子认为，环境就像一个染缸，染于苍则苍，染于黄则黄。

---

① 北京市教科院基教所：《北京市中小学实施素质教育问题扫描》，《中小学管理》2003年第3~4期。

我们今天的这个社会环境到底是“苍”的还是“黄”的呢？或者是其他颜色的呢？

我们先看看传统的社会教育机构，如少年宫、博物馆等德育基地以及工厂和农村的社会实践基地的情形如何。2003年全国青少年宫协会的一项调查表明，与社会上的网吧、游戏厅、台球馆等娱乐类活动场所相比，传统校外活动场所对青少年的吸引力已大不如前。专业人士分析说，偏重教育职能而忽视服务功能，这是我国青少年校外活动场所吸引力下降的重要原因。从硬件方面看，现有场所和设备明显不足。除基本教室具备外，语音教室、电化教室、影视厅、陈列馆等活动场所和餐饮部、书刊音像店等辅助设施的拥有率不足30%，大部分青少年宫的图书室面积不足60平方米。一大批青少年宫存在设施陈旧老化的问题。从软件方面看，师资存在年龄偏大、人员较少、平均学历较低等问题。[①]这在过去，少年宫是非常有吸引力的，是许多城里人成长的乐园，如今的少年宫尽干那些与招生加分有关的活、与创收有关的活、与名利有关的活。这么充满阳光和希望的一处场所尚且如此，那些诸如掩埋着烈士遗体的陵园等爱国主义教育基地因为收费而让人却步，免费的基地因为工作人员奖金少而态度差，种种无奈的现象也是普遍存在的。社会的德育场所和德育活动经常会笼罩在铜钱的气味下，庄严、肃穆、缅怀、感恩、探究、激发、认同、热爱，等等，都无从萌生，而心中涌起的更多的是抱怨、厌恶、无奈、沉默、麻木。又能在哪儿找到一个合适的社会实践基地去温暖人们日渐冰冷的心灵呢？

然后，我们再来看看广义的社会大环境，我们所处的世界和我们活动的社区。

广东省委原常委、广东省关心下一代工作委员会原主要负责人方苞曾经（2003年）和关工委的同人就禁毒问题做过一次深入的调查。他们先

① 新华社：《一项全国性调查表明：少年宫吸引力比不上游戏厅》，引自金羊网，2003年12月03日 15:07:13（日京/编制）。

后到深圳、珠海、肇庆、韶关、东莞、惠州、江门等市，宝安、斗门、鼎湖、江海、四会、惠东、乐昌、开平等县（市、区），新安街道及西乡、沙井、福永、长安、塘厦、石碣、厚街、礼乐、南朝、莲塘等镇村调研，发现虽然打击涉毒犯罪和禁毒、戒毒工作取得了很大的成绩，但毒害有向城乡腹地和山区农村广泛蔓延的趋势。地处粤西腹地的肇庆市鼎湖区81条行政村，有毒品蔓延的有57条村，占71.6%。该区莲塘村6283人，吸毒者209人，占全村人口的3.32%，1517户家庭中180户家庭有人吸毒，占12%左右，其中有一家5人全部吸毒或参与贩毒。四会市大沙镇吸毒者占全镇总人口的5.7%。地处粤北山区的韶关市下辖11个县（市、区），除始兴县外，其余10个县都有吸毒者，最多的乐昌市达403人。该市乐城镇有300人吸毒，占该镇人口总数的0.3%，吸毒致死40人，感染艾滋病17人，下落不明者173人。珠海市斗门区2001年登记在册的吸毒人数占总人口的0.6%，与1995年相比，六年来平均每年增长13%。2002年1至9月抓获的本地吸毒者达203人，比2001年同期增长11.3%。①

最近一段时间来，一些娱乐明星、偶像级人物如李代沫、宁财神、柯震东、房祖名之流纷纷涉毒，这让学习者、模仿者何以措手足啊。

国务院《互联网上网服务营业场所管理条例》（2002年）规定：禁止未成年人进入网吧；每天营业时间限制在早上8时至晚上12时；在学校周边200米之内禁止开设网吧。实际情形怎么样呢？广东省关工委会同有关市关工委和教育部门曾经就互联网上网服务营业场所（网吧）不良影响开展调查（2002—2003），重点为乐昌、阳山、高明等市（县），同时还对30个县（市、区）74所中小学438个教学班22052名学生进行问卷调查，发现：一、非法网吧遍布城乡，其非法经营未被遏制。据有关资料，至2002

① 深圳市宝安区教育科学研究培训中心《开拓者的足迹——方苞同志访谈汇编》（2010年10月，内部印刷）之《关于当前禁毒形势、问题、原因与对策建议的调查报告》。

年7月，广东全省有各种形式的网吧6000多间，获得行政许可、工商执照的仅有1196间，有些“黑网吧”一直没有受到触动，有些“黑网吧”被取缔后不久又复业，生意做得红火。二、网吧针对中小学生的违规行为极其严重，且普遍“顶风”经营。据广州、深圳、潮州、阳江等市的调查，网吧客源七成来自中小学生，约80%的网吧设立在学校周边200米内，只要有人进场，都通宵营业。三、网吧业主私置服务器传播色情淫秽影片，提供暴力游戏。四、网吧硬件不达标，存在安全隐患。网吧违法违规经营行为使青少年，尤其是中小学学生在德、智、体方面受到极大危害：一、严重干扰正常的教学秩序。在校中小学生到网吧上网的人数比例大，在参与调查的学生中，去网吧的人潮州占35.8%，阳江占36.5%，深圳占51%，韶关占56.2%；乐昌市去网吧的学生每天上网1—2小时的高达80%，某校高二6个班300学生，每天上网吧1小时的占43.4%，1—2小时的占38.9%，2—3小时的占10.9%，3小时以上的占6.5%；阳山县2所中学和2所小学的统计表明，初中低年级和小学高年级学生占去网吧上网的比例高达60%，有低龄化趋势。受此影响，学校里逃学、旷课、拒管、无精打采等现象经常发生。二、造成了学生网络痴迷群体，其中一些网吧痴迷者还在校园偷窃、勒索、滋事、群殴。三、诱发青少年犯罪。四、严重影响正常的家庭关系。五、毒害青少年心灵。[①]存在这种情况的又何止是广东省呢？简直可以说无异“山陬海角”。

至于声色犬马、纸醉金迷、堕落沉沦的社会影像，广东省东莞市“黄灾”泛滥其实只是“小巫”，君未听北京的“天上人间”那是何等的张狂，那才是“大巫”。实体世界的种种诱惑和影像世界、虚拟世界的更加露骨的诱导，即便是神仙、圣贤，也不是那么容易抵挡的，何况芸芸众

① 潘作棣、洪亮，《一个令人深感忧虑的重大社会问题——对互联网上网服务营业场所（网吧）不良影响的调查》（2003年10月），载深圳市宝安区教育科学研究培训中心《开拓者的足迹——方苞同志访谈汇编》（2010年10月，内部印刷）。

生，何况还在成长之中的芸芸众生。

看来，良好的社会德育环境还有待营造。这也是改革开放后中央反复强调的，也是需要社会各界共同努力的。

（四）家庭教育有“德”吗

关于家庭教育的许多理论判断都是非常正确的。家庭是人的成长极其重要的场所，基于血缘等建立起来的天然的联系，使得家庭教育基本上没有恶意，即出发点和目的都是善良的，绝大多数情况下还是无私的。

家庭是肯定有教育的。社会上常常说到某人“没家教”，大约有两层意思，一是骂人的话，咒人父母和其他长辈早死；二是指没有好的家教。家庭教育没有恶意，动机善良，常常无私，难道还有不好的家庭教育吗？回答是肯定的。

家庭对小孩实施的教育往往具有综合性，但相比较而言，德育是最主要的。然而，家庭德育无“德”的现状也是非常普遍的。

第一，不以“正德”教子弟。即不是以国家和社会推广的“阳光德育”内容教养小孩，把小孩培育成为一个堂堂正正的人，而是以自己所接纳的思想观念和行为准则教育小孩，把小孩培养成为“善得利”“不吃亏”的人。这种“德”往往是历代社会残留下来的“私德”，如：人不为己，天诛地灭；各人自扫门前雪，不管他人瓦上霜；好汉不吃眼前亏；背靠大树好乘凉；升官发财，光宗耀祖；不孝有三，无后为大；等等。这些“私德”通常不损人，偶尔占点小便宜，似乎也恶不到哪里去，所以极易为人所接受。然而，当这种私德累积到一定程度的时候，在一定的条件下，就非常容易形成大恶。即使不成“十恶不赦”之人，也不利于建设社会主义和谐社会。家庭不行君子之教，小孩往往易成小人。家有小人则家不宁，国多小人则国不安。这是值得注意的。

第二，不以“正道”教子弟。即不以符合青少年成长规律的方法教育小孩，或失之宽，或失之窄；或失之严，或失之松。宽者凡事管，窄者管吃喝；严者施高压，松者全放任。有关家庭的书已经从诸多角度对其进行分类，无须赘述，总之，世间万象，凡所会有，无所不有。话说“孩子还是自己的好”，所以各家在对待孩子问题上各有自己的招数，虎妈狼爸有之，放纵溺爱者有之，都跟“教之道”有关。从另一个角度说，任何一个有问题行为的人，几乎都可以在其所接受的家庭教育中找到原因。

道德教育有什么值得反思的吗？我想，很多人都在反思，不同的人有不同的反思结论。但有一点是可以确认的，那就是认为现在的道德教育形势很好，一派莺歌燕舞、欣欣向荣的景象，无须反思的人，其实就是想让大家继续演“皇帝的新衣”。

千龙网记者陈艳2003年12月16日发表过这样一篇报道，说的是不久前南京一位笔名叫作“普绪客”的16岁女中学生用近一年的时间，灯下苦熬，完成了十几万字的情感小说。这些小说的内容涉及“三角恋”“乱伦”“同性恋”“性虐待”“吸毒”，有的甚至是赤裸裸的性描写。

令“普绪客”兴奋的是，她的小说手写稿在同学中广为流传，许多同学为了能看上她的小说而早早排队预约。同学们为她在小说中对婚姻、人生、社会的成熟而富有哲理的看法表示敬佩，不少同学还能背出“普绪客”小说中的大段文字。

“普绪客”在接受媒体采访时说，由于父母都是警察，根本没有时间管她，每次放学回家，为了打发时间，她把家中的藏书几乎都背了下来。正是这些各种各样的书籍和信息促成了她的“早熟”。

更令人担忧的是，大量宣扬暴力、色情的读物和音乐已经充斥校园：“1030，我为你叹一口气，二十一岁，还是处男身……最好到红灯区去补一补……”近两年，这种“哈狗帮”音乐在校园里颇受欢迎。

不久前火爆互联网的“木子美性爱日记”也曾在中学校园流传一时。

“口袋书”更是中学校园中“野火烧不尽，春风吹又生”的东西，现在，就连一些小学生中也有了“卡通不坏，小孩不爱”的说法。

社会上所出现的婚外恋、同性恋、暴力倾向正在以前所未有的速度冲击着青少年。

醒醒吧！正视德育的现实，才是我们唯一的出路。

三、我们还能做些什么

促进人的健康发展，小时以养为主，养的关键在保，大时以育为主，育的关键在教。

教育如同养生，要培育正气，葆有正气，提升正气，正气弱则邪气盛，浩然正气者百邪不侵。

中国读书人向来以有“家国情怀”“天下抱负”为荣，所谓“风声雨声读书声，声声入耳；家事国事天下事，事事关心”。[①]这不正是我们的所缺所需吗？

我们能做什么？其实，无须太多的理论，只需要把中央规定的那些正确的东西加以落实，我们就可以迎来一个欣欣向荣的局面。

（一）回归本原

新中国成立后，由于新的制度和人的解放，我国很快出现了欣欣向荣的局面，各项事业取得了一个又一个伟大的成就。之后较长的一段时间里，我们的党、国家和社会慢慢滋长了一种“假、大、空”的习气，造成了非常恶劣的影响。我们的德育也变得“假、大、空”起来，加入到了“假、大、空”的行列，助长了“假、大、空”恶习的蔓延。改革开放后，我们对“假、大、空”展开了猛烈的批判，一方面，为实事求是的思想路线开辟了道路，另一方面，也带来了讲究实惠、唯利是图、锱铢必较的习气。总的来看，民间基本破除了“假、大、空”，官场上却依然阴魂不散，政绩工程、形象工程、献礼工程，最终导致“四风”日盛。在这种

① 当代社会非常流行这副对联的改写版：“风声雨声读书声，我不出声；家事国事天下事，关我屁事。”

风气影响下，我们的德育也出现两个极端，场面上继续“假、大、空”，作秀、做场、做空洞说教的现象普遍存在，而私底下却教导人们追求实惠、投机取巧、自私自利。这两种趋势都离德育的本原越来越远。

革新德育，我们首先应该回归本原，即还德育的本来面目，起德育的本来功能，循德育之固有规律，求德育的所能效果。德育的最终目标在于帮助青少年儿童顺利社会化，帮助成人不断社会化。顺利社会化的标准是让所有的青少年儿童都能成为一个合格的公民，即从出生到成年，他们逐步具备了一个合格公民的各种素质或品质，有能力享有权利和履行义务，懂得如何合理地享有权利，懂得并乐意履行完全的义务。不断社会化的标准是让所有成人能够继续成为合格公民，在此基础上让一部分成人成为优秀的公民。优秀的公民应该具有共产主义的远大理想，中国特色社会主义的坚定信念，是社会精英和国家栋梁，能够带领广大人民群众把共产党的信仰付诸实现的人。这样的人无须多但必须有，他们是民众的偶像和北斗，理想的仆人和信仰的卫士，否则，人类应有的追求就危乎殆矣！

回归本原当从去掉“假、大、空”做起。何谓“假、大、空”？不符实情、虚幻玄妙谓之假；好高骛远、贪多务得谓之大；废话连篇、不周世用谓之空。为此，德育要确立真实、恰当、实用的工作准则，以社会主流观念感触青少年儿童的灵魂，以社会规范标准训练青少年儿童的行为，以社会崇高榜样激励青少年儿童的理想，以社会艰难困苦磨炼青少年儿童的意志，使人的知、情、意、行诸要素在人类社会发展的正确轨道上生发、充满和绽放，这才是人间正道，才是德育之本质。

（二）纯洁信仰

信仰是一种精神追求、一种情感寄托，它有两层含义，一是相信，二是景仰，相信是前提，景仰是标志，相信属于认知和情感，景仰属于情感和行动，相信达到深信的程度便是信念，景仰达到狂热的程度便是意志。当信仰修炼到信念和意志的水平，就具有了无穷的力量，可以让人百折不挠，排除万难，去实现目标。这也是我们党反复强调的理想信念问题。

人得有信仰。一个没有信仰的人，很容易成为行尸走肉。因此，德育应该培养人的信仰。

作为信仰的对象，既有抽象的东西，也有形象的东西，既有精神的东西，也有物质的东西。精神和物质既像兄弟，又像敌人。一定的物质条件为人的精神追求奠定了坚实的基础，如果人们把对物质的拥有和消费作为人生追求的目标，就必定损害精神的修炼。德育应该培养人有精神追求。

人的信仰既有高尚，也有卑下，既有圣洁，也有污秽。就像李大钊有李大钊的信仰，希特勒有希特勒的信仰，虽然他们都愿意为自己的信仰去牺牲，但两者的信仰是不同质的；同为书记，焦裕禄的信仰是为人民服务，贪腐书记的信仰是财富，当然，最终的结局也不一样。因此，德育应该做培圣防污、保洁除秽的工夫，培育高尚的信仰，消除卑下的信仰。

我国的德育应该倡导什么样的信仰呢？正确的回答应该是共产主义信仰。

中国共产党向来标榜自己是马克思主义政党，有远大的理想，又能脚踏实地，既为实现共产主义而奋斗，又要为人民服务而奔忙。根据马克思主义的基本原理，共产主义社会是人类社会发展的高级阶段，是最美好的社会形态，社会主义是共产主义的初级阶段，经由社会主义奔向共产主义是人类社会发展的历史必然。既然中国共产党认定马克思主义是科学，又以马克思主义为指导思想，那么，作为执政党的中国共产党有什么理由不宣扬共产主义理想，有什么理由丢弃自己的伟大旗帜？有什么理由不倡导共产主义信仰呢？除非我们决定全盘接受资本主义式的西化。

改革开放后，共产主义遭到猛烈的批判，被说成是共产党拿虚幻的东西欺骗人民，党内也有人附和，于是，人们从相信共产主义到怀疑共产主义，再到回避共产主义，最后到少数人讨厌共产主义，甚至极少数人还要和敌手联合扼杀共产主义。越来越多的人不谈理想，只想过好当下。所以社会上普遍出现信仰缺失、精神空虚，疯狂拜金主义、奢靡享乐主义、极端利己主义、极度功利主义横行。与人们的信仰变化和国家意识形态走势相若，我国德育也走过了一条近似的发展道路，后来的政策文件连共产主义都不提了，还有多少人会旗帜鲜明地为共产主义布道呢？

共产主义是一个遥远的美好的乡邦，现在乃至可见的将来都未必能实现，也许人类永远努力都达不到那个“没有剥削、没有压迫、人人平等、各尽所能、按需分配、生活美好”境界，但作为一种对美好社会的向往，为什么不可以成为信仰呢？难道追求可以实现的才能成为信仰？如果这样，那么，信仰佛教、伊斯兰教、基督教或其他什么宗教，难道他们的追求就可实现，人死后就能升天堂？好的宗教信仰使个人获得解脱，好的社会信仰使人类获得解放，就因为所有对美好事物的向往和追求，包括对共产主义的向往和追求，都将使人的灵魂得到慰藉，都将使人获得巨大的能量。

纯洁信仰，以共产主义理想感召人民，让国民变得高尚起来，中国特色社会主义社会才能成为美好的社会。

（三）注重习得

荀子在谈个人修养时使用过一个“渐”字，渐者，潜移默化也，循序渐进也，逐步形成也。人的思想政治道德素养的形成也是一个“渐”的过程，是由知到行的过程，是最终获得知行统一的过程，简而言之，是理论规则的学习和行为习惯获得的过程，即“习得”的过程。习在乎得，习为了得，得自自起，得以习成。是故，思想的形成、习惯的养成、品质的修成，都依赖习得。德育就方法论而言，就是习而得之、得而习之。

我国过去的德育没有很好地处理习得的关系，不注重习而得之，往往只习不得，求得不习，在德育活动过程中，不断强调学习，特别是理论学习，不强调练习，特别是理论指导下的德育实践，所以，培养了一大批闭卷考试能得高分、现实中却不会应对的学生，知识上知道是非而实践上却不辨是非的人，以及辩论时明了善恶而处世时却不分善恶的人。这是很深刻的教训。到如今，每当有人谈及回归本原，人们便以为迂腐，每当有人谈及纯洁信仰，人们便以为傻帽儿；每当有人谈及习得高尚的品行，人们便以为疯狂。这种状况必须改变。

遵循青少年儿童成长规律，“从我做起，从现在做起，从小事做起”，循序渐进，积少成多，反复练习，习惯便成自然。这就是习得的奥妙所在。子曰：民可使由之，不可使知之。这是有一定道理的。

不在习得上下工夫，不可能真正回归本原、纯洁信仰。把这三项统一起来做好做彻底，应该就是中国德育的重生之门。

尼克松曾出版过一本名叫《1999不战而胜》的书，结尾写道：“当有一天，中国的年轻人已经不再相信他们祖宗的教导和他们的传统文化时，我们美国人就不战而胜了……”他的预言会实现吗？我们希望他的预言实现吗？

第七章

教　师

“表”在哪里

说教育不能不说教师，说我国教育问题不能不说我国教师问题。教育与教师实质上就是一根绳上绑着的俩蚂蚱，是历史地串在一起的。

谈到教师，人们最熟悉的一句话莫过于“为人师表”，然而，当教师不再成为“表率”或不愿意成为“表率”之后，人们会怎样？社会会怎样？民族会怎样？国家会怎样？

我国以前有一个传统叫作“尊师重教”，或者叫“师道尊严”，因为先辈们相信“严师出高徒”，它的一个重要标志是“天地君亲师”序列的设定。《礼记·学记》说：“凡学之道，严师为难。师严然后道尊，道尊然后民知敬学。是故君之所不臣于其臣者二：当其为尸，则弗臣也；当其为师，则弗臣也。大学之礼，虽诏于天子无北面，所以尊师也。”“天地君亲师”的序列赋予了教师以崇高的地位，教师虽不敢说与天地君亲并列，起码排位在天地君亲之后，而且在古代还“虽诏于天子无北面”，其地位不能不说是非常荣耀的。[1]庙堂之上的尊师自然有许多烦琐的礼仪，

① 当然，这只是古代典籍的记载和特别的个案，“诏于天子无北面”的不是一般的教师，而是“帝师”，一般老师也没有“诏于天子”的机会。典籍之所以这样说，天子之所以这样做，以“示”尊师敬道也，希望带动社会和民间也能如此。

以示隆重和敬道，即便是民间尊师，再简单的也有一套拜师礼，于是，出现了一句流传非常广的俗语，叫作"一日为师，终身为父"。

然而，新中国成立后，这个传统在过去较长的一段时间里被认为是为了强化专制统治的，被认为是反动的，于是，它遭到了猛烈地批判。在我们国家掀起的一场反对"师道尊严"的运动中，学生认知中的"教育革命"就是"斗老师"，不仅让自己的老师特别是教学好、要求严的"严师"戴着高帽游行，而且出题考倒自己的老师，意思是老师也不过尔尔，不值得尊重。

新中国成立后，似乎教师问题（教师队伍建设）就一直没有解决好。

国家在编制《国家中长期教育改革和发展规划纲要（2010—2020年）》之前曾做过大规模的调研，结果显示，我国教师队伍建设存在"教师队伍整体素质亟待提高""教师的地位待遇有待提高""教师教育体系有待加强"和"教师管理机制有待完善"四大问题。这个把脉还是很准确的。

就当前来看，要建设高素质的教师队伍，有两个支点：一是改善生存状态，而是提升职业表现。

一、教师的生存状态

近年来，有关中小学教师的生存状态已经引起研究者的重视，出了一大批研究成果，包括学术论文（含学位论文）、调查报告和研究报告。既有面上的研究，也有区域的研究；既有整体研究，也有分类研究；既有综合研究，也有专项研究。对象重点是中小学，区域重点在农村，内容主要涉及待遇和压力。例如，2005年8月27日，中国人民大学公共管理学院组织与人力资源研究所和新浪教育频道联合启动了“2005年中国教师职业压力和心理健康调查”（网络调查）。截至2005年9月6日24时，总共有8699名教师填写了调查问卷。数据经分析后发表了调查报告。①人民网之“中国共产党新闻网”2011年9月8日转载了北京师范大学袁桂林教授发表在《光明日报》上的一篇题为《关注农村教师的生存状态》的文章，文章认为，农村教师面临三大困境：“地位困境：很少孩子长大后想当教师”“生存困境：像一只上紧了的发条”“发展困境：素质难以提升”。江西师范大学的刘芳在《青年科学》2009年12期上发表了《农村中小学女教师生存现状分析及对策》一文，认为农村从事基础教育的女教师，她们承载着来自家庭、学校、学生及家长、社会等多重压力，其生存现状令人堪忧。嘉应学院何尚武曾于2008年1月24日在《中国教育报》发表《县域

① 李超平：《教师生存状况调查报告：教师生存状况分析》，见新浪教育http://www.sina.com.cn 2005/09/09 16:53 。尽管网络调查不够规范，回答问题的主观感受差异大，其填报数据的真实性和样本分布的合理性也令人质疑，进而导致其代表性不足，但也从一个侧面反映了教师的生存状态。

农村中小学班主任职业生态状况调查报告——以客家地区广东梅县为研究对象》，认为农村中小学班主任存在队伍年轻化、职业吸引力不强、职业焦虑较大、提高职业待遇的愿望强烈等几个突出问题。总之，有关教师生存状态的研究还是丰富多彩的。

其实，生存状态也是一个非常复杂的问题，影响因素很多，需要给予持续的关注。

众多的研究都得出近似的结论，即我国教师的生存状态堪忧。现在的问题是，我们应该如何看待和对待教师的生存状态呢？

（一）理论地位越来越高

教师地位问题是一个非常重要的教育问题，也是一个非常重要的社会问题。教师地位如何，直接决定了教师队伍建设得怎样、国家教育事业办得怎样和受教育者发展得怎样。地位高，就可以招到高素质的从业者，在岗者则会尽心尽力，教育活动就可能有超卓的表现。

教师地位问题既是理论问题也是实践问题，两者往往还等同，因而分析教师地位，可以从理论、政策和现实三个层面着手，剖析教师的理论地位、政策地位和现实地位。这三种地位，理论地位是前提和基础，会影响政策地位和现实地位；政策地位是关键，既受理论地位制约，又直接决定现实地位；现实地位是根本，它受理论地位和政策地位的影响，反过来又影响着理论地位和政策地位。

教师的地位还可以分为政治地位、社会地位和经济地位。政治地位是解决教师地位问题的前提和基础，它有一个“划线”的问题，即教师是敌人、朋友还是自己人的问题。作为自己人也还有一个层次地位的问题，即普通成员、重要成员还是优秀成员的问题。政治地位通常体现在政策规定中。社会地位是解决教师问题的关键，社会有尊师重教的风气，教师的地位就容易得到提高，如果社会对教师不认可，再高的政治地位也等于零，也不可能保证较高的经济地位，或者说，不能继续保持这种待遇。经济地位是解决教师地位问题的根本。俗话说，经济基础决定上层建筑。各式各样的地位没有坚实的经济地位这个基础都将失去其应有的意义。所以，教师地位问题归根结底在于经济待遇这个根本点上。

1. 教师的理论地位

关于教师的理论地位，教育学类著作有系统的论述。历史上人们对教师崇高地位的认识是比较一致的，而且似乎并没有什么争议。“教师是人类灵魂的工程师”“教师的职业是太阳底下最光辉的职业”“国将兴，必尊师而贵傅”，等等，说白了，理由就一条，教师是“传道、授业、解惑”的，传统和文明的传承对民族、国家和社会至关重要，“知识”改变命运，而帮助个体增长才干和顺利社会化对学生、家长和家族也非常有意义。当代有人从经济学的角度进行研究，算出教育对GDP的贡献率，认为扶贫应先扶智，帮贫困家庭培养一个大学生，这个家庭的贫困问题就基本解决了。扶贫给钱是“输血”，送教才是“造血”，才能彻底解决问题。这也说明教育属于高价值事业，而教师这种职业也就属于可以创造高附加值的职业，也就应该有高地位。

2. 教师的政策地位

教师的政策地位是指政策文本中规定的地位。新中国成立后，实际上我国对包括教师在内的知识分子还是非常重视的，相关的政策对知识分子也有诸多的照顾，特别是工作和生活上的关心。这跟我们党尊重知识、尊重人才的一贯传统有关。毛泽东早在抗战期间就明确指出：“为着建立新民主主义的国家，需要大批的人民的教育家和教师，人民的科学家、工程师、技师、医生、新闻工作者、著作家、文学家、艺术家和普通文化工作者。他们必须具有为人民服务的精神，从事艰苦的工作，一切知识分子，只要是在为人民服务的工作中著有成绩的，应受到尊重，把他们看作国家和社会的宝贵的财富。"[①]与此同时，党和国家也针对知识分子的出身、成分、经历和缺点，对知识分子实行思想改造政策。即工作重用、生活照顾与思想改造相结合的政策，知识分子是团结依靠的对象。其后的反右运动扩大化，结果使知识分子成为批判的对象。"文革"期间，"左"倾思潮泛滥，知识分子成为斗争的对象，并获得了"臭老九"称号，这是对知识分子的蔑称。"文革"结束后，我们党和国家拨乱反正，迅速确立和落实党的知识分子政策——政治上尊重信任、工作上大胆使用、生活上关心照顾、思想上严格要求。其后，邓小平在全国科学大会上的讲话中又提出了"知识分子是工人阶级的一部分"的著名论断，不仅使教师的政策地位不断得到提升，而且为从理论上解决我国教师的地位提供了依据，并为实践中解决教师的实际问题奠定了思想基础。

1985年，中共中央做出《关于教育体制改革的决定》，其中多处谈到教师。"建立一支有足够数量的、合格而稳定的师资队伍，是实现义务教育、提高基础教育水平的根本大计。""改革教育体制要调动各方面的积极性，最重要的是要调动教师的积极性。""长时间来，他们中的绝大多数人，无论生活如何清苦，无论经历什么政治风雨，都始终不渝地坚信党、热爱社会主义祖国、忠于人民的教育事业，不愧为人师表。在教育体制改革中，必须紧紧地依靠教师……随着公民经济的发展和国家财力的增强，各级政府和有关部门今后每年都要为教师切实地解决一些问题。要在全社会范围内，大力树立和发扬尊重各级各类教师的良好风尚，使教师工作成为最受人尊重的职业之一。"这些规定，应该说充分体现了中央对教师的作用、工作及其地位的高度评价和认可。

1993年，我国颁行了《教师法》，这是我国第四部教育法律，虽然国家教育立法缓慢，但教师法却得到了高度重视。这和之前设立教师节一

① 毛泽东：《论联合政府》，《毛泽东选集》第3卷，人民出版社，1991年。

起，被认为是反映党和国家对教师队伍建设的重视的重要标志之一。

1994年，我国教师的政策地位被提到空前的高度。中共中央、国务院的《中国教育改革和发展纲要》设专章阐述教师队伍建设（第五部分），共有八条规定（全文共六个部分50条）。文本继承了此前有关教师地位的思想认识，进一步加以系统化的提升，指出："振兴民族的希望在教育，振兴教育的希望在教师。建设一支具有良好政治业务素质、结构合理、相对稳定的教师队伍，是教育改革和发展的根本大计。要下决心，采取重大政策和措施，提高教师的社会地位，大力改善教师的工作、学习和生活条件，努力使教师成为最受人尊重的职业。"与1985年的规定相比，在教师地位、教师队伍建设目标、紧迫性、力度和范围等方面，都更进一步。此后15年，教师队伍建设的理念基本上落在"民族振兴"和"百年大计"上，目标基本定位在"数量足够""素质较高""结构合理""相对稳定"上，条件保障基本上包括了工作、学习和生活三个方面。当然，文本也对教师素质和效能的提升提出了要求和对策。

2010年，由国务院组织编制、中央政治局审议通过的《国家中长期教育改革和发展规划纲要（2010—2020年）》颁发，文本把"加强教师队伍建设"列为专章，具体内容包括"建设高素质教师队伍""加强师德建设""提高教师业务水平""提高教师地位待遇"和"健全教师管理制度"，这些内容放在第四部分"保障措施"里，而此前的教育规划通常把教师问题放在发展任务中去阐述。这可以看作是我国教师队伍建设的一个新分水岭，一方面，教师队伍建设的重点已由数量发展转为素质和效能的提升，另一方面，教师队伍建设不纯粹是改革发展的任务，更是改革发展的保障条件，这就是说，教师队伍既有自身的改革发展任务，也为其他教育改革发展任务的落实和目标的实现提供条件。

《规划纲要》因应我国的新情况、新任务和新挑战，着眼于基本实现教育现代化、基本建成学习型社会、进入人力强国行列的战略愿景，继承并创新了教师队伍建设的理念，提出："教育大计，教师为本。有好的教师，才有好的教育。保障教师地位，维护教师权益，提高教师待遇，使教师成为受人尊重的职业。严格教师资质，提升教师素质，努力造就一支师德高尚、业务精湛、结构合理、充满活力的高素质专业化教师队伍。"第一，就基本理论看，教师是教育的根本，即所谓"百年大计，教育为本，教育大计，教师为本"。依据何在呢？因为"有好的教师，才有好的教育"。第二，就教师队伍建设的思路看，有两个方面，即一方面要使教师职业受人尊重，另一方面要使从业人员配得上。具体来说，包括地位、权益、待遇和资质、素质。第三，描述了高素质专业化教师队伍的核心内涵，即师德高尚、业务精湛、结构合理、充满活力。理念不仅系统，且有新意。

教师政策地位比较

时间	地位	队伍建设目标	措施
1985年（《决定》）	是实现义务教育、提高基础教育质量的根本大计 改革教育体制，最重要的是要调动教师的积极性	数量足够、合格而稳定 要使教师工作成为最受人尊重的职业之一	在体制改革中，必须紧紧依靠教师 今后每年都要为教师切实地解决一些问题 要在全社会范围内，大力树立和发扬尊重各级各类教师的良好风尚
1993年（《纲要》）	振兴教育的希望在教师 是教育改革和发展的根本大计	有良好政治业务素质、结构合理、相对稳定 努力使教师成为最受人尊重的职业	要下决心，采取重大政策和措施，提高教师的社会地位，大力改善教师的工作、学习和生活条件

（续上表）

时间	地位	队伍建设目标	措施
2000年前后		数量足够、素质较高、结构合理、相对稳定	
2010年（《规划》）	百年大计，教师为本 有好的教师，才有好的教育	师德高尚、业务精湛、结构合理、充满活力 使教师成为受人尊重的职业	保障教师地位 维护教师权益 提高教师待遇 严格教师资质 提升教师素质

从上表可见，党和国家的教育政策有关教师队伍建设的思路越来越实事求是，越来越清晰全面。关于教师地位，1985年的政策主要是从教育体制改革和义务教育的角度谈，1993年的政策从教育改革和发展的角度谈，2010年的政策是从教育事业的角度谈。关于队伍建设目标，分两个方面，一是队伍的特质，二是职业的地位。前者要求越来越全面、越来越高，体现了教师职业特征；后者则从浪漫主义回归到现实，去掉了一个“最”字。即便如此，要使教师职业成为受人尊重的职业的目标也不是很容易达成的。关于措施，基本趋势是越来越系统、全面，抓住了关键。

3. 教师的实际地位

这是一个非常敏感的、现实的、主观色彩较浓和基于比较而言的问题。因为实际并不等于理论地位，甚至不等于政策地位。教师的实际地位体现在政治地位、社会地位、经济地位和素质水平上，但最关键的还是体现在经济上。政治地位主要看教师在国家政治生活（包括基层政治生活）中有没有知情权、参与权、表达权、监督权，党代会代表、人大代表、政协委员、政府咨询人员等有没有教师代表，能否反映教师心声，教师在政治生活中能否得到尊崇。社会地位主要看教师在社会生活中特别是社区生活中参与的机会、融入的程度、扮演的角色、发挥的作用，以及老百姓对教师的尊敬情况；经济地位主要就是以工资福利为核心的待遇，也包括学习、工作（如工作的环境、设施、时间、任务压力、劳动强度、晋升机会等）和生活条件、退休保障。经济地位高不高，就看待遇好不好，就看比别人（同事、同龄人、同层次人、同行业人、同地区人等）拿得多还是少。拿得多的人是待遇高的人，拿得多的单位是待遇高的单位，拿得多的行业是待遇高的行业，拿得多的地区是待遇高的地区，拿得多的国家是待遇高的国家，如此类推，如果一个教师的全部收入都没有一个电网企业的普通工人的公积金高，说"教师是受人尊重的职业"，无论如何是不会有人相信的。个人素质主要看人的学历、职称、业务水平、服务态度、工作业绩、专业贡献以及人际关系和身心修养。素质高的人会得到更多的尊崇。

从知识分子政策及其落实来看，我国教师的实际地位有两个时期是比较高的：一是反"右"前，与各行各业比，教师的待遇还是有比较优势的；一是改革开放后，国家采取一系列政策改善知识分子景况，其中就包括为教师平反冤假错案，恢复工作，增加工资，鼓励进修，解决夫妻分居两地和配偶、子女就业问题，让骨干教师家属"农转非"，加大入党培养力度，选调教师加入党政机关，设立奖教奖学基金，评选先进模范教师，等等，教师的综合地位还是越来越高的。数据显示，越往后入职的教师待遇越有比较优势。高校扩招后，愿意当教师的人也越来越多，大学毕业生要成为教师还需要经过多重考试，竞争也比较激烈，所以，进入21世纪后，党和国家的教育政策就不再提"数量足够"和"相对稳定"了。

现实中，知识分子的实际地位是比较高的，但教师作为占知识分子中比例最大、人员分布最广、基层社会人数最多的群体，其实际地位是知识分子中最低的群体，特别是其中的农村中小学教师。之所以还有很多人选择做教师，确切地说，不是因为教师这个职业受人尊重，而是因为这个职业在就业压力巨大的背景下是可以接受的。

另一方面，党和国家提高了对教师素质（包括资质）的要求，包括提出了提高准入门槛，建立师德考核一票否决制度、教师资格定期登记制度、退出机制，改革教师资格认定制度，实施资格统考，等等，都是与高职业地位相称的措施，都是以教师地位理论为依据而确立的。

总之，理论上说，历史地，整体地看，教师的地位是在不断提高的。

（二）实际压力越来越大

我国有句古话，叫作“家有三斗粮，不当孩儿王”。说的是做教师通常都是迫于无奈，而且是生活所迫。我们认为，这句话的意思不是说教师的地位低下，而是说教师的教育责任重大、工作压力巨大。因为家长和社会期望不断提高，学生还在成长中，人人有差异，年年有不同，不好管，不易教，要培育出英才、高才，不容易完成任务、达成愿望。

教师职业可能是社会各行各业中最有压力的职业之一。

根据北京市教科院基础教育研究所的调查，北京市有93%的中小学教师感到当教师越来越不容易，如果有机会，50%的中小学教师希望改换工作，只有17%的中小学教师愿意终身执教[①]。据研究者分析，半数教师希望改行，其主要原因可能在于教师所承受的压力过大，在工作中烦恼多于快乐。在教学工作上，中小学教师一方面背负着沉重的升学压力，另一方面要在推进素质教育方面做出成绩，而素质教育和应试教育本来就是相互矛盾的，很难做到协调一致；在管理工作上，中小学教师一方面要面对越来越调皮、越来越难于管束的学生，另一方面要面对学生家长和社会舆论的苛责，这使得他们经常陷入左右为难、轻不得重不得的尴尬境地。此外，生源减少所引发的教师岗位竞争，也是教师压力增大的重要原因。

众所周知，长期在压力下工作，不仅影响人的工作质量，而且还影响

① 《北京市中小学实施素质教育现状的调查研究报告》，参见《京华时报》2003年4月4日。

人的健康，进一步还会恶化周遭关系，影响别人的工作质量和健康。[①]前些年“幸福”话题很是流行了一段时间，甚至还衍生出“幸福教育学”。如果教师都过得不幸福，还能有多少“幸福教育”呢？如果一个教师是在压力很大的情况下从事以“心灵互动”为主要方式的工作，会有怎样的成效呢？

“教师是太阳底下最光辉的职业”何以落到如此“缺乏阳光”的地步呢？

广东省佛山市顺德区李兆基中学莫忌华老师2005年7月曾在中共中央党校出版社出版了一本名叫《谁教坏了孩子——一个中学教师眼中的中国教育问题》的书，2006年5月又在上海三联书店出版了一本名叫《反思中国教育》的书，以一个中学教师的亲身体验来谈教育的问题和教师的压力，可能更真切。莫老师认为，老师（指中小学教师）的压力有十大来源：社会（主要是追捧状元）、学校（以考试论英雄）、学生家长（对教师越来越挑剔）、对学生的管理（娇生惯养，毛病多、脾气大且不服管教）、上级政府（荣誉刺激，带来压力）、上级教育部门（要求越来越高）、教育本身（要求越来越高）、家庭（家庭诸多困难）、教师本人（责任心）、教师之间（竞争日烈）。“除此之外，还有像职称评定、业务进修、知识更新等问题也都成为教师无形的精神压力，使得教师长时间超负荷运转而疲惫不堪。”莫老师的分析是比较全面的。改革开放以来，教育改革日益深化，教育事业不断发展，对教师的要求和期望越来越高。其中包括：人民群众对优质教育的需求越来越大，党和政府（包括教育行政部门）有关教育的政治承诺绝大多数直接转托给教师，社会（包括历史文化）毫无节制地任意地赋责给教师，现代教育的复杂性和艰巨性不断提

① 1948年，世界卫生组织（WHO）对健康的定义：健康就是一个人的生理、心理与社会适应上的完好状态，而不仅是没有疾病与虚弱。1989年，该组织再次把健康定义为：健康包括躯体健康、心理健康、社会适应良好、道德健康。

高导致教育标准不断提高，学生整体见识水平的提高导致对教师期待值的提高，等等。例如：中央对大学校长除了有专业造诣的要求外，还有政治家和教育家的双重要求，说实在话，要做半个“家”都不容易，历史上多少从政的人，能成政治家的有几个？大学校长中，能成为教育家的寥若晨星。基础教育新课程改革后，对中小学教师的要求扶摇直上，教师不仅是知识的传授者，也是情境的创设者、教育的研究者，于是，发表论文之类的研究成果成为教师考核的重要内容。如果严格按照相关规定办，现在的教师还真不好当，特别是在教师相对待遇有待提高的情况下，更是如此。也就是说，假如《国家中长期教育改革和发展规划纲要（2010—2020年）》有关教师的改革构想和任务予以落实的话，教师的实际压力肯定会越来越大。

（三）不少教师生计维艰

教师待遇问题始终是个挥不去的痛。

有关教师待遇的状况，大概可以用三句相互关联的话来描述：改革开放以来，教师待遇一直是不断提高的，也是有待提高的，同时又是可以提高的。根本原因在于：一、教师待遇的原有基础比较差，与其地位和肩负的任务不相称，即工作与酬劳不相称，这种状况始终没有解决好；二、教师工作的艰巨性增长幅度高于其物质待遇的增长幅度，即工作增长幅度高于酬劳增长幅度，这种状况使教师的工资得不到提高，反而有下降的趋势；三、教师的薪酬在社会中不具有行业比较优势，与垄断行业相比，差距有拉大趋势，即教师待遇增长没有一些行业薪酬增长快，这使教师的职业含金量下降。由于基础教育实施以县为主的管理体制，而县域经济不平衡现象比较严重，加上“四风”盛行，有些地方的主要领导对国家“教育优先发展”的战略缺乏认识，党和国家有关教师待遇的许多政策得不到充分的落实，包括福利分房、增资和补贴（如山区补贴、农教补贴、体育教师服装费等）政策，教师进修学费支付政策。本来收入就不高，有些还拖欠，教师还要支付本该由政府支付的费用，日子过起来就会紧巴巴。因此，不少教师都有生计维艰的感受。

我国教师的思想觉悟包括大局观念、组织纪律、牺牲精神和敬业爱生总体上是比较好的，也有中华民族的忍辱负重的性格，即使生活极其艰难困苦，合法权益得不到保证甚至被侵害，他们往往也会逆来顺受，继续坚守岗位、履行职责，虽然会有牢骚、怨艾，或者"偷工减料"、消极怠工，但一般不会太出格。在各行各业中，教师罢工、上访、示威游行和静坐抗议者比较少，当然，更不会像资本主义社会的教师那样，举行大罢工。

全国教师群体有近1500万人，分布在53万所学校，教授着2.7亿学生，其中中等以下学校教师近1200万，他们中的大部分分布在广大的农村地区。早年的农村地区教师没有列入福利分房的范围，许多人还领不了住房补贴，所以国家并没有给他们回馈多少财产。总体上说，教师的地位理论上是越来越高，但工作压力甚至生存压力也越来越大，特别是一大批为教育服务了十几年以上、人到中年和人过中年的教师，他们的处境实际上是非常尴尬的，创业，已经失去了大好时光；转业，已经失去了竞争优势，一句话，教师的生存状况堪忧。

二、教师的职业表现

国家期望建设一支师德高尚、业务精湛、结构合理、充满活力的教师队伍。撇开结构的合理性，在职教师的职业表现怎么样呢？

（一）教师师德高尚吗

我国素有"为人师表"一说，师表者，学习的榜样。这里强调的主要是"德"和"行"。古人论师，有"经师"与"人师"的区别，所谓经师易得，人师难求，强调的也是"师表"的重要性。陶行知非常主张"学高为师，身正为范"。其实，崇尚高尚师德，是中华民族的一贯传统。正因为师德在教师素质诸要素中的首要地位，所以党和国家把“师德高尚”放在教师队伍建设目标要求的第一条，并规定“师德”考核实现一票否决。

教师师德如何，不在德言，而在德行。

假如按照德行的水平来区分，世人大概可以分为五等：圣人、君子、常人、小人、恶人。作为人生的导师，教师最好是圣人，学行都堪为世范，但常人非有超卓毅力毕生修炼难以达到和保持这种境界，故教师应该达到君子的水平，学行堪为表率。如果教师与常人无异，人们何苦把孩子送给他们教呢？国家何苦花那么多资源去培养和遴选呢？现今的教师队伍，大多数是常人，相当一部分是小人，还有一些是恶人，甚少君子，难觅圣人。可以说，按照社会德目（面向社会公民的）和职业德目（面向全体教师的）的要求来衡量，我国教师的道德水准大概处在中等偏下的水平，即离党、国家和人民的要求还有很大的距离，远远谈不上“师德高尚”。当然，在这个“小人”遍地的社会，教师群体的道德水平应该还是比较高的了。

撇开教师违法乱纪、伤风败俗的这些极端行为，诸如：性侵、体罚学生致伤致残、受贿、贪污、凶杀、行骗乃至组织学生卖淫等恶行。单就有诸如赌博、言行粗俗、搬弄是非、贪小便宜、背后搞小动作、态度消极、不思进取、工作常常偷工减料、吵架、不讲究卫生、不遵守秩序、言行不一、表里不一、谄媚、形象猥琐乃至醉生梦死等表现的教师，却是非常普遍的。例如，在中国，从来就不赌博的教师可能是非常少有的。上述这些表现，即便是普通公民，也被认为是不良行为。正道人家、家教甚严者是不希望自己的孩子跟有这些习气的人在一起的，而现在，这些人不仅是孩子的伙伴，还是孩子的导师。这是很值得我们警醒的。一个人在学校学习，掌握2000个常用汉字跟掌握2500个常用汉字，考起试来通常分数会有差别，而对人生发展的影响则没有任何差异。但如果学生沾染了不良习气并养成了习惯，那么，将影响他一辈子。

当然，我们也有一些师德标兵，而且每年都会产生一大批先进人物，他们中不乏君子，不乏好公民，然而，在1500万教师中只能算是沧海一粟。

世风日下，连庙堂之上的人都不断爆出贪赃枉法的事，而整个社会又仅仅在乎学生考了多少分，现在还有多少人在乎教师的师德呢？说是师德考核一票否决，除了违法犯罪被逮着的人，有哪个教师师德考核不及格呢？也许这也是师德达不到高尚的一种原因。

2014年9月21日晚，陕西国防工业职业技术学院一名男教师偷拍两名大一女生洗澡被发现，闹到了网上。许多人都觉得离谱。但诸如此类的离谱个案并不鲜见，绝对值得人们对整个教师队伍的建设状况进行深入的反思。

也许绝大多数的教师师德都非常高尚，只是没有表现出来。

（二）教师业务精湛吗

教师的业务水平一直都受到党、国家和人民的重视。有关教师队伍建设的政策文本几乎都会谈到教师的业务水平问题。民间讨论一个教师好不好，主要指标就是有没有业务水平，极少有人以教师的觉悟和品行作为衡量的主要依据。改革开放以来，有一批概念就跟教师业务水平直接相关：教材教法过关、普通话水平测试、教学基本功训练、听课、评课、磨课、教研、学历达标率、小教大专化、初中本科化、支教、跨世纪园丁工程、"百千万人才工程"、"千百十人才工程"、校本培训、教师工作室、校长工作室、教育技术能力建设，等等，与此相应的是，教师的专业水平也得到了提升。①

那么，教师的业务精湛吗？我想，回答应该是否定的。因为专业不等

---

① 在讨论教师的专业水平时，人们总是认为现在的教师不及以前的教师，认为现在的大学生都不及当年中师生。我们认为这不具有可比性，当年是精英教育时代，现在是大众化教育时代。如果我们拿现在的高考试题与10年前、20年前、30年前乃至恢复高考时的试题进行比较，可知现在的学生需要学习和掌握的课程门类、考核类型、文化知识的宽度（广度）、高度（深度）和难度都要超出许多。而这些都是需要教师教的。

于业务，专业水平高不等于业务精湛。众所周知，陈景润院士专业水平极高，是勇摘“数学皇冠上的明珠”的智者，据说，他作为中学数学教师，业务表现并不理想。

什么是教师的业务？

业务是一个高频概念，但什么是业务，估计大多数人都昏昏然不知其所指，因为新华字典如商务印书馆版等没有找到对“业务”的解释，即使上百度也没有获得一个像样的定义，大量的是以“跑业务”“业务员”之类的词语来描述。我们认为，业务是指职业岗位要处置的事务，或者说从业人员所要干的活。这种事务（活）属于职业类的事务、岗位上的事务，例如，买菜做饭搞卫生，如果是没有工作报酬的，那么它属于家务，如果领取了工作报酬，那么它属于业务，即这些事务具有鲜明的职业和岗位的特点，也正因为这样，制定职业标准和岗位要求才成为可能，具体来说：一、相同职业、相同岗位，就会有大致相同的事务。二、不同职业、不同岗位，会有不同的事务，如教师与公务员职业不同，他们之间所要处置的事务也不同，教师和辅导员的职业都是教育，当岗位不同，他们所要处置的事务也有一定的差异。

既然业务是要完成或处置的事务，那么，衡量一个人的业务状况，至少应该包含范围、逻辑、流程和质量四大要素，以班主任为例：

一是范围。即工作范围，包括活动范围、服务对象、事务类型。班主任的工作范围包括校内和校外，服务对象是学校指定班级的全体学生，事务类型方面，小学班主任有七项职责，中学班主任有八项职责，具体包括教育、管理、指导和服务四种类型。

二是逻辑。即工作逻辑或理论基础，具体包括职业或岗位的性质、地位、作用和工作原则等。班主任是班集体的组织者、教育者、指导者，是学校领导实施教育教学工作计划的助手，是学校、教师与学生、家长和社会沟通的桥梁、纽带，根本任务是促进学生全面发展。在学校教育中，班主任地位重要、作用巨大。班主任工作应该追求民主、公平、正义，追求科学性、针对性、实效性。

三是流程。即班主任工作步骤，通常是调查研究，全面了解学生，制订工作计划，组建和培育班集体，指导班级开展自我教育、自我管理、自我服务活动以及其他教育活动，提供个别辅导、整合资源扶助学生，评估学生发展和工作成效。具体到某个小事务，如处置学生打架，也应该有一个基本的流程。

四是质量。即衡量班主任工作成效的标准。通常有一套指标。

一个从业人员的业务如何，人们往往会从"做什么""为什么做""怎么做"和"做得怎样"这四个方面去考量，这与范围、逻辑、流程和质量四要素是一致的。有时，人们也会使用"业务水平"这么一个概念去综合评判。因为业务涉及"处置"，所以业务水平的核心是能力，而不是知识。关于业务水平，"合格"以上的大致可以分为熟悉、熟练、精湛三个等级，而精湛就是业务水平的最高等级。

现在的教师，总体上说缺乏必要的职业训练。师范类专业的毕业生实践教学不足，很少见习，教育实习大多为8周，平均上课一般在5课时以下。有的学校，为了保证就业率，鼓励学生考研，甚至免除学生实习以及与考研关联不大的课程的学习。至于非师范类学生，获取教师资格，基本上就没有受过教师职业的任何训练。所以，大中小学几乎都把教学基本功训练作为提升教师业务水平的重要举措。在我们的教师队伍里，不会备课、不会写教案、不会选择合适的教学方法、不会应对课堂突发事件、不会命题和布置作业、不会试卷分析、不会有针对性地辅导、不会组织复习、不会批改作业、不会诊断学生学业、不会评估学生发展、不会与学生谈话、不会与家长和社会沟通、不会撰写家庭报告书、不会听课评课、不会把新技术应用于教学、不会做班主任工作等的人不可胜数。这都是业务不合格的表现。一个新入职教师，从"站上讲台"到"站稳讲台"再到

“站好讲台”通常需要3—5年时间，而一个教师“站好讲台”就可以说是“业务熟悉”了。

（三）教师充满活力吗

进入20世纪90年代，人们开始关注教师专业发展。基础教育新课程改革后，教师专业发展问题得到了前所未有的重视，特别是教师专业化理论的引介和结合本土的研究如火如荼，取得了斐然的成果，已有的以论文、著作等为载体的显性成果琳琅满目、汗牛充栋。

2000年前后，一种职业现象引起了我国研究者的高度重视，这就是职业倦怠。研究认为，职业倦怠研究起于1973年，引入我国后获得了长足的发展，特别是在实证研究方面，取得了非常多的成果。林林总总的成果反复显示一个共同的特征，就是我国教师的职业倦怠非常严重。例如：

1．幼儿教师

北京师范大学一项专门就北京市幼儿教师职业倦怠状况进行的调查，结果显示，有明显倦怠倾向的幼儿园教师比例高达59.5%，其中，生理心理方面的表现最为明显，包括疲惫不堪（88.5%）、担心出事（86.7%）、焦躁不安（65.9%）、常常只想一个待着什么话也不说（65.6%）。[①]

2．中小学教师

据调查，北京市中小学教师80%以上对自己工作的不满意，75%以上希望改行。[②]北京师范大学心理学院许燕在2002—2004年负责有关教师职业枯竭与心理健康课题，连续调查了来自全国各地6000多名中小学教师的心理枯竭状况，发现大约20%的教师受到“心理枯竭”的困扰，16%的教师处于较高的心理枯竭水平。在职教师中，不少人都曾体验过身体能量的耗竭感，持续的精力不济、极度疲乏、虚弱感、抵抗力下降以及失眠、头

① 梁惠娟、冯晓霞：《北京市幼儿教师职业倦怠的状况及成因研究》，《学前教育研究》2004年第5期。

② 尹国徽：《中小学教师的职业倦怠分析及其对策》，载《终身教育与培训研究》，http://www.hbte.com.cn/zazhi/4003.asp。

痛、背痛、肠胃不适等症状，严重者会出现精神疾患。[①]

3．高校教师

2005年中国教师职业压力与心理健康调查，结果显示，在被调查的高校教师中，82.2%的感到压力大，近30%存在严重的工作倦怠，近90%存在一定的工作倦怠，超过60%的人对工作不满意[②]，另据中国第一份"中国倦怠指数调查"报告，在16个行业的倦怠指数调查中，高校教师的倦怠程度仅次于公务员和物流从业人员，排在第三位。[③]

由上可见，"大、中、小、幼"教师都存在着非常严重的职业倦怠。不仅仅是表现落后的教师存在这种病态。在这些人群里，不乏优秀教师、骨干教师。这种结果与国家在编制《国家中长期教育改革和发展规划纲要（2010—2020年）》时所做的调查研究得出的结论是一致的。国家认为公立学校缺乏办学活力。

的确，像这样的教师队伍是不可能有活力的。

也许绝大多数教师都充满活力，只是没有表现出来。

（四）教师职业的底线在哪里

如果教师还做不到师德高尚、业务精湛、充满活力，那么，教师职业的底线在哪里？也就是说，什么是作为教师应该做到的最起码的要求。

据说任何绵延流长的行业都有自己的鼻祖，也是后世从业人员尊崇的对象，其功能有三，一是希望获得保佑，二是作为职业的法则，三是希望自己的职业成就也向鼻祖靠拢。中国教育的祖师爷是谁？不知道。作为"万世师表"的孔子也有自己的老师。在中国教育史上，孔子、朱熹、陶

---

① 许燕、王芳：《从中小学教师的职业枯竭看教师的职业压力》，中国高等教育学会组编《教师教育论坛论文集》，语文出版社，2005年。

② 2005年中国教师职业倦怠与心理健康调查，载http://edu.sina.com/1/2005-08-26/1106125867.html。

③ 《工作倦怠指数调查》，载http://www.people.com.cn/GB/shenghuo/1089/3042998.html。

行知等堪称师德楷模。那是“君子”以上、“圣人”一级的教师，永远值得我们效仿。孔子（前551—前479）是中国历史上最伟大的思想家和教育家，儒家学派的创始人。如果从职业上分析，孔子这辈子的主要职业是教师，有“弟子三千”，是一位研究型教师，也是一位“教学名师”和“师德楷模”。孔子和他学生的师生关系堪称教育史上的典范。这从孔子死后学生对老师的态度可以鲜活地展示出来。《史记·孔子世家》这样记述孔子辞世之后的情况：孔子葬鲁城北泗上，弟子皆服三年。三年心丧毕，相诀而去，则哭，各复尽哀；或复留。唯子贡庐于冢上，凡六年，然后去。孔子的葬身之所也发展成为“孔里”。这是何等伟大的人格魅力啊！朱熹（1130—1200）生活在艰难时世，官运总体上比孔子好，但教书的时间也很长，也可以说主要职业是教师。他和孔子有许多相同之处，是一位研究型教师，也是理学的集大成者。朱熹为人耿直，师生关系融洽，也颇受后人景仰。陶行知（1891—1946）是伟大的人民教育家，把毕生精力献给了中国的新教育事业和民族解放事业。陶行知去世后社会各界悼念的宏大场景表达了师生员工和广大人民群众对他的尊崇和景仰。自己平素教书，每每谈到孔子、朱熹、陶行知的生平事迹时都会哽咽，既景仰不已也不胜唏嘘。景仰者，师德高尚也，唏嘘者，时多艰巨也，好在崇高的品德闪耀人性的光芒，任何乌云都遮盖不住。作为教师，应该以本行业的顶尖人物为榜样，亦步亦趋，才能不断进步，才有可能达到一个比较高的境界，也才有可能避免滑落到不适宜做教师的田地。

关于教师不能突破的底线，主要有两条：一条是党的政策、国家法律法规和学校制度严令禁止以及区域社会习俗反对的；一条是学生不喜欢的言行。

关于明令禁止的事项，有文可查。关于习俗反对的事项，通常会有习得，也会有人提醒；关于学生不喜欢的言行，其实是有判断准则的，那就是影响师生关系、影响教师形象、影响学生成长的言行。这些言行中有的已经游走在法律边缘了，甚至是接近刑法管辖的范围了，那就不仅仅是提高修养问题，而是需要悬崖勒马的问题了。

对于不喜欢的教师言行，肯定会有共同的选项，也会有年龄和学段的差异。爱是一切教育的基础，尊重是爱的理性基础，关爱学生从尊重学生开始。这是成功教师的经验之谈，也是教育学基本原理一再阐述的理论。无论是大学生还是中小学生，甚至幼儿，老师爱不爱他们，是否尊重他们，他们心中非常清楚。

2008年，网传《大学生最厌恶的四种教师失德行为》包括"不专注教学"、"学术腐败"、"以权谋私"和"打击报复"这些主要出现在大学教师身上。虽然说的是大学的事，但若中小学生遭遇这些事也是非常郁闷的，因为无论换成谁碰到这种事都会觉得义愤填膺的。

以"中小学生不喜欢的教师"上网搜索，可以获得许多结果。例如，有教师以"高年级学生不喜欢哪类老师"为题进行归纳，得出了九种现象，包括"动不动就讽刺人的老师、不会讲话的老师、废话太多的老师、喜欢吹自己的老师、讲话没条理的老师、整堂课写黑板的老师、不写黑板的老师、自己不批改作业的老师、以家长取人的老师"。[①]有教师结合本校（完全中学）学生近年来对教师的教学反馈（问卷和座谈），归纳出学生不喜欢的教师的十二种类型，包括"只会照本宣科，缺乏创新意识的教师；满堂灌，没有给学生活动时间和空间的教师；不平等对待学生的教师；只按自己的思维方式进行授课的教师；不会笑的教师；批评学生不讲艺术的教师；只用考试成绩决定学生优劣的教师；动辄请家长的教师；工作不负责任的教师；经常辱骂、体罚学生的教师；'心罚'学生的教师；心胸狭窄的教师"。[②]当然，人们也可以从别的角度进行归纳研究。一般

① 《心高梦远的日志》，http://dxii.blog.163.com/blog/static/4840647420092301193891 3/。

② 满腹相思都沉没的BLOG，http://blog.sina.com.cn/jeremyyan。

来说，年纪越小，越注重教师言行的外在意义，即偏重感性的不喜欢；年龄越大，就越在乎教师言行的内在意义，即偏重理性的不喜欢。

北大是名校，将网骂列入师德条例，自然有其道理，而且北大的网骂也是蛮有名的。《青年周末》2008年4月10日登载了一篇调查材料，从另一个角度告诉人们“教师的底线”在哪里。至于像苏州黄桥中学班主任徐建平踢裂学生脾脏的行为，就已经不再仅仅是师德问题了，而是应该交由警方和法院处理的了。教师做到这种样子，已经到了没有底线、为所欲为的境地，还能称之为教师吗？

底线思维是一切队伍建设的起点。为了守住底线，应该对突破底线的言行保持高压态势，若不予以严打，就划不清底线。划不清底线就守不住底线。这就需要进一步加强制度建设，包括立制、行制、执制、保制，但人们无法把一个教师所有不能有的言行列一个清单，永远都有制度管不到的地方。所以，底线思维一定是一个“两手抓，两手都要硬”的问题。顾明远认为，制度不是万能的，不可能制约每一个人，不可能在一个统一的制度里寻求解决的办法。特别是教育、教学、学术、科研，它们有很强的个体性，更重要的是身为人师要有更高的境界。

三、打造令人景仰的教师队伍

如何打造令人景仰的教师队伍，《国家中长期教育改革和发展规划纲要（2010—2020年）》在“加强教师队伍建设”问题上提出了“建设高素质教师队伍”“加强师德教育”“提高教师业务水平”“提高教师地位待遇”和“健全教师管理制度”五大战略举措，有许多创新性的观点、思路和措施，特别值得关注的是：

1. 提出了新的教师队伍建设的目标，即“师德高尚、业务精湛、结构合理、充满活力”。这对于指导教师队伍建设具有纲领性的意义。

2. 强调国家对做出突出贡献的教师和教育工作者设立荣誉称号，表达了国家对教师队伍建设的基调是以鼓励为主。

3. 提出将师德表现作为教师考核、任用（聘任）和评价的首要内容，形成良好学术道德和学术风气，切中了教师队伍建设的时弊。

4. 提出创新和完善农村教师补充机制，完善教师培训机制，深化教师教育改革，提高教师培养质量，切中了教师队伍建设的难点，针对性非常强。

5. 提出对长期在农村基层和边远艰苦地区工作的教师实行倾斜政策，体现了公平、关爱。

6. 制定教师住房优惠政策，建设农村边远艰苦地区学校教师周转宿舍，有望解决困扰教师生活质量提升的大难题。

7. 制定国家教师资格标准，建立教师资格证书定期登记制度，有望将教师的准入门槛提高一个甚至几个档次，形成教师不断自我完善机制，有助于推动教师快速专业化。

8. 建立统一的教师职务（职称）系列，可为教师专业化提供一个更为科学的阶梯。

9. 完善教师退出机制，将为教师"充满活力""在行在状态"提供制度保障。

应该说，在建设高素质教师队伍方面，国家是下定决心、加大力度、举措系统、高招迭出的。可以预测，国家的这些举措都能很快落实到位，我国的教师队伍很快就会出现新气象。

（一）仰望星空

打造令人景仰的教师队伍，一靠管，二靠养。管的核心是"用"，养的核心是辅助成长。

辅助教师成长有许多途径和方法，例如，创设良好的工作条件、环境和氛围，给教师以锻炼和展示的机会，公正且有激励意义的教师评价，有人文关怀，持续有效的培训，协助教师反思和总结，提供专业伙伴，提供系统、明确且有引导力的目标以及榜样，等等。

加强教师的理想教育，培育教师学会“仰望星空”是辅助教师成长最有效的方法。境界决定成就，如果教师从未想过要做优秀教师，从未想过要成为好教师，那么，他是成不了好教师的。还是拿破仑说的那句话，不想当将军的士兵不是好士兵。同样，不想当好教师的教师不是好教师。仰望星空是理想的体现，是一种个体修养与职业修炼相结合的理想追求，没有这样一种理想追求，教师就很容易陷入功利主义的泥沼，成为一个庸俗的人，而庸俗的人是不足以为人师表的。

一个教师是否仰望星空，有三个衡量要点：

一是要有教育理想。这里所谓的教育理想是指对理想教育的追求。理想教育就是好教育，好教育必定是民主、公平、正义、优质、高效的教育，是符合人的成长规律的教育，是能够把社会需要与个人要求有机结合的教育，是致力于让学生在品德、智力和体质等方面获得充分、活泼、自由、全面发展的教育。教师不懂得什么样的教育是好教育，是不可能成为好教师的。不按好教育的本质规则去做的人，是不配做教师的 。《学记》说，“记问之学，不足以为人师”“知至学之难易，而知其美恶，然后能博喻，能博喻，然后能为师”。

二是要有教育榜样。这里所谓的教育榜样，其实就是教师标杆，是指为教师树立的学习的楷模，既可以由组织和他人提供，也可以由自己树立。能够成为教育榜样的，应该是践行教育理想的卓越者，即做好教育做出成就的教师。他们是怎么做的，就是其他教师走上成功的捷径。历史上有不少这样的杰出的名师，不仅人格光耀千秋，而且其智慧和经验也为后人指明了前进的方向。当代教育实践中也有许多楷模，包括在各学科教学中取得优异业绩的当代名师，他们同样具有榜样的力量。“一个人的发展，不在乎你现在是谁，而在乎你和谁在一起。”孟子没有见过孔子，而是受业于孔门弟子，但孟子一直以孔子的“私淑弟子”自居，情感上、思想上和行动上与圣人在一起，终成"亚圣"。所以，我们认为，一个教师能在专业上走多远，水平有多高，可以从他所选择的榜样看出来。教师不解决好"与谁为伍"和"想与谁为伍"的问题，不可能成为受人景仰的教师。

三是要有教育情怀。这里说的教育情怀，所要解决的是教师是否"用心"的问题，包括是否"爱岗"和是否"爱生"两个方面。有教育情怀的人会用心做教育，没有教育情怀的人不会用心做教育，而用心的人有可能成为好教师，不用心的人肯定不可能成为好教师。"爱岗"和"爱生"是相互联系的，爱岗是前提，对学生的爱护是基于岗位的爱护，离开教师岗位谈爱生，那不是"师爱"。爱生是基础，教师对学生没有师爱，不可能敬业，也就不可能真正爱岗。所以，判断一个人有没有可能成为好教师，最简单的"试纸"就是对学生有没有师爱。

此外，最好还要有教育激情。有理想、有榜样、有情怀，再有激情的渲染，其功效将被放大，无论是学生还是教师本人，都会受到激励。没有激情的教师，其感染力会明显降低。当然，这是催化剂，而不是起决定作用的因素。

仰望星空，黑暗中看到了光明，
仰望星空，心中会被奥妙吸引，
仰望星空，我有信念继续前行，
仰望星空，也成了闪烁的新星。

（二）守住底线

守住底线与仰望星空是相互联系的，但两者毕竟不一样。不能说一个人仰望了星空，就一定能守住底线，同样，一个人守住了底线，他就一定仰望星空。这个世界既有仰望星空不守底线的人，也有守住底线不仰望星空的人，同样，既有仰望星空又守住底线的人，也有不仰望星空不守底线的人。这四种类型的人中，最为理想的是既仰望星空又守住底线的人，最糟糕的是既不仰望星空又不守底线的人，其余两种应该说也是对学生健康成长有害的类型，因为教师这个职业是一个言传身教的职业，是一个身教重于言教的职业。

如前所述，所谓守住底线，就是明文禁止或"明俗"（明确的习俗之谓也）禁止的行为不能做，对学生健康成长和教师良好形象有不良影响的行为不能做。从另一个角度来表达，就是规定要做的必须做，没有规定但对学生成长和教师形象有良好影响的也应该做。据说，有人把党和国家颁布的有关党员干部的禁令加以汇总，有300多条，应该说，对教师的要求会超出这个范围，即要求党员干部做到的，教师应该做到，有些不要求党员干部做好的，教师也应该做到，比如，仪表风范的问题、语言规范的问题，等等。2014年7月8日，教育部颁发《严禁教师违规收受学生及家长礼品礼金等行为的规定》（教监〔2014〕4号），进一步细致地规范了教师与学生及学生家长的交往关系，使得底线进一步清晰明显。

守住底线，实际上要解决的就是"做"和"不做"的问题。这是一个关乎良心的问题，没有高深的理论，任何一个经过系统职业训练的教师，其实都很清楚要"做"还是"不做"，所以，历代都强调学为君子，教师要有君子风范，要不断修养，要管得住贪念，过得了慎独一关，那就可以守住底线了。

看来，要做一个令人景仰的教师并不是一件容易的事；要打造一支令人景仰的教师队伍更加不是容易的事。

正因为如此，把教师排在"天地君亲"之后也就顺理成章了。

第八章

学校管理

看不出是在管学校

学校是培育人才的地方。现代学校教育的首要功能或职责就是培养合格公民。人是需要教育才能成为合格公民的，但并非到学校接受了教育就一定能够成为合格公民，当然，也不是要成为合格公民就非得到学校接受教育。好的学校教育可以培养出合格甚至优秀的公民，而不好的学校教育则可能恰恰相反。学校教育主要涉及“教”“学”“管”“服”四个要素，四个要素的综合作用力如何，关键在管。怎样才能把一所学校管理成为一所好的学校，怎样才能把一所学校的教育管理变成为好的学校教育管理，是教育领域一个恒久的课题。

今天我国学校的办学条件配置与改革开放前的情形相比已经不可同日而语，但今天的学校教育是不是好的学校教育，或者说，是不是比办学条件配置差的时期的教育要好的教育，却是很值得探究的。

一、学校管理的种种乱象

在新学产生后的150多年里，我国基础教育的学校管理一直都在学习、探索、改革、变换之中，但是，作为现代学校的管理常规在20世纪二三十年代已基本形成；新中国成立后，经过一段时间的探索，至60年代初期，现代学校的管理常规得到进一步的完善，坚持社会主义办学方向，遵循教育教学规律和青少年成长规律，得到普遍认同，虽然有过于重视智育、忽视劳动技术教育的倾向，但总体上学校教学秩序、生活秩序比较正常，教师的学习活动、教研活动比较活跃，职业道德状况比较良好。“文革”期间，学校常规管理被打破，乱象丛生，那是与整个社会管理的乱局一致的。改革开放后，学校教育迅速拨乱反正，正常的教学秩序和生活秩序也迅速得以恢复。但随着片面追求升学率现象的蔓延和金钱至上思想的泛滥，学校在深化改革、扩大开放的过程中，抛弃了学校管理传统中许多好的因素，如以集体备课、听课、评课为主要形式的教研活动，尊重学生，严格要求，乐于奉献的精神等，利益驱动被引入并成为学校管理的主要准则甚至是最高准则，再加上相当部分教师理想信念缺失，由此导致弊端丛生。

其实，这种状况何止基础教育学校，高等教育学校、职业教育学校、成人教育学校乃至其他一些诸如干部教育学校、军事教育学校等无不弊端丛生。

不久前，网上流传过一则《学生与食堂的搞笑协议》，很有智慧地从一个小侧面揭露了学校管理的混乱。膳食服务与师生工作、生活密切相关，但从该“协议”可以看出，食堂卫生糟糕、短斤缺两、不公平买卖、甲乙双方矛盾激烈，乙方（学生）似乎并不期待通过校方协助解决问题。该虚拟协议虽然出自高校，其实，各级各类学校的食堂大同小异，学校自身经营如此，承包或委托经营也如此。

（一）标签化管理

标签化管理是指学校和教师将管理或教育对象人为地加以分等、做出标记，并施以不等的对待。比如，优生与差生、须关照的和无须关照的、把关教师和非把关教师，等等，被贴标签的，通常是属于“不好”的人，他们得不到应有的尊重、关怀和帮助，反而还会时常受到冷遇、挖苦、消极评价。标签化的依据五花八门，最主要是成绩和表现，其他的有家庭社会地位、项目生、个性甚至偶然的遭遇等，例如，把好动标签为“调皮捣蛋”，把分数低标签为“差生”，把爱提不同意见的教师标签为“问题教师”。

标签理论认为，标签是人们对自我形象的界定和产生。自我形象是透过与他人互动而产生，而他人的标签则是一个重要的因素。标签理论进一步认为，犯罪是社会互动的产物，而个人被有意义的他人——如教师、亲戚、警察等贴上标签，描述为偏差行为或犯罪者，他就会逐渐自我修正，而成为偏差行为者或犯罪者。

学校管理标签化是传统等级思想的滥觞，与现代社会的人本思想、民主意识和法制精神背道而驰，与社会主义教育性质背道而驰，与科学发展观格格不入。它对人造成的伤害是弥久的。相当长一段时间来，教育管理中的标签行为却又是普遍存在的，西安的绿领巾和枣庄的三色本可以说是其中的典型。

西安的绿领巾：绿领巾是少先队队前组织小红星儿童团或称苗苗儿童团佩戴的标志，为绿色绸布，该组织规定一年级和二年级表现差的小学生全部佩戴绿领巾，三年级后才能佩戴红领巾。从2004年开始，绿领巾现象多次引起家长的强烈反感，专家认为伤害了儿童的心理健康，共青团中央曾在全国范围内追查变色红领巾事件。[①]没想到，时隔几年之后，“绿领巾”事件再度发生。

2011年10月，陕西西安市未央区第一实验小学为部分学生发放绿领巾，要求这些学生进行佩戴。据该校教师解释称，学习、思想品德表现稍差的学生没有红领巾，所以该校便为这部分学生发放了绿领巾以资激励。但家长并不认可这一做法，指责此举会对孩子心理造成极大创伤。

源于上海的这一“创举”是典型的“标签化管理”，骨子里是把学生依照所谓“表现”进行分等，差别对待。一个学生从入读学校开始，即被分等，这在“表现差”的绿领巾佩戴者的心灵烙下的印记是终生难忘的，由此对家长的打击也是难以言喻的。这种做法不仅伤害了当事者及其家长，对“红领巾”也是一种伤害。红领巾是一种理想、一种信念、一种传统，更是一种象征，让红领巾变色，让“共产主义事业接班人”分化，贻害无穷。我们不能对学校管理者的这种行为上纲上线，但也不能对学校管理者这种行为造成的不良影响视而不见。

枣庄的三色本：“这几天，枣庄市三十九中的同学们领到了不同于以往的作业本。以前，作业本是统一的黄色，而现在，同在一个班级，大家的作业本却分为绿、黄、红三种颜色，这到底是唱的哪出戏呢？”“最近，枣庄市三十九中根据学生成绩好坏，为学校部分班级的学生分别发放

---

① 据互动百科（http://www.hudong.com/wiki/%E7%BB%BF%E9%A2%86%E5%B7%BE）：绿领巾最早出现在上海，当时绿领巾是小红星儿童团团员佩戴的一种标志，小红星儿童团是少先队的队前教育组织。1980年的春天，上海市虹口区第三中心小学举行了小红星儿童团员佩戴绿领巾仪式。1986年共青团上海市委少年部正式宣布在全市小学低年级学生中成立了小红星儿童团，此后，全国各地也纷纷进行试点。2004年至2006年，在对甘肃、黑龙江、青岛等地的媒体报道中，一个被称为“苗苗儿童团”的少年队队前组织的成员所佩戴的也是绿领巾，此事引起共青团全国少工委的重视，共青团中央开始在全国范围内紧急追查绿领巾、粉领巾等“变色红领巾”。

不同颜色的作业本，并标有abc三个等级。学生根据自己的学习成绩选择难度不同的题目。A类题难度比较大，B类题是必须掌握的知识，C类题只是巩固基础知识的题目。不同颜色不同等级，学生按照自己的成绩好坏，来写不同颜色的作业本。那学校为什么要用不同颜色的作业本，来给学生划分三六九等呢。”①学校和老师自然有自己的说法。应该说，分类指导本是非常好的一种教育理念，目的在于使所有学生都有进步，但问题是，为什么要用颜色来加以区分呢，说到底还是标签思想作怪。教育部明令不得以成绩排队，不主张公布学生成绩，现在连作业本都以颜色来标示，对成绩不好的学生来说，这样的日子怎受得了，除非心已麻木。

现在学校管理爱乱贴标签，导致学校矛盾激化，教育功能弱化。

（二）随意性管理

随意性管理是指学校的管理随着个人的意志、好恶和管理的情形变化而变化，没有统一的价值标准和相对稳定的行为规则。比如，有的学校，为了办出特色，但又缺乏深入调查研究，总是靠拍脑袋做决策，一会儿提打造外语特色，一会儿提打造艺术特色，一会儿提打造体育特色，一会儿提打造其他特色；有的学校朝令夕改，一时一个样；有的学校，张三误课算教学事故，必须接受处罚，李四同样误课却可不算教学事故，弄得教师和学生都无所适从，唯有跟着感觉走，或者跟命令走。

有人说，现在的学校管理没规矩，随心所欲。其实，学校管理随心所欲的判断还是比较符合实际的，它有两大表现，一是没规矩，二是乱立规矩。所谓没规矩，是指学校缺乏正确的理想追求、价值引导和行为规范，任由师生员工“随心所欲”，典型之一便是沈阳一中的“穿鬼子汉奸服的运动会”。在沈阳一中举办的运动会上，有一帮学生身穿鬼子汉奸服参加

---

① 思博锐的空间：《绿领巾退场三色本又现　学生歧视事件频发》，http://space3.feixin.10086.cn/72991642/share/blog_10447468?IsHotShare=1&regid=101606。

运动会是一个事实。问题是，这个创意玩笑开过了头。日本鬼子和汉奸的所作所为是中国人民永远挥之不去的心头伤痛，那是一段屈辱与悲伤的历史，那是一个非常严肃的话题，结果被中学生以好玩的创意搬进学校运动会，而且事发沈阳，不能不令国人感到悲哀。人们不禁要问，学生到底想要表达什么，学校到底要倡导什么，如果学生合理的情感或思想不能有效表达，学校和老师有没有给予引导。是社会误解了学生的表达，还是学生误解了国人情感。

2010年，网传《网友晒各地雷人校规　学生长胖一斤罚款50元》，其实，类似的乱立规矩的现象不胜枚举：

2011年10月31日上午8点左右，浙江省慈溪市坎墩街道太阳希望小学：三个小男孩，脱下裤子，在学校操场上跑步，旁边还站着两个女生“监督”。据称，三个男孩是因为不遵守课堂纪律，受到老师如此“惩罚”。[①]

据《齐鲁晚报》报道，2011年11月9日，有读者向媒体反映，山东东营市胜利六中有班级实行奖罚制度，违规违纪的学生会被罚款，罚金将用来奖励学习进步者。学生婷婷告诉记者，班里确实有这种制度，几乎每个同学都被罚过，但只要学习进步或者成绩好，就会获得用罚金买的奖品。比如写不完作业，最少的被罚五毛或者一块钱，最多的罚十块。[②]

据《新京报》报道，2011年11月8日，江西南昌进贤二中初中部，四楼及五楼的楼道上坐满了学生，这些初三学生正在进行期中考试，学生说，班主任老师安排学习较差的学生在室外考试。[③]

无规矩不成方圆，危害甚大，而乱立规矩的危害则更甚于无规矩。

① 见小阳的空间：http://space3.feixin.10086.cn/127037689/share/blog_10472567?IsHotShare=1&regid=101612。

② 来自《中国教育手机报》，2011年11月10日。

③ 来自《中国教育手机报》，2011年11月9日。

（三）逐利性管理

逐利性管理是指学校的管理立足利益、依靠利益、为了利益，利益成为管理活动最初、最高和最后的准则，最终导致教育活动在利益驱动下围绕利益而展开。为了利益，不少学校和教师已经到了罔顾一切的地步。违规收费屡禁不止，学校变着法子搞创收。教育领域于是成为我国位列前茅的腐败的重灾区。

人们说，教育腐败是最大的腐败，因为，官员腐败，烂掉的是一个或几个，大不了就是烂掉一批，而教育腐败，有可能烂掉的是一代甚至几代人。说到逐利性管理，主要标志倒不是说学校或教育领域出了一批严重的、恶劣的、典型的贪腐案件，大的像中国人民大学招生腐败案件等，小的像无锡的学校测智商之类，而是教育活动中普遍存在的因为学校、教师、教育官员为了追逐利益而引发的教育交易活动（行为），诸如：把公立学校的学位划出一定比例招收计划外学生，收取高价学费；提高录取分数线，线下学生花钱买分入学；为了获得赞助或其他好处，允许权贵富豪家在学校设置灵堂，并组织师生送葬；在尊师重教的名义下，收取赞助费、借读费、转学费、补课费，收取应该由学生支付费用的服装、教材和教辅资料、作业本的回扣，收受学生或其家长的礼物、钱财或请吃，乃至向学生索要钱财或货物。收取辛苦费、好处费，帮学生提成绩、评先进、入组织、做干部、推特长、减处罚、遮错误，或者在学习、生活和活动等方面给予照顾。总之，在教育活动的每一个环节或学校教育的每一个场所，只要有自由裁量权的地方、事项，都有可能滋生腐败和不正义行为，“走后门”成风，如果有熟人，同样价钱，在饭堂可以购买到更多更好的饭菜，去校医室看病不用排队，去图书馆可以有好座位，缺勤有人做后台处理，领导来视察了还可参加座谈会，等等，花了钱财，做了人情，会得到很多好去处、好差事、好机会。正印证了“朝内有人好做官，厨下有人好去钻”，实在没有原始性的熟人，通过请客送礼也可以建立基于利益的相互关照网络，反正“有钱使得鬼推磨”。

“有钱好办事”，没钱门难进、脸难看、事难办，大的贪腐事件令人愤慨，小的贪便宜、捞油水现象也令人浑身不自在。逐利性管理正在腐蚀我们整个教育，进而腐蚀我们的社会、民族和国家。其危害是极其严重的。

据《扬子晚报》（2011年10月30日）报道，近段时间，无锡市儿童医院儿保科变得格外忙碌，原来是一些老师要求班级里的差生来做“智商测试”，家长们反映多是由于孩子成绩差拖了班级的后腿，影响了班级的成绩。昨日，记者获悉，针对少数中小学教师因为学生学习成绩差，要求家长带孩子到医院进行“智商测试”的做法。无锡市教育局和市政府督导室联合下发通知，严禁对中小学生进行“智商测试”，两部门将开展专项督查，对存在此类错误做法的学校和老师，在各类评优评先中“一票否决”。

一位知情人告诉记者，现在小学老师实行的都是绩效工资，班级成绩是和老师的绩效考核挂钩的，班级里成绩很差的孩子显然就拖了班级的后腿，影响到了班级的荣誉和利益。一旦孩子的智商显示为比较低，老师就可以向上面打申请，这样的孩子的成绩就可以不计入班级成绩和考核。①

无锡测智商事件背后的逻辑是：学生成绩=教师业绩=教师利益。教师为了自己的利益，不惜让家长花钱给小孩测智商，而且结果还必须是低智商的，即让学生充当“弱智”。为了私利，已经无所不用其极了。

（四）粗暴式管理

粗暴式管理是指学校的管理方式缺乏尊重、关怀和人文精神，恶意对待、刚性规定、冷漠处置、强制执行，其特点是不把管理对象作为有尊严的人来看待，不把管理对象同时也看作服务对象，不把管理对象的发展与

① 资料来源：http://edu.qq.com/a/20111030/000018.htm。

学校这个组织的发展有机统一起来，不把目标、愿景和资源融合起来，态度强硬、方法生硬。众所周知，粗暴式管理的危害同样是非常大的。

学校是知识的殿堂、学习的地方，它因学术探索而成为最具理性精神的地方，也因师生关系高洁而成为最具感性色彩的地方，故本应最讲究“道理”和“斯文”，“尊重”和“关怀”。然而，现实似乎并不是如此。第一，在发展谋划上，学校只顾设立组织发展目标，不考虑成员发展目标；第二，在制度建设上，不是从有利于学生发展、教师发展和学校发展的角度去考量，而是从有利于方便管理者管理的角度去谋划；第三，在工作方法上，居高临下、趾高气扬、独断专横、强迫命令、不容辩说、简单生硬、不耐烦，严重的可能是挖苦讥讽、恶言相向、军阀做派甚至拳脚相加。例如，国家严禁对学生进行体罚，但现在体罚学生的现象不仅普遍存在，而且，许多体罚的严重程度远远超过了古代社会。即便在我国漫长的教育史上，也未见有这样残忍体罚的文献记载。

古代的体罚，往往也就是打个手板，罚个站，整个过程充满了爱意；当代的体罚，往往拳打脚踢，往死里整，整个过程充满了仇恨和怨怒。

据载，海南省安定县德才学校一名初中生因打架被体育老师、班主任、副校长三人连扇7个耳光，导致左耳失聪。广州市荔湾区民办新晖学校一名老师因学生坐车迟到，动手掌掴学生，还让两个学生互相扇耳光。①

粗暴式管理极易培养出两种极端的人，一是唯唯诺诺、逆来顺受、恐惧狐疑的人；一是性格暴戾、充满仇恨、寻机报复、容易迁怒的人。无论哪一种，都会让社会付出代价。

① 来自《中国教育手机报》，2011年11月10日。

（五）媚俗化管理

媚俗化管理是指学校的管理在风格上缺乏独立性、正义性、原则性、高雅性，或趋炎附势、低声下气、溜须拍马，或庸俗、粗俗、低俗，或为流俗所蔽、为时髦所牵、为富贵所屈，总之，学校丧失了人格尊严、管理成为骑墙，左右摇摆，无法持中守一，看不到自我的主张和灵魂。

媚俗化管理是违反教育政策法规和教育教学规律的，是违背人本主义原则的，突出特征向权贵献媚，向富人献媚，向流俗献媚。与此相对应，对下级、对普通人通常则是另一种态度，比如，在某些人或场合喜欢做奴才的人，在另外的人和场合则特别喜欢做主人。因为，媚俗化管理往往具有双重人格，往往具备双重极端行为。

2011年12月29日，温州市鹿城区石坦巷小学举行题为“七彩童心为生命护航”的“迎元旦·绿色安全行主题活动”，孩子冒雨为领导和老师表演，而台上的领导和老师或穿着雨衣，或打着雨伞。此事遭遇网民热议。[①]2007年12月，集美大学副校长到机场迎接评估专家组秘书，2008年4月，广西师范大学六位校领导恭迎评估专家组秘书，评估专家组副组长杨文轩认为，“不是什么严重的问题，这也是广西师大重视迎评工作的一个表现”。[②]

诸如此类的事件层出不穷，有些“奇葩”到令人不可思议，例如：

学校组织学生为领导的亲人送葬；

学校停课成为富豪家的举殡场所；

学校组织学生为明星护场。

人们不禁要问，作为教育场所，能够这样吗？堂堂一所学校，至于这样吗？

---

① 《温州学生冒雨表演领导撑伞观看续：校长被停职》，资料来源：2012年1月11日，腾讯新闻（据温州网）。http://news.qq.com/a/20120111/000012.htm?pgv_ref=aio。

② 据《南方都市报》报道，引自http://news.sina.com.cn/c/p/2008-04-11/030815332497.shtml。

二、教官为钱所困

我国绝大多数学校长期缺钱是不争的事实。

中共中央、国务院早在1993年颁行的《中国教育改革和发展纲要》中就提出“逐步提高国家财政性教育经费支出（包括：各级财政对教育的拨款，城乡教育费附加，企业用于举办中小学的经费，校办产业减免税部分）占国民生产总值的比例，本世纪末达到百分之四”“要提高各级财政支出中教育经费所占的比例，‘八五’期间逐步提高到全国平均不低于百分之十五”。从此，4%成为中国教育一块诱人的画饼和挥之不去的伤痛，甚至避而不谈4%，而是津津乐道财政支出中教育支出的比例。最高级别的文件讲的话都不算数，都落实不了，这算哪门子道理啊。温总理以重视教育自诩，还深入课堂听课，做了10年总理，也仅仅到了2012年才勉强达到4%，而且也仅仅是这一年才4%。难怪网上有人调侃说，总理啊，别听课啦，赶紧找钱啊！

我国教育的种种问题，实质上都是“钱”惹的祸。

（一）高尚的事业与贫困的领域

我国教育经费短缺主要表现在两个方面，一是目标高，要求多，而可用资源少；二是与其他国家的教育投入比较也属于少的。也即世界银行在评估我国教育事业发展“十一五”规划中期进展情况的报告所指出的那样，就发展目标和国际比较而言教育投入不足。

关于第一方面的表现，核心意思就是缺钱。讲到教育缺钱，很多人特别是有权批钱的人不理解，一般来说也不容易理解。例如，“教育现代化”几乎是人人认可的概念，但教育现代化的重要标志是教育信息化，教育信息化的基础是信息技术设施设备建设，前提是必须加钱。党和政府对教育提出了很多的要求，集中体现为“三个面向”。人民群众对接受优质教育的期望也非常高，砸锅卖铁也要让子女上好学校，所以，国家要办既有中国特色、又有时代气息的人民满意的教育，用《国家中长期教育改革和发展规划纲要（2010—2020年）》的话来说，“到2020年，基本实现教育现代化，基本形成学习型社会，进入人力资源强国行列”，这是非常高的目标。要实现高目标就必须有大投入。假如设定一个目标，有50个人要从广州出发，4个小时必须到达武汉，每人经费250元全包。现在，从广州到武汉的交通工具：高铁一等票是828元，二等票是518元，行驶时间为4小时；空调快车软座票是221元，硬座票是140元，行驶时间是12小时47分；飞机票是1120元，飞行时间是1小时30分钟；汽车票最高330元，最低是250元，行驶时间是18小时；步行每天120公里，约需走10天。在这种条件下，这样的目标能完成吗？绝不可能完成。如果强制要朝这个目标迈进，那么，下列的某种情形将会出现：

1. 50个人均到达不了武汉，于是，调整计划，降低目标，能到哪里算哪里；

2. 50个人坚守目标，但无法依时到达武汉；

3. 50个人中选择让部分人使用其他人的经费依时赶到武汉，其他的人则安排永远不到达武汉或根本就不出发；

4. 50个人齐出发，人均经费不降低，但允许部分人自筹不足部分的经费到达武汉；

5. 50个人齐出发，不管采取什么措施，务必依时到达武汉。

结果就是要么全部不达标，要么发展很不均衡、很不公平。

这是我国自1993年提出国家财政性教育投入占GDP的比例在20世纪末达到4%的目标以来，历年的比例情况：原本最多七年要实现的目标，我们走了近20年。这样的投入水平显然不足以完成所肩负的教育使命。

关于第二方面的表现，以国际通用的衡量教育投入合理性的指标即教育投入占GDP的比重为依据进行比较，也是很有说服力的。这方面的材料特别多，来自年鉴、公报、研究报告、论文等载体的统计数据也非常多，例如：

“中国的人均公共教育支出为42美元，美国为2684美元，是中国的63.9倍。如果考虑到人口的因素，我们以人均GDP来比较，中国人均公共教育支出仅为人均GDP收入的0.82%，美国为6.10%，是中国的7.44倍，日本为4.28%，韩国为3.01%。俄罗斯为1.87%，是中国的2.28倍。巴西为2.29%，是中国的2.79倍。所以中国不仅与发达国家有很大差距，即使在金砖四国中，中国的教育投入也排在末位。”

“世界公共教育经费投入平均占GNP的比例为5.1%，发达国家为5.3%，发展中国家为4.1%，撒哈拉以南的非洲国家为4.6%，印度为3.5%，最不发达国家为3.3%，中国为2.3%。2002年国家财政性教育经费投入占国民生产总值的3.41%，2003年为3.28%，2004年为2.7%，逐年减少。占世界人口五分之一的受教育人口的中国，只用了占世界各国教育总开支的1.5%；美国两亿人口，教育经费为7千亿美元，中国十三亿人口，教育经费仅0.4千亿。”

“从2003年开始，肯尼亚这个经济落后国家克服重重困难，破天荒地实行了小学义务教育。需要说明的是，这个义务教育非那个‘义务教育’，他们是真正的全免费教育，学生完全不交书本费、学费和杂费等一切学习费用。继肯尼亚之后，马拉维、莱索托、乌干达、坦桑尼亚和莫桑比克等国也都实行了小学免费教育。2/3非洲国家的教育经费超过国民生产总值的4%。”

相关的情况还可参见《公共教育经费投入占GDP的比例》[①]，如果把这些资料综合起来看，我们会为中国教育如此可怜的投入感到悲哀。共产党闹革命时，在穷地方办穷教育，搞得欣欣向荣；现在，共产党成为执政党，并且领导人民改革开放使国家富了起来，社会已经发生了天翻地覆的

① 李建忠：《公共教育经费占GDP的比例》，《教育情报参考》2008年第12期。

变化，教育工作者现在是在富国办穷教育，这日子怎么过呀。

本来钱就不多，又要让少部分学校准时或提前达到目标，那么，就必然要抽调原本归属其他学校的资源，绝大多数学校的资源窘境就可想而知了。

中国缺钱吗？不差钱。我们有巨额的捐助，巨额的外汇储备，巨额的形象工程费，巨额的排场费……有的地方政府搞庆典，请明星捧场，动辄几十、几百万，各种乱七八糟的“节”年年开，随便预算几百万上千万，出手非常的阔绰，而轮到出钱给教育、社保、医保，就跟要他命似的。

没钱可给是情有可原的，有钱不给是不可原谅的。

在世上，教育事业是高尚的，在我国，教育领域是贫困的。

（二）金钱的诱导与驱动

有一个故事，说的是：主人不想耗费太多的草料，又想让牛干很多的活，不断地干活，于是，主人想了个法子，绑了一把草料，用竹竿吊起来，固定在牛头前面，牛走，草料就会前后摆动，摆到牛嘴边，牛就可以吃一小口。牛想吃第二口，就得继续往前走，要想不断有的吃，就必须不断走。这就是激励机制。其实，古往今来，人们都非常清晰激励的作用，绝大多数机构都建立起激励机制，在众多的激励机制中，物质激励通常被放在突出的地位，其理论判断就是“有钱使得鬼推磨”，人性假设应该归在“经济人”假设理论中。

国家由于教育投入不足，提高教师待遇成为长期的高亢的呼声，但国家又希望教师能够敬业爱生，业绩斐然，怎么办？国家也想到了激励机制，教师不是待遇低很缺钱吗？那就在加强精神鼓励的同时加大物质奖励力度，希望诱导和驱动教师建功立业。当然，除了进一步完善激励机制外，国家还加强了纪律约束，这种“胡萝卜加大棒”的管理思想实际上是通用管理思想，在《国家中长期教育改革和发展规划纲要（2010—2020

年）》这个非常重要的政策文本里得到了充分体现。

表8-1　教育类主要奖励项目一览

名称	名称
特级教师	校级优秀教师
有突出贡献专家享受国务院津贴	全国先进教育工作者
国家级教学名师	省级先进教育工作者
省级教学名师	市级先进教育工作者
全国五一劳动奖章	县级先进教育工作者
省级五一劳动奖章	全国先进班主任
全国模范教师	省级先进班主任
全国教育系统劳动模范	市级先进班主任
全国教育系统先进工作者	县级先进班主任
全国优秀教师	镇级先进班主任
省级优秀教师	校级先进班主任
市级优秀教师	全国“三八”红旗手
县级优秀教师	巾帼建功立业
镇级优秀教师	省级：人民教育家 / 功勋教育家

表8-1主要是职业荣誉，属于业绩表彰奖励性质，物质性奖励大多为一次性奖励，极少数为持续性奖励，如早期为特级教师加工资等。表8-2主要是人才队伍建设项目，属于工作资助性质，这种资助包括生活补贴、住房补贴、工作补贴和项目经费等，在项目期内，绝大多数项目的工作资助属于持续性资助。如果项目期间有发明创造，还拥有相应的知识产权。

表8-2　教育类人才资助（或需要支付引进经费的）项目

名称	名称
院士	十百千人才培养工程
长江学者	百千万人才培养工程
珠江学者	教授级中学高级教师
创新团队	教授级小学高级教师
学科带头人	

在相当长的一个历史时期里，奖励基本上是以奖状来表达的，也即精神奖励。

改革开放后，奖励除了奖状之外，还逐步增加了“钱”（含物），即物质奖励。慢慢地，物质奖励越来越受到欢迎和重视，到了20世纪90年代，人们对没有物质奖励的奖项或项目已经不太感兴趣了，即便在学校评了“三好学生”，学生对有没有“钱”也越来越在意，于是，精神奖励的效用越来越低。进入21世纪后，凡奖必有钱（物），特别是对高层次人才的奖励，往往是重奖，对一般奖项，各级政府和单位也加大了奖励力度，“奖钱”几乎成为铁律。发表一篇论文可以奖多少钱；辅导学生竞赛除了工作补贴，得了奖还可以获得指导奖；年度考核优秀可奖励一个月工资，更进一步强化了“奖钱”方式的地位。可以说，极度功利主义已经弥漫到社会的每一个角落。

越是如此，人们越在乎钱，人们越是在乎钱，国家也就越发只能用钱来进行激励。这或许是一个怪圈，或许是一个魔咒。

国家以利益驱之，学校和教师自然会为利禄所使。有利可图的就做，没利益的活避开。过去，做班主任是没有补贴的，因此教书育人的事大家一起做，后来，国家认为班主任是比非班主任辛苦，便给做班主任的老师补贴，于是，不少非班主任就只教书，不育人了，用他们的话说，让拿了补贴的人干。当班主任补贴额达到相关一级工资额度时，人们很有积极性做，当班主任补贴额不及一级工资额度时，它的吸引力下降，于是，出现了学校求教师做班主任的局面。用他们的话说：我不要这个钱（班主任补贴）还不行吗？在利益面前，教师变得斤斤计较，最终形成以“金钱”为标尺来衡量工作价值、职业贡献、家庭幸福和人生成就的世界观、价值观和人生观。为钱工作，哪给得钱多，就去哪工作；因钱贡献，有钱才做，没钱不做，多给多做，少给少做。当一个人的灵魂深处确立了金钱至上的观念之后，人的行为就会受金钱的诱导和驱动。由于教师劳动的特点，特别是个体独立性（活动方式）、活动自主性（活动权限）和结果复杂性都很突出[①]，使得教师劳动很难量化测评，也很难外在管理，所以，人们说，教师的工作是良心的工作。绩效工资制度实施后，“悠着点，已经对得起这份工资啦！”这句话在教师队伍中非常流行。“干革命靠毛泽东思想”的年代已经逝去非常久远了，现在，企图用思想政治教育唤醒教师沉睡的觉悟，已经非常困难了。这种状况，没有一番革命性的变革，国家和社会又能奈教师何呢？国家决定推行绩效工资制度改革，把教师的待遇（工资）与教师的工作表现（绩效）完全挂起钩来。

任何劳动都会有一个结果，这就是业绩或绩效。任何劳动都必须讲究效果，这就是业绩管理或绩效管理。因此，借鉴产业管理的成功经验，在教育行业推行绩效管理是非常有意义的。但绩效管理不等于绩效工资。绩效工资要求区分每一个教师的绩效，即绩效差别化，然后发放根据基于差

① 关于教师劳动的特点，有许多主张，例如：示范性、创造性、空间的广延性和时间的连续性；复杂性、创造性、长期性和示范性；劳动任务综合性、劳动对象复杂性、劳动手段主体性、劳动过程创造性、教师劳动的长效性；复杂性、创造性、示范性、长期性、群体和个体的统一性；教师劳动是合作性的农业式的劳动。总之，教师劳动与其他行业的劳动相比，是有其突出特点的。

别化绩效的有差别的工资。

绩效工资制度的推广，把教师变成了产业工人。第一，要区分每一个教师的绩效，就必须有考核，要考核就必须有一个大家都接受的考核方案，这样，绩效考核方案就会成为教师行为的诱导因素、规范依据和评判标准，教师就依方案而工作，而不是按照理想、规律和良心干活。第二，因为国家没有标准的方案，为了让考核方案获得绝大多数人的认可或接受，方案必须尽可能顾及所有的被认为与教育有关的事务，并赋予可以接受的“分值与系数”，最终形成的是一个可以接受的妥协的方案而不是科学的方案。第三，人们会把按照方案干活的绩效与经济效益挂钩，甚至会把干活看作是“挣工分”或“挣钱”的业务，久而久之，人的行为会发生改变，不是因为工作所以有钱，而是因为有钱所以工作。金钱至上文化随之形成。第四，学生成长不仅非常需要单个因素的良好影响，更在意各个因素构成的整体的综合影响，然而，利益的矛盾使得合作几乎不可能，所以影响的一致性和连贯性就很难达成。第五，金钱至上必然导致极端功利主义盛行，追求短期效果、眼前利益和快速回报，没有多少教师会为学生的终身发展考量的。而教育偏偏是为人的终身服务的。第六，现阶段绩效考核的技术尚不足以科学评判教师的绩效，所以，在绩效测评中，将会陷入要有差等又难分差等的尴尬境地。第七，教师心理上不接受这种被测评，尤其是被测定为低绩效者，不仅经受物质损失，更有难熬的精神打击。第八，世界上让教师实行绩效工资制度的国家据说没多少。

加上本次绩效工资改革不是增量改革，而是存量改革，导致考核为高绩效者从被考核为绩效者中抽取“奖励”，使得对一部分人的“奖励”建筑在对另一部分人的“惩罚”甚至“掠夺”上，一方面，造成相当一部分教师待遇下降、利益受损，让原本就偏低的待遇雪上加霜，积极性肯定严重受损，进一步导致整体积极性水平下降。另一方面，使得原本属于教师与政府之间的利益博弈，转变为教师之间的利益博弈，教师之间的关系因利益冲突而变得相互猜忌、防范、冷漠乃至对抗。这样，教育作为合作的事业就失去了坚实的基础。

因为缺钱，所以钱就特别重要；因为钱特别重要，所以钱的地位就特别高；因为钱的地位特别高，所以教育会为钱服务；因为教育为钱服务，所以就不可能有高尚纯粹的教育。

三、当务之急在治“吏”

学校管理流弊丛生，既跟钱有关，也跟人有关。跟什么人有关？主要跟有权的人有关，即跟官吏有关。在一定的范围里，官的角色主要是设计者，吏的角色主要是执行者。许多人认为，一个单位或一个地方，主要领导才是重要的，其实，在管理链条上，所有的管理者都是重要的。在人治社会里，人是重要的，在法治社会里，人依然是重要的，何况这是一班拥有权力的人。有权的人主要分两种：一种是有权管学校的人；二是有权在学校里管的人。要改进或改善学校管理，关键在于管理好有权的人，即治“吏”。

如何治“吏”？

（一）裁冗

人员冗不冗，是一个很难说得清楚的问题，它既有标准也没标准。按照法定来说，实际干活的人超出了核定的编制数，那么，多出来的就是冗员。按照事务来判定，可以从下列4个方面去分析：一是有没有干不属于职权范围的事；二有没有把职权范围内的事务转移给下属；三是职权范围内的事务有没有可做可不做的事务；四是按照常规的速度，职权范围内的事务是否无须那么长时间来完成，即工作量不饱满。按照比较来评判，常用办法有国别比较和历史比较，一般而言，同类型、同层次的比较会有较好的参考价值，但不同特点的比较也是很有意义的，如中国和美国（地方分权）、英国（最早工业化国家）、法国（中央集权）、印度

（人口众多、金砖国家）、俄罗斯（曾经的学习对象，金砖国家）等国家的比较，例如，如果中国教育部人数比美国教育部多，那么，是否有些事务其实无须教育部来做，可以下放甚至根本就无须做；如果中国教育部比法国教育部的人数多，那么，到底多在哪？多出来的事务是否可以去除？又如，广东就可以同河南进行比较，同在一个教育部下，又是人口大省，如果其中一省教育行政部门人数显著多于另一个省，就非常值得研究。总之，冗员有两种情形，一是超编，一是“松”编，即核定的编制对事务来说过于宽松。

唐代中央教育行政机关国子监只有5个人，管理全国教育事业和中央直属学校（国学）。新中国成立初，县文教科负责管理全县文化教育事业的一般有3 个人左右。即便是“文革”期间，经常有大型活动，政治运动任务很重，一所大校也就两三个校级领导。改革开放后，虽然国家对教育管理岗位职数有明确规定，但却在改革的旗帜下一再被突破。当代我国教育冗员太多，人多事就多，事多又要人多，恶性循环，导致管理成本高涨、沟通协调困难、环节太多、效率低下、掣肘太多、互争利益、矛盾百出、管理混乱。

首先是教育行政机关冗员太多。清末新政，建立新的教育制度，现代教育行政体系得以建立。1905年中央设立学部，最高长官叫尚书，下有左右侍郎辅之，有左右丞、左右参议、郎中、员外郎等事务官，在尚书、侍郎之下处理具体事务。学部的业务部门设有五司十二科，有总务司，包括机要、案牍、审定三科；专门司，包括专门政务、专门庶务二科；普通司，包括师范教育、中等教育、小学教育三科；实业司，包括实业教务、实业庶务二科；会计司，包括度支、建筑二科。1906年，各省设提学使司，专管全省教育事务，设提学使一人，提学使司设学务公所，有总务课、专门课、普通课、实业课、会计课和图书课六内设部门。同年，府厅州县设劝学所，为各府厅州县的教育行政机构，配总董一人，下分若干学区，每学区设劝学员具体管理学务。虽然自上而下人手不多，但这是我国教育史上教育事业发展最为快速的时期。据学部统计，自光绪二十九年（1903）到宣统元年（1909），学校数由719所增加到5200多所，约增加7.1倍；自光绪二十八年（1902）到宣统元年，学生数由6943人增加到1562170人，增加了225倍。到了中华民国，教育部设普通、专门、实业、社会、礼教、蒙藏共六个教育司，人员配置也是非常精简的。如果与现在的教育部相比，简直不可同日而语。

其次是学校冗员太多。一是大学实行党委领导下的校长负责制[①]，在校内有两套相对独立的管治系统，党委系统占教职工总数的12%—15%。二是实行校长负责制的中等以下学校，不仅校领导职数多，而且内设机构也在不断膨胀。最初学校只设校长一人，之后设教导主任一人，然后为校长和主任配副手，教导主任成为教导处主任，后来，随着规模的扩大，学校开始设总务处、德育处、办公室、科研处、年级组、科组、外事与港澳台办公室、计划生育办公室、保卫处、人事秘书等，学校里的确“官吏”不少。所有这些官吏，总要干点活，他们一想干活，基层就折腾。

故欲新管理，必先“裁冗”也。

（二）惩贪

我国古代对教师的遴选非常严格。东汉要求教师行为淳厚、质朴、谦逊、节俭，不与“妖恶”来往，不受王侯赏赐，更不要说“贪”了。贪者，师之大忌，国之大忌。

教育之贪，原于三者，一是上要贪，二是己想贪，三是人要贪。所谓“上要贪”者，必然要求下级“供贪”，下级要“供贪”，必然要求“上

① 为什么高校要实行党委领导下的校长负责制，而中等以下学校则实行校长负责制？这是一个理论上没有说清楚的问题。是大学重要，要加强领导，中等以下学校没那么重要，无须特别加强党的领导？还是中等以下学校是在党的领导下的，而高校则不在党的领导下的？此外，高校设了党委，就真的加强了党的领导了吗？怎样才能加强党对高等教育的领导？这些都是需要认真探讨的问题。

级关怀”和“下级识做”，不然的话，管理链条（贪链）将会断裂。教育线形形色色的贪腐官员不少，大贪小贪均有，用一种近乎严厉的标准来衡量，任何“意思”都与“贪”有关。任何一个教育管理者的“微贪”都会酿成“大贪”。假如教师或教育管理者的“关爱”是一个恒定的量，那么，任何对人超出规定的特别的关怀都会影响到对别人的关心。所以“己要贪”者，必然要求别人“供贪”，这种贪腐没有任何理由，不满足其贪欲，就不给成事，碰到这样的教育管理者，要么不办了，要么绕道走，要么就服软，真正当场就能“正义”战胜“邪恶”的情形极少，往往只能自认倒霉，只能埋怨组织选任的制度。至于“人要贪”，这是防不胜防的地方。人要贪必然要相关者也贪，一个人花钱买了官，它必然要收回比花出去更多的钱，那么，他就会如法炮制。因此，贪腐多窝案。

当代中国教育领域多贪腐。教育上的贪腐形形色色，不单单表现在人财物领域，即除了与人财物有关的基建、采购、招聘、考核、晋升、招生、资金使用等传统的易贪环节外，还有科研、评先、评卷、教材选用、学术职务遴选等新的领域。几乎每一个管理服务环节，只要有人求，都有可能成为贪场，“大贪贪金山，小贪贪顿饭”。把教育弄成名利场、菜市场、风月场，贻害无穷。

故欲新教育，必先“惩贪”也。

（三）去恶

“恶”是恶劣的意思，通常指态度很差，恶狠狠、硬邦邦。社会上流行的“门难进、脸难看、话难听、事难办”，过去仅在某些很有实权（通常与资源分配和个体发展有关）的党政机关里有这种现象，现在连教育行政机关和学校也存在这种现象，十足的官僚主义做派，喜欢搞人身依附关系，习惯以“老板”自居，以“马仔”对待下属，对下级颐指气使，而对前来办事的人则摆出一副“施舍”嘴脸，百般刁难，要求别人低声下气求自己，人为设置障碍，拖延时间，办完之后要人感谢。管理人员的这种恶行，不仅表现在个体行为上，也表现在各种文件、标语或规章制度上，使得教育和学校缺乏人文关怀，弄得跟衙门似的。

故欲新官风，必先“去恶”也。

（四）除懒

“懒”是懒散的意思，通常指工作作风散漫、拖沓、无效率。有不少的管理人员，属于懒惰型，闲时不干活，忙时干不了。工作不研究，业务不提升，严重影响行政效率和服务效能。

故欲提官神，必先“除懒”也。

（五）戒嬉

“嬉”是嬉戏的意思，主要是指工作作风不严肃认真，对人对事过于嬉戏。教育特别是思想品德教育往往是一件非常严肃的事，如果管理者抱着游戏人生的态度来对待工作，教育就不可能是一项神圣的事业，将会给学生带来非常负面的影响。

故欲振官威，必先“戒嬉”也。

就国家宏观的教育政策来分析，党中央和国务院还是很强调简政放权、按规律办事的。但我国教育发展的顶层设计的框架过于宏观，各级政府及其教育行政机关在微观落实方面往往不能完全体现设计的精神和框架的思路。

当然，治吏的目的在于吏治，没有严格的惩治就不可能有真正的吏治，但治吏不能仅仅靠惩治，还需要人职匹配，养用结合。吏要养，一养其身，二养其心。过去，我们特别强调了“高薪养廉”，其实说的就是养身。但相当长一段时间来，我们对养心强调不够，特别是基层管理人员，缺乏学习提高的机会。不养仁义之心，不长干城之才，是难以担当教育责任的。2011年10月6日，《中共中央办公厅转发〈中央组织部关于加强和改进基层干部教育培训工作的意见〉的通知》（中国办发〔2011〕33号）：“加强和改进基层干部教育培训工作，必须坚持服务大局、以人为本，适应经济社会发展需要，准确把握基层干部队伍特点，真正做到科学发展需要什么就培训什么、基层干部缺什么就培训什么，更好地为科学发展服务、为基层干部成长服务；坚持上下结合、统筹协调，充分整合利用各种培训资源，为基层干部提供更多的教育培训机会、创造更好的教育培训条件；坚持分级管理、分类实施，根据不同地区、不同类别、不同层次、不同岗位基层干部实际开展教育培训，注重实效，不搞‘一刀切’。”也许，未来的教育管理者将为教育带来一片新天地。

第九章

理念、政策和行为纠缠的结

随着改革开放的深入发展，我国教育出现了许多新鲜的理念，根据这些理念制定了许多新的政策，在落实这些政策的过程中，形成了许多新的行为。

改革开放后的许多新鲜事物，的确让人耳目一新，令人振奋，导人向前，但也有一些理念，政策和行为让人百思不得解。网传的《普通班标语》便是其中的一个缩影：1. 有来路，没退路；留退路，是绝路。2. 对于世界，我微不足道，但对于我自己，我就是全部。3. 班兴我荣，班衰我耻，班级兴衰，我的责任。4. 08，我的江湖安在？5. 咱现在没有改变世界，那就先改变自己。6. 有大目标，须有大动作；有大追求，须有大改变。7. 我们即便是付出最大代价的惨胜，也要向对手无情示强。8. 男人的舞台是战场，哼哼唧唧，非男人作为。9. 绝地反击，后来者定能居上。10. 我们曾经黯淡，但今天的我们，要在沙滩上建立我们的天堂。11. 让操场见证付出，让教室亲历辉煌。12. 打造“梦之班”，拼死超8班。13. 要么放弃，要么争最好。14. 横下一条心，坚决要出线。15. 我失败了三年，就是等一个机会，我不想证明我比别人强多少，我要把我失去的夺回来。16.成功不是别人的专利，失败也非是咱们的人生标签。17. 人非枭雄，我非鼠辈。从上述这些标语来看，人们不禁要问：“现在的学校教育怎么啦？”

一、令人咂舌的口号

我国是一个口号大国，自上而下都有把口号镌刻、张挂的习惯。透过对教育类口号的分析，我们可以发现流行或畅行的教育理念、教育政策和教育行为，进而看到灵魂深处涌动的念想。

（一）关于办学

“再穷不能穷教育，再苦不能苦孩子。”不能穷教育是说得过去的，但我们没做到；不能苦孩子的提法是有问题的，教育就必须让孩子经受锻炼和磨炼，现在孩子怕吃苦，就跟这个提法有关，国家、社会和家庭正在为此付出代价。

类似的口号还有很多，例如：为了“普九”，一些地方推出“养儿不读书，不如养头猪”的标语，对不依法履行义务教育的人就带有蔑视成分。

（二）关于活动和安全

我们有不少的标语，表面上看是“好心”，其实违背了儿童的天性和教育的规律，例如：“下课不疯跑，小心被摔倒”“上楼下楼靠右走，遇到混乱手牵手”“自己摔倒不要慌，大喊呼救叫帮忙”“若以追跑为开心，将以后悔而伤心”“‘静’字高悬，知识乐园”“悄悄地你走了，正如你悄悄地来”，等等。理性地说，坐了一两节课，课后跑动是非常正常的，有时甚至可以说是非常必要的，提醒学生小心摔倒可以，不让学生跑就有问题；要求学生有秩序上下楼梯是很好的，但遇到混乱要求学生“手牵手”则是有问题的，那会导致更大的危险；“摔倒”呼“帮忙”的建议也是非常值得商榷的，应该教育学生，自己摔倒自己爬起来，在哪儿摔倒在哪儿爬起来，实在不行才叫人帮忙；至于把“追跑”与“后悔而伤心”挂钩，那更是带有恐吓的意味，不让学生跑动，那还是学校吗？把学校办成“寂静”的场所，这样的学校有吸引力吗？当“静”字高悬的时候，学校还可能是知识“乐”园吗？这种口号彰显出来的对教育规律的认识水平远远达不到王阳明关于青少年儿童教育的认识水平。这些看似温馨的提醒和严肃的警示，实际上潜藏着极大的教育危机，在“主静”的教育管理理念下，学生不活泼，学校无活力，必将导致学生体质健康水平下降，民族素质下降，终将使中国由贫穷的“东亚病夫”这个极端沦入到另一个极端——富有的“东亚病夫”。

（三）关于理想和理想教育

理想信念是重要的，因为理想信念是一个人的价值观、人生观、世界观的总开关，也是人的一切行为的总开关。理想信念又是教育的结果，各级各类教育都应该加强理想信念教育，特别是基础教育，它核心任务就应该是理想信念教育。然而，我国的教育政策、研究报告以及其他的学术著作，普遍地、经常地认为，我们的党员领导干部，我们的年青一代缺乏信仰，没有理想信念。是我们没有开展理想信念教育吗？不是，是我们对理想信念教育重视不够吗？也不是。问题出在我们对学生进行了不正确的甚至是错误的理想信念教育。正如第六章所探讨的，我们花大力气向我们的青少年儿童灌输了并不具有正能量的东西，灌输了并非党和国家所倡导的东西，灌输了并不反映教育发展和人的成长的规律的东西。例如，有的学校在对学生进行理想前途和人生信念教育时，引导学生的人生发展定位到博取功名利禄上，局限在考取重点大学上，物化为考读北大清华上，其恶劣影响将伴随学生一辈子，弥散到全社区。“北大清华少年心，花香鸟语春天事”“立志漫长清华园，刻苦方能未明湖”“我心一片磁针石，不读清华不肯休”。从这些口号可以看出，当代青少年儿童普遍存在的“家事国事天下事，关我屁事”人生态度并非无源之水、无本之木，而是种瓜得瓜、种豆得豆的必须结果，是我们学校教育持续高强度影响的结果。从以下一些口号，人们就可深刻感受到应试教育为什么打而不倒、阴魂不散的重要原因了：“孩儿立志出乡关，学不成名誓不还”“青霄有路终须到，金榜无名誓不归。”“分数铸就辉煌，汗水凝聚实力”“不经一番寒彻骨，怎得考试高分来”。“弱者认命，强者抗命”“只有愚者才等待机会，而智者则造就机会”“弱者等待时机，强者争取时机，智者创造时机。”在励志的名义下，学校兜售的竟是“考分”“金榜”一类的胸无家国的功名思想。

（四）关于教学、管理和服务

关于教学、管理和服务方面的令人咂舌的口号也是不胜枚举的，由此导致教学行为、管理行为和服务行为的扭曲。这种状况在基础教育新课程改革后，随着所谓新理念的引入，许多人求新颖而弃本质，慕玄虚而乱视听，至于囫囵吞枣、牵强附会、断章取义、标新立异地提出所谓新理念，比比皆是。

例如，“你无法教会别人任何东西，你只能帮助别人发现一些东西”。初看是一句不知所云的话，细看则知这是一句理论基础错误、极不负责任的话，既然，教师无法教会别人任何东西，那么，第一，别人有没有学到东西就与教师无关；第二，要不要教师都没关系；第三，教师的作用最多只是帮助别人发现一些东西，也就是说，教师是不可能也不应该起主导作用的。

再如，“当好学校的主人，做好师生的仆人”。把学校里的人际关系弄成主仆关系，本身就是典型的奴隶主义、封建主义的余毒和很不健康的思维方式，更何况，在学校里，做得了学校的主人，还会做师生的仆人吗？即使学校出现了前无古人、后无来者的好“主人”，他将如何给师生做仆人？当他成为师生的仆人时，是否师生就已经成为他的主人了？如果真是这样，那么，我们学校岂不是培养“主人”的场所。在现代公民社会，哪个国家希望学校教育如此复辟呢？所以，有时别看一两句口号，好像很新鲜，很谦卑，弄得不好，就有可能颠覆我们的教育性质和培养目标。

还如，“人到万难须放胆，模棱两可平常心”。这也是一句不知所云的口号，但它明示人们，人在万难时，就要放胆。这种倡议将引导人们铤而走险，不计后果，无视道义，甚至敢践踏法纪。当代社会许多恶人敢拿无辜的人作为发泄的对象，作为报复社会的对象，说到底，还是因为他们无敬畏，太“放胆”。

其他如“教室——学习圣地！切勿谈天说地”，简直就是对课室功能的无知，简直就是对青少年儿童创造精神和多样化发展的扼杀。

（五）关于招生

招生是我国教育比较凌乱的领域之一，但无论怎么乱，能够把各种行为串在一起的往往就是基于共同的理念——想方设法搞钱：为钱教学，为钱办学。所以，社会上对招生有一种特别的解释，叫作“招财”。例如这些口号就已经接近“赤裸裸”了：“育人与创收合一”“要想财运亨通，职教助你成功，要想发家致富，职教为你铺路”。也许有人说，学校应试教育不是死命为了“分”吗？对的，在认识上，学生心中的“分”是学分，教师心中的“分”是工分。学分高意味着将来可以赚大钱，工分高意味着期终可以获大奖。

在国家市场化改革的过程中，在应试教育的惯性思维里，特别是在不那么聚精会神地合唱中国特色社会主义主旋律的时候，学校教育包括理想追求、培养目标、师生关系、教学方式乃至教学场所等，都已经发生了严重的异化。

（六）关于发展

20世纪80年代初期，在批判集体主义扼杀个性的同时，避谈合作，鼓励个性张扬和竞争，这在克服千校一面、千人一面和没有个性、没有特色方面的确起到了积极的作用，但这种主张的偏颇也随之暴露出来，那就是极端个人主义横行。随着应试教育的猖獗和教育发展的不均衡，“竞争”被层层加码，教育仿佛想培养“好斗的公鸡”，社会也被描绘成“斗鸡场”，于是，各种“阴招”纷纷摆上台面，片面追求升学率也从高中蔓延到小学，甚至幼儿园，“别让孩子输在起跑线上”的口号便成为非常流行的教育理念，成为教育政策制定与教育行为选择的主要依据。而理论、实验和实践的结果都告诉人们，这是非常有害的口号。

二、令人费解的政策

虽然教育政策的出台都经过调研和论证，但令人费解的政策依然经常出现。除了政策制定程序有问题之外，也与决策者的教育理念和思维惯性有关。例如：

（一）教育事业的城乡差别

众所周知，我国城乡教育水平的差异是非常大的。这种差异与遗传、历史文化传统、学生勤奋程度等因素无关，基本上是差别化教育政策推行的结果，是城乡二元结构的直接产物。新中国成立以来，国家在城市和农村基本上是实行两套有很大差异的教育政策。

针对农村缺乏人才、城市人不愿意到农村去工作的状况，国家提出“农村学校要为农村培养人才”的构想，并作为一项长期的政策，要求农村学校“教农事”，农村学生毕业后留在农村。然而，国家几十年来就几乎没有为在农村工作的教师认真解决过实际困难，国家为城镇教师解决住房问题发过多个文件，但“福利房”就是没有农村教师的份。城市的教师到农村支教有“下乡”补贴，长期在乡下工作的教师就没有补贴。城市的生活水平本来就比较高，但城市学生有“学生奶计划”和“放心早餐工程”，而最需要关爱的农村学生却无缘享受。

（二）教育责任的重点误区

教育是国家的事业，国家必须履行教育责任。在国家没有能力“全包”的情况下，国家、社会、家庭和受教育者个人分担教育责任就成为必然选择，而国家有重点地保障某个学段和某类人群的教育权利，即国家有选择地、优先地履行某些教育责任，也是必然的选择。那么，国家（各级政府）应该优先选择哪些责任来履行呢？原则就是选“小”选“弱”选“基本”，即从年龄来看，确保年龄小的人的受教育权利应该优先于年龄大的；从受教育者的条件来看，确保弱势群体受教育权利应该优先于其他群体；从教育的性质来看，确保人接受基本教育的权利应该优先于接受其他类别的教育。依此分析，所谓“选基本”就是优先保障基本教育。义务教育是国家规定的基本教育，在此基础上，可以拓展到基础教育。基础教育包括学前教育、初等教育（小学）和普通中等教育（初中和高中），当国家没有能力把整个基础教育纳入优先保障的范围时，则应该按照义务教育—学前教育—普通高中教育的次序来安排。所谓“选小”就是优先保障青少年儿童的教育，当国家没有能力把全部青少年儿童纳入优先保障的范围时，则应该按照少年—儿童—青年的次序来安排。所谓“选弱”就是优先保障弱势群体的受教育权利，弱势群体是社会地位比较低下、自身生理条件比较弱的人，如贫苦人士、残疾人士、少数民族、妇女等，联合国教科文组织特别强调要关注女童的教育。然而，我国的教育政策向来乐于锦上添花，不太愿意雪中送炭，例如，在相当长时间里，念大学不用交学费，还包吃包住有补助，而念中小学则需要交学费。又如，相当长时间里，学前教育以社会办学为主，幼儿园归妇联管理。现在，即便已经收归教育部门管理，国家依然把发展学前教育的责任过多地放给社会。再如，当国家已经给中职学生减免学费甚至有些开始给予补助时，特殊教育还没有提到议事日程上来。研究生从2014年始需要缴费上学，但幼儿园自始至终都需要缴费入园，而且费用还与时俱增。

（三）教育管理的策略偏颇

管理的效能如何，主要取决于策略，策略正确效率高，策略不当效率低，策略错误易失败。这是被实践一再证明了的正确认识。其实，政策与策略密不可分，政策就是策略的细化，是策略的操作方案，都是为解决某些问题、实现某种目标服务的。

在我国的教育管理过程中，包括宏观的教育事业管理、中观的教育行政管理和微观的学校内部管理，策略性问题是经常出现的，最突出的表现就是“头痛医头、脚痛医脚”，导致“按了葫芦浮了瓢”。例如：

分级办学与学校布局调整问题。改革开放后，由于国家特别困难，单靠财政资源难以承载庞大的教育体系，而民间的确也蕴涵着极为丰富的办学激情，由珠江三角洲首创的分级办学、分级管理，基础教育三级甚至四级办学体制随之出现，办学主体扩展下移到村。极大地调动了人民群众办学的积极性，也有效减轻了并不富裕的财政所面临的压力。这种做法与其后颁行的《中共中央关于教育体制改革的决定》的精神是一致的。后来，一方面，国家为了履行发展义务教育的责任，规定义务教育实行以县为主的管理体制，另一方面，不知基于何种理论，在优质学位扩容、做大做强优质学校、提高办学效益等口号下，各地纷纷出台调整布局、优化结构的政策，于是，停、撤、并、合，各级各类教育都出现了一批“巨无霸”学校，特别是裁撤了一批规模偏小的学校、分散的村小和偏远的教学点，表面上看似乎卓有成效，其实，出现了许多后遗症，特别是新的上学难问题、华侨和港澳台同胞捐资办学政策的延续性问题、民众对办学失去热情和积极性问题、原有校产的处置问题、教师的安置问题，等等，都是一个极大的困扰。要办，政府说的；要撤，政府说的，这不是一句“与时俱进”就解决得了的事。

思想政治理论课的实施问题。新中国成立以后，我国非常重视思想政治教育，为了保证这类课程的落实，高校设有独立的与院系同一层次的二级教学机构，叫思想政治理论课教学部（之前普遍叫马列主义教研室），负责相关课程的实施。同样是课程教学，这个机构不由教务处主管，不归教学副校长领导，是由学校党委直接领导，归学校宣传部主管。类似的情形还非常的多，原本学校有一套分工规则，但上级为了强调某件工作的极端重要性，通常会要求打破原有的惯常分工，指令由学校党委领导，或归书记、校长直接领导。学校教育工作是一盘棋，一个整体，但现有体制在执行过程中使学校的工作形成了两个相对独立的系统，归书记领导的党的系统和归校长领导的行政系统。学生处、保卫处、监察室等，原本属于行政系统，但因为学生工作极端重要、党管武装等原则，不少高校的党委设有学生工作部、武装部等机构，分别与学生处、保卫处合署，监察室与纪检办公室合署，那么这些行政机构都划归党委直接管理，由书记或副书记主管。因此，在高校，党委原本是学校最高决策机构，但现在同时也是具体事务的直接管理者。如果有研究者仔细比对有关高校管理体制的法律、法规、规章或其他需要执行的红头文件，可以发现其中存在许多相互打架的内容。就像教育部一再强调要落实高校管理自主权，但教育部经常发文要高校干这干那，如为方便学生回家探亲，铁路部门对学生乘坐火车有优惠，教育部要高校购买指定的优惠卡发给学生，学生凭卡才能购买优惠票，但教育部规定该卡必须免费发放给学生；助学贷款，要学校交纳风险保证金。

师资队伍建设问题。在培养与培训的关系上，国家长期重视培养，不重视培训，只关心培养机构的建设和管理，忽视对培训机构的建设和管理；评聘结合，没岗的情况下有水平也没有认可的机会；专业技术人员培训必学全省统一的“公需课”。

教育评价问题。全国各地几乎都有毕业班工作奖励制度，即重奖毕业班工作优异的制度，依照高考、中考成绩，按照突出程度（完成任务的情况）进行排名，分等级予以奖励，对没有完成任务的予以处罚。教育局长和重点中学校长因为高考成绩不好而被免职的事件时有发生。

献血加分与加分乱象。我们国家为了解决某些难题，或者为了引导人们做某些事，经常实施相关政策，把某些行为或状况与升学加分联系起来，据说，各种加分项目多达30多种。最近，网上还冒出了“献血加分”政策，据说2014年7月24日，浙江省金华的浦江县公布了《浦江县无偿献血优惠政策实施意见》，规定荣获国家级无偿献血奉献金奖、银奖、铜奖的献血者（金、银、铜奖获奖者献血总量分别达到8000、6000、4000毫升）的个人，其直系子女参加中考的，分别给予3分（金奖者）、2分（银奖者）、1分（铜奖者）的中考加分。[①]简直令人匪夷所思。

在政策的名义下强制推行。现有的教育管理总体上还是偏于简单有时甚至是粗暴的。最近网曝安徽大学强制学生裸测一事就是这样一个个案。虽然安徽大学是体测试点学校，有义务为国家提供准确数据；虽然脱掉衣服体测依据的是教育部体育卫生与艺术教育司全国学生体质与健康调研组于2014年5月制定的《2014年全国学生体质与健康调研工作手册》，其中详细介绍了胸围、腰围、臀围和皮褶厚度的测试方法与注意事项，而手册上这几个项目确实需要脱掉衣服以保证数据的准确性，[②]但是，被测的是学生，学校应该尊重学生的愿意，最起码应该把裸测的意义讲清楚并为学生所接受，不能因为有政策，就强行要求学生参加裸测。

当然，如果有研究者愿意细致研究教育政策，可能会发现更多令人费解的事。

三、令人奇怪的行为

教育领域经常会有些非常令人费解的决策出台，也会经常有非常令人

---

① 2014年10月2日选自新华网http://www.js.xinhuanet.com/2014-09/29/c_1112675540.htm。

② 2014年9月26日取自腾讯新闻http://news.qq.com/a/20140926/003311.htm?tu_biz=1.114.1.0。

费解的行为发生，两者之间有没有必然的联系，到底是谁因谁果，个中的根源是颇值得探讨的。

例如，有一所山区重点中学，一位班主任在自己负责的班级课室里，在黑板两旁分别挂了一双皮鞋和一双草鞋，警告学生好好学习。能说这个班主任的做法不对吗？能说这个班主任的做法对吗？这赤裸裸的极其鲜明的对比背后反映了怎样的社会现实和历史根源？与此形成鲜明对照的是南京一中学的课室后面的黑板所挂的“我拼命，我怕谁”横幅（见2014年9月4日央视新闻）。

又如，我们中国人有浓郁的状元文化，也就是考第一情结，其中一个重要表现就是北大清华情结，大多数人似乎都愿意把“基础教育的头”拴在“北大清华的裤腰带”上，学校为北大清华而办，学生为北大清华而学，并以能“拴得上”为荣。据2014年9月9日《南方都市报》的报道，为扭转优质生源流失，重振恩平教育事业，澳门恩平同乡会会长冯活灵回乡设立高考专项奖励基金。考上清华北大，恩平考生不仅可以获100万元奖金，还可获赠洋房一套。人们不禁要问：难道教育事业振兴的最重要标志就是上清华北大？难道给予考上清华北大的考生重奖就可以重振一个地区的教育事业？不提高教育的整体质素，特别是教师队伍的整体质素，谁把学生“教到”清华北大去？清华大学的前身是留美预备学校，现在的中小学好像是北大清华的预备学校，自科举兴盛以来，我国基础教育的学校就一直没有彻底摆脱“附庸”的地位，走的都是应试和备考的道路，但它得到许多人的拥戴，国家已经为各级各类学校指明了通向彼岸的金光大道，但很多人就是不走，而且还振振有词，致使学校教育的育人功能始终没有充分发挥好。这是很令人奇怪的事。

再如，教育创收问题，实际上就是以教育来赚钱的问题。这是使教育很受伤的问题，我们知道，金钱不是万能的，但办教育没有钱是万万不能的，特别是办现代教育。然而，找钱办教育和办教育找钱是截然相反的。

2014年9月，网曝《黄海学院劝退风波》，像青岛黄海学院这样可能在指导思想方面出了问题[①]。可以推断，相关人员肯定知道这样做是违规的，基本上不存在不知道的问题，但为什么还要这样做呢？正常的人都会认为这样是不正常的，而这种不正常的事是由正常人做出来的，这就是非常奇怪的事了。

随着高校的扩招，建设大学城、职教城和教育城成为21世纪一道非常亮丽的风景线。许多地方不约而同地开展了造城运动，把许多学校集中在一块，其中一个论证理由是“资源共享、优势互补”。但仔细探究起来，这也是百思不得其解的行为，把那么多学校集中在一起究竟为什么？没有学校的地方怎么办？教育的社会功能怎么发挥？共享会不会导致同质化？为什么不把学校按照规模大小建在社区？为什么不把职业学校建在产业带上或邻近产业园区？从学校与社会的关系上说，学校远离社会，就会成为无源之水，无本之木，而社会（社区）没有了学校，就会失去前进的灯塔和发展的推力。

大到党委政府的重大决策，小到老师的行为，总有一些让人摸不着头脑的事。据龙虎网《班主任因教师节没礼物　飙脏话怒训学生》报道：有网友爆料称，黑龙江依兰县高级中学高二某班班主任因教师节学生没给老师们买礼物，训了学生足足一节课。在录音中，老师不停训斥，还时不时地爆粗口“你们咋那么没人性呢”“一群狗肺”。学生随后每人几元地凑了400元给老师买礼物。[②]看到这则消息，起初以为是“4月1日新闻”，继而以为有意损老师，当发现教育行政当局出面证实时，第一反应就是“怎么会有这样的老师”。

再据新京报快讯（见习记者左燕燕 凌晨），2014年9月14日，一条

① 2014年9月12日选自http://news.qq.com/a/20140912/047601.htm?pgv_ref=aio2012&ptlang=2052，选用有删节。

② 2014年9月13日选自http://news.qq.com/a/20140913/016410.htm?pgv_ref=aio2012&ptlang=2052。

“南师大泰州学院教官体罚学生，男上女下做俯卧撑”的微博在网上热传。微博还配有男生在上，女生在下，做俯卧撑的图片。不少网友觉得这种惩罚方式实在不妥。南京师范大学泰州学院学生处处长徐剑波对新京报记者表示，当时是为了调节气氛，不存在惩罚一说，只是互相娱乐，“但从文明军训的角度来说，方式确实不雅”。[①]当看到这则材料时，第一反应就是“怎么会有这样的军训”。

又据《贵阳晚报》报道，2014年9月18日18时，贵阳学院的大一新生结束了一天的军训后，按要求到礼堂听讲座。在可以容纳400多人的礼堂里，老师的演讲主题是“性”。PPT课件中，几幅场景“暧昧”的图片让第一次接触这个话题的新生赶到羞涩。有的女生还用书挡住眼睛，一些男生则不时窃窃私语并发出笑声。近1个小时的课程结束后，新生们领到了开学礼包。同学们打开一看，里面装着一本《走进青春期》的宣传材料和5个塑料包。塑料包包括了避孕套、避孕栓、避孕膜等。同学们表示，无论男女，所有到礼堂听课的新生都领到了这个“避孕礼包”。但是，有不少同学丢掉了礼包，其中大部分是女同学。[②]当看到这则材料时，第一反应就是“性教育至于如此吗”。

也据《南方都市报》2014年9月25日报道，贵州城市职业学院新校区落成，大门口挂了9条标示有世界排名前列的大学（包括美国斯坦福大学、麻省理工大学、哈佛大学，柏林洪堡大学、德国慕尼黑大学，英国剑桥大学、牛津大学，法国图尔大学，加拿大多伦多大学）的祝贺新校区落成的条幅，有人认为这是中国式幽默，当看到这则材料时，第一反应就是“怎么会有这样的高校”。

陶行知先生当年说过，“千教万教，教人求真；千学万学，学做真

① 2014年9月26日选自http://news.qq.com/a/20140915/005151.htm?pgv_ref=aio2012&ptlang=2052。

② 2014年9月26日取自网易新闻http://news.163.com/api/14/0925/16/A70HNKC400014SEH.html。

人”。学校本应是社会上至真、至善、至美的地方，为了真善美的荣誉，会把秉持的原则当作生命，而现在的许多行为已经失其所守，这也是人们常说的大学精神的沦丧。

四、令人反思的现象

众所周知，为了贯彻落实《国家中长期教育改革和发展规划纲要（2010—2020年）》有关学前教育发展的任务，国家实行了“学前教育三年行动计划”。长期被忽视的幼儿教育得到社会的高度重视，幼儿园如雨后春笋般发展起来。这对克服教育短板本是有意义的，但学前教育发展的乱象也是非常值得人们深思的。

2011年，新华网专电曝光海南三亚“黑”幼儿园泛滥，令人触目惊心，其实，类似的情况又何止发生在幼儿园。把种种现象综合起来反思，基于教育政策来分析，我国教育事业最需要克服的有四种现象。

（一）功利性价值

如前所述，中国教育为钱所困，后来已经发展到为钱所役的地步，最本质的表现就是，钱已经从“手段”“条件”升格为“目的”。本来，在我们中国，教师和医生一样，自古以来做的都是良心活，现代社会，教育对生产力的促进功能被挖掘出来，成为共识，加入WTO的艰难谈判，又让国人明白了教育属于第三产业。教育作为服务业，可以也应该收取服务报酬，即提供服务，获取相应的报酬，这是天经地义的，不管这种报酬是谁支付的，总之，它会获得回报，包括以金钱的形式提供的回报。然而，现在的问题是，看报酬来提供服务，即不是以服务换报酬，而是以报酬来定服务，更有甚者，有人收了好报酬，也不提供好服务，而是偷工减料的服务。一切为了钱，教育成为“创收”工具，赚钱的机器，这就是当代中国的悲哀所在。个中原因，既有社会熏染、人心不古的缘由，更多的是政策驱使的结果。相当长时间以来，赚钱多少与能力高低、成功程度成正比，各行各业皆如此，教育也不例外，比如，看是不是好大学（包括大学排名和政策评价），就看科研成果，其中一个指标就是科研经费到账多少。评判一个部门、一个校长甚至一个教师，能否搞到钱是首要指标。“能人就是能赚钱的人”，成为现世价值，“宁可坐在宝马上受罪，也不坐在自行车上享福”，这样的结果必然是不择手段、唯利是图。

世俗社会讲究功利本无可厚非，但颠倒了是非曲直，就要出问题，也已经出了不少问题。

（二）集权式体制

我国有几千年的专制传统，虽然中央一再强调要实行民主集中制，要简政放权，要清正廉洁，要为人民服务，但集权体制加封建文化和自私心理，极容易导致集权式管理、一言堂决策、主仆式关系、盲目性服从，也加剧了贪腐。

集权式体制最突出的特征就是权力过分集中在少数机构和少数人手里，形成倒金字塔结构，指令过多，一方面，表现为下权上收，即高层级通过发布大量指令，把本该由下级决策的事项变成了直接的决策事项，另一方面，经常就具体事项做出越级指令，并迫使各个层级的人一起遵守。这样，广大的行动者可以思考的空间就非常有限，可以有创造性行动的事项也就非常有限。有权指挥的人自以为威武神勇，越发喜欢发号施令，无权指挥的人只需依令而行，既不要劳神费力去思考，又不用对决策事物负责，乐得轻松。有权指挥的人就像“老大”“老板”一样，只是服从义务的人是不可能有主人翁精神的。翻检我国教育行政机关每年发出的公文，以及从上层到基层的领导的派头，就可见集权式体制的风貌。

（三）一刀切政策

集权式体制必然衍生出官僚主义，而官僚主义必然推行一刀切政策。这是因为，一是权力过于集中，势必造成管理的事务繁多而庞杂，管理跨度太大，超出应对的能力，没有办法调查研究、了解真实情况，取得有针对性的政策；二是可以按照自己个人的爱好和意志直接让人行动，会滋长人的自大情怀，以为自己全能、正确，一切都在掌控之中，喜欢运筹帷幄之中，决胜千里之外；三是拥有指挥成功的满足感的人，更喜欢所有的人和事都是相同的一种状态。这大概是一刀切政策形成的社会心理机制。

一刀切政策的突出特征是无差别、无例外。应该承认，在堵截某些日益蔓延的歪风邪气时，一刀切政策是有意义的，例如，禁止建楼堂馆所，优质高中的招生指标应该有一定比例均分到区内初中，但是，绝大多数情况下，我国教育政策的一刀切现象则是不合理的，比如，就近入学、严禁择校是对的，但假如未成年人的父母工作发生了变动，因为距离较远已经无法监护到孩子时，如果不妨碍别人公平接受教育，择校应该是被允许的。又如，支持农村和教育薄弱地区的教师队伍建设进而推动教育的发展和质量的提高，这是非常正确的选择，但为什么要规定教师晋升高级职务必须到农村支教一年，只要按照规定把高级教师的岗位足额设在农村学校或薄弱学校，或者进一步提供有吸引力的补贴，就可吸引优秀教师在农村和薄弱地区终身从教，从而从根本上改变教师队伍的素质结构。再如，规定每一所大学成人教育校外教学点不得超过10个，而且必须设在县级以上行政区划，而不能设乡镇一级。任何一项专项行动诸如“治理教育乱收费”“清理小金库”“纪律教育学习月”“实施创新强校工程”“毕业生就业”等，都要成立领导小组，高校必须成立由书记或者校长牵头的计划生育协会，等等，让人觉得不可理喻，而这种一刀切的政策也是非常普遍的现象。

（四）统一化行动

统一化行动与集权式体制和一刀切政策有密切联系，可以说是集权式体制和一刀切政策的直接结果，我们国家有一切行动听指挥的管理文化，也有喜欢步调一致的组织文化，反映在教育管理方面也随时随处可见统一化行动的趋向。在办学理念方面，绝大多数学校的口号是差不多的，有人对我国各级各类学校的校训做过研究，发现雷同率非常高；在教育发展上，上级并大学，下级并中小学；在学校管理上，有人搞封闭式管理，就很多人跟着搞封闭式管理，有人加班加点，就有很多人跟着加班加点；在教学模式上，有人搞导学案，大家都搞导学案；在薄弱学校改造上，有学校以艺术教育为突破口，就有很多学校跟着以艺术教育为突破口。这些属于自觉的趋同式行动。与此相应的还有另外一种，即要求统一化行动，上级要求下级在同一时间做相同的事，而这种在教育管理中更为普遍，如廉政教育进课堂、组织学生到德育基地活动等。

统一化行动有其积极的一面，但也存在严重的问题，最根本的问题就是驱动学校同质化发展，缺乏个性和特色，也缺乏创新空间和动力，最终极易导致千校一面、千人一面。这也是我国教育被人诟病最多、自己最不满意的地方。

我们有可能解开这个纠缠的结吗？我们能够打一个美丽的中国教育结吗？

后 记

自20世纪90年代中期开始，一方面，一直有为参加省级培训的中小学校长和骨干老师讲授名叫“基础教育改革与发展研究”和“国家有关基础教育的政策分析”这样的课，有时也会应邀到市、县和中小学校去讲，或者客串其他院校举办的培训班，包括外省到广东游学的班，另一方面，经常参与省市县的一些教育发展规划的研制工作。这些专业技术工作让我的思维整天在成绩、问题、政策、目标、对策等领域上打转，于是，我萌生了这样的想法：没有问题的教育是不存在的，不了解问题的教育改革是不可能成功的，不解决问题的教育发展是没有意义的。同时，我也萌生了写一本基于教育实践和教育政策分析中国教育问题的书的冲动。

这是一本写了12年的书。2002年，搭好框架后随即着手写作，由于有很多包括讲义在内的现成材料，书稿很快涨到十五六万字。按此速度，最迟2003年年底或2004年年初即可完工。可是，2003年中和2008年底，因为工作岗位两度变动，为了履行好新的岗位职责，不得不把写书的事搁在一边，其间虽然也曾利用假期续写，但始终断断续续，直至2012年年底，也才完成计划的四分之三，而到此时，赶工式的工作状态基本上可以结束，转而进入常态化工作轨道，续写便又提到了自己的业余活动日程上。2013年和2014年，自己利用四个假期，最终将书稿杀青。虽然初稿写出来之后，由头到尾“顺”了三遍，但我依然觉得它的连贯性是有问题的，因为它毕竟不是一气呵成的。

为了增加可读性，我选编了上百个案例或参考资料，有好几万字，足以让已经不薄的本书成为“沉甸甸”的著作。编辑老师认为容量太大，要裁减。于是，案例和参考资料首先被砍掉，由此导致书中对某些事件或现象的分析显得有些“干瘪”。这是无奈之举，因为裁掉的那些都是非常鲜活的材料。

欢迎大家指出本书的问题，如果能同时提供解决问题的对策就更好。敬请将问题和对策发送到本人的邮箱：xjb@gdei.edu.cn。我努力争取全复。

把书稿写出来、印出来、卖出去，需要许多人的帮助。衷心感谢王宁、凌玲、刘焱鸿诸君以及我的同事和家人，衷心感谢课前课后和我讨论的校长和老师，衷心感谢我供职的单位广东第二师范学院，衷心感谢各位读者。